高等职业教育公共基础课程教材
职业教育"十四五"辽宁省级规划教材

新时代大学生劳动教育与职业素养教程

张 健 编著

北京理工大学出版社
BEIJING INSTITUTE OF TECHNOLOGY PRESS

内容简介

本书以中共中央、国务院《关于全面加强新时代大中小学劳动教育的意见》为依据，从思想性、知识性、时代性和实践性出发讲述了劳动教育概述、新时代劳动观、大学生劳动教育社会实践、劳动精神与工匠精神、大学生劳动素养与劳动情怀、大学生职业素养与职业文化、劳动教育与职业体验、大学生职业意识与职业精神八个方面内容，理论简洁，内容丰富。

本书既从理论上论证劳动的重要意义，又拓展了大学生劳动教育的实践路径，有助于提高大学生的劳动意识和观念。本书适合作为高等职业院校劳动教育与职业素养教材，也可作为广大职业教育行业工作者的参考资料。

版权专有　侵权必究

图书在版编目(CIP)数据

新时代大学生劳动教育与职业素养教程 / 张健编著. --北京：北京理工大学出版社，2021.12
　　ISBN 978-7-5763-0754-2

Ⅰ. ①新… Ⅱ. ①张… Ⅲ. ①大学生—劳动教育—高等学校—教材 ②大学生—职业选择—高等学校—教材 Ⅳ. ①G40-015②G647.38

中国版本图书馆CIP数据核字（2021）第267030号

出版发行 / 北京理工大学出版社有限责任公司
社　　址 / 北京市海淀区中关村南大街5号
邮　　编 / 100081
电　　话 / （010）68914775（总编室）
　　　　　（010）82562903（教材售后服务热线）
　　　　　（010）68944723（其他图书服务热线）
网　　址 / http://www.bitpress.com.cn
经　　销 / 全国各地新华书店
印　　刷 / 河北鑫彩博图印刷有限公司
开　　本 / 787毫米×1092毫米　1/16
印　　张 / 17.5　　　　　　　　　　　　　　责任编辑 / 阎少华
字　　数 / 402千字　　　　　　　　　　　　　文案编辑 / 阎少华
版　　次 / 2021年12月第1版　2021年12月第1次印刷　责任校对 / 周瑞红
定　　价 / 49.80元　　　　　　　　　　　　　责任印制 / 边心超

图书出现印装质量问题，请拨打售后服务热线，本社负责调换

前言 PREFACE

幸福源于奋斗,劳动开创未来。"劳动最光荣,劳动最伟大"是人们常常提及的话题,劳动是人类最基本的社会实践活动。人类文明的缔造,美好生活的实现,无不源于辛勤劳动。可见,劳动对个人的发展和社会进步具有重要的意义。

中共中央、国务院《关于全面加强新时代大中小学劳动教育的意见》(以下简称《意见》)指出,劳动教育是中国特色社会主义教育制度的重要内容,直接决定社会主义建设者和接班人的劳动精神面貌、劳动价值取向和劳动技能水平。当前,我国青少年劳动教育和职业素养取得了一定成效,也存在一些问题,应把劳动教育和职业素养纳入人才培养全过程,贯通大中小学各学段,贯穿家庭、学校、社会各方面。

新时代大学生肩负着实现中华民族伟大复兴的重任,因此,加强新时代大学生劳动教育和职业素养具有重大的意义。通过强化马克思主义劳动观教育,注重围绕创新创业,结合学科专业开展生产劳动和服务性劳动,积累大学生的职业经验,培育大学生的创造性劳动能力和诚实守信的合法劳动意识。使大学生掌握通用劳动科学知识,深刻理解马克思主义劳动观和社会主义劳动关系,树立正确的择业、就业、创业观,具有到艰苦地区和行业工作的奋斗精神;巩固良好日常生活、劳动习惯,自觉做好宿舍卫生保洁,独立处理个人生活事务,积极参加勤工助学活动,提高劳动自立自强能力;强化服务性劳动,自觉参与教室、食堂、校园场所的卫生保洁、绿化美化和管理服务等,结合"三支一扶"计划、大学生志愿服务西部计划、"青年红色筑梦之旅""三下乡"等社会实践活动;强化公共服务意识和面对重大疫情、灾害等危机主动作为的奉献精神;重视生产劳动锻炼,积极参加实习实训、专业服务和创新创业活动,重视新知识、新技术、新工艺、新方法的运用,提高在生产实践中发现问题和创造性解决问题的能力,在动手实践的过程中创造有价值的物化劳动成果。

大学生作为即将走出校门的劳动者,理应接受劳动教育。这是新时代坚持和发展中国特色社会主义的需要;这是新时代化解社会主要矛盾,创造美好生活,促进人们自由全面发展的需要;这是新时代决胜全面建成小康社会,全面建设富强民主文明和谐美丽的社会主义现代化强国,实现中华民族伟大复兴的需要。

全国教育大会深刻指出,要努力构建德、智、体、美、劳"五育"并举的教育体系,形成更高水平的高校人才培养体系,从党的教育方针和国家战略层面,对新时代高校开展劳动育人做出了重要的理论指引。中国特色社会主义进入新时代,伴随着经济全球化、政治民主化、社会现代化进程的加快,世界范围内新一轮的科技革命的兴起,以及新兴学科和新兴产业的涌现,促进了劳动领域的拓展延伸、劳动形态的革新发展。新时代重拾劳动教育,必须冲破传统观念的束缚,找寻劳动与育人相结合的新境界,将新时代的新教育与新劳动有机结合,凸显劳动教育的时代性特征,从而实现德、智、体、美、劳全面发展的育人目标,落实立德树人的根本任务,构建适应新时代要求的更高水平的高校劳动育人体系。

精神作为人之根本,是每个人得以发展的重要支柱。劳动教育除了要教会大学生实实在在地参与劳动、掌握劳动技能以外,更需要注重大学生劳动精神的培育。新时代高校劳动育人对大学生的精神塑造充分展示了劳动的育人功能。劳动教育不能仅停留在简单的劳动技能训练,还应凸显劳动教育蕴含的精神价值,应以培育大学生的劳动精神为主要内容,丰富大学生的精神世界。

在新时代背景下,如何架起沟通大学生成长需求和劳动教育的桥梁,促进新时代劳动教育与大学生的成长相结合,是今后需要继续研究的问题。无论是对高校劳动育人的内容、形式的拟订,劳动育人中出现的难题,还是劳动育人的有益探索或是实施过程的经验教训,都将推动教育者乃至整个社会对有效开展劳动教育的思考,从而助推高校劳动教育的发展走向规范化、科学化和持续性。

本书在编写过程中得到了锦州师范高等专科学校各学院的大力支持,并参考了中外专家学者的著作和相关文献,在此致以诚挚的谢意!由于编者水平有限,书中难免有不足之处,恳请专家和广大读者批评指正。

编　者

目录 CONTENTS

第一章 劳动教育概述 1
 第一节 劳动与劳动教育 4
 第二节 大学生劳动教育 18
 第三节 大学生劳动教育的原则 31
 第四节 大学生劳动教育的技能培育 34

第二章 新时代劳动观 41
 第一节 新时代劳动观起源 43
 第二节 新时代劳动观的构成 57

第三章 大学生劳动教育社会实践 87
 第一节 社会实践劳动概述 89
 第二节 大学生劳动教育的社会实践方式 105
 第三节 大学生劳动教育的实践路径 117
 第四节 劳动安全和劳动权益 122

第四章 劳动精神与工匠精神 131
 第一节 劳动精神 134
 第二节 工匠精神 149

第五章 大学生劳动素养与劳动情怀 161
 第一节 劳动素养 163
 第二节 劳动情怀 174

第六章 大学生职业素养与职业文化 ········ 184
第一节 职业、职场与职业人 ········ 187
第二节 大学生职业素养提升 ········ 193
第三节 职业适应与文化融合 ········ 201
第四节 职场提升与自我价值实现 ········ 209

第七章 劳动教育与职业体验 ········ 216
第一节 职业体验劳动概述 ········ 218
第二节 职业体验劳动培育 ········ 222
第三节 职业适应与提升 ········ 226
第四节 职场沟通和自我提升 ········ 234

第八章 大学生职业意识与职业精神 ········ 245
第一节 树立职业意识 ········ 247
第二节 培育职业精神 ········ 254
第三节 担当职业责任 ········ 261

参考文献 ········ 271

第一章
劳动教育概述

学习目标

1. 认识劳动教育理论的发展历程。
2. 认识大学生劳动教育的内涵和意义。
3. 理解大学生劳动教育原则。
4. 理解如何正确树立劳动观。
5. 掌握思想教育与劳动教育相结合原则。
6. 讨论如何扩展校内教育与校外教育相结合原则。
7. 了解当前大学生劳动技能水平现状。
8. 理解大学生劳动技能培养的意义。
9. 掌握并灵活运用大学生劳动技能培养策略。

案例导入

劳动课，把知识变成力量

"假如让你来开一家茶楼，你会如何运作？"这是华东师范大学跨学科实训营上，任课老师抛给学生的一个问题。

"假如你来开家小茶楼"项目组从"创办一家茶楼将面临的选址、备货、宣传、运营"等问题入手，设计项目式学习活动，让学生学会综合运用地理、数学、信息技术、社会学、经济学的知识与技能解决创办茶楼过程中遇到的问题。跨学科实训营上有很多这样的项目——"给沙漠一点颜色瞧瞧""唐三彩真的是'三彩'吗？"……同学们认为这种别具匠心的劳动教育走心又实用，真正达到了体力劳动与脑力劳动相融合的劳动教育的初衷。

华东师范大学具有良好的劳动教育传统，学校党委于1952年就号召全校师生开展建校劳动，并成立劳动建校委员会。在新时代的背景下，华东师范大学勇于探索劳动教育的新方法和新形式。

华东师范大学校长钱旭红提出："今天的学校应该花费更多时间去研究、探索如何开展创造性劳动，让学生在劳动过程中学会面对成功与失败，磨炼出坚强的毅力，通过劳动把知识变成力量，在劳动中创造新的价值和新的自我。"

华东师范大学积极推进劳动教育改革，以落实立德树人为根本任务，通过打造"3L"学习理念、构建课程体系、开发校内外资源、建设评价体系，形成与基础教育的良性互动，深入探索具有华东师范大学特色的可持续发展的劳动教育模式，以激发大学生创新劳动活力、促进学生全面发展。

在理念上，华东师范大学打造"3L"学习理念，即理论学习（Learn to know），让学生正确认识劳动和劳动教育，树立正确的劳动观；实践学习（Learn to do），提高学生劳动能力，使学生形成劳动习惯，塑造劳动品格；劳动创新/教育（Learn to innovate/educate），最终能够使学生实现创造性劳动。

在课程体系构建上，学校教务处牵头启动了劳动教育课程建设，通过构建劳动教育课程新结构、推进跨学科融合课程建设、与体育和美育等多领域融合，以及与大中小学课程联动等方式，构建劳动教育课程体系，推动全校劳动教育模式的创新与改革。

华东师范大学围绕创新创业这一人才培养的重要突破口，加强劳动教育与"双创"实践的融合，通过跨学科的方式将脑力劳动和体力劳动充分融合，推动以"双创"为导向的创新劳动教育培养和以动手劳作为主的传统劳动课程建设。

华东师范大学也积极推进体育、美育、劳育相融合，如美术学院以现有课程为基础，积极创新篆刻、木艺、陶艺和漆艺等系列课程。该系列课程从美术学科角度，使学生能看到实物的形状、色彩、艺术性；从物理学科角度，让学生感受在制作过程中的温度、力量等；从化学角度，学生可以看到化学反应等。在培养学生跨学科综合能力的同时，让学生在劳动的过程中丰富美的体验，在美的熏陶下感受劳动的意义。

与此同时，学校依托体育与健康学院，改革传统体育课程内容和形式，将生物认知、劳动生活与体育运动相结合，系统推动"野外生存生活训练"课程建设。

华东师范大学还高度重视师范生的劳动教育课程体系建设与大中小学课程的衔接。学校首先构建教师教育课程群，将教育理论与实践紧密结合，将教学内容与中小学课程有效衔接。

同时，学校将劳动教育贯穿师范生培养方案，开设劳动教育理论课程、劳动实践课程，举办师范生的实习培训和比赛……学校还在通识课程中将劳动教育单独划出，增设"劳动与创造"板块，让师范生的劳动教育培养更加系统化。

除立足课程体系的构建外，华东师范大学也关注校内外劳动教育资源的开发、应用和整合，通过多种多样、灵活有趣的方式实施劳动教育教学。

例如，生命科学学院、化学与分子工程学院、生态与环境科学学院携手成立"啄木鸟"安全小卫士队，聚焦高校实验室安全，增强大学生"知识劳动"能力。

孟宪承书院成立劳模·匠心工作室，以居家劳育主题实践活动、校社劳育联动活动和劳动主题教育活动为特色，多渠道开展书院师范生劳动教育。

后勤保障部在食堂、苗圃、宿舍楼等区域建设校园劳动实践基地，联合各院系定期开展系列劳动岗位志愿活动，让"爱在华师大"成为一种日常生活实践，并举办师生厨艺比赛、义务植树、美食节等活动。同时，学校还通过华东师范大学教育发展基金会搭建桥梁，充分发挥校外资源在劳动教育中的作用。

劳动创造未来，劳动成就自我。华东师范大学发扬劳动教育传统，利用多学科的劳动教育探索空间和丰富的劳动教育资源，打造具有华东师范大学特色的可持续发展的劳动教育模式，系统推动"五育"融合，促进学生全面而个性的发展，从而培养德、智、体、美、劳全面发展的社会主义建设者和接班人，为建设新时代教育强国贡献力量。

——摘自：学习强国

想一想

你认为劳动教育是什么？请结合以上材料，谈谈你对劳动教育的理解以及学校应如何开展劳动教育。

第一节 劳动与劳动教育

一、劳动的含义

在中国古代词源中,劳动可作为动词使用,指操作或活动。《庄子·让王》中有"春耕种,形足以劳动",其中"劳动"指人们可以通过耕种之类的劳作来锻炼身体。《辞海》中指出"劳动即人们通过使用劳动资料重塑劳动对象,使之成为符合自身需要的有目的的活动。劳动在从猿到人的转变过程中起着关键性作用,劳动是人类社会存在和发展最基本的条件。"如《三国志·魏志·华佗传》中的:"人体欲得劳动,但不当使极尔"等。劳动也可作为名词,指创造物质财富和精神财富的活动,如《劳者自歌》中的:"我平生习于劳动,劳心劳力,都不以为苦"。《现代汉语词典》中将劳动定义为"人类创造物质或精神财富的活动"。劳动在人类认识自然、改造自然来满足自身需要、创造使用价值的过程中发挥着重要的作用。人类通过劳动使体力和脑力得到不断发展,在创造物质财富和精神财富的同时也实现自身发展。

在西方词源中,劳动(labour)的原始含义与工作和辛苦极为密切,作为动词,labour是指在土地上劳作,也可引申为其他种类的任何费力的工作。16 世纪,labour 指辛苦的工作、费力与分娩的阵痛。到 17 世纪,labour 的含义得到拓展,用以指普遍的社会活动。在英国经济学家亚当·斯密的《国富论》及以后的著作中,labour 代指劳动力;具有生产力的工作,生产要素;抽象化的经济活动;抽象化的社会劳动阶层。

德国思想家马克思指出:"劳动首先是人和自然之间的过程……是人以自身的活动来引起、调整和控制任何自然之间的物质变换的过程。为了在对自身生活有用的形式上占有自然物质,人就使他身上的自然力——臂和腿、头和手运动起来。当他通过这种运动作用于他身外的自然并改变自然时,也就同时改变他自身的自然。他使自身的自然中沉睡着的潜力发挥出来,并且使这种力的活动受他自己控制……"从马克思的这段论述中可以看出,首先,劳动是一种客观的物质活动;其次,劳动是一种有目的的活动;最后,人类在消耗自然力量的过程中不仅改造了自然而且改造了自身。同时,马克思又进一步将劳动区分为具体劳动和抽象劳动,以分别反映出劳动的自然属性和社会属性。

通过对东西方"劳动"词源的归纳和马克思对"劳动"的论述,我们可以认为劳动是人通过体力或脑力的活动,发生的物质或能量的传递和交换的过程。在这一过程中,不仅实现了人对外界、对自然、对自身的改造，也创造了财富和价值，满足了人对物质和精神的需求。

二、劳动教育内涵

深入研究马克思主义经典著作中的劳动观教育理论、我党领导集体关于劳动观的重要论述和中国传统文化中优秀的劳动教育思想，理清新时代大学生劳动观教育的理论基础，阐述新时代大学生劳动观教育的重要内容，为劳动观教育研究夯实理论根基。

（一）劳动观教育

《教育大辞典》（上海出版社，1998年版）中指出：劳动观是"个人关于劳动的基本看法，是组成人的世界观、思想意识和道德品质的一个重要方面。"由此可见，劳动观作为人们认识劳动的根本态度和基本观点，集中体现在人们如何回答"什么是劳动""为什么劳动"和"如何劳动"这三个问题。即明确劳动的本质是什么，从事劳动的动机是什么，劳动的价值是什么，人们在劳动过程中的态度如何，如何处理劳动过程中个人利益和社会利益甚至国家利益之间的关系等问题。劳动观是"三观"中重要的组成部分，正确的劳动观可以指引人们明确劳动在人类社会中的基础性地位，促进个人道德品质的提升，形成健康向上的劳动思想观念。劳动观教育是针对劳动观所进行的教育，需要进一步思考和把握"什么是劳动观""为什么进行劳动观教育"及"如何进行劳动观教育"这三个根本问题。首先，劳动观教育要帮助人们形成正确的劳动认识，明确劳动的本质、目标和价值，引导人们认识到劳动不仅创造了人也是创造一切社会财富的源泉，认识到个人劳动对于社会发展的贡献是衡量劳动价值的重要标准。其次，劳动观教育作为一种教育活动，须具有特定的教育内容、教育方法和教育制度，并且更加强调具体劳动实践的作用。大学生劳动观教育作为高校思想政治教育的重要组成部分，是教育者引导学生认识到劳动的意义和价值，帮助学生树立正确的劳动幸福观、劳动价值观、劳动道德观和劳动创新观等有目的、有计划、有组织的教育活动。

（二）马克思主义劳动观

马克思关于劳动的相关理论有着丰富的内容，主要集中在劳动本质理论、劳动价值理论、劳动解放理论三个重要方面。从历史唯物主义的视角出发，探究劳动创造了人和人类生活，劳动在促进人类进步、决定人类社会的产生和发展中的重要作用等方面，阐述劳动的本质及劳动在人和人类社会中的重要地位。

1. 劳动本质理论

劳动创造人和人类生活。马克思、恩格斯在达尔文的人是由类人猿演化而来的思想基础上，阐明从猿到人的演变历程和人类社会的形成过程中劳动的重要作用。恩格斯指出："劳动和自然界一起才是财富的源泉""整个人类生活的第一个基本条件就是劳动"，强调自然是人类通过劳动实现物质变换的"材料供应站"。生命个体的存在也是人类社会历史存在和发展的重要基础,并通过劳动不断创造出自身所需要的物质生产和生活资料。

劳动的过程是人自我实现的过程。人通过劳动"使自身在自然中蕴藏着的潜力发挥出来,并且使这种力的活动受他自己控制"。由此可见,人们可以在劳动过程中发挥自身力量、激发自身潜能,从而达到为自己服务的目的。也就是说劳动"被看作自我实现,主体的物化,实在的自由活动","谋生"不再是劳动的主要目的,仅仅是一种外在的目的。比"谋生"更重要的是人在劳动过程中的自我认识、自我升华、自我创造和自我实现。在具体社会生活中,随着劳动形式的多样化和劳动过程的复杂化,人类通过劳动不断把体力和智慧注入劳动对象,提高自身劳动能力和劳动素质,培养一定的劳动品德,逐渐在劳动的过程中实现人的全面发展。

劳动是人类社会产生和发展的决定性因素。恩格斯指出:"人们首先必须吃、喝、住、穿,就是说必须首先劳动,然后才能争取统治,从事政治、宗教和哲学等。"可以看出,劳动是人们获得物质生活资料的基本实践活动,是人类社会历史的基础,是形成社会经济、政治和文化结构的必要前提。随着科学技术的不断提升,劳动工具逐渐得到改进和升级、劳动范围不断扩大、劳动内容也变得多样化和复杂化,在劳动过程中形成的人与人之间的社会关系也得到发展和完善,这些都为促进社会进步和发展创造新的机会、注入新的活力。

2. 劳动价值理论

马克思在《1844年经济学哲学手稿》中提出"异化劳动"理论,指出人与自己创造出的劳动产品、人与自身劳动活动、人与人的类本质、人与人之间的关系等都发生异化。马克思劳动价值理论把之前对异化劳动的分析建立在现实资本主义经济基础上,找到资本主义生产资料私有制是万恶之源,揭露资本主义"凡是人类所能提供的一切剩余劳动都属于它""把剩余劳动作为必要劳动条件"的阴险嘴脸,从而揭示资本主义社会产生和发展是人类历史发展的客观规律,以及其最终逐渐走向消亡的必然发展趋势,并分析共产主义社会的劳动和劳动结构,找到消灭异化劳动的解决途径和有效策略。

3. 劳动解放理论

劳动是一种自由自觉的活动。但在资本主义异化劳动状态下,劳动只是作为人们谋生的手段。人的劳动达到自由自觉状态的首要条件是消灭资本主义私有制,从而建立共产主义社会,实现"上午打猎,下午捕鱼,傍晚从事畜牧,晚饭后从事批判,但并不因此就使我成为一个猎人、渔夫、牧人或批判者"这种不被约束、可以自由发挥劳动和智慧的生活状态。劳动解放也就是人的解放,只有这样人们才能得到真正的解放,从而真切地感受劳动创造带来的快乐与幸福。

(三)中华民族劳动观

1. 歌颂劳动的经典故事

中华民族自古就有勤劳勇敢、善于创造、吃苦耐劳的优秀品质,并有通过神话故事来歌颂劳动、赞美劳动者的先例。例如,盘古"开天辟地"的创举、女娲练就彩石补天和造人的传说故事,体现出"劳动创造世界"和为大多数人谋幸福的伟大劳动追求。"精卫填海""愚公移山"等传说歌颂迎难而上、锲而不舍的劳动精神,以及作为远古"智慧担当"的"燧人钻木取火""神农尝百草""后稷教民稼穑"等神话故事暗示了劳动探索的重要性,体现出创新性劳动的价值。同样,鲁班对生产工具的巧妙创新、黄道婆在纺织技术上的大胆革新、庖丁解牛的精湛技艺、"药圣"李时珍的勇敢实践等无不体现出中国古代劳动人民不懈探索的勤劳之美和追求卓越的匠人之心。由此可见,无论是传说故事中的神还是现实中的人,都要通过勤劳勇敢和艰苦奋斗去征服自然、改造自然,通过劳动争取和创造美好生活。

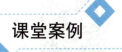

课堂案例

"当代鲁班"走红网络

鲁班凳、中国馆、运动的小猪佩奇,这些物件都出自王德文("阿木爷爷")之手,凭着木块上的凹槽,木块之间结合得天衣无缝。对这些让人惊艳的作品,网友纷纷点赞,"用最原始的工具,打造新颖的手工制作,鲁班功夫再现"。他的作品不仅在国内获赞无数,在国外王德文也收获了大批粉丝,他在YouTube上拥有118万粉丝,视频播放量上亿次。

网友们将他称为"当代鲁班",对其各种结构精妙的鲁班锁赞不绝口。小小的木块,拼拼叠叠,几个简单的操作就变成了一个苹果的形状。这里用到的是榫卯结构,这是古代中国建筑、家具及其他器械的主要结构方式,即在两个构件上采用凹凸部位相结合的连接方式,不用钉子和胶水,木块之间神奇地成为一个整体。小到口哨,大到船只,都出自王德文之手。他告诉《现代快报》记者,自己从13岁就开始接触木工了,"9岁的时候父亲去世了,我就不上学了。那时候家里生活条件比较艰苦,一直想着挣点钱,补贴家用"学习木工,王德文没有真正拜过一位师傅,他只是跟着不同的木工前辈打杂。

16岁的时候,他完成了第一件木工作品,"当时家里的锅盖坏了,我就自己做了一个锅盖"。这件作品让他印象深刻,至今他还记得尺寸,直径70厘米。

木工活干了一辈子,需要经常和凿子、锯子、切割机打交道,在王德文看来,受伤是在所难免的事情。他回忆,2007年冬天,他在做工时不小心伤到了右手的中指,当时鲜血就涌了出来。"虽然后来去了医院,但是现在这个手指还是短了1厘米。"

在王德文的视频中,最为网友惊叹的要数再现的鲁班作品。网友纷纷留言赞叹:"这爷爷做的木工很有鲁班技术,现在的木工没法和爷爷的比。""这就是木匠,大国工匠。""这手艺不能失传啊!"

视频中,木块被锯成了一块块小的长方条,一共33块小木块。之后在小木块上画线，以便凿出槽口，不一会儿零碎的木头就被拼成了鲁班锁。镜头下，王德文的双手偏黑，关节处已经有凸起的老茧。

"一件作品的完成，要从挑选木料开始。"王德文说，他一般会去桂林木材厂挑选木料，木纹有粗细之分，细纹的木料比较坚硬，他一般都会挑细纹的。挑选完木料之后，他再将木料分成小的木块，经过打磨之后就可以使用了。因为再现了鲁班的作品，王德文也被网友们称为"当代鲁班"。对于这个称呼，王德文说："我只是个农民、老木工，因为拍视频被大家认识了，还有很多好的木工是大家不认识的。"

——摘自：学习强国

你了解李时珍吗？

愚公移山精神

阿木爷爷的"木世界"之奥运五环

2. 蕴含劳动哲理的百家思想

诸子百家关于劳动的思想主张囊括了春秋战国时期劳动实践的集体智慧。其中，以治理国家为己任的儒家，认识到农业发展对国家的重要性，明确了辛勤劳动的重要地位，提出"先之，劳之"且"无倦"，即治理国家首先要有劳动力，统治者首先要自己身体力行，勤于劳动，也要让老百姓辛勤劳动，强调劳动中的仁和义。墨家的劳动观思想主要以墨子的思想为代表，墨子注重劳动生产技术，在《墨子》中记载了许多劳动知识和劳动器械制造方法，并提出"士虽有学，而行为本焉"，认为亲身参与劳动实践是学问的根本所在。道家认为除了掌握劳动技能和劳动实践，也要遵循自然规律，其代表人物老子主张"图难于其易，为大于其细""合抱之木，生于毫末；九层之台，起于累土；千里之行，始于足下"，认为人们要在劳动的过程中审时度势，根据事物发展的趋势采取一定行动，强调劳动实践要脚踏实地，从小事着手，不能好高骛远。

3. 吟诵劳动的诗词歌赋

吟诵劳动的古代诗词歌赋屡见不鲜，诗歌创作者执笔将自己的劳动情怀以及对劳动人民的关怀和敬畏之情以诗词歌赋为载体进行传颂，通过朗朗上口的诗歌吟诵，以"润物细无声"的形式感化着人们的心灵，使人们在潜移默化中接受劳动思想的熏陶，感受劳动生活的酸甜苦辣，体会辛勤劳动的纯朴与伟大。从古至今，不乏有一些描绘劳动场景、描写劳动人民、讴歌劳动品质的经典诗作。例如，《尚书·周书·周官》有云："功崇惟志，业广惟勤"，意思是成就一番事业，既要有高远志向又一定要付出辛勤劳动；"富贵本无根，尽从勤里得"中强调了劳动的重要作用，体现出有劳动才会有收获，劳动创造财富的道理。又如"晨兴理荒秽，带月荷锄归"中对披星戴月外出劳作的辛勤劳动者的讴歌，以及"锄禾日当午，汗滴禾下土。谁知盘中餐，粒粒皆辛苦。"中描写劳动的艰辛和对劳动成果的珍惜，展现了中国传统文化中勤俭思想。

三、劳动教育理论的发展历程

马克思、恩格斯在批判继承前人思想的基础上，深化了教育与生产劳动相结合的重要意义。马克思提出："在社会主义社会中，劳动将和教育相结合，从而成为保障多方面的技术训练和科学教育的重要实践基础""生产劳动和智育的早期结合是改造现代社会的最强有力的手段之一。"在马克思看来，社会化大生产时期必须要将劳动与教育相结合，对劳动者进行相关劳动教育，在传授理论知识的基础上让他们投身训练和实践，从而提升劳动技能，成为促进社会进步的重要力量。与此同时，马克思还指出："生产劳动同智育和体育相结合，不仅是提高社会生产的一种方法，而且是造就全面发展的人的唯一方法。"即劳动与教育相结合可以提升劳动生产率、促进社会化大生产，也能使人拥有优良的品德、非凡的智慧、健壮的体魄和健全的人格，成为促进人全面发展关键路径之一。列宁在继承和发展马克思主义关于劳动与教育相结合的思想理论基础上，进一步指出"没有青年一代的教育与生产劳动的结合，未来社会的理想是不能想象的：无论是脱离生产劳动的教育，或是没有同时进行教育的生产劳动，都不能达到现代技术水平和科学知识现状所要求的高度"。由此可以看出，列宁认为劳动要与现代科学技术水平紧密联系在一起，要让劳动者在劳动教育中掌握最新科学技术，在劳动实践中丰富和完善科学文化知识，这样不但可以增加社会生产、提高劳动效率，也能使人得到全面发展。

在中国社会主义革命、建设和改革的各个时期，中国共产党领导集体继承并发展马克思主义劳动观教育理论，始终秉承教育与生产劳动相结合的教育方针，共同推动了马克思主义劳动观中国化一次又一次的飞跃。

以毛泽东为核心的第一代领导集体，在中国革命和建设的伟大实践中，以马克思主义劳动观为理论起点，冲破传统的教育与劳动相分离的现实枷锁，强调将劳动与教育相结合是符合时代发展的迫切要求。毛泽东同志认为，单纯的学校教学具有片面化，要让学生学会理论联系实际，积极投身劳动实践，在劳动锻炼中掌握劳动本领；另外，也要对工人、农民实施劳动教育，促进他们体力劳动和脑力劳动的协同发展。1944年毛泽东同志《关于路线学习、工作作风和时局问题》中提出，不管是人民群众还是先进模范工作者，都要坚持劳动教育，不能因为是先进工作者就有所骄傲和懈怠，要始终发挥好模范带头作用。同时，干部也要能弯下腰、放下身段，要把自己看作一名普通劳动者，到人民群众中去，向人民群众学习，在劳动中学习生产知识增长本领，成为懂政治、爱劳动、爱人民的好干部。

以邓小平为核心的第二代领导集体，在社会主义建设的关键时期不断总结历史经验和教训，提出要解放和发展生产力，发挥科学技术的引领作用，认识到"科学技术是第一生产力"。邓小平同志提出教育与劳动相结合是"培养理论与实际结合、学用一致、全面发展的新人的根本途径"，是也"逐步消灭脑力劳动与体力劳动差别的重要措施"。邓小平同志一方面强调我们要同样注重体力劳动，要善于劳动、勤于劳动，一起携手通过辛勤劳动创造社会主义的幸福生活；另一方面，必须要对劳动者传授科学文化知识，注重劳动教育与现代科技发展的融合，要让劳动者掌握最新劳动知识和技能、提高科学文化素质，扩大社会主义建设的人才队伍。1978年邓小平同志在《在全国教育工作会议上的讲话》中指出："现代经济和技术的迅速发展，要求教育质量和教育效率迅速提高，要求我们在教育与生产劳动结合的内容和方法上不断有新的发展"。因此，只有积极探索劳动教育的新思路、新方法才能适应时代发展要求。

以江泽民为核心的第三代领导集体，在党的十六大报告中提出"四个尊重"的重大方针，强调全党必须要尊重劳动、尊重知识、尊重人才、尊重创造，紧紧把握住劳动、知识、人才和创造之间的重要关系，有助于我们明确劳动的基础性地位，突出科学文化知识的重要性，不断释放劳动者的潜能，让创造为劳动增添生机与活力。江泽民同志还指出要坚持教育与生产劳动和社会实践相结合，培养德、智、体、美全面发展的社会主义建设者和接班人。可以看出，他创造性地提出要把马克思"教育与生产劳动相结合"发展为"教育与社会实践相结合"的思想，在经济全球化的时代背景下，劳动教育不能局限于强调生产劳动，它已经扩展到生活实践、科学研究和政治活动等更加广泛的领域。

以胡锦涛为总书记的领导集体，针对党内出现的形式主义、享乐主义等现象，以及青年怕吃苦受累、挑剔工作等现象提出要求。2006年胡锦涛同志提出广大人民群众特别是青少年要树立"……以辛勤劳动为荣、以好逸恶劳为耻……"社会主义荣辱观，明确了我党对人民劳动行为规范的具体要求，大力提倡辛勤劳动，提升全民劳动光荣、劳动神圣的思想认知，自觉抵制各种腐败思想的侵蚀。随后，胡锦涛同志在"2008经济全球化与工会"国际论坛上，强调要切实发展和谐劳动关系，尽全力使广大劳动者实现体面劳动。在2010年全国劳动模范和先进工作者表彰大会上的讲话中，胡锦涛同志提出劳动者的素质提升对于民族和国家发展的重要性，努力实现人口红利从之前的"数量型"增长转向"质量型"增长。

习近平总书记在继承和发展马克思主义劳动观以及劳动教育理论的基础上，结合中国特色社会主义进入新时代的发展现实，逐步形成新时代中国特色社会主义的劳动新思想、新观点、新论断。在2013年同全国劳动模范代表座谈、2015年"五一"国际劳动节等讲话中，习近平总书记多次强调了劳动本身的价值和力量，提出实现"两个一百年"奋斗目标要靠辛勤劳动、诚实劳动和创造性劳动，要坚持走辛勤劳动、实干兴邦的现实路径，要把"创造伟大"作为重要的发展动力，以劳动托起"中国梦"。在2018年全国教育大会上，习近平总书记把"劳"纳入人的全面发展教育体系，并提出"社会主义是干出来的，新时代是干出来"，号召全社会都要尊重劳动、尊重劳动者，弘扬劳模精神和工匠精神，在劳动中创造美好生活。2020年3月，中共中央、国务院印发《关于全面加强新时代大中小学劳动教育的意见》中提出要构建德、智、体、美、劳全面培育的教育体系，要把劳动教育贯通大中小学教育的各个学段，设定符合学校和地区发展实际的劳动教育形式，确立相应的劳动教育目标内容和考核评价办法，制定各学段有序递进、贯通一致的劳动教育制度，并且整合家庭、学校、社会各方面力量，积极拓宽劳动教育的有效路径，调动各方力量形成协同育人格局。习近平总书记指出，"中华优秀传统文化中很多思想理念和道德规范，不论是过去还是现在，都有其永不褪色的价值。"自古以来，劳动人民在中华民族五千年历史演进和劳动实践过程中呈现出的崇尚劳动、热爱劳动、勤劳勇敢、艰苦奋斗的宝贵精神品质，并没有过时，更不会消逝，它贯穿中华民族文化发展的始终，一直通过多样的途径与鲜活的事例展示劳动的价值和意义。

课堂案例

"雪地鲁班"的匠心智造——记跳台"铸造师"白勇

如果说跳台是自由式滑雪空中技巧运动员放飞梦想的起点，那建造跳台的人就是梦想"铸造师"。与跳台相伴20年，白勇在国内堪称大师级"铸造师"——从人工雪台到钢架模具，他建造的跳台上已跃出多个世界冠军。距离北京冬奥会开幕不到40天，白勇已提前奔赴张家口赛区云顶滑雪公园，他将与自己的新作品共同见证2022年冬奥冠军的诞生。

白勇是吉林省长春市冬季运动管理中心训练基地主任，每天为运动员的饮食起居、训练比赛提供后勤保障。训练基地，分夏、冬两处。因为曾是水上救生员，28岁那年，他在夏训水池与自由式滑雪空中技巧项目结缘，随后又参与了长春莲花山冬训基地的项目建设。

2002年，白勇在跳台"铸造师"单戈的引导下，从场地形成到定点定位，边学边做，动手搭建出人生第一个跳台作品。"场地形成和搭建跳台的时候最累。"白勇说，高2米宽1.2米的木板，最高的三周台需要20～30块，每年11月中旬长春温度零下10摄氏度左右时，他开始领着工人搭建木板模型，灌装雪后，经过一夜把雪冻硬，跳台的雏形才显现。

白勇随身携带角度尺和戗雪工具，先提前修好跳台高度和起跳弧度，再让教练员根据实际情况最后细化，以便运动员尽快上台训练。"为了满足训练比赛要求，修跳台可要比修雪雕精细得多。"他说。

"着陆坡也非常重要。"白勇说，每天早上运动员训练之前，他会带领工人把着陆坡区域的雪块用铁锹杵碎，近400平方米的作业面积，10个人上下3趟，雪要翻进去60厘米以保证足够松软，防止运动员在空中翻腾后落地受伤。

长春作为国内最早开展自由式滑雪空中技巧项目的城市之一，在过去20多年间共培养80余名专业运动员，其中60余人入选过国家队。长春市冬季运动管理中心副主任聂玉江认为，自由式滑雪空中技巧是长春唯一拥有自己训练场地的雪上项目，硬件保障为项目可持续发展装上了翅膀。

2020年冬季，作为国家队训练基地的长春莲花山迎来了全国首批进口跳台钢架模具，白勇全程参与模具的组装工作。"钢架模具省时省力，关键是减少了一周搭建跳台的时间，运动员可以提前训练。"白勇说。

有了第一次经验，白勇在2021年9月起又主导了北京冬奥会竞赛场地——云顶滑雪公园的自由式滑雪空中技巧比赛场地建设工作。"这次比赛场地用的跳台

> 模具是咱国产的了！"白勇说。
>
> 　　有匠心更有"智造"。为了让打分裁判在比赛时获得更好的观察角度，白勇与厂家沟通后，在满足稳固性的前提下为奥运比赛跳台安上了"腿"，使跳台具备可调节的升降功能。这个发明，让在场的国外技术代表连连称赞。
>
> 　　北京冬奥会的举办，使这位"雪地鲁班"得以首次在冬奥赛场施展技艺。作为北京冬奥会的技术官员，白勇将在比赛期间负责地保障工作。20年匠心技术积累的口碑，使国家队许多运动员都亲切地喊他"白叔"。
>
> 　　"能看到孩子们比赛拿牌，我会在现场流泪的。"白勇憧憬着即将到来的北京冬奥会说。
>
> 　　　　　　　　　　　　　　　　　　　　　　——摘自：学习强国

四、劳动教育意义

　　"未来教育对所有已满一定年龄的学生来说，就是生产劳动同智育和体育相结合，它不仅是提高社会生产的一种方法，而且是造就全面发展的人的唯一方法。"这是马克思基于唯物史观对人全面发展做出的方法论预判，指明了劳动教育的重要作用。马克思劳动教育思想汲取了资产阶级教育家与思想家生产劳动和教育相结合思想的合理内核，为生产劳动和教育相结合这一教育思想注入科学社会主义内涵并发展为理论。新时代劳动教育思想发展了马克思主义劳动教育思想，继承了中国共产党人"劳教结合"的教育方针，彰显了中国共产党人与时俱进的理论品格。

（一）在教育体系具有重要地位和作用

　　马克思对生产劳动和教育相结合进行了深入的研究，肯定了教育与生产劳动相结合对促进人全面发展的重要作用，并认为"我们把劳动力或劳动能力，理解为每当生产某种使用价值时就运用的体力和智力的总和。"这表明马克思充分认识到了劳动与智育、体育之间的相互影响，指出了劳动教育对实现人全面发展的重要作用。因为受制于客观历史条件和当时的社会环境，马克思劳动教育思想侧重于从资本主义社会大生产背景下对劳动的教育意义进行阐述，没有对劳动教育在整个教育体系中的地位和作用形成整体性认识，没有对劳动教育与德、智、体、美其他"四育"的相互作用进行明确定位。劳动教育作为理论和实践的统一体，能够真正实现"知行合一"的教育目标，培养学生对真、善、美的价值判断。在2018年全国教育大会上，习近平同志正式提出了德、智、体、美、劳全面发展的教育方针，使劳动教育成为培养社会主义建设者和接班人的重要内容。"五育共举"的提出充分肯定了劳动教育的地位，凸显了劳动教育与其他"四育"的相互作用，进一步明确了劳动教育在整个教育体系中的重要地位和作用。同时，新时代劳动教育突出了在劳动教育中树立正确劳动观和劳动价值观的重要任务，为开展劳动教育树立了正确直接的价值导向，这不仅契合了时代的发展要求也超越了狭隘的劳动教育，将劳动教育推向了一个崭新的高度。

（二）明确了劳动教育的培养目标

马克思基于社会和人的发展提出了教育与生产劳动相结合的必要性，认为其是未来教育的必然选择，最终指向了人的解放和发展。马克思以超越时代的深邃洞察力，预见了"劳教结合"的重大作用，构建起以人的本质发展为根源的劳动教育思想，并将教育与生产劳动相结合定位为实现人全面发展的重要途径，这一论断指明了马克思主义教育理论的终极目标，即造就全面发展的人。在2018年全国教育大会上，习近平同志提出了发展新时代中国特色社会主义教育事业"九个坚持"和"九个要求"，明确回答了培养什么人、怎样培养人、为谁培养人这一系列根本问题，指明了新时代中国特色社会主义教育事业的发展方向和根本任务，这将马克思主义教育理论的终极目标加以具体化和阶段化，这也为开展新时代劳动教育确定了核心任务。同时，习近平同志还提出"教育引导学生崇尚劳动、尊重劳动，懂得劳动最光荣、劳动最崇高、劳动最伟大、劳动最美丽的道理，长大后能够辛勤劳动、诚实劳动、创造性劳动"。这一重要论述对学生的劳动态度和劳动观念提出具体要求，同时，要求学生能够平等对待劳动，培养勤俭、奋斗、创新、奉献的劳动精神，这些都进一步明确了劳动教育的培养目标。

（三）劳动教育具有社会价值

（1）劳动教育有利于社会和谐、社会创新。人类进入互联网时代，极为便利的生活条件和快节奏的生活状态给人们带来了很多诱惑与困扰，互联网的快速发展在某种程度上助长了社会上的浮躁之风，试图不劳而获、一夜成名等功利主义大为流行。新时代劳动教育作为学校必须开展的基础教育之一，能够让学生在劳动实践后感受到劳动带给他们的安定感和满足感，能够在劳动中发现和培养兴趣爱好，在劳动中启发好奇心和想象力，在劳动中克服互联网所带来的不良影响，在简单的劳动中收获幸福和喜悦，助力社会和谐。新时代劳动教育作为一项基础性教育，以家庭、学校、社会等为劳动实践平台，培养学生对劳动的兴趣和对劳动的参与热情。在劳动实践中启迪学生创造力，激发学生对美好生活的动力和激情，让各行各业的年轻人看到希望，激发国民创造精神，助力社会创新。

（2）新时代劳动教育使学生厚植家国情怀。新时代劳动教育可培养学生正确的劳动态度和劳动观念，使学生懂得"坚持艰苦奋斗，不贪图安逸，不惧怕困难，不怨天尤人，依靠勤劳和汗水开辟人生和事业前程"的道理，响应"用劳动托起"中国梦"的伟大号召。新时代劳动教育培养学生勤劳不懈、勇于担当的优秀品格，引导学生主动将个人发展与国家发展联系在一起，将个人奋斗融入民族复兴的伟业之中，厚植家国情怀，以高度的历史责任感投身实干兴邦的伟大实践。

（3）新时代劳动教育增强学生参与公共事务热情。新时代劳动教育从根本上区别于过去单纯的学校劳动技术课，为不同年龄阶段的学生搭建了多元立体的劳动教育实践场所，为学生提供更多的劳动实践机会和实践场所，如让学生在农场、工厂中参加劳动，在社区中参加社区卫生、劳动志愿者服务，让学生力所能及地参加生产劳动和服务劳动，这些活动有利于提升学生参与公众事务的热情，激发学生的社会责任感，使学生自觉遵守公众纪律，增强积极的社会认同和理性的思辨能力，改善当前部分青少年公民意识淡漠、社会认同感不足等，促进学生成长为合格的社会公民。

（四）劳动教育具有实践价值

1. 劳动教育有利于提升社会劳动认同感

"五育共举"的提出，使得劳动教育正式成为一项基础性教育内容，成为与德、智、体、美并列的基础素质教育。这有利于培养学生良好的劳动素质，为今后发展起到积极作用。青少年时期是形成社会价值观的关键时期，针对不同年龄段的学生开展新时代劳动教育有利于培养学生崇尚劳动的价值观念，进而使整个社会形成一种崇尚劳动的社会氛围，有利于提升全社会的劳动认同感。一方面，新时代劳动教育纠正了过去一段时间劳动教育存在的问题。通过开展新时代劳动教育让学生在劳动实践中深刻感受劳动成果的来之不易和劳动过程的艰辛，改变部分学生不珍惜劳动果实的错误观念，有利于在广大青少年学生中树立正确的劳动观和劳动价值观，为他们走向社会筑牢劳动认同感。另一方面，新时代劳动教育的开展需要社会、家庭和学校三方合力，为学生搭建多元的劳动教育实践平台。这不仅增强了劳动教育的实践效果，也潜移默化影响受教育者周边的社会成员，让他们有机会参与劳动教育，对改变社会中存在的"不劳而获""一夜暴富"等错误思想有积极作用，从而提升整个社会对劳动的认同感。

2. 劳动教育有利于形成勤劳的社会氛围

在2015年召开的全国劳动模范和先进工作者表彰大会上，习近平同志重申了"劳动最光荣"的理想信念，是对当代社会劳动者的最高嘉奖，也是劳动价值和意义的全面体现。一方面，"劳动最光荣"作为劳动价值观教育的基本内涵，是新时代劳动教育必须贯彻始终的价值理念，大力开展新时代劳动教育，将其作为培育社会勤劳意识的一个良好的切入点，大力宣传劳动典型和劳动模范，在社会中形成勤劳的社会氛围；另一方面，党的十八大以来，党和政府不断深化制度改革，充分发展和保障了劳动者的利益，在全社会加强了对劳动和劳动者的价值认同。随着《关于全面加强新时代大中小学劳动教育的意见》等一系列劳动教育政策的出台，从教育层面肯定了劳动和劳动者的崇高价值，在学生中筑牢了劳动最光荣、最崇高、最美丽、最伟大的价值观基石，推动社会形成勤劳氛围。习近平总书记在党的十九大报告中提出"培养担当民族复兴大任的时代新人"的任务要求，这是从新时代中国特色社会主义事业发展全局出发，对我国教育事业做出的重大战略要求。在全国教育大会上，"六个下功夫"明确成为培养担当民族复兴大任时代新人的方法论，开展新时代劳动教育可以充分发挥劳动教育的综合育人价值，让学生在劳动教育中增强品德修养和综合素质。

3. 劳动教育是培养时代新人的重要载体

劳动教育是促进学生全面发展的重要途径。在激烈的国际竞争中实现中华民族的伟大复兴注定不是一条坦途。这对承担民族复兴大任的时代新人提出了更高的要求。充分发挥劳动教育的综合育人优势,在劳动教育中培养学生劳动技能,提高道德观念、审美情趣和人文素养,推动学生德、智、体、美素质的全面提升,将劳动教育作为提升学生综合素质、促进学生全面发展的重要载体,有利于学生更好地成长为承担民族复兴大任的时代新人。

(五) 劳动教育是实现民族复兴的题中之义

"始终坚持把服务中华民族伟大复兴作为教育事业的伟大使命",这是在对我国教育事业发展规律性认识的基础上,对我国教育事业发展使命的准确定位。回顾中华人民共和国成立以来我国教育事业的发展历史,劳动教育作为党和国家长期坚持的教育方针在我国教育史上留下了浓墨重彩的一笔,劳动教育是对教育与生产劳动相结合这一马克思主义教育学基本原理的继承,为中华人民共和国的建设和发展提供了宝贵的人力资源支持。新时代劳动教育思想是立足新时代背景顺应我国教育事业发展要求而产生的,从根本上服务于"中华民族伟大复兴"这个核心主题。中华民族所具有的勤劳朴实、诚实勇敢、锐意创新的民族品格是实现中华民族伟大复兴的重要保证,也是辛勤劳动、诚实劳动、创造性劳动等新时代劳动教育目标的本质溯源。开展新时代劳动教育是对社会主义教育事业的继承发展,更是引领我们实现民族复兴的题中之义。

习近平同志在全国教育大会上的讲话为开展新时代劳动教育工作举旗定向,使劳动教育这一中国特色社会主义教育制度的重要内容重新焕发出勃勃生机,这是从中国特色社会主义教育事业发展全局对劳动教育进行了准确定位和价值重识。贯彻新时代劳动教育思想开展新时代劳动教育就是应现实所需,纠正和改善劳动价值观淡化的问题,通过劳动教育逐步唤醒学生的劳动自觉。根据学生的不同年龄特点和身体发育情况安排劳动实践,让学生在劳动中实现手脑并用强化学生的劳动体验感,不断夯实马克思主义的劳动观和劳动价值观。这对于增强学生劳动技能,培养担当民族复兴大任的时代新人有着重要的意义。

课堂案例

优秀共产党员的故事——"铁人"王进喜

"宁肯少活20年,拼命也要拿下大油田!"提起王进喜,大家第一时间就会想起他的这句名言。

1923年,王进喜出生于甘肃省玉门一个贫苦的农民家庭。1950年春,他通过考核成为中华人民共和国第一代钻井工人。

1959年，他作为石油战线的劳动模范到北京参加群英会，看到大街上的公共汽车车顶上都背个大气包，他奇怪地问别人："背那家伙干啥？"人们告诉他，因为没有汽油，烧的是煤气。这话像锥子一样刺痛了他。王进喜后来说："北京汽车上的煤气包把我压醒了，真真切切地感到，国家的压力、民族的压力，呼地一下子都落到了自己肩上。"

1960年春，我国石油战线传来喜讯——发现大庆油田，一场规模空前的石油大会战随即在黑龙江大庆展开。王进喜从玉门油田率领1205钻井队赶来，加入了这场石油大会战。

一到大庆，呈现在王进喜面前的是许多难以想象的困难：没有公路，车辆不足，吃和住都成问题。但王进喜和他的同事下定决心：有天大的困难也要拿下大油田。钻机到了，吊车不够用，几十吨的设备怎么从车上卸下来？王进喜说："就是人拉肩扛也要把钻机运到井场。有条件要上，没有条件创造条件也要上。"他们用滚杠加撬杠，靠双手和肩膀，奋战三天三夜，38米高、22吨重的井架迎着寒风耸立荒原。要开钻了，可水管还没有接通。王进喜振臂一呼，带领工人到附近水泡子里破冰取水，硬是用脸盆、水桶，一盆盆、一桶桶地往井场端了50吨水。王进喜带领全队苦干五天五夜，打出了大庆第一口喷油井。

在随后的 10 个月里，王进喜率领 1205 钻井队和 1202 钻井队，克服重重困难，双双达到了年进尺 10 万米的奇迹。几百斤重的钻杆砸伤了王进喜的腿，他拄着双拐继续指挥。一天，突然出现井喷，当时没有压井用的重晶粉，王进喜当即决定用水泥代替。成袋的水泥倒入泥浆池却搅拌不开，王进喜就甩掉拐杖，奋不顾身跳进齐腰深的泥浆池，用身体搅拌，井喷终于被制服，可是王进喜累得站不起来了。房东大娘心疼地说："王队长你可真是'铁人'呐！"

然而，常年的过度劳累使得"铁人"的身体比常人提早垮了。1970 年 11 月 15 日，王进喜因胃癌晚期不幸病逝，年仅 47 岁。

临终前，他用颤抖的手取出一个小纸包，交给守候在床前的一位领导。纸包里面是他住院以来组织给他的补助款和一张记账单，一笔一笔记得清清楚楚，一分也没有动。王进喜说："这笔钱，请把它花到最需要的地方去，我不困难。"

曾经发出"宁肯少活 20 年，拼命也要拿下大油田"誓言的王进喜，把自己的一生献给了祖国的石油事业。

——摘自：学习强国

第二节 大学生劳动教育

一、大学生群体特征

（一）自我意识强烈，心态开放，富有创新精神

现今大学生的父母能给孩子创造优越的物质条件，同时对孩子寄予较高的期望，家庭的重心往往集中在孩子身上。同时，当今大学生群体成长在一个提倡个性、倡导自由的时代，更注重个体情感的表达，强调个性的彰显。所以，在当今大学生群体的潜意识中往往会更加注重个人意识的表达，他们更多地思考如何保护个人权益，如何努力实现个性化的需求。当今大学生群体成长的时代，中国教育的发展更加完善，使得当今大学生群体拥有更好的教育条件，更具有自由的精神和开拓的思维，更加注重自身的全面发展。

（二）劳动意识和社会责任感淡薄

出于家庭包办生活劳动和学校劳动教育缺失等原因，当代大学生对劳动缺乏认知，更没有劳动情感和劳动体验，导致他们劳动意识淡薄。这种淡薄的劳动意识还滋生出很多坏毛病，表现在不懂得感恩、不尊重劳动者、不爱护公物、不珍惜粮食、不能吃苦、不守纪律、不讲卫生、不热爱运动、不融入团队等。有些学生没有把家庭的关爱、优越的条件当作成长的动力，认为不劳而获、坐享其成是应该的，好吃懒做、虚荣攀比、拈轻怕重、逃避劳动，生活上经不起任何磨难，心理素质差，一旦遇到困难和挫折就悲观失望、怨天尤人。

（三）个体心理失衡

当今大学生群体的价值观更多地受到多元化社会的影响，对人生、金钱及社会关系等方面的思考具有片面性，个体心理方面出现心理失衡的现象，具体表现：在理想和现实之间产生矛盾心理、对事物缺乏基本的价值判断标准、自我调控能力相对欠缺等。

(四)网络化的思维模式

网络化思维是指人类生活在一个由信息化各种社会关系组成的社会网络之中,考虑任何事情都需要从这一网络出发。从本质上说,"网络化思维"是网络时代的一种主体状况。所谓"网络化思维",就是人类在网络化时代背景和"虚拟现实空间"中的思想方式。因为网络化虚拟世界,为人们在特定网络寻求生活意义提供了一个理想化的时空环境。

网络化思维特点:①在网络环境中,大学生思维得到充分发散。就是信息资源多,大学生可以从一条信息入手获得更多的信息,随着链接的深入,呈现在大学生面前的是浩瀚的知识。②在网络环境中,大学生思维趋于表面化。网络营造的环境是多彩的,它可以将信息文化的内容直接以文字、图片或视频资料的形式,呈现在人们的面前。③在网络环境中,大学生思维创新性明显。由于网络是一个少有约束的"王国",在这个"国度"中,大学生们可以尽情发挥自己的想象,无限扩展自己的思维。

当今大学生群体更了解互联网,他们的生活习惯、学习方式、思维模式都离不开互联网,小到食堂吃饭、校园散步,大到课堂学习、了解国家大事,都通过互联网来完成,于是形成了网络思维。当今的大学生群体高校学生追求广阔的网络社交平台,常用网络词语进行沟通交流,喜欢网络学习等。

二、大学生劳动教育内涵

进入新时代,开展大学生劳动观教育也面临着诸多新情况、新问题。其中,大学生劳动观教育的内容亟须变革和创新,故而应开展科学劳动教育、劳动法规教育、创新劳动教育、诚实劳动教育和劳模精神教育等丰富大学生劳动观教育的内容。

(一)科学劳动教育

相较于过去,当代大学生接触劳动的机会较少,对劳动的认知水平不足,劳动能力不够,不利于科学、正确劳动观的形成,因此,开展科学劳动教育势在必行。第一,引导大学生正确认识劳动。大学生要真正理解劳动的本意与内涵,打破片面的劳动观所造成的对于不同劳动分工的误解,让全社会不同工作性质的劳动者实现真正意义上的平等。马克思提出的抽象"劳动"概念让不同类型的具体劳动有了通约和转化的可能,这就意味着一切劳动都在创造价值,不同类型的劳动创造出不同类型的价值,所有劳动都应该被尊重,进而引导大学生正确认识社会分工。第二,加强对大学生劳动技能和劳动素质的教育。习近平总书记指出:"素质是立身之基,技能是立业之本。广大劳动群众要勤于学文化、学科学、学技能、学各方面知识,不断提高综合素质,练就过硬本领。要立足岗位学,向师傅学,向同事学,向书本学,向实践学"。"工欲善其事,必先利其器",劳动素质和劳动技能是人在社会中立身立业的基础,只有掌握扎实的劳动技能,提升自己的劳动素质,大学生才能在未来社会中有立足之本,站稳脚跟。大学生通过理论教学和实践劳动的科学结合,学习现代生产技术的基础知识、基本原理和技巧,养成良好的劳动习惯,培养良好的分析问题、解决问题的能力。

（二）劳动法规教育

社会主义社会是劳动者当家做主的社会。每个公民所拥有的劳动权利和劳动所得不被侵犯，是社会主义社会对于劳动者的根本保障。习近平总书记曾指出："广大劳动群众在发扬光荣传统，正确处理个人利益、集体利益、全局利益等利益的同时，还要树立良好的法制观念，增强法律意识，自觉维护社会和谐稳定。"这也要求高校开展劳动法规教育，强化当代大学生在劳动中的法律意识，大学生不仅应拥有胜任工作的基本劳动知识与技能，而且也必须拥有健全的劳动权益意识。国家制定并颁布了多部与劳动相关的法律和行政条例、部门规章，如《中华人民共和国劳动法》《中华人民共和国劳动争议调解仲裁法》《工伤保险条例》《中华人民共和国劳动合同法实施条例》等，维护了劳动人民作为国家主人翁的地位，在国家层面打下了有法可依的坚实基础。要保证法律法规的贯彻执行，做到有法必依、违法必究，需要所有劳动者的共同努力。只有知法、懂法，劳动者才能用法律的武器维护自己的合法权益。大学生群体中对于劳动法规的了解和基本认知程度不足，这也迫切要求高校开展并强化对大学生的劳动法规教育。通过社会、学校、家庭、网络等多个渠道普及法律知识，同时充分利用课堂时间，结合具体案例向大学生传授法律基础知识，激发大学生对于劳动权益保障的重视，提升大学生知法、懂法、守法的整体水平。进而保证大学生在校园生活和以后社会的工作生活中，做到积极劳动的同时，又能依法维护自身的劳动权益，减少劳动关系领域冲突和矛盾的发生，构建和谐的劳动关系。

（三）创新劳动教育

创造性是劳动的本质特征，马克思曾指出：劳动是积极的、创造性的活动。市场经济是竞争经济，市场经济体制是强调竞争的经济体制，要在竞争中处于优势地位，就要将劳动及其所属产业不断创新、升级。习近平总书记强调："面对日益激烈的国际竞争，我们必须把创新摆在国家发展全局的核心位置，不断推进理论创新、制度创新、科技创新、文化创新等各方面创新。"新时代是创新引领潮流的时代，大学生是未来我国实现驱动创新发展战略的中坚力量和青春动力。因此，要着力培育大学生的创新精神，在"大众创业、万众创新"的"双创"背景下，引导大学生勇于探寻人民生活之需，寻找国家发展诉求，把握时代发展大势，在原有科技和理论成果基础上，在实践中找寻规律、探索未知、不断创新，培养实践能力，培育创新精神。同时，要注重培养大学生的集体意识和合作精神，在尊重个人创新创造的同时，也要鼓励团队创新、集体攻关。"众人拾柴火焰高"，从"两弹一星"的成功爆破升空，到近年来的"蛟龙"入海、"天眼"落成、中国桥、中国路、中国车、中国港、中国网的全面发展等一系列大规模技术攻关和创新工程成果，绝不是仅凭一人之力就可以完成的，而是在发挥集体的力量、集合多领域人才智慧的基础上，才获得的集体创新成就。在此基础上，大学生劳动观教育也要做到因势而新，加强相应体制机制建设，加大鼓励和奖励力度，激发大学生的积极性、主动性、创造性，引导大学生胸怀理想、脚踏实地、勇立潮头、引领创新。

（四）诚实劳动教育

诚实劳动是辛勤劳动的表现，也是创造性劳动的前提。习近平总书记高度讴歌诚实劳动的价值，指出："人世间的美好梦想，只有通过诚实劳动才能实现；发展中的各种难题，只有通过诚实劳动才能破解；生命里的一切辉煌，只有通过诚实劳动才能铸就"。诚实劳动教育是大学生劳动观教育的迫切需要，也是国家发展前进的基本保证。大学生诚实劳动教育的核心就是诚信教育。"人无信不立，业无信不兴，国无信则衰"，诚实守信是中华民族的传统美德。从古到今，人们都把诚信视作修身立业的根本，只有以诚待人，以信立业，才能赢得尊重和信赖，构建和谐的人际关系，实现社会的良性发展。诚实劳动就是要求劳动者在工作岗位上勤恳本分、恪尽职守、实事求是，不剽窃他人劳动成果、不急功近利、不炫耀作秀。诚实劳动是对大学生的基本素质要求，应贯穿治学做人的全过程，是攀登科研高峰的基础保障，是形成完整人格的品行支撑。培养大学生的担当精神是开展大学生诚实劳动教育的必要环节。大学生在学习和生活中的所有劳动过程都不可能一帆风顺，而这些波折很可能导致某些劳动成果不能按时产出，保证时间的同时可能意味着降低质量。无论出现哪种结果，都意味着大学生需要承担相应的责任，这也必然对大学生能否坚守诚实劳动的底线提出了挑战，故而要求大学生面对批评和指责时必须要具备担当精神，不仅要能接受得了赞美，也要承受得住批评。教师和家长在大学生主动承认错误时，不要急于激烈的指责，首先要肯定其诚实的可贵，让大学生明白批评不是因为诚实，而是因为错误本身，进而引导大学生勇于承担责任，在错误面前不逃避，积极向诚实劳动靠拢。

（五）劳模精神教育

树立科学的劳动观，榜样的力量不可或缺。"爱岗敬业、争创一流、艰苦奋斗、勇于创新、淡泊名利、甘于奉献"的劳模精神是伟大时代精神的生动体现。开展劳模精神教育，有利于营造劳动光荣和精益求精的社会风尚，推动大学生劳动观教育的前进与发展。区别于抽象的理论知识和理论符号，劳动模范是有血有肉的人。劳动模范作为生活中的鲜活形象，容易让大学生产生亲近感。劳动观作为价值观的一部分，往往以一种抽象的、理性的形式表现出来。劳动模范是优秀劳动观的肉身载体和化身，是具象的，能够给人留下感性印记。同时，劳动模范具备典型性和代表性，在对他们的事迹进行宣扬的过程中，更容易让人对他们个人、他们的事迹留下深刻的印象，并潜移默化影响大学生劳动观的发展。劳模精神教育就是引导大学生在了解劳模事迹的基础上将劳模精神内化于心，进而外化于行。进入 21 世纪后，我国涌现出了一大批优秀劳动者，评选了全国劳动模范千余人，各省市也评选出了省、市级劳动模范，然而大学生对这些新的先进典型知之甚少。因此，对大学生开展劳动模范人物教育和劳动精神教育势在必行。在开展劳模精神教育中，要让大学生真正了解劳动模范和劳模精神，让大学生清楚哪些人才有资格被称作劳动模范，哪些人才能担当得起劳动模范这一荣誉。劳模精神教育在树立劳动模范高大形象的同时，也要拒绝将劳模形象神化。绝大多数的劳动模范，是从最普通的劳动开始做起，从基层一线工作开始做起，一步一个脚印，成为行业的标杆和楷模。教育者在引导大学生了解劳模事迹、学习劳模精神的过程中，要陈述客观事实，让大学生找到自己与劳动模范之间的共性，看到劳动模范与自己一样都是普通人，但劳动模

劳模精神薪火相传

范凭借自己的辛勤劳动、诚实劳动、创造性劳动，实现了自己的价值，这也正是大学生与先进劳动模范的差距所在。这种共性与特性的交汇冲击也会对大学生产生巨大的激励作用，让大学生意识到劳动模范及其事迹是可学习的、可模仿的，让大学生产生心灵共鸣，激励大学生主动以劳动模范为榜样，鼓舞大学生勤奋学习、勤恳做事、勤勉为人，激发大学生的劳动热情，培养大学生勇于开拓、大胆探索及敢闯敢试、敢为人先的勇气和胆识。

课堂案例

全国劳模、巧匠白清良：把"不可能"变为"可能"

多年过去了，上海北特科技股份有限公司工装部负责人白清良仍然记得他第一次拿到专利时的激动心情。有过一个汗珠子摔八瓣、面朝黄土背朝天的务农经历，也曾与企业家一起白手起家，最终，白清良走上了创新研发的道路。深耕机械自动化领域20余年，白清良先后收获18项国家专利，荣获上海市劳动模范、全国优秀农民工、全国五一劳动奖章、全国劳模等称号。

从黑龙江乡村的农民，到机修厂的小老板，再到科技公司工装部的负责人……白清良扎根实业的经历中，也浓缩着中国制造由弱到强，进而向"智造"转变的生动历程。

不懈钻研

还在轧钢厂做工人时，白清良就非常刻苦。"可以不要钱，我想学门技术"，这是他的心声。为学手艺，他主动为电焊师傅打下手、泡茶、打扫卫生，为的就是师傅提点入门。后来，凭借过硬的焊接功夫，白清良在老家开起了加工厂，几年光景就已小有名气。

这份不懈钻研的功夫，在上海创业之初也派上了用场。生产车间的砂轮倒角工序效率低且粉尘严重，当时只是维修工的白清良利用周末休息时间，一边加工一边安装。3个多月后，他完成第一台倒角机，不仅能自动磨削，还解决了工人近距离操作的安全问题。

然而成功的喜悦未及细品就被浇灭。因为生产效率不过关，企业亮了红灯。没有了资金支持的白清良决定自掏腰包，一定要研制出各方面都合格的设备。又是一个月的苦思冥想，与第一台完全不同工作原理的倒角机图纸完成了，这次的设计使原本需10秒一件的倒角，缩短至1.7秒一件，粉尘问题也得到有效解决。

敢于创新

如今，北特的车间里，第三代倒角机正全速运转，不仅可通过全自动编程操控，还可实现下料、倒角、检测、封装全自动化，仅此一项，每年就能为企业降低成本超百万元。这背后，是白清良勇于创新的工匠精神。

"创新就是要追求突破，追求革新，敢于颠覆传统，敢于挑战经验，始终相信任何事都会有更好的解决方案。"白清良这样理解创新。

2010年，企业设立工装部，白清良和同事们以此为平台，先后研制了无心磨床自动上下料装置、冲床全自动冲切设备、数控和滚丝机共用的自动上下料装置等设备。

令白清良颇为自豪的是，工装部成立至今，共研制了8个类型的自动化设备及生产线，共计120余台套，累计为公司节省成本和创造效益以千万元计。

培养人才

初中学历的白清良是自学成才的。"以前我没有接触过这样复杂的机械结构与装配精度要求，除了请教老师傅，每天回到家里，还要查资料学习机械维修的相关知识。"白清良回忆，以前每天回家第一件事就是对着书本和电脑学习，一学就是几个小时。半夜里突然有点灵感，他就赶紧起床记下。如今，白清良的徒弟里有大学生，也有业内资深的老师傅，谈起专业问题，大家都会竖起大拇指："服气！"

20多年来，白清良一心追逐着自己心中的机械加工梦。如今年岁渐长，他又有了新的梦想——后继有人。上海市嘉定区华亭镇总工会和企业为他建起了工作室，也有年轻人拜师学艺。对于年轻人，白清良总是毫无保留，给予他们最好的带教条件。有人学成跳槽后，他也不气不恼："年轻人去了别的企业，能促进行业整体水平的提升。"

白清良希望，技术工人能撑起中国制造强国更美好的明天。

——摘自：学习强国

三、大学生劳动教育意义

（一）有利于引导大学生积极就业、大胆创业

习近平总书记曾多次强调，要在全社会范围内大力弘扬劳动精神和劳模精神，引导包括大学生在内的全体人民辛勤劳动、诚实劳动、创造性劳动。在以马克思主义劳动观为指导的大学生劳动观教育过程中，引导大学生树立正确的劳动观念，正确认识劳动的价值和社会分工，认识现今的社会生产是多种劳动分工组合而成的复杂有机系统，无论何种劳动类型，都没有高低贵贱之分，都可以创造社会价值和实现个人价值，进而引导大学生树立科学、正确的就业观。随着中国特色社会主义事业进入新时代，我国的经济水平不断提升，当代大学生对待劳动的态度已经产生了由传统的谋生手段向实现自我价值的转变。对于多数接受了良好教育的大学生来说，劳动除维持生计外，更是为了发展自己、完善自己、实现自我价值、得到社会认可。大学生对具有挑战性的工作及新型职业的尝试度和接受度不断提高，不断探索未知领域，把攻坚克难作为实现自我价值的方式，创新创造的热情不断升温。当今时代，科学技术迅猛发展，创新性、创造性劳动正在创

造越来越高的社会财富和社会价值,日益成为社会财富创造的中坚力量。在国家扶持创新创业的背景下,引导大学生积极创新、大胆创业,不仅有利于这些有梦想、有意愿、有能力的大学生发挥所长,成为创业主体,更有利于实现创新、支持创业,创业带动就业,进而推动整个社会的发展。开展大学生劳动观教育,激发大学生参与劳动的积极性与主动性,发掘劳动中的创造性,培养大学生的创新精神,促进大学生积极探索、大胆创业。

课堂案例

创业能手 奋斗青春——第十三届中国大学生年度人物仇元旭

仇元旭,共青团第十八届全国代表大会代表,第十三届中国大学生年度人物。她平均学分绩点4.34,专业排名第一,收获各类奖学金的超级学霸;是包揽"创青春"国家金奖、"互联网+"国家银奖等各种大赛荣誉的竞赛达人;是活跃在G20、学运会志愿服务一线的杰出志愿者;也是被学弟学妹们称为"仇妈"的最信赖的领路人……创业梦想,志愿激情,汇成了她的整个青春。她说,青春就是拿来奋斗和奉献的。

这是一个"学霸"的"创业"梦

平均学分绩点4.34,专业排名第一,托业考试845/990,获福慧"美国赵氏延芳基金"奖学金,优秀学生一等奖学金,"三好学生"等荣誉,她是传统意义上的"学习达人"。但她觉得还不够,所学应当为所用。

自大一便进行创业实践,作为杭州贝越贸易有限公司的成员,她伴随着公司一同成长。在这一过程中,贝越从一个普通的电商零售商发展成为电商母婴服务商。公司也从刚成立时亏损30余万元发展到现在年销售额突破7 000万元,净利润达到660万元。

这得益于她运用所学知识将公司创造性地定位为基于柔性供应链、集渠道商和电商服务商于一体的电商母婴服务商。改革是痛苦的,但迫于公司生存的压力,却是不得不改的。在那些讨论公司未来发展规划的无数个日夜里,她同创始人们讨论了几十种方案,但往往都因各种原因被否决。在某次公司内部的吐槽会上,她不经意间吐槽了母婴品牌商和电商平台之间"多对多"的复杂模式,然而在吐槽后,她开始思考,公司是否可以既做电商服务商又做渠道商呢?于是,便有了现在的集渠道商和电商服务商于一体的电商母婴服务商——贝越。作为电商服务商,满足母婴品牌商现款现结、降低库存的需求,同时,也满足了电商平台延长账期、降低库存、提升品类运营能力的需求。作为渠道商,贝越把母婴品牌商和电商平台之间"多对多"的复杂模式,转变为贝越的"一对一"模式,减少交易次数,提高了供应链效率。此外,她认为如果只是渠道商和电商服务商,这似乎还欠缺了点东西。于是她提出了打造柔性供应链的概念,他们在母婴品牌商、贝越、电商平台三个供应链成员中，基于互联网思维，以贝越为核心，打造出了一个快速反应、运作高效的柔性供应链，三者信息共享、风险共担、利益相关。经过对公司进行了一系列的变革，公司发展逐渐进入了快车道。

在创业实践的过程中，她凭借贝越独特创新的商业模式，带领团队部分成员参加各级各类创业竞赛，一张张获奖证书见证了她的成长与坚持。她说，"创业与竞赛对于我来说，收获最大的其实是团队的凝聚力。那些没日没夜地讨论公司发展规划的日子；那些累到无以复加、备战比赛过程中，不断完善商业计划书，修改路演PPT的日子；那些相互道晚安，相互催睡觉，却谁也不去睡，都在继续努力的日子。现在回望起来，大概就是所谓的奋斗、青春和友情。"

这是一个"创业者"的"公益"情

热心公益的她整合手头上的创业资源，与志同道合的学弟学妹一起参与了学校的"互联网+"乡村公益教育计划。2016年7月，团队在浙江衢州进行支教时发现很多家庭较为贫困，因此，她带领团队开始尝试对农民进行电商培训，培养农村的电商创业人才，有针对性地开展线上结对帮教电商技能培训，累计受益农民20 000余人。

2016年9月G20杭州峰会期间，她是境外媒体发证组志愿者组长，在接待酒店负责给包括港澳台在内的境外媒体记者发证的工作。作为向境外媒体记者朋友们展示杭州的第一张名片，他们的一举一动都代表着杭州乃至中国的形象，正式上岗的第二天，他们就以优良的姿态透过央视的摄像机在新闻联播上展现了小青荷的良好风貌。因为在此次峰会中的突出表现，她被中国青年志愿者协会授予"杰出志愿者""优秀志愿者"。

此外，她的志愿经历还包括2022年第19届亚运会组委会成立大会和执行委员会第一次会议志愿者、2016年4月11日世界帕金森病公益慈善大会志愿者，同时，她还是中国红十字会的个人会员，参与组织举办过多次校园献血活动，个人累计献血达1 300 mL。她说，做公益、做志愿，不用理由，就是很想做志愿。

创业的梦想，志愿的激情，引领的责任感，汇成了她的整个青春，用梦想点燃激情，为责任永不放弃。

——摘自：学习强国

（二）有利于实现大学生德、智、体、美、劳全面发展

党和国家历来十分重视德、智、体、美、劳"五育"的全面协同发展。虽然出现过"五育"变"三育""五育"变"四育"的提法，但党和国家领导人曾明确指出，"劳"作为全面发展的要素之一不可或缺。进入21世纪，党中央站在新的历史高度重新诠释了劳动的意义及内涵，多次强调了劳动的重大意义，特别是党的十八大以来，习近平总书记发表一系列重要讲话，就劳动、劳动者、劳模精神等内容进行了深刻阐述。在全国教育大会上，又重新明确提出了社会主义建设者和接班人应德、智、体、美、劳全面发展。习近平同志的劳动思想回应了新时代的重大关切，开创了新时代中国特色社会主义劳动思想的

新局面。全面发展中的"德、智、体、美"也与"劳"之间有着密不可分的关系，五个要素作为一个整体，彼此之间相互融合，相互促进，共同发展。一个讲德行的人、有智慧的人、强体魄的人、善审美的人，必然是一个爱劳动的人。拥有良好道德品质的人，必然做事勤勤恳恳，工作兢兢业业；反之，品质不良的人，大多抱着不劳而获、坐享其成的心态而懒散、怕苦、畏难。有智慧的人，多善于思考、乐于创造，主动学习理论知识，并能将理论联系实际，学以致用，用知识指导劳动，进而打造高效率、高品质的劳动成果。培育大学生树立正确的劳动观，实现以劳树德、以劳增智、以劳健体、以劳育美，最终实现大学生德智体美劳的全面发展。

（三）有利于培育和践行社会主义核心价值观

党的十八大提出，倡导富强、民主、文明、和谐、自由、平等、公正、法治、爱国、敬业、诚信、友善，积极培育和践行社会主义核心价值观。社会主义核心价值观体现了社会主义意识形态的本质要求，站在人民的立场上对当今社会的错误观念进行批驳，回应社会关切。人民的立场即是根源于广大劳动者和劳动人民的立场。对社会主义核心价值观的培育和践行，是依托于物质、精神、社会关系等的生产活动展开的，因而，社会主义核心价值观必然有劳动观贯穿其中。

国家层面"富强、民主、文明、和谐"理念的实现，离不开劳动。劳动是财富的源泉，国家的繁荣富强根源于追求全体劳动人民的共同富裕，必须要靠劳动者的劳动才能实现；我国实现社会主义民主，其本质就是要捍卫劳动者的民主权利，推进基层民主建设，有效落实广大劳动人民的知情、参与、监督的权利，实现广大劳动人民当家做主；国家的文明，也需要以中华传统劳动美德和马克思主义劳动观为精神本源和教育依托，引导广大劳动人民不断提升自己的文明程度和综合素质，构筑文明社会；国家的和谐更要靠劳动者的互助沟通、携手共进、理解包容，发现问题，及时化解，正确处理，构建和谐劳动关系，进而实现国家社会的和谐安宁。

社会层面"自由、平等、公正、法治"根源于追求劳动自由、劳动平等，借助劳动法治来实现劳动公正。劳动是人的内在本质，人的自由的实质就是劳动的自由，人只有实现了自由自觉的劳动才能摆脱自然和社会的束缚获得解放；劳动是每个人的基本权利，合理的劳动和支配劳动的权利不应被无端剥夺，这也要求国家和社会通过社会主义制度保障来实现每个劳动者平等地获得劳动机会和劳动成果的权利；好逸恶劳、投机取巧的不齿行径永远都要被抵制，社会主义公平正义遵循合理分配劳动成果原则，只有诚实地付出了辛勤劳动的人才能享受社会飞速发展的成果；历史的经验告诉我们，完全盲目地平均分配是不科学、不可行的，实现"两个一百年"奋斗目标，实现全体人民的共同富裕，依靠的是全体人民的共同努力，绝不能纵容贪图享乐、浑水摸鱼的"懒汉"心态的滋生；法治是实现真正的公平正义、保障最广大人民根本权益的最坚实的手段。

个人层面"爱国、敬业、诚信、友善"更离不开科学、正确的劳动观的引导。一个人最好的爱国方式的表达不是高呼口号、敲锣打鼓，而是以真真切切的劳动行动，为国家的建设贡献自己的力量；敬业的重要内涵就是敬劳动，立足岗位，在每个平凡岗位上辛勤劳动，才能创造不平凡的成绩。习近平总书记多次强调劳动者要诚实劳动，这也是当今社会市场经济规则下对劳动者的基本道德要求,各种难题的破解根本上都要依靠脚踏实地的诚实劳动来实现;在社会主义制度的切实保障下,维护好广大劳动者的根本利益,化解矛盾争端,实现劳动者之间的友善相处。可以说,社会主义核心价值观的践行,离不开劳动观教育对于广大劳动者的辛勤劳动、诚实劳动、创新性劳动的积极引导。开展劳动观教育,对大学生培育和践行社会主义核心价值观,意义深远。

(四)有利于实现中华民族伟大复兴的"中国梦"

以习近平同志为核心的党中央以恢宏的理论勇气和卓绝的政治智慧,描绘了"中国梦"的宏伟图景。实现中华民族伟大复兴的"中国梦"是中华民族近代以来最伟大的梦想,凝聚了几代中华儿女的夙愿。现在,我们比历史上任何时期都更接近"中国梦"。但我们也必须清醒地认识到,我国正处于并将长期处于社会主义初级阶段,中华民族的伟大复兴,不是轻轻松松、敲锣打鼓就能实现的,需要每个人的辛勤劳动和不懈努力。改革开放至今40余年的时间里,中国经济飞速发展,社会总体达到小康水平,国际地位日益提高。正是通过广大人民的辛勤劳动、诚实劳动、创造性劳动,中华民族实现了从站起来、富起来,到强起来的伟大飞跃,拓展了发展中国家走向现代化的途径,也为解决全人类的发展问题贡献了中国方案。大学生作为中国特色社会主义事业的建设者和接班人,拥有正确的劳动观,对于整个国家的经济、政治、文化、社会、生态文明方面的建设都有极其重要的意义。经济社会发展离不开社会各界劳动人民的共同努力,弘扬劳动精神、工匠精神、劳模精神,引导全社会人民为中国经济社会发展汇聚力量。国家的政治建设所需要的物质保障和精神支撑,离不开劳动人民在正确劳动观指导下付出的辛勤劳动和在劳动过程中培养出来的坚韧品格。社会主义文化建设领域在创造崭新文化、繁荣文化事业、满足人们的精神需要的过程中,都离不开正确劳动观的精神引领作用。在社会主义生态文明建设方面,促进人民树立"绿色劳动"的劳动观,倡导人们不仅要热爱劳动,更要贯彻新发展理念,加快美丽中国建设。因此,引导大学生树立以劳动托起"中国梦"的价值理念,对于我国建设现代化强国的事业助益颇多,也为实现中华民族伟大复兴"中国梦"目标的稳步前行提供了不竭动力。

四、树立正确的劳动观

科学劳动观的树立对大学生实现自由而全面的发展具有重要的意义。新时代大学生劳动观教育的内容集中在引导大学生形成正确的劳动幸福观、劳动价值观、劳动道德观和劳动创新观这四个方面。

(一)劳动幸福观

劳动幸福是指人通过劳动使自己的人类本质得到确证所得到的深层愉悦体验。劳动幸福是对劳动本质的还原,劳动使人成为真正的人。人只有通过劳动才能激发自身潜能,实现自由而全面的发展,才能获得劳动幸福。劳动幸福是最高形态的幸福。习近平总书记也曾多次强调"幸福不会从天降,美好生活靠劳动创造"。大学生劳动观教育要引导学生反对不劳而获、好逸恶劳、坐享其成等错误思想，坚信"劳动是奋斗出来的，美好生活是靠自己的双手创造出来的"。人通过劳动获得的幸福感是内心感知到的持久而又真切的幸福。与此同时，劳动观教育也要注重培养学生"奉献即幸福"的高尚劳动品德，避免把劳动幸福狭义地理解成为个人幸福而劳动，要有用满腔青春热血服务社会、奉献国家的豪情壮志，要甘于为他人而劳动，为社会谋福祉。

（二）劳动价值观

劳动价值观是指劳动者的劳动价值判断和价值选择，包括对劳动价值、意义和目的的基本看法与态度。马克思和恩格斯认为，劳动是人类存在和发展的基础。劳动不仅是满足人类生存必需的手段，也是人类幸福生活的基础。一切物质财富和精神财富都是由劳动创造。在新时代背景下，要全面贯彻落实习近平总书记在全国教育大会上提出的"劳动最光荣、劳动最崇高、劳动最伟大、劳动最美丽"的劳动观念，帮助大学生形成正确的劳动价值观，树立正确的世界观、人生观和价值观，促进大学生全面发展。在全社会营造劳动光荣、劳动幸福的社会风尚，教育引导大学生要尊重劳动、尊重劳动者，使他们以后步入社会具有积极健康的就业择业观和强烈的社会责任感，通过"辛勤劳动、诚实劳动、创造性劳动"书写人生华章、创造幸福生活，进而成为符合社会发展需要的栋梁之材。

柴晓艳：从事快递行业 劳动创造幸福

（三）劳动道德观

劳动道德观主要反映出人的劳动道德认识、劳动道德情感和劳动道德意志，体现于人们在劳动的过程中对他人、社会所展现出来的心理特征和行为表现。劳动道德观教育要积极引导大学生树立诚实劳动、合法劳动及"劳动只有分工不同，并无高低贵贱""体力劳动和脑力劳动都值得尊敬和鼓励"的正确劳动认知；强化学生"实干兴邦"的家国情怀和"尊重劳动、尊重劳动者"的人本关怀；注重高尚劳动品德和宝贵劳动精神的培育。同时，坚持用"爱岗敬业、争创一流、艰苦奋斗、勇于创新、淡泊名利、甘于奉献"的劳模精神和"精益求精、追求卓越"的工匠精神，激发大学生的劳动热情、培养大学生的劳动品德，引导大学生主动投身实践，使大学生在劳动中磨炼意志、增长才干，体会辛勤劳动带来的欣喜和收获，形成"热爱劳动、尊重劳动"的真挚情感。

（四）劳动创新观

劳动创新是使人类进化的决定因素，是推动人类社会进步的基础力量。在人类社会的早期，人类不断迸发出创造性劳动的火花。火的发明和其他生产工具的出现，逐渐实现了人从动物中的脱离，推动了人类的进化。经过三次工业革命的洗礼，人们通过创新性劳动实现了劳动从低级向高级形态的发展，加速了人类创造物质财富和精神财富的进程，推动了人类社会的进步。随着新时代互联网和人工智能的日渐崛起，数字化、网络化、智能化席卷人们生活的方方面面，劳动形式逐渐由体力劳动转向脑力劳动、简单劳动转向复杂劳动、非创造性劳动转向创造性劳动，简单重复性劳动逐渐被人工智能替代，创造性劳动的社会需求越来越大。因此，加强大学生劳动创新观教育，引导大学生以求真务实的态度学习现代生产理论知识，掌握日常生活劳动技能、生产劳动技能和服务性劳动技能，鼓励大学生多参与动手操作、智力开发等实践活动来开阔视野、迸发灵感，调动他们智力、思维、直觉和意志等大脑功能的发挥，激发劳动创造的潜力。

课堂案例

大学生志愿者，抗疫队伍中的重要力量

大学生志愿者，是社会志愿行动中的一支重要力量。

在抗击疫情中，有这样一群大学生志愿者——归乡，在做好自我防护的前提下，以多种方式参与到防控工作中。有的坚守在宣传一线为大家把疫情防控相关信息及时准确地发布，有的利用专业优势制作疫情防控宣传漫画在网络上传递正能量，还有的回到家投入到当地社区疫情防控工作中。

"本着安全的原则，真正做到'护己即护人'"

徐杰是北京化工大学化学学院2017级硕士研究生，家乡在湖北省黄冈市浠水县徐家坳村。原本准备趁着寒假，在家陪家人。2020年1月24日，黄冈市疫情防控升级，徐杰就主动向村支书请缨加入村部的防控工作。

做好安全防护的他，每天跟着村支书去村里每家每户宣传病毒知识，贴宣传标语，发病毒防护宣传标语，设劝导岗，告诫村民不要外出，外出必须戴口罩，不要聚餐，不要聚会。短短的几天时间之内就走遍了全村378户，每天工作12小时以上。

随着疫情的发展，镇上给从外地回乡人员配备了温度计和"温馨提示"，徐杰新建了"徐家坳村疫情防控群"，告诉从武汉及黄冈市回乡人员每天必须早晚量两次体温，并发到群里。他每天进行记录汇总，上报给有关部门。

在与辅导员老师的联系中，徐杰说："全国各地无数医生和护士主动请缨，支援湖北抗击疫情的战斗。他们的事迹深深地鼓舞了全国人民。作为一名共产党员，我没有理由袖手旁观。"

"发挥专业特长来支持疫情防控工作"

面对疫情，可以为家乡做些什么？中国人民大学环境学院2019级硕士生曹松林除和学校一起，搭建"众志成城人大人，共战疫情心连心"的活动，为前线同学传递正能量外，他还利用专业知识，探索更多可能。

"新冠肺炎疫情的暴发与野生动物交易有关。在老师的指导下，我们进一步探究野生动物保护立法、生态保护区的边界明确与管理和生态保育。"曹松林说。

疫情之下，医疗废物处理、医疗废水和城镇生活污水监管、生态环境应急监测等都面临巨大挑战，曹松林还和老师、同学们一起，研究疫情防控对环保治理体系与治理能力的挑战和应对。

"未来，我们要研究的是如何利用生态扶贫助力乡村振兴，进一步加强人居环境整治，提升乡村基层组织的治理能力。"曹松林说。

"在应激的作用下，我们的情绪、认知、行为都会出现相应的变化，甚至产生一系列生理反应，扰乱我们的日常生活。"身在老家西安的北京师范大学心理学部硕士研究生璩泽撰写着与普通民众心理健康相关的文章。他加入学校科普宣传小组中，收集与疫情相关的科普、报道等相关信息，撰写与医护人员、患者及家属还有普通民众心理健康相关的文章，通过微信公众号宣传出去，帮助相关人员与普通民众了解在疫情发生期间自己的心理状态、社会环境可能会发生哪些变化，以及如何应对这些变化所带给我们的不适感。

工作很辛苦。他和伙伴们每天都会在群里相互提供支持、相互鼓励。"我相信，我们一定可以打赢这次防疫攻坚战。"璩泽说。

"在志愿活动中，个体更能够感受到劳动和奉献的价值"

王静雅，是首都经济贸易大学劳动经济学院2017级人力资源管理班本科生。对她而言，最有意义的事情莫过于加入疫情防控志愿服务队伍中来，每天值班9个小时。她把这种参与感称为"被需要感"，这也是她一直坚持下去的动力所在。

王静雅的老家在山西晋城陵川县。在关注疫情的过程中，她了解到自己家所在的社区在招募疫情防控志愿者，想到自己是一名党员，便毫不犹豫地报名参加。"维护秩序，登记出入社区车辆和人员信息、测量体温、劝阻不戴口罩的居民等，都是一些力所能及的事情。老家的冬天格外冷，在室外登记车辆人员信息的过程中，手握不住笔、脚迈不出步的时候很多。想要放弃的时候看到大家仍然在坚守，这一幕给了我坚持的动力，也让我真切体会到了一线工作者在为我们负重前行；我也看到了公平、公正、刚直不阿的品质在大家身上闪闪发光。"王静雅说。

第三节　大学生劳动教育的原则

新时代加强大学生劳动教育，需要在明确目标定位基础上，结合新时代、新要求和大学生群体思想行为特点，重点把握好以下四个基本原则。

一、思想教育与劳动教育相结合原则

坚持思想教育与劳动教育相结合原则，注重劳动教育的价值塑造。新时代加强大学生劳动教育是提升受教育者的劳动素养，促进其德、智、体、美、劳全面发展的实践活动过程。劳动是人的社会属性，从有利于学生职业发展的视角来看，掌握一定的劳动知识技能及具备正确的劳动观念、劳动态度、劳动品德是首要、最迫切的发展需要。因此，高校开展劳动教育在重视劳动技能和劳动锻炼的同时，还应坚持劳动教育与思想政治教育相结合，既要激励大学生努力学习劳动理论知识、提高劳动技能水平，还要加强大学生价值观念塑造、劳动情感培育，强化劳动责任感、使命感、荣誉感。关键是要把社会主义核心价值观教育融入劳动教育的全过程，推出一批富有思想性、知识性、教育性的劳动实践项目。通过多种形式，培养学生的创新精神和实践能力，实现以劳育德、以劳增智、以劳强体、以劳育美为成就大学生的幸福人生奠定坚实基础。

二、外在价值与内在价值相结合原则

坚持外在价值与内在价值相结合原则，体现劳动教育的人文关怀。中华人民共和国成立以来，我国劳动教育的政策发展经历了不同历史阶段，虽然不同历史时期我国劳动教育的价值诉求侧重点各有不同，但也有一些共同之处，即我国劳动教育表现出明显的服务社会发展的外在目的取向，来自教育系统之外的需要左右着劳动教育的走向。这反映出我们对劳动教育的价值意义把握不到位，忽视了劳动教育在人才培养过程中的重要作用，割裂了劳动与人的身心健康及全面发展之间的逻辑关系。新时代加强大学生劳动教育，要坚持"以生为本"的教育原则，尊重大学生在劳动教育中的主体地位和作用，切实增强大学生在劳动活动中的幸福感、获得感、安全感。在此基础上，引导大学生自觉把个人的理想追求融入国家和民族的事业，建构个人与集体、个人梦与"中国梦"融合统一的命运共同体，实现新时代大学生的全面发展。

马克思主义历史唯物史观强调，劳动是人类的本质活动，劳动改造自然、劳动创造世

界、劳动创造人本身，离开劳动人类就不能生存与发展。这些本质特征决定了劳动始终是推动社会发展、人类进步的根本力量。即使到了新时代，人工智能可以代替人类的部分体力或脑力劳动，人类的自由时间明显增加，但绝不能滋生贪图享乐、好逸恶劳的心理。人类的文明进步、社会的健康和谐、国家的繁荣富强，依然离不开"中国制造"硬实力的支撑，离不开全体社会成员人尽其才、各尽所能的辛勤劳动、诚实劳动、创造性劳动。习近平总书记强调："劳动是人类的本质活动，劳动光荣、创造伟大是对人类文明进步规律的重要诠释""人民创造历史，劳动开创未来。劳动是推动人类社会进步的根本力量。实现我们的奋斗目标，开创我们的美好未来，必须紧紧依靠人民、始终为了人民，必须依靠辛勤劳动、诚实劳动、创造性劳动""劳动是财富的源泉，也是幸福的源泉。人世间的美好梦想，只有通过诚实劳动才能实现；发展中的各种难题，只有通过诚实劳动才能破解；生命里的一切辉煌，只有通过诚实劳动才能铸就"。这一系列论述生动诠释了马克思主义劳动观在新时代的深刻真理性。新时代劳动教育以更生动、更接地气、更有显示度的方式彰显着劳动的本质特征。

　　新时代的劳动不能只把体力劳动、简单劳动看成劳动。一方面，要充分认识新时代劳动形态的丰富性。脑力劳动与体力劳动、群体劳动和个体劳动、有偿劳动和公益劳动、简单劳动和复杂劳动、创造性劳动和重复劳动、生产领域的劳动和非生产领域的劳动等都是劳动。不同形态的劳动在社会生活中不可或缺，既不把某一种劳动形式理解为劳动的全部，也不以一种形式否定相关联的另一种形式，"不论是体力劳动还是脑力劳动，不论是简单劳动还是复杂劳动，一切为我国社会主义现代化建设做出贡献的劳动，都是光荣的，都应该得到承认和尊重"。另一方面，要充分认识新时代劳动关系的复杂性，强化劳动教育的人本情怀，正确认识体力劳动的社会价值，尊重体力劳动和体力劳动者。新时代的社会追求让体力劳动者变得越来越有文化，生活越来越丰富多彩，劳动的技术含量、收入、社会地位越来越高。回归劳动教育促进个体全面健康发展的内在目的，认识新时代劳动为自身全面发展创造的有利条件、提出的素质要求，加强职业生涯规划学习。从劳动是"生活的第一需要"而不仅是"谋生的手段"的立场出发，根据自己的才能、天赋、兴趣爱好就业创业，真正把劳动作为实现自我价值的内在需要。

三、正向激励与负向激励相结合原则

　　坚持正向激励与负向激励相结合原则，突出劳动教育的示范引领。劳动教育是促进人的全面发展的重要内容，也是高校落实"立德树人"根本任务的重要途径。新时代加强大学生劳动教育需要构建"以生为本"的多元化考核评价体系，坚持正向激励与负向激励相结合的基本原则，创新激励约束机制。例如，采取将考核评价成绩作为评奖评优、入党入团的重要依据并设立专项奖学金等方式，有效调动大学生参与劳动教育的积极性和主动性，充分发挥榜样的示范引领作用。劳动教育成效的评价，要满足多角度、多形式的多维要求，对于学生的劳动理论知识认知情况可以使用卷面测试、论文撰写等形式进行量化考查，而对于学生的劳动实践效果可以采取社会实践、志愿服务等形式进行质性评价。同时，在评价过程中，要科学对待大学生和教育者之间主客体关系的统一，既要评价大学生在劳动实践中的劳动纪律、劳动态度、劳动技能等，也要对教育者的授课能力、专业劳动技能水平等进行评价。

四、校内教育与校外教育相结合原则

坚持校内教育与校外教育相结合原则,拓宽劳动教育的路径选择。高校作为大学生日常学习生活的第一场所,其优越的人文环境和良好的硬件设施对于大学生的观念塑造、素质提升、习惯养成具有积极作用,尤其是在发挥劳动综合育人方面作用突出,是开展大学生劳动教育的主要阵地。社会和家庭作为大学生学习生活的第二场所,在大学生的成长成才过程中发挥着重要的作用。对加强大学生劳动教育的效果影响值得重视,是高校开展大学生劳动教育工作的延伸和有益补充。因此,需要把握高校、社会、家庭各方面的教育优势,建立校内与校外的协同育人机制。高校运用教学场景优势,突出观念塑造作用;社会依托实践场景优势,强调素质提升作用;家庭发挥劳动场景优势,强化习惯养成作用。劳动教育是实现大学生社会性发展的教育活动,必须打破高校的劳动教育话语权垄断地位,促进高校、社会、家庭三方优势资源的整合提升,共同推进大学生劳动教育取得实效,达到 1+1+1>3 的教育效果。

课堂案例

"生命摆渡人":快递小哥汪勇

汪勇,35 岁,武汉一家快递公司的快递小哥。2020 年春节,国内新冠疫情最严峻的时候,在疫情重灾区——武汉,"封城"让大家都隔离在家中,而他选择和医护人员一同逆流而上,成为医护人员的"摆渡人"和"大管家"。

这一切要从大年三十的晚上说起。汪勇看到一条朋友圈:金银潭医院的医生、护士求助,需要有车送他们到盘龙城。经过激烈的心理斗争,汪勇瞒着家人出了门。他第一次接送的是金银潭医院的一名护士,大年初一这一天他陆陆续续接送医护人员超过 30 人次,不仅没有收钱,还保证"能来接一定再接"。为了更方便地服务医护人员,汪勇住在仓库。看到这么多医护人员的艰辛和物资的紧缺,他开始组织招募志愿者,成立团队。只要医护人员有需要,从出行到用餐,从日常用品购买到维修,他无一不想尽一切办法实现,还联系到了共享单车、共享电动车,解决医护人员的灵活用车需求,缓解了一部分志愿者司机的压力。

"不为什么,就觉得我应该做点什么",从一个人到一群人,"办不办得成我不知道,但我一定要去办",汪勇渐渐地变得能够"一呼百应",志愿服务的沟通也更高效了。"扛得住这个阶段命运给予你的艰苦,以后我可以扛得住自己所做的任何选择。"这是他的回答。

第四节　大学生劳动教育的技能培育

一、当前大学生劳动技能水平现状

（一）劳动教育相关课程设置缺乏科学性

在进行教学时，一些学校过于重视培养学生的专业技能，而忽视对学生劳动教育的培养，将职业定位和劳动技能的完善及劳动实践活动等相分离。有些学校设立了劳动教育课程，但是这些课程的教育目标不明确，缺乏科学性。与此同时，部分学校缺乏应有的劳动教育评价考核体系，缺少对学生的自主实践能力及团队意识的必要考核，甚至有时存在劳动教育课程被任课教师用来专业教学的情况，导致劳动教育课程发挥不了其应有的作用。院校自身不重视劳动教育的重要性，导致学生劳动技能水平偏低。

（二）劳动教育课程的实践性和应用性活动缺失

首先，受传统教育教学的影响，我国劳动教育课程的课时安排相对较少，教学的主要方式还是以老师讲学生听为主，所传授的内容也多停留在课本的理论知识上，缺乏必要的实践课程的安排。其次，即使部分院校能够做到实践与理论教学相结合，但是很多实践活动得不到教师的重视，缺乏周密的计划，很多教学实践活动也就流于形式，起不到提升学生劳动技能的作用。最后，由于学校基础设施的缺乏，很多院校无法为学生的劳动实践活动提供所需的实践设备和实践场地，部分学生无法参与相应的实践活动。学生缺乏劳动实践应用能力，缺少劳动经验，导致劳动的积极性不够，劳动态度也不够端正。

（三）专业性教师队伍不足

学校选聘的劳动教育课程教师，基本以该班级的班主任或辅导员为主，其专业来源多样，也未受到系统的培训，任课教师自身对劳动教育的体系理解不够深入。劳动教育课堂中教师讲授的理论性知识居多，课外的劳动实践活动指导不足，对学生劳动技能培养的有效性和针对性不够，导致劳动教育的教学成效不高，达不到最初设定的教学目标。

（四）学生教育管理工作与劳动教育脱节

学校在对学生进行日常教育管理工作过程中，劳动教育并没有贯穿学生的学习和生活,在对学生进行教育时也只是一味地说教,使得教师的教与学生的学无法很好地结合。与此同时,一些学校的管理者受传统教育的影响,他们的职业观念相对落后,在他们看来,教育的最终目的是教会学生必备的专业技能,让他们熟练掌握并且能够获得相应的职业资格证,因此,在教育、管理学生时,更多地强调知识的重要性,鼓励学生要注重知识的学习。而无形中忽略了对学生的劳动观念、劳动意识和劳动技能的培养,这导致学生的劳动积极性不够,劳动素养和劳动能力也不强。

二、加强大学生劳动技能培养意义

职业院校的课程对学生实践能力要求较高,其最重要的目的是培养各行各业所需要的、具有高度专业性的技能实用型劳动者。职业教育最为关键的内容:一方面是如何培育出企业所需的专业人才;另一方面是保证学校教学目标的设置与行业所需人才的匹配性。从劳动技能教学目的看,高素质劳动者的教学目标是建立在特定行业对于劳动者的各方面能力要求的基础之上,从而培育出能够满足行业所需的技能型和应用型人才。就职业教育而言,培养学生具有较强的劳动技能、劳动素养和劳动能力,对他们将来的发展起着重要的促进作用。第一,增强学生劳动技能的培养,是职业院校提高就业率、提升办学核心竞争力的需要。职业院校通过开设劳动教育相关课程,激发学生的劳动意识,提升学生的劳动技能,有利于增强学生的就业竞争力。第二,增强劳动技能有利于学生的职业发展。如今,职业院校部分毕业生在求职过程中面临着一些问题,反映的是学生的综合素质不能完全满足企业生产的需求,与社会发展不相适应。因此,具备较高的劳动技能是学生求职的"敲门砖"。随着社会的不断发展,企业越来越注重应聘者的劳动意识和劳动技能水平,这就决定了职业院校在教学时,要注重学生的劳动技能的培育,增强学生的职业技能,能有效地促进学生的职业生涯发展,为社会提供符合生产一线和管理的专业人才,改善现在社会中存在的人才与岗位不匹配问题。第三,增强劳动技能能够为企业提供生产、管理一线需要的具有较强综合职业素养的技能型和应用型人才。随着我国经济结构的调整,企业对于劳动者的实践能力、专业能力等综合能力有了更高的要求。职业院校培养的学生如果具备较强的劳动技能、劳动素养和劳动能力,能够满足用人单位对专业性、实践性劳动者的需求,为地方及国家经济发展做出贡献。

三、大学生劳动技能培养策略

(一)提升学生的劳动意识

学校教育管理工作者要想提升学生的职业能力,其核心是要改变自己传统的教育观念,特别是要注重对学生的劳动教育,以自己为榜样鼓励全校教师都要重视培育学生的职业能力。在日常的教学和管理工作中要注重课内与课外相结合,把劳动教育贯穿各门课程的学习,并加强以下三个方面的建设:第一,选拔具有理工科背景的教师担任劳动教育相关课程,更好地指导学生的劳动教育实践。第二,学校教育管理工作者在"全员育人"过程中要把劳动教育贯穿管理工作的各环节,全方位、全过程培养学生的劳动技能、劳动素养和劳动能力。第三，加强与校外各企业的联系，校企融合"双元育人"，选择有较强实践能力和丰富知识的专业技术人员担任劳动教育的实践导师，在校企合作单位安排相关劳动教育实践活动，让学生参与劳动体验锻炼过程，从而不断提高学生的劳动态度和劳动积极性，同时，也有利于学生劳动技能的培养。

（二）扩大学生劳动技能培养范围

学生劳动技能培养范围主要包括劳动意识培育、职业品德培育、职业心理素质培育、职业知识培育、职业审美能力培育、职业专业能力培育及创新能力培育七大方面。围绕这七大方面来提升学生的劳动技能，让学生对自己未来的就业倾向进行设想，教师加以劳动教育相关引导。围绕劳动教育对学生开展素质教育及职业道德准则的实践活动，培养他们的劳动品德，不断提升学生的劳动品格。学校在注重学生专业技能培养的同时，也要注重他们劳动技能的培养，要定期开设相应的劳动教育相关讲座，邀请企业生产管理一线的专家与学生分享劳动的价值和意义，不断启发学生的劳动意识。在日常教学中要将劳动技能培养贯穿进去，将能力培养与劳动技能培养衔接起来，举办各种能锻炼学生劳动技能和职业能力的素质教育活动，也可以在假期时举办一些劳动实践活动，鼓励学生参加，派遣专业的教师对学生做相应的辅导。

（三）注重劳动技能教育渗透

学校应制定更加科学系统的劳动教育课程方案，根据各个专业的特点，按照学生自身个性，在平时的教育教学中适当地融入劳动教育，采用正确的教学手段，确保劳动教育的课时。任课教师要做好劳动教育课程的教学设计，提高劳动教育课程的教学质量。学校应逐步提高劳动教育在教学中所占的比重，适当增加劳动实践活动的课时，运用更加新颖、灵活的教学方式，增强学生的劳动技能培养，以求达到预期的人才培养目标。根据各个专业的特点，将教学与劳动教育有机结合，本着积极、主动、适当的原则，让学生积极主动地利用节假日、寒暑假等空闲时间参与劳动过程。同时，组织学生参观各种企业、参加实习实践型活动和勤工俭学活动等，使学生在积极主动地参与这些活动的过程中，认识到自身劳动能力的不足并且加以改正，有利于他们劳动素养和劳动能力的提升。

（四）教育惩戒过程中，适当运用劳动教育形式

学校在对学生的教育管理工作中存在着教育惩戒现象。在教育惩戒过程中，可以适当运用劳动教育形式，对违纪学生安排一定的劳动任务，如值勤站岗、打扫公共区域卫生、送传达室的信件和报刊等，在这种劳动教育过程中，学生能够进行自我反思，达到改变不良行为习惯的目的，无形中也能够激发学生的劳动意识。这种教育惩戒的目的重在教育，是从对学生的关心、关爱和保护的角度出发，希望通过劳动惩戒能促进学生健康成长。当然，教师在这个过程中要按照有关规定和制度，合理实施惩戒的范围、惩戒的程度和使用形式，做到依法依规、合理适度。

课堂案例

船舶焊接"百晓生"张翼飞

在沪东中华造船（集团）有限公司，有一位焊接"老法师"。他身高近一米九，在人群中一眼就能认出来；他曾在厂内创造过一个至今无人能破的纪录——一口气焊完一条8米长的焊缝，整条焊缝没有任何缺陷和接口；他是船舶焊接的"百晓生"，日常焊接中的任何"疑难杂症"，几乎没有他解决不了的——他就是中国船舶工业集团公司首席技师、沪东中华造船（集团）有限公司首席技师，全国劳模张翼飞。

有着"焊神"美誉的张翼飞出生在上海一个普通的工人家庭。他家旁边曾有个工具加工厂，门口经常有人烧电焊。年少的张翼飞对能"迸溅出火花"的电焊活很有兴趣，常躲在墙角看得津津有味。小小的电火花，激起了少年张翼飞的好奇心，也在他的心里埋下了一颗种子——有朝一日争取能成为一名"神奇的电焊工"。

家里四兄弟中排行老二的张翼飞从小就很懂事，知道父母要维持家庭开销不容易。"那时候就想早点工作，为家里多分担一点，多赚点钞票回家。"1977年技校毕业后，张翼飞如愿被分配进入上海沪东造船厂船体车间工作。刚开始工作没几天，张翼飞就发现自己"底子太薄"，技术连班上的女同学都比不过。要强的张翼飞下决心，一定要超过他们，成为一名最优秀的"免检焊工"。

当其他的学徒还在烧简单的平焊时，他却把所有的钢板竖起来烧、横过来烧，故意为自己增加难度；在别人休息时，他仍然顶着高温练习烧焊，火星溅到身上也忍住不放手，直到一根焊条烧完；别人不愿意去焊那些犄角旮旯时，张翼飞主动要求干苦差事。逼仄的工作环境对于身高近一米九，还戴着高度近视眼镜的他来说，更是难上加难。"有时候，我脚在一个格子里，身体在一个格子里，头在另一个格子里，整个身体穿过两个工艺孔分在三个格子里，仰面焊烧。"经过了半年的"魔鬼训练"，张翼飞的焊接水平突飞猛进，一跃成为小组的尖子，让班长刮目相看。1979年，沪东造船厂举办了一次立对接焊接技能比赛，大家原本都认为比赛得奖的一定是那些经验丰富的老师傅，结果没想到，才入厂两年的学徒张翼飞一举夺魁，从直线度、偏差值以及拍片成绩多方面考核获总分第一，技惊四座。台上一分钟，台下十年功。"要达到极致，成为行家里手，就必须吃得起苦。再说了，年轻时候吃的苦那都不叫苦。"张翼飞感慨道。

那次比赛后，厂里领导都知道了电焊班组里有这么一个技术不错的高个小伙。但张翼飞并没有沾沾自喜，反而对自己更加严格要求。厂里经常会有一些X光拍片检验不合格的焊缝需要返工修补，难度较高，一直是由老师傅们来重新打磨修复的。"那时候也是'初生牛犊不怕虎'，我说让我也试试吧！"有的修复了七八次还没完成的焊缝，张翼飞主动承接下来。每一张X光片子，他都会认真比对研究，观察焊接鳞片的位置，仔细查找"病灶"，再盯着碳刨工或者自己亲自上阵，打磨焊缝，进行焊接修复。一条条成功修复的焊缝，得到了前辈们的一致认可。从那之后，只要有修不好的焊缝，大家都会交给张翼飞来处理。经过日复一日、年复一年的钻研与苦练，1989年张翼飞取得了当时全厂第一张ABS船级社颁发的管子全位置焊最高级6GR级焊工证书；1990年破格晋升为技师，成为当时工厂最年轻的焊接技师。

改革开放初期，沪东造船厂参与到了国际竞争之中。但是，想要瓜分国际市场的"大蛋糕"，就必须有"两把刷子"。当时国内的船舶制造业，还远远落后于同期发达国家的船舶企业，这对在船舶制造中有着举足轻重作用的焊接工人们来说是巨大的挑战。1991年，作为公司的技术骨干，张翼飞和多位优秀焊工一起被派往当时技术领先的日本三井公司学习当时最先进的CO_2焊接技术。在日本的一年里，生活是枯燥乏味的。"当时人生地不熟的，唯一的娱乐活动就是看当地的搞笑节目。"张翼飞回忆起那段岁月感慨道："每天只有工作的时候才最开心。"跟着日本师傅刻苦研修一年后，张翼飞和同事的焊接水平与生产效率突飞猛进，甚至远超了日本同行。"他们干不过我们，我们一天干完的活，他们两天才勉强干完。"这让带张翼飞的日本师傅既开心又惭愧，开心的是，他能培养出张翼飞这么优秀的徒弟，惭愧的是，作为前辈，他们居然输给了刚接触这项工艺没多久的学生。

在日本研修的一年时间里，张翼飞不仅学习到了当时最先进的焊接技术，也学习到了日本企业的严谨认真，也让他知道"按照规矩做事"，才能又快又好又安全。在那只有工作没有娱乐生活的一年里，犹如苦行僧般的修炼环境，也让他磨炼了心境，一心把技术练到极致。

回国后，张翼飞成为厂里最顶尖的焊接高手。在亚洲金融危机期间，船舶制造业受到了巨大的影响，不少欧洲的船东也遭受重创。他们在产品验收时对焊接质量百般挑剔，提出了一些过分要求，故意让验收无法通过，造成已经建造完工的船舶延期交船，甚至提出弃船，严重影响到沪东造船厂当时的资金流转和声誉。张翼飞主动请缨，带领团队承接了四条集装箱船的上层建筑的焊接任务。他们严格按照工艺规范焊接，在规定时间内成功完成了任务。就连欧洲船东一直诟病的驾驶室的焊接点，也焊接得完美无缺，让欧洲船东不得不服，对这位"焊神"竖起了大拇指，最终顺利验收。这项任务完成的同时也创造了轰动整个公司的记录：验收用时最短的一个分段只用了五分钟。"只要我们自己的技术过硬，把自己的焊接任务完成好了，再严苛的客户也没理由拒绝签收。"张翼飞道。

20世纪90年代后期，技术过硬的张翼飞参与了军舰的制造与生产。军舰的合金材料和特殊结构与普通民用船只有很大不同。双层结构加上焊接的狭小空间，都使得焊接操作难度升级，这给张翼飞也提出了挑战。他带领着团队迎难而上，攻坚克难。"在焊接军舰时候，会有一种特别的责任感，因为军舰的安全直接关系到子弟兵的安危，关系到国防建设，每一步都不容有失。"

张翼飞还将自己的技能毫无保留地传授给其他的同事们，他每年为公司培训参加军舰建造的合格焊工达600人次以上，为公司提高生产效率，缩短军舰建造周期，保证军舰建造质量做出了贡献。

2010年，沪东中华造船（集团）有限公司工会成立了以张翼飞名字命名的劳模创新工作室，张翼飞带领工作室成员一起，研究攻克各种焊接技术难题数十项，其中《一种对焊工进行LNG船非熔化钨极氩弧焊模拟培训的方法》和《一种凸缘螺柱自动焊机增设照明装置》获上海市专利发明；工作室还举办焊工技能培训讲座近十次，编辑出版《船厂焊工操作手册》，通过"劳模论坛"向公司两级领导班子建言献策，得到了公司领导的充分肯定。

工作室2013年5月获得上海市总工会命名，2014年获得上海船舶公司工会劳模创新工作室优胜奖和沪东中华造船（集团）有限公司年度"先进集体"称号，2016年5月获上海船舶公司工会劳模创新工作室突出贡献奖。

这些年来，张翼飞不仅言传身教，将自己的技能倾囊相授给徒弟们，还将自己的人生感悟与徒弟们分享——"其实焊接就是一个控制熔池的过程，一步一个脚印，脚踏实地，如同我们的人生一样。"

他先后带出过7个全国技术能手，6个省部级劳模，18个高级技师。也有人曾经问张翼飞，怕不怕徒弟反超自己。"其实我不担心的，能超过我最好。我也要感谢这群徒弟，正因为有了他们经常提问，我才会比平时考虑得更多一点，研究得更深一点。"张翼飞笑道。

"不安分"的张翼飞又动起了新脑筋——他正率领着团队开发研究小型的自动化机械焊接设备，用埋弧自动焊取代CO_2手工焊，应用于船体的横向对接焊，希望能用机器将工人们解放出来。如果这项成果可以投产，不仅可以减少对人工焊接的依赖，更能提高焊接质量和效率，或将成为船舶建造史上的一项革命性创新。

2008—2010年度上海市"十大工人发明家"、全国技术能手、中华技能大奖、全国劳动模范、国家技能人才培育突出贡献奖……这些年来，张翼飞凭借业内超一流的技术水平斩获了无数荣誉，在业内名声大噪。

"有人叫我'焊神'，其实我神是不神的，我这么多年来只做好了一件事——船舶焊接。"张翼飞谦说，"每一次焊接，都要认真对待，就像艺术家雕琢艺术品一样，追求细节，追求完美。"

——摘自：人民网

课后实践

一、活动目标

引导学生深刻理解劳动教育的重要意义。

二、活动时间

建议 15 分钟。

三、活动流程

1. 阅读以下材料，结合实际谈谈造成以下现象的原因和对策。

孩子自理能力缺失，劳动意识淡薄

来自北京教育科学研究院基础教育科学研究所的报告显示：美国小学生平均每天的劳动时间为 1.2 小时，韩国 0.7 小时，法国 0.6 小时，英国 0.5 小时，而中国小学生平均每天的劳动时间只有 0.2 小时。针对这种现象，首都青少年劳动教育调研组赴北京市党政机关、教育机构、企事业单位、基层社区实地走访，对首都青少年劳动教育现状进行了摸底调查，据了解，只有不足三成的小学生会整理房间、打扫卫生，很多孩子不会做或者根本不做。调查结论，中国孩子现在自理能力缺失，对于劳动的意识也淡薄。对此，有些家长表示，不是孩子不爱劳动，而是孩子没有时间劳动，也不会劳动。

2. 将学生分成 4～6 个人的活动小组，通过小组内部讨论形成小组观点。
3. 每个小组选出 1 名代表陈述本组观点。
4. 教师进行归纳分析，引导学生深刻认识开展劳动教育的重要性。

第二章 新时代劳动观

学习目标

1. 熟悉新时代劳动观的起源。
2. 认识马克思主义劳动学说的内涵。
3. 掌握中国共产党历任领导人关于劳动的论述。
4. 分析新时代劳动观的文化内涵。
5. 整理中国优秀劳动定位与劳动价值的经典论述。
6. 掌握新时代劳动精神及其要求。
7. 扩展新时代劳动观中的价值构成。
8. 整理新时代劳动观的劳动主体。

案例导入

部分青少年劳动价值观异化五大怪象

现象一：好逸恶劳、嫌贫爱富，不尊重劳动和普通劳动者

受社会不良风气及家庭教育不当的影响，一些孩子从小形成了"劳动分贵贱"的错误价值观。"爸爸妈妈教育我，如果不好好学习，以后就要去扫大街，当工人，进工厂，回家种田"……在他们幼小的心灵里，劳动已然分了贵贱。

现象二：小皇帝、小公主层出不穷，"老儿童""巨婴"越来越常见

受当前青少年的教育环境和成长氛围的影响，本来应该由家庭承担的劳动教育被课外补习替代，小皇帝、小公主层出不穷。如今，甚至出现了"老儿童"现象。天津一所高校的一名女学生，一上大学就带妈妈过来陪读，妈妈白天打工，早中晚过来送饭，给孩子洗衣服，还承包了宿舍的卫生。除了这种陪读，还有学生定期寄脏衣服回家洗，或者花钱雇钟点工去宿舍打扫卫生，学生自理能力堪忧。

现象三：不劳而获、坐享其成在青少年中存在苗头

当前，大中小学生超前消费的苗头已经显现，中小学生使用奢侈品、高档化妆品的新闻频现报端，大学校园贷、裸贷案例层出不穷。据了解，陷入裸贷的女学生中有部分人是因追求奢侈品而无法自拔，还有的不顾学习痴迷于炒期货、黄金和互联网金融P2P，追求"一夜暴富""嫁个富二代，少奋斗10年"。

现象四：不思进取，青年"啃老"现象日益凸显

随着城乡经济条件的改善，一些大中专毕业生不就业或慢就业的情况比较常见。如果找不到"不苦不累，冬暖夏凉，坐办公室"的工作，有些青年宁可回家"啃老"，每天在家上网打游戏，或者拿着父母的钱周游世界，吃喝挥霍。

现象五："年轻人宁送外卖不进工厂"，职业教育没有吸引力

据一些企业透露，现在职业学校的毕业生不愿意去工厂，这其中还包括职业技能大赛上的佼佼者。目前，大量产业工人从制造业流向快递行业，工匠流失现象严重，而这些工匠恰恰又是中国制造业转型升级最缺的人才。

想一想

你如何看待上述异化的劳动价值观？你认为新时代正确的劳动价值观应该是什么？

第一节 新时代劳动观起源

一、理论起源：马克思主义劳动学说的内涵

马克思、恩格斯曾说过："一切划时代的体系的真正的内容都是由于产生这些体系的那个时期的需要而形成起来的。所有这些体系都是以本国过去的整个发展为基础的，是以阶级关系的历史形式及其政治的、道德的、哲学的以及其他的后果为基础的。"

习近平同志新时代劳动观的产生并非凭空臆想，其形成正是这种逻辑的生动写照和客观论证，它依托于习近平同志对中国历史发展中存在的问题的批判和对现实考察的哲思。从理论渊源上看，习近平同志新时代劳动观的形成离不开马克思主义经典作家马克思、恩格斯、列宁、斯大林劳动学说的内涵；从价值传承上看，习近平同志新时代劳动观的形成是对中国共产党领导人毛泽东、邓小平、江泽民、胡锦涛等的劳动论述的赓续；从文化含义上看，习近平同志新时代劳动观的形成深受中华优秀传统劳动伦理、中国共产党劳动文化、红色革命家庭美德的影响；从实践养成上看，习近平同志新时代劳动观的形成离不开其自身在知青岁月时期、地方从政时期、治国理政时期等不同时期和岗位劳动的接续锻造。

习近平同志新时代劳动观的形成，有着深厚的理论渊源，从马克思主义劳动学说汲取了充足的养分和能量。尽管难以从微观上条分缕析地考证他们的劳动学说对习近平同志新时代劳动观产生了哪些直接的、具体的影响，但"劳动"作为马克思主义经典作家演说、著书、立言中的高频词汇，作为人民生存和解决现实生活中遇到各种困难的重要手段，在不同作者、不同时代、不同需求的语境中具有重要的价值。

二、价值传承：中国共产党历任领导人劳动论述

（一）坚持毛泽东劳动论述的价值底色

1. 凝聚广大劳动人民力量

毛泽东同志始终认为，"人民，只有人民，才是创造世界历史的动力。"人民是他不变的信仰，所以他历来主张：动员一切可以动员的力量，团结一切可以团结的人，调动一切可以调动的因素，参加我们的事业，是我们事业胜利的保证。毛泽东同志在《论人民民

主专政》中指出,"人民是什么?在中国,在现阶段,是工人阶级、农民阶级、城市小资产阶级和民族资产阶级。"工人阶级和农民阶级是公认的必须劳动的阶级,是劳动群众最主要的组成部分,更是进行社会生产最庞大的主力军。习近平同志始终"坚持劳动人民的主体地位"的思想在本质上与其是一致的。党的十八大以来,习近平同志多次强调要尊重劳动者,倡导劳动光荣、劳动至上,团结最广大的劳动群众为中国特色社会主义服务,无不与毛泽东同志尊重劳动者、团结劳动者的思想是高度的一致。

2. 采取多维举措提高劳动生产率

无论是革命战争年代,还是和平建设年代,毛泽东同志始终重视劳动生产,重视提高劳动生产率对一个国家的重要性。在分析中国劳动生产率低下的状况后,他总结得出,"任何社会主义的经济事业,必须注意尽可能充分地利用人力和设备,尽可能改善劳动组织,改善经营管理和提高劳动生产率。"毛泽东同志不仅认识到提高劳动生产率的重要作用,而且立足客观实际思考了破解这一难题的可行方法。他认为,"提高劳动生产率,一靠物质技术,二靠文化教育,三靠政治思想工作。后两者都是精神作用。"在这三个方法中,毛泽东同志因为吸取了国外现代化的成功经验而格外看重物质技术,他指出,"资本主义各国、苏联,都是靠采用最先进的技术,来赶上最先进的国家,我国也要这样。"正是因为有了"科学技术这一战,一定要打,而且必须打好"的宏伟目标,他大胆设想、顶层规划,致力于让手工业、工业、农业等相关产业都逐步实现机械化。可以看出,毛泽东同志关于提高劳动生产率的论述,对习近平同志重视发展科技、培养人才有重要的影响。

3. 力促劳动与教育的融合

在毛泽东同志求学的过程中,他极力反对当时盛行的贬低体力劳动、抬高脑力劳动、将两者完全割裂对立的现象,主张实行半工半读的教育模式,使家庭、学校、社会合而为一。他进行了多次尝试,以期用自己的行动践行体力劳动与脑力劳动的结合,重新诠释"劳工神圣"。此外,他发现教育和劳动是不容分开的,一方面,教育应该为无产阶级政治服务,培养出有觉悟有文化的劳动者;另一方面,劳动人民要知识化,尤其要重视教育。在他看来,"我们的教育方针,应该使受教育者在德育、智育、体育都得到发展,成为有社会主义觉悟的有文化的劳动者。"他立足不同教学对象,分析了教育与劳动结合的必要性和可行性。中华人民共和国成立后,教育与生产实践相结合,成为普遍的实践原则,以农民为主体的教育思想逐步向全民整体教育思想转变。在职业教育方面,毛泽东同志则主张学校以办工厂或者农场的形式,一方面给学生提供实操的场地和机会;另一方面实现学校的资料供给。毛泽东同志强调将劳动与教育相结合,培养德、智、体全面发展的有社会主义觉悟和有文化的劳动者。这些论述的影响在当今习近平同志关于劳动教育的论述中清晰可见。

(二)延续邓小平劳动论述的价值取向

1. 劳动主体

邓小平同志强调,在工作时间内认真工作是劳动者应尽的义务,要多方面保护劳动主体的合法权益。他重视保障劳动者的收入,在基于劳动者的级别、工种贡献的基础上,提出"高温、高空、井下、有毒的工作,待遇应当跟一般的工种有所不同。""对于发明创造者和特殊贡献者,除给予奖金外,还要提高他们的工资级别。"这些举措有着激励和杠杆功能，充分激发了劳动群众热爱劳动、参与劳动的积极性和主动性。此外，他结合当时的低工资政策，对未来工人工资收入有预想，"将来随着生产的发展，工资要逐步提高，各级工资数额要有所增加。""我们要在技术上、管理上都来个革命，发展生产，增加职工收入。"这实际上为广大劳动者种下了美好的希望，不仅有利于提高劳动者的生活水平，让他们共享经济发展的成果，而且有利于缩小贫富差距、实现共同富裕。与此同时，邓小平同志十分重视对劳动人民的保护。一方面，高度重视对劳动者安全的保护。他呼吁广大劳动者，要始终坚持"安全第一、预防为主"的原则，避免那些由可以预见的客观原因、可以干预的主观原因导致的安全隐患问题。针对当时铁路事故频发的现象，他专门指出，"值班工人不能喝酒，以免酒后扳错道岔，发生火车相撞的重大交通事故。"对于其他危险系数较高、环境较差的工种，他强调应该给予特殊照顾，保证劳动安全。另一方面，高度重视对劳动者健康的保护。为了确保诸如钢铁工人这类体力消耗大的劳动者的身体健康，他指出要提供充足的蔬菜和肉类，担心供给不足，他还建议在郊区划地种菜、养猪、养鸡，"这样不仅可以增加农民收入，改善工农关系，还可以增加肥料，使粮食增产。"邓小平同志事无巨细，总是竭尽全力保护劳动者，深刻关注劳动群众的生产生活实际，为习近平同志坚持"以人民为中心"和真心关爱劳动者树立了光辉的榜样。

2. 劳动保障

为了保护劳动者，确保其保持劳动热情和劳动意愿而能扎根劳动，邓小平同志采取了一系列措施予以保障。一方面，邓小平同志注重保障劳动者的劳动就业。邓小平同志强调："中国式的现代化，必须从中国的特点出发。不统筹兼顾，我们就会长期面对着一个就业不充分的社会问题。"邓小平同志号召："继续广开门路，主要通过集体经济和个体劳动的多种形式，尽可能多地安排待业人员。"如"轻工业、服务行业，都可以用一些人"。通过促进多种所有制经济的发展，增创就业机会和岗位，实现剩余劳动力的合理转移和安顿，既发展了经济又解决了就业问题。保障劳动培训是关键。邓小平同志充分认识到劳动者素质高低、劳动者技能优劣的重要影响，因此，高度重视通过教育培训等方式来提质增能，因为只有这样才能确保"人才优势发挥出来，我们的目标就一定能实现"。他指出，"有计划地对大批干部、工人进行正规教育，提高他们的政治水平、文化水平、技术水平、经营管理水平，就是一种能够收到很好效果的智力投资。"显然，邓小平同志的这些劳动论断为习近平同志提高劳动者素质、增加劳动者就业等思想打下了坚实的价值基础。另一方面，邓小平同志注重保障劳动者的合法权益。为了解决当时普遍存在的工厂管理问题，邓小平同志指出："开会的内容很少围绕职工福利等相关问题展开，多半是领导训话，这种情况必须要纠正。"由此可见，他对于忽视职工福利的现象是不能容忍的，他强调要大力提高员工福利。在他看来，办好职工福利事业是供给行政部门的首要工作，既要立足国情，也要创造条件。邓小平同志特意指出："工会要努力保障工人的福利""工会要为工人的民主权利奋斗，反对形形色色的官僚主义，它本身就必须是民主的模范"，要充分发挥工会的组织、服务作用。此外，他还强调："应该集中力量制定工厂法、环境保护法、劳动法等，国家和企业、企业和企业、企业和个人等之间的关系，也要用法律的形式来确定"，主张用法律手段解决劳资冲突、劳资纠纷、劳资矛盾等问题，用法律保障劳动者的权益。不难看出，邓小平同志这些劳动论述中的精华被习近平同志所认可和吸纳，对习近平同志形成保障劳动者合法权益、增加劳动者福祉、切实改进工会工作等方面的劳动观产生重要影响。

3. 劳动科学

邓小平同志深刻体会到科学研究若是不走在前面，就必定要拖整个国家建设的后腿。他呼吁："我们要努力学习各种劳动的本领，不断提高自己的文化、科学技术水平。"要像投入基本建设一样，重视科技投入。1975年9月，邓小平同志在听取《科学院工作汇报提纲》时明确谈道："科技人员是不是劳动者？科学技术叫生产力，科技人员就是劳动者。"从全局着眼，合理定位了科技人员的身份。1977年7月，邓小平同志再次恢复工作之后，自告奋勇主管科技与教育工作，将科技和教育推到新的高度。在他看来，"没有科学技术的高速度发展，也就不可能有国民经济的高速度发展""我们要实现现代化，关键是科学技术要能上去。"1978年3月，邓小平同志在全国科学大会上，充分肯定了"科学技术就是生产力""知识分子是工人阶级的一部分"。他强调："我们向科学技术现代化进军，要有一支浩浩荡荡的工人阶级的又红又专的科学技术大军，要有一大批世界第一流的科学家、工程技术专家。"这既是科技兴国的重要使命，也是科技兴国的必然举措。1988年9月，邓小平同志在会见捷克斯洛伐克总统胡萨克时，直接提出了"科学技术是第一生产力"的著名论断，为实现国内迅速发展、国际地位快速攀升奠定了基调。在"如何提高科学技术水平"的问题上，邓小平同志有自己的见解，"必须依靠我们自己努力，必须发展我们自己的创造，必须坚持独立自主、自力更生的方针。"正是有了邓小平同志对科学技术、科技人才、现代化的重要论述和指示，习近平同志在走上地方从政的工作岗位后，将邓小平同志重视科学技术、尊重科技人才的思想运用到实践中，为培育和发展习近平同志新时代劳动观起到了非常重要的作用。

（三）拓深江泽民劳动论述的价值内涵

1. 关爱和维护劳动群体

江泽民同志认识到劳动群众的特殊作用，充分肯定作为劳动者主力军的工人阶级的不可撼动地位，主张不断改善人民生活。在他看来，"保障工人阶级和广大劳动群众的经济、政治、文化权益，是党和国家一切工作的根本基点，也是发挥工人阶级和广大劳动群众积极性和创造性的根本途径。"只有如此，才能巩固党的执政基础，才能为使改革赢得更加广泛的支持，这一思想在习近平同志"调动劳动群众积极性"的论述中也随处可见。就业问题是一个世界性难题，当时"我国就业方面的主要矛盾，是劳动者充分就业的需求与劳动力总量过大、素质不相适应之间的矛盾"。为此，江泽民同志强调，"扩大就业，促进再就业，关系改革发展稳定的大局，关系人民生活水平的提高，关系国家的长治久安。"

2. 倡导和弘扬艰苦奋斗

江泽民同志立足我国人口多、底子薄、人均资源少、综合国力还不强的客观国情，指出"要实现社会主义现代化，赶上发达国家的水平，必须艰苦奋斗几十年乃至更长时间。"对劳动和劳动人民的充分认可，营造了热爱劳动、尊重劳动者的正向社会氛围，这与习近平同志多次强调的"社会主义是干出来的""弘扬劳动精神、奋斗精神"等劳动观思想主旨是一致的，也充分说明习近平同志吸收了江泽民艰苦奋斗观的价值养分。

课堂案例

甘祖昌、龚全珍：弘扬艰苦奋斗精神的楷模

一位将军，戎马一生，却放弃理应享受的待遇回乡务农，带领乡亲们向贫困宣战。一位教师，毅然跟随将军丈夫扎根贫苦山区，投身教育事业。他们就是被称为"将军农民"的甘祖昌和他的夫人龚全珍。

甘祖昌，江西莲花县人，1905年出生于一个贫苦农民家庭；1927年加入中国共产党，1928年参加中国工农红军，从井冈山起步，历经土地革命、抗日战争、解放战争，革命足迹遍布大半个中国；中华人民共和国成立后任新疆军区后勤部部长，1955年被授予少将军衔，荣获八一勋章、独立自由勋章、解放勋章等。

龚全珍，山东烟台人，1923年12月生，1949年5月参加革命工作，1952年6月加入中国共产党；1957年跟随丈夫来到沿背村，从此扎根基层，在乡村教师的平凡岗位上奉献数十年，践行着共产党人的初心和使命。

1957年，甘祖昌因公受伤，伤愈后他谢绝组织安排，与龚全珍一起携全家老少回到家乡江西省莲花县沿背村务农。他对妻子龚全珍说："比起那些为革命牺牲的老战友，我的贡献太少了，组织上给我的荣誉和地位太高了！"从将军变为农民，甘祖昌始终满怀为党和人民的事业奋斗的拳拳之心，不辞辛苦地带领群众开荒山、种果树、修水库、引水灌田，建电站、架桥梁、改造田地，积极改变家乡的面貌。

甘祖昌始终保持着艰苦朴素的优良作风。当时，甘祖昌每月工资330元，却把2/3的工资用来修水利、建校舍、扶贫济困。他参与建起了3座水库、4座水电站、3条公路、12座桥梁、25千米长的渠道。一首赞颂甘将军的歌谣在莲花县传开："一身补丁打赤脚，一根烟斗没有嘴，白罗布手巾肩上搭，走路笔挺快如风。"

龚全珍全力配合丈夫，回到莲花县头几年没有做过一件新衣服。她先是被分配在九都中学，后又到南陂小学、甘家小学当校长。无论在哪任教，她都是吃住在学校，全身心地扑在工作上。她经常拿出自己的工资和粮票，资助家境贫困的学生和老师，时常帮助贫困学生垫付学费、购买学习用品及衣物。

1986年，甘祖昌因病去世。龚全珍坚持传承甘祖昌的精神，积极开展革命传统教育和理想信念教育，倾力捐资助学、扶贫济困，开办"龚全珍工作室"服务社区、服务群众，为群众排忧解难。她荣获"全国优秀共产党员""全国道德模范""全国三八红旗手标兵"等荣誉称号。

2013年9月26日，习近平总书记在会见第四届全国道德模范及提名奖获得者时曾动情地说，甘祖昌是我们共和国的开国将军，江西籍的老红军。中华人民共和国成立后，他当了将军，但是他坚持回家当农民。我当小学生时就有这篇课

> 文，内容就是将军当农民，我们深受影响。至今半个世纪过去，看到龚老现在仍然弘扬着这种精神，今天看到她又当选全国道德模范，出席我们今天的会议，我感到很欣慰。我们要弘扬这种艰苦奋斗精神，不仅我们这代人要传承，我们的下一代也要弘扬，要一代一代传承下去。
>
> 甘祖昌和龚全珍艰苦奋斗、无私奉献，永葆本色、一心为民的先进事迹和崇高精神永远值得人们学习！
>
> ——摘自：学习强国

3. 推进创新和人才培育

江泽民同志立足当时的国际环境和国内条件认为，"过去有许多做法和经验已经不适用了，要根据新的实践要求，重新学习，不断创新，与时俱进。"科学技术工作和经营管理作为劳动的重要形式，起着越来越重要的作用。在创新人才方面，他指明了科学技术人员的重要作用，"是新的生产力的重要开拓者和科技知识的重要传播者，是社会主义现代化建设的骨干力量。实施科教兴国战略，关键在人才。"在如何培养创新人才上，他强调："创新的关键在人才，必须有一批又一批的优秀年轻人才脱颖而出，必须大量培养年轻的科学家和工程师。"在创新方法方面，他建议："必须在学习、引进国外先进技术的同时，坚持不懈地着力提高国家的自主研究开发能力。"这就要求"进行教育创新，根本目的是推进素质教育，全面提高教育质量"。对于创新的前景展望，他相信通过推动科技创新、知识创新和其他各方面的创新工作，"建设有中国特色社会主义的伟大时代，必将是知识不断创新、新事物、新业绩不断涌现的时代，必将是百舸争流、人才辈出的时代"。总的来说，江泽民同志立足国家发展新的形势、新的条件，提出重视科学技术和科技人才的理念，在一定程度上影响了习近平同志的劳动人才观。

甘祖昌、龚全珍：
弘扬艰苦奋斗精神
的楷模

（四）丰富胡锦涛劳动论述的价值要义

1. 尊重和爱护劳动群众

胡锦涛同志充分肯定和尊重各阶层劳动群众，无论是包括知识分子在内的广大工人阶级，还是广大农民及其他阶层的劳动者。只有保障好了广大劳动者的基本权益，才能凸显他们的主人翁地位，调动他们的积极性、主动性、创造性，这对于我国培养知识型工人、创新型人才、"四有"劳动者发挥了不容忽视的重要作用，使他们成为我国经济社会发展的重要推动力。可以看出，胡锦涛同志立足劳动者需求特点，对劳动群众的角色定位、价值作用、素质提升、权益保障等方面进行的论述，成为习近平同志新时代劳动群众观得以形成的重要参考和借鉴。

2. 定义和弘扬劳模精神

胡锦涛同志高度赞扬了广大劳模，认为他们在"各自岗位上展现主人风采、焕发劳动激情，为改革开放和社会主义现代化建设做出了突出贡献，铸就了信念坚定、立场鲜明、艰苦奋斗、勇于奉献、胸怀大局、纪律严明、开拓创新、自强不息的工人阶级伟大品格，在共和国的旗帜上镌刻了人民伟大、劳动神圣的无尚荣光"。作为广大劳动者的杰出代表和优秀典范，他们是榜样，蕴藏无穷力量；他们是标杆，激发奋斗意志。胡锦涛同志把蕴藏在广大劳模身上的"爱岗敬业、争创一流，艰苦奋斗、勇于创新，淡泊名利、甘于奉献"的共同特质定义为伟大的劳模精神，认为这种精神是"我们时代的宝贵财富，是激励全国各族人民团结奋斗、勇往直前的强大精神力量"。为了发挥这种榜样和精神力量的强大作用，胡锦涛同志深情号召，"要在全社会大力弘扬劳模精神，用劳模的先进事迹感召人民群众，用劳模的优秀品质引领社会风尚，充分发挥劳模的骨干和带头作用，在全社会进一步形成崇尚劳模、学习劳模、争当劳模、关爱劳模的良好氛围。"胡锦涛同志关于劳模精神的论述，特别是其定义与内涵，被习近平同志充分吸收，进而强调"劳动模范是民族的精英、人民的楷模"，号召"全国各族人民都要向劳模学习，以劳模为榜样，发挥只争朝夕的奋斗精神，共同投身实现中华民族伟大复兴的宏伟事业"。可以看出，习近平同志不仅继承了胡锦涛同志关于劳模精神的重要论述，更丰富和创新了其价值内涵。

三、文化内涵：中国优秀劳动理念的影响

（一）中华优秀传统劳动伦理的规范

1. 劳动人民至上

习近平同志深爱传统文化，也颇为推崇其中的爱民思想，在其众多的讲话、发言中，常引用先贤圣人流传下来的"爱民"金句。这在一定程度上强化了他对广大人民群众、劳动群体的感情，深化了他的为民初心和爱民情怀。他曾引用《管子·牧民》中的"政之所兴在顺民心，政之所废在逆民心"，阐明了民意就是最大的政治优势和"免死金牌"，要求适当满足劳动群众的合理"愿望"。从他引用明代张居正《请蠲积逋以安民生疏》"治政理之要，惟在于安民，安民之道，在察其疾苦"，就可看出他致力于让百姓安居乐业，体察百姓疾苦的用心。《尚书·五子之歌》中的"民可近，不可下。民惟邦本，本固邦宁"，是习近平同志用来警示党员干部，嘱告劳动人民是用来亲近的，而不是被轻视与低看的。劳动人民才是国家安定的根基。要做到"德莫高于爱民，行莫贱于害民"，始终坚持劳动人民至上，修炼爱护百姓的高尚品德，杜绝戕害百姓的卑贱行为，才是备受推崇的为官风范。在2018年新春贺词中，习近平同志引用唐代诗人杜甫诗句"安得广厦千万间，大庇天下寒士俱欢颜！"教导党员干部要树立以利众生的爱民济世情怀，认真为劳动群众做好扶贫搬迁和棚户区改造。"去民之患，如除腹心之疾"，习近平同志时刻把百姓疾苦上升到"心病"的高度，提醒党员干部要推己及人，设身处地为百姓着想，刻不容缓地消除百姓的祸患。

2. 辛勤劳动

勤俭是中国人最深沉、最厚重的标签与底色，中华民族自古就因勤劳俭朴而享誉世界，传统文化中关于"勤俭"的名言警句数不胜数。习近平新时代劳动观中内蕴的崇尚劳动、勤劳俭朴思想无不是受了传统文化的影响。一方面，深受优秀传统文化中"勤"的影响。习近平总书记在履新伊始，明示"功崇惟志，业广惟勤"，强调全党想取得伟大的功

绩就必须志向远大，要想完成中华民族伟大复兴的"中国梦"就必须勤奋劳动、艰苦实干，否则不足以成事。要实现这一伟大梦想，习近平同志要求全体党员干部必须"廉不言贫，勤不道苦；尊其所闻，行其所知"，旨在说明，真正廉洁的人不会讲自己如何清贫，真正勤奋的人不会抱怨自己有多辛苦，崇尚自己听到的善言，践行自己认知的理念。

3. 劳动智慧

中华优秀传统文化虽然直接论述劳动的名家箴言并不多，但与"如何劳动"相关的见解和建议相对丰富。概括起来，就是要保持正确的劳动态度，秉持科学的劳动方法，才能顺利进行劳动，取得事半功倍的效果。一方面，传统文化中蕴含"求实"劳动。习近平同志曾引用春秋时期老子（李耳）哲学作品《道德经》中的"合抱之木，生于毫末；九层之台，起于累土；千里之行，始于足下"，告诉大家事物发展变化有其自身规律，无论做什么事情都必须具有坚强的毅力和实干的魄力，从小事做起，从

合抱之木，生于毫末；九层之台，起于累土

点滴做起，才能有大发展、成大事业。在习近平同志看来，只有经风雨、见世面，才能飞得更高、飞得更远；只有到实践中去历经多番捶打、千磨万击，才能不断丰富自己、充实自己、完善自己；只有才干增长了、思考深入了、见识提升了，才能信得过、站得稳、立得住。清末的资产阶级维新派为了变法维新，就以《易传》的古训为依据，提出了"故夫变者，古今之公理也"，猛烈抨击封建顽固派的因循守旧，阐述变法图存的道理，在近代中国有发蒙启蔽的作用。习近平同志多次在不同场合引用圣贤之言，意在反对空谈、强调实干、注重落实，从身边的事干起，要实干，要脚踏实地。

（二）共产党劳动文化的浸润

1. 新民主主义革命时期的劳动文化催人奋战

从鸦片战争到五四运动的近80年里，中华民族历经了一系列探索和抉择，从太平天国、洋务运动、戊戌变法到辛亥革命建立共和，均以失败告终，未能实现民族救亡，偌大的中华民族摇摇欲坠、岌岌可危，广大穷苦民众陷入水深火热、濒临绝境。直到十月革命一声炮响，给中国送来了马克思列宁主义，让苦苦寻求救国良方的中国先进分子看到了曙光，带领广大人民群众找到了崭新的希望之路、掌握了全新的有力武器。1921年，中国共产党成立后，不仅确立了马克思主义的指导地位，而且将其与中国工农运动的具体实践不断结合，让中国共产党逐步成为民族救亡的领导核心。中国共产党担负起民族救亡的历史重任，发动、组织、依靠广大劳动群众，团结和带领全国各族人民找到了一条"农村包围城市、武装夺取政权"的革命道路。经过28年的浴血奋战，中国共产党人带领劳动人民用辛勤的革命劳动，终于推翻了压在中国人头上的帝国主义、封建主义、官僚资本主义"三座大山"，成立了中华人民共和国。从此，中国人民的命运和中国的面貌焕然一新，不可逆转的开启和奠基了从"站起来"到"富起来"的新征程。纵观中国共产党在新民主主义革命时期的革命劳动实践，对习近平新时代劳动观的形成产生了重要的影响，正如他自己所言，"这一伟大历史贡献的意义在于，彻底结束了旧中国半殖民地半封建社会的历史，彻底结束了旧中国一盘散沙的局面，彻底废除了列强强加给中国的不平等条约和帝国主义在中国的一切特权，实现了中国从几千年封建专制政治向人民民主的伟大飞跃。"

2. 社会主义建设时期的劳动文化催人奋斗

中华人民共和国成立后，中国共产党带领全国各族人民，展开了轰轰烈烈、如火如荼的社会主义建设。通过建立人民民主专政的国家制度，有力地保障了人民当家做主的权利。通过完成对农业、手工业和资本主义工商业的生产资料私有制的社会主义改造，建立社会主义基本经济制度，建设了独立的、比较完整的工业体系和国民经济体系。正如习近平同志所言，"这一伟大历史贡献的意义在于，完成了中华民族有史以来最为广泛而深刻的社会变革，为当代中国一切发展进步奠定了根本政治前提和制度基础，为中国发展富强、中国人民生活富裕奠定了坚实基础，实现了中华民族由不断衰落到根本扭转命运、持续走向繁荣富强的伟大飞跃。"

3. 改革开放时期的劳动文化催人奋进

党的十一届三中全会决定把党和国家的工作重心转移到经济建设上，实行改革开放的伟大决策。在中国共产党的领导下，广大劳动者大胆地试、勇敢地改、拼命地干，开创了中国特色社会主义新面貌。经过40多年艰苦卓绝的不懈努力，中国人民依靠自己的双手，艰苦实干，辛勤劳动，创造了一个又一个奇迹，迎来了中华民族伟大复兴的光明前景。这一系列的伟大劳动成就，深刻影响和发展了习近平同志的劳动观。正如习近平同志所说的那样，"这一伟大历史贡献的意义在于，开辟了中国特色社会主义道路，形成了中国特色社会主义理论体系，确立了中国特色社会主义制度，使中国赶上了时代，实现了中国人民从站起来到富起来、强起来的伟大飞跃。"

（三）传统家庭美德的洗礼

1. 父母辛勤劳动的榜样教育

"我是农民的儿子"，这是习仲勋在家中常说的一句话。习仲勋经常教育孩子要勤劳，靠自己的本事吃饭，鼓励子女到艰苦的地方去、到基层去、到祖国建设最需要的地方去。习近平曾告诉父亲习仲勋自己工作"进步"了，在机械厂间可以干上30车床，不那么累时，习仲勋却沉默半晌，语重心长地说："我看你去干翻砂工更好，在最脏、最累的岗位上，才能与工人的心贴得更紧，知道幸福来之不易！"习仲勋对子女这种要求，虽然有些苛刻，但他自己确实是这样践行了一辈子，为子女树立了一座劳动光荣的道德丰碑。在习近平看来，"家庭是人生的第一个课堂，父母是孩子的第一任老师。"这一认识显然离不开自身成长经历的感受。从习近平同志家庭劳动教育来看，家庭劳动教育至关重要，父母给予子女什么样的劳动教育，子女就会有怎样的劳动品格和劳动习惯，是个人劳动观生成的关键。

2. 优良家风涵养劳动价值观

习近平同志在写给他父亲信中就表示，"爸爸（习仲勋）平生一贯崇尚节俭，有时几近苛刻，这样的好家风我辈将世代相传。"正是深受家风影响，塑造了习近平的劳动情怀，这也成为他崇尚劳动、辛勤劳动的出发点。习近平同志就曾表示，"您（习仲勋）像一头老黄牛，为中国人民默默地耕耘着。这也激励着我将毕生精力投入到为人民服务的事业中去。"他如此重视家风在涵养劳动价值观的作用，是因为在他看来，家庭是"国家发展、民族进步、社会和谐的重要基点"，更是个人梦想起航的地方。为此，他曾呼吁广大家庭要"重言传、重身教，教知识、育品德，身体力行、耳濡目染，帮助孩子扣好人生第一粒扣子，迈好人生的第一个台阶。"无论何时、何地，用崇尚劳动的优良家风涵养子女劳动价值观是不可或缺的，也是其他劳动教育不可替代的。毕竟，"耕读传家、勤俭持家……中华民族传统家庭美德，铭记在中国人的心灵中，融入中国人的血脉，是支撑中华民族生生不息、薪火相传的重要精神力量。"动力来自使命，行动胜于言语。站在中国特色社会主义新时代的今天，思忖家风涵养对习近平劳动价值观的作用，或许如纽约大学政治系终身教授熊玢在他主编的《习近平时代》一书中所言，"家风在习近平身上烙印深刻。他继承了父亲实事求是、节俭诚朴的品格，并直截了当地呈现在施政方略的每个细节中……而他的父亲以中央书记处书记之职去地方调研时，曾严肃制止了当地警车鸣笛开道的做法"。不难发现，这种父行子效的做法，无不说明家风对习近平同志劳动价值观塑造的重要作用。

课堂案例

全国道德模范余善伟：善心源自良好家风

全国道德模范余善伟，男，汉族，1974年5月生，中共党员，河南省信阳市商城县志愿服务联合会会长。他是许多孤困老人心里的"儿子"、贫困孩子眼里的"爸爸"、商城县为人称道的好人。他为公益事业默默奉献十余载，用一人之善行，带众人之善为，助万家之幸福。在他的引领下，全县注册志愿者近7万人，累计服务群众40万人次。余善伟用实际行动诠释了与人为善、扶贫济困、尊老爱幼的德善精神。

初冬的河南省信阳市商城县余集镇仪学村，黄叶飞舞，乡野如画。一处门楣上写着"积善之家"的院落，菊花绽放，松柏青翠。47岁的余善伟和88岁的母亲张秀英坐在院子里聊着天，两个人的脸上都布满笑容……

"母亲虽然快90岁了，但身体硬朗、精神矍铄，这也是我们做子女的福气。哥哥退休后就'专职'回来照顾母亲，三个姐姐和我若没特殊情况，每周会定期回来看望她老人家。"2021年11月21日，余善伟在接受记者采访时笑着说。

从内院往堂屋走，一块类似照壁的石墙映入眼帘，只见墙的正面用不同字体写满了"善"字，背面写满"福"字。"小时候，母亲经常教育我'出门行善才能回家享福'，在家里设置这样的石墙，就是为了提醒自己和后人时刻牢记这句话，做一个善人、好人。"余善伟向记者介绍。

时间回溯到40多年前。当时此院落是土坯房，在这里，41岁的张秀英生下了余善伟。虽然之前小善伟已有一个哥哥、三个姐姐，但他的出生给这个并不富裕的家庭增添了新的欢乐。父母对小善伟宠爱有加，哥哥姐姐对弟弟也是十分疼爱。

余善伟的父母都是地地道道的农民，父亲经营着一个小卖铺，一家人的日子还算过得去。"那时候村民都穷，经常是你借我一点油，我送你一点米的，邻里十分团结。前来买东西的村民如果没钱支付，父亲就不收他们钱。父亲说，别人有困难，咱们能帮助就要尽力帮助。这在我幼小的心灵里种下了善的种子。"余善伟深情地说。

余父是一个正直的父亲，同时也是一个严厉的父亲。"父亲对我十分严格，家里专门有一根挂在墙上的竹竿，是父亲用来教育我的'神器'。听姐姐说，我4岁时，看到其他小朋友挖别人家红薯，我也挖了一个。父亲得知后，狠狠地揍了我一顿，生气地说：'偷别人的东西就是贼。从小偷针，长大偷金。这还了得！以后再偷别人东西我就把你送到公安局去！'"余善伟回忆道。

母亲张秀英虽没上过学，但作为一个勤劳善良的家庭妇女，她深知想要成才要先成人的道理。"善伟小时候就很善良，爱帮助别人。经常听到邻居说小善伟帮他们拎东西、帮他们推车子……每当听到这些，我都很开心，总会专门表扬他一下。好多次，别人过来借东西，小善伟不吱声就把东西借给别人，我知道后都会表扬他做得对、做得好！"张秀英告诉记者。

平静幸福的生活在余善伟18岁时突遭变故。父亲患病去世，余善伟只得辍学出门打工。"父亲去世，这让我们的家庭一度陷入窘境，是邻里村民的帮助让我们渡过了难关。母亲总会叮嘱我，一定要心怀感恩，将来生活好了，要多帮助别人。"余善伟若有所思地说。

在外打工时，余善伟做过建筑工人。那时候由于年龄小，他经常受到老师傅们的照顾，这让身处异地他乡的余善伟倍感温馨。"现在我还会时常想念那些帮助过自己的人，可惜那时候通信不发达，都没联系方式。"至今提及，余善伟仍难掩感激之情。

在仪学村村部，村党支部原书记余绍贵指着村部的几间房子告诉记者："这房子是余善伟投资所建。不仅如此，我们村里主干道3.2公里的路灯以及河堤的栏杆都是他投资安装的。"

"他的父母是地地道道的好人，在村里口碑都很好，他的善行义举很大程度上源自良好家风的传承。"余绍贵感言。

对于此，余善伟感慨颇多："父母的言传身教让我终身受益！学校老师的教育和雷锋精神的引导也时刻影响着我。另外，身边好人，像吃百家饭长大、致富后反哺家乡父老乡亲的黄久生等，他们的事迹也时常感染着我。"

百善孝为先。采访结束时，记者看到余善伟拉着母亲的手在村里散步，路边的银杏叶随风飞扬，母子俩的背影在夕阳的映衬下显得格外温馨。

——摘自：学习强国

四、实践养成：劳动锻造与成果体现

（一）劳动锻造

1969年1月，习近平同志来到陕北延安农村，开启了他长达七年的农村知青岁月。基本可以说，"那些年，习近平几乎没有歇过，种地、拉煤、打坝、挑粪……什么活儿都干过，什么苦都吃过。""陕北七年是习近平一生最宝贵的财富"，在长年累月的艰苦一线劳动中，让习近平同志第一次真正了解了中国农村和农民的实际，对劳动有了直观的深刻认识。正如习近平同志所言，"基层离群众最近，最能磨炼人。七年上山下乡的经历使我获益匪浅，同群众结下了较深的情谊，为成长进步打下了比较好的基础。"

两园兴衰话家风

（二）成果体现

1. 经济建设取得重大成就

为了加快社会主义市场经济体制的完善，不断提高人民群众的收入，习近平同志提出了一系列促进经济持续健康发展的举措。他号召："以新的发展理念引领发展"，坚定不移贯彻"创新、协调、绿色、开放、共享"的新发展理念。他指出："经济增长必须是实实在在和没有水分的增长"，保障经济增长的内生活力和动力，保障效益、质量和可持续。要"提高开放型经济水平"，让更多的人知道，中国开放的大门不会关上，中国的发展是惠及世界的。正是以习近平同志为核心的党中央，坚持稳中求进的工作总基调，迎难而上，开拓进取，提出新理念，出台新政策，推出新举措，才解决了难题、办成了大事，在经济建设方面取得了成就。国内生产实现大幅度增长，"稳居世界第二，对世界经济增长贡献率超过30%"。供给侧结构性改革得以深入推进，经济结构得以不断优化，各类新兴产业如雨后春笋快速发展，高铁、港口、桥梁、机场等基础设施建设快速推进。农业现代化加快推进，中国共产党第十九次全国代表大会（简称党的十九大）报告指出，在过去5年我国"城镇化率年均提高1.2个百分点，8 000多万农业转移人口成为城镇居民"，生活水平得到提升。创新驱动发展战略推动了创新型国家的建设，天宫、蛟龙、天眼、悟空、墨子、大飞机等重大科技成果相继问世，举世瞩目。

2. 政治建设迈出重大步伐

党的十八大以来，以习近平同志为核心的党中央始终把政治建设放在首位，推进全面从严治党，使政治建设迈出重大步伐。习近平同志强调，要"坚持法治国家、法治政府、法治社会一体建设""坚持依法治国和以德治国相结合"，不断开创依法治国新局面。正是以习近平同志为核心的党中央，直面现实，重拳出击，各个击破，通过推行一系列扎实有效的措施，使得政治建设方面取得了显著成绩。通过全面推进改革"中国特色社会主义制度更加完善，国家治理体系和治理能力现代化水平明显提高。"通过强化民主和法治建设，"社会主义民主不断发展，党内民主更加广泛，社会主义协商民主全面展开，爱国统一战线巩固发展，民族宗教工作创新推进……中国特色社会主义法治体系日益完善，全社会法治观念明显增强"。通过开展教育实践活动、专题教育等，"全党理想信念更加坚定、党性更加坚强"。政治领域取得的劳动成果，为其他各方面的发展提供了保证。

3. 文化建设取得重大进展

为了强化社会主义核心价值体系建设，全面提高公民道德素质，丰富人民精神文化生活，增强文化整体实力和竞争力，把我国建设成社会主义文化强国，习近平同志提出了一系列相应的举措。通过加强党对意识形态工作的领导，"马克思主义在意识形态领域的指导地位更加鲜明，中国特色社会主义和"中国梦"深入人心"；通过宣传、培育等方式，"社会主义核心价值观和中华优秀传统文化广泛弘扬，群众性精神文明创建活动扎实开展"；通过对文化服务的重视、对文艺工作者的鼓励及引导，"公共文化服务水平不断提高，文艺创作持续繁荣，文化事业和文化产业蓬勃发展"。更加值得欣喜的是，"主旋律更加响亮，正能量更加强劲，文化自信得到彰显，国家文化软实力和中华文化影响力大幅提升，全党全社会思想上的团结统一更加巩固。"文化领域所取得的一切劳动成果，离不开广大文艺工作者辛勤劳动、诚实劳动、创造性劳动的投入。

4. 社会建设取得不断发展

习近平同志始终以保障和改善民生为重点，致力于为民解忧、为民谋利，采取了诸多具有针对性的措施加快健全基本公共服务体系、加强和创新社会管理，推动和谐社会建设。习近平同志始终坚持"人民对美好生活的向往，就是我们的奋斗目标"，要"让人民群众有更多获得感"，与人民心心相印、与人民同甘共苦、与人民团结奋斗，提交合格的答卷。他强调，要"努力让人民享有更好更公平的教育"，发挥教育的重要作用。他致力于"推动贫困地区脱贫致富、加快发展""下大气力破解制约如期全面建成小康社会的重点难点问题""坚持精准扶贫、精准脱贫，坚决打赢脱贫攻坚战"，确保小康路上一个都不能少，让所有贫困地区和贫困人口一起迈入全面小康社会。

5. 生态建设取得显著成效

习近平同志高度重视生态环境的保护，为了强化生态文明制度建设、实现绿色发展、建设美丽中国，提出了针对性强、实效性高的举措。习近平同志强调，"努力走向社会主义生态文明新时代"，树立生态观念、完善生态制度、维护生态安全、优化生态环境，形成利于保护资源和环境的产业机构、生产方式、生活方式。习近平同志呼吁，"为子孙后代留下天蓝、地绿、水清的生产生活环境"，践行"尊重自然、顺应自然、保护自然"的理念，推动绿色发展、循环发展、生态发展。习近平同志指出，"保护生态环境应该而且必须成为发展的题中应有之义"，既要正视已经积累的生态环境问题，也要采取措施解决好这些问题，杜绝和避免问题的恶化。他呼吁，"树立'绿水青山就是金山银山'的强烈意识"，不断深化生态文明体制改革，把与之相关的"四梁八柱"的制度树立起来，将其纳入制度化、法制化轨道，通过积极履行大国责任，"引导应对气候变化国际合作，成为全球生态文明建设的重要参与者、贡献者、引领者"，国际影响力和国家形象大幅提升。可以说，生态领域取得的这一系列劳动成果，是回应新时代人民群众对美好生活质量的必然追求，更是习近平同志带领全党全国走绿色发展之路的劳动结果。在习近平同志看来，不能躺在过去的功勋簿上沾沾自喜，而应居安思危，继续奋斗。"两个一百年"的伟大目标，为中国社会的发展擘画了时间表清晰、路线图明了的美好前景。

美丽中国

绿水青山就是金山银山

第二节 新时代劳动观的构成

习近平同志在中国共产党第十九次全国代表大会的报告中指出,"中国特色社会主义进入了新时代。"习近平同志新时代劳动观不仅承继了底蕴深厚的传统文化,融合了有序更迭的现实境况,还含纳了未来可期的美好展望,散发着独特的文化魅力、价值伟力和生命张力。

一、劳动价值论

在习近平同志新时代劳动观中,蕴含着许多关于劳动定位与劳动价值的经典论述,从"劳动是推动人类社会进步的根本力量"到"劳动是一切成功的必经之路",从"社会主义是干出来的,新时代也是干出来的"到"人民创造历史,劳动开创未来"等。这一系列脍炙人口、深入人心的论断,就是习近平同志立足新时代背景的科学考量,从新的审视高度、新的解读角度、新的权衡维度,对劳动不可撼动的崇高地位和不可取代的重要作用的阐述,夯实和发展了劳动价值观,为"劳动光荣、创造伟大成为铿锵的时代强音"打下坚实基础。

(一)劳动创造人类文明

在人类求本能生存、求优质生活、求高效生产的发展过程中,劳动越来越成为群体共识、自卫盔甲、致富手段。人类文明的每一次进步和跨越都离不开劳动的助推。习近平同志认为,"这样的成就,是全国各族人民撸起袖子干出来的,是新时代奋斗者挥洒汗水拼出来的。"可以说,一部人类文明的发展史,就是一部劳动的纪念史和讴歌史。

1. 劳动是推动人类文明发展的不竭动力

党的十八大以来,习近平同志在众多讲话中,深刻阐释了劳动对于人类文明向前发展的重要意义。在他看来,"劳动是推动人类社会进步的根本力量",为人类文明向前发展提供了不竭动力,这种"不竭性"需要放置到辩证唯物主义的语境下进行理解和阐释。一方面,对劳动原始依赖是"被动力"驱使的。作为人类从猿进化到人最重要的启蒙实践活动,劳动是整个人类族群从无到有、从弱到强的决定性条件,开启了人类文明的社会历史起点。为了满足最基本的生存需要,人们不得不依靠自己的辛勤劳动,从自然界以采摘和猎取的原始方式获得食物;为了满足安全的需要,人们不得不想方设法改造劳动工具,以驱逐凶猛的野兽为群体营造安全的生活环境。正是在这种对劳动的绝对依赖中,让人逐渐在劳动过程中发现了自身异于其他物种的特有属性——主观能动性。越是对主观劳动性进行挖掘，人类就越与那些本能的、无意识的、消极适应而非主动改造的动物划清界限，人类文明的发展脉络就越清晰、进程越加速，人类社会就这样伴随着劳动生产方式的不断发展从蒙昧与野蛮走向科学与文明。另一方面，对劳动的升级需要有"主动力"的驱使。从对劳动的被动依赖转化为对劳动的主动需要，是人类文明持续发展的动力源泉。众所周知，生产方式和劳动关系决定着社会的具体形态；劳动的解放和生产的进步，推动着社会形态不断由低级向高级更替。生产关系不断适应生产力进步要求的社会发展基本规律，就是劳动进步规律；而生产关系不断倒逼生产力进步的反作用是两者辩证关系的最佳注解，也是劳动需要衍生社会发展动力的体现。随着劳动分工与协作的出现，社会组织、社会结构、社会机制逐步完善，人们在充分享受生产力快速发展带来的各种成果时，对物质文化和美好生活的需要也日益增长。为了解决与落后的社会生产、与不平衡不充分的发展之间的矛盾，只能通过提升生产力，进而通过协调对以生产、交换、分配、消费为要素的生产关系，来满足人民群众不断更新的需要。正如习近平同志所说，"劳动是人类的本质活动，劳动光荣、创造伟大是对人类文明进步规律的重要诠释。"

2. 劳动是创造人类文明成果的主要依托

习近平同志指出，"昨天，劳动创造了中华民族的辉煌历史；今天，劳动让我们坚实行进在实现'中国梦'的征程；明天，我们也必将用劳动创造出中华民族更光明的未来。"物质文明在满足人类自身生存需要和生活需要的历程中，用劳动实践来改造自然界，进而获取、发明、创造的一切物质成果。为了解决"衣"的问题，人们猎取兽皮、编织藤蔓、纺织丝线等；为了解决"食"的问题，人们打猎、采摘、放牧、捕捉、种植等；为了解决"住"的问题，人们觅山洞、搭茅棚、架树屋、挖窑洞等；为了解决"行"的问题，从依靠畜力的马车到依靠蒸汽的火车再到依靠燃油的汽车等；为了解决"用"的问题，从打制石器到烧制金属器物再到电器等，劳动工具日益科学，扮演着更加重要的角色。就是在这一系列劳动探索中，创造了丰富多彩的物质文明。物质文明受劳动生产力状况的制约，其发展程度取决于生产力发展水平，是生产力发展的现实表现。物质文明的状况反映人类在对自然界的关系中所达到的自由程度，是精神文明发展的基础，为精神文明提供必要的物质前提。精神文明反过来成为物质文明得以巩固和发展的必要条件，且不同程度地规定和影响物质文明建设的方向。由此可知，为了创造人类文明的丰富成果，必须依托劳动。一定历史时代的精神文明和物质文明，是以往的和当代的社会进步的结果，是人类社会进一步发展的起点和内部的动力，而更高阶段的社会文明是已有精神文明和物质文明的接续与发展。习近平同志曾在全国精神文明建设表彰大会上就勉励道德模范代表"再接再厉，在社会主义精神文明建设中再立新功、做出表率"。通过激励广大人民群众做出积极的努力和贡献，推动精神文明和物质文明的发展。

3. 劳动是保障人类文明传承的可靠抓手

习近平同志立足中华民族五千多年文明史的客观现实和传承脉络，发出了"劳动创造了中华民族，造就了中华民族的辉煌历史，也必将创造出中华民族的光明未来"的感慨，这不仅阐释了劳动对于中华文明源远流长且不曾中断的重要作用，而且能从本国文明中窥测和推演劳动对整个人类文明接续传承的关键作用。在人类社会发展进程中，已经生成和保存的物质文明和精神文明,不仅关切和回应了当下,而且对未来也有启示和恩泽,并对社会发展走向形成合理的预设,从劳动视角为人类文明的赓续与发展找到了最佳路径。习近平同志提倡,"必须牢固树立劳动最光荣、劳动最崇高、劳动最伟大、劳动最美丽的观念,让全体人民进一步焕发劳动热情、释放创造潜能,通过劳动创造更加美好的生活。"这既是对劳动的呼唤,也是对劳动的礼赞,因为劳动,人类社会才得以不断发展和进步。一方面,人类文明发展过程中的一切难题,只有在劳动中才能破解。习近平同志多次强调,"'空谈误国,实干兴邦',实干首先就要脚踏实地劳动。"人类社会的发展并不是靠想象出来的,而是靠脚踏实地的劳动创造的。人类社会发展道路并不是畅通无阻的坦途,总会面临各种自然的和人为的、可抗力和不可抗力的、可预知的和意外的挑战、风险和障碍,只有及时思考应对办法并在劳动中检验、优化和积累,才能沉淀"逢山开路、遇河架桥"的精神,才能拿出"踏石留印、抓铁有痕"的魄力,才能清除前进道路上的绊脚石,做到善始善终、善做善成。另一方面,人类文明发展过程中的一切机遇,只有在劳动中才能抓住。人类社会发展过程中也藏有重要机遇,如果只是冷眼旁观,注定会错失。只有躬身劳动,以时刻准备的状态迎接,才能抓住机遇,创造奇迹。让劳动借着机遇的东风,成为点亮民族的火种、成为滋养民族的血脉、成为凝聚民族的魂魄、成为人生幸福的密码。无论经济再发展、科技再发达、社会再进步,劳动的力量依然没有失去光荣、褪去光彩,劳动依然能够纵深时间、延展空间,助力人类文明进入新境界。

(二)劳动托起"中国梦"

1. 劳动是实现国家富强的必备法宝

国家富强是"中国梦"的实现基础,而劳动是实现国家富强的必备法宝。在中国源远流长的历史文化长河中,太多的经验和教训警示我们,富强才能国泰民安,落后就要挨打。晚清时期,中国紧闭国门被列强用"鸦片"撞开,中国劳动力被大面积侵蚀,吸食鸦片成瘾的国人成为"东亚病夫",无心劳作,导致民不聊生、国库空虚、国力孱弱,一个个以赔款、割地为主要内容的不平等条约接踵而至。究其原因,不难发现,其中最关键的原因在于鸦片对劳动者身体的迫害,导致他们无法劳动,原本顺畅运行的劳动秩序被打破,一切靠劳动维系的发展链条被瘫痪。在盛行丛林法则的当今世界,一个国家、一个民族,只有坚持以劳动至上,才能富国强民,才能捍卫自己核心利益不受侵犯,否则很容易沦为所谓强国的跟班,以期在"护佑"中求得一线安宁;抑或是沦为傀儡,成为被操控的木偶。无论大国还是小国,无论老牌国家还是新兴国家,追求国家富强,是一个永恒不变的主题。实现国家富强是几代中国人的夙愿,是每个中华儿女的共同期盼。但习近平同志更清醒地认识到,"我们国家的发展前景十分光明,但道路不可能一帆风顺,蓝图不可能一蹴而就,梦想不可能一夜成真。"一项项光荣而艰巨的事业,离不开一代又一代中国人的接续奋斗。习近平同志指出,"劳动是财富的源泉,也是幸福的源泉。"为了实现国家富强,进而实现"中国梦",习近平同志在党的十九大报告中清晰擘画了全面建成社会主义现代化强国的时间表、路线图,"到建党一百年时建成经济更加发展、民主更加健全、科教更加进步、文化更加繁荣、社会更加和谐、人民生活更加殷实的小康社会,然后再奋斗三十年,到中华人民共和国成立一百年时,基本实现现代化,把我国建设成为社会主义现代化国家。"当前，中国正处于特殊的发展阶段，既面临收官，也面临开局；既是承前，也是启后；既是机遇，也是挑战，时间之紧、任务之巨、期待之高，超乎想象。唯一的正确破解之策就是凝聚起广大人民群众，朝着共同的目标，撸起袖子加油实干、苦干、巧干。

2. 劳动是实现民族振兴的必要手段

民族振兴是"中国梦"的核心内容，而劳动是实现民族振兴的必要手段。民族振兴是相对于民族沉沦而言，是对历史的省思、是对当下的警示、是对未来的展望。民族振兴本质上就是要实现三个蜕变：第一个蜕变就是从旧到新，将陈旧落后的或者尚缺的进行更新；第二个蜕变就是从小到大，将弱小的状况更替为兴盛；第三个蜕变就是从错到对，将偏离的方向进行调适修整。之所以说劳动是实现民族振兴的必要武器，是因为所有蜕变都必须通过劳动才能实现，只有劳动才能让国家综合国力攀升并屹立于世界之林。劳动可以改变命运，大到人类的命运，中到国家和民族的命运，小到个人的命运，靠投机取巧不行，最可靠的还是诚实劳动、辛勤劳动。从中华人民共和国成立初期的积贫积弱，到当前的世界第二大经济体，中国用几十年时间走完了发达国家花了几百年才走完的工业化历程，创造了让世人惊叹与折服、难以置信的中国奇迹、中国速度、中国故事。习近平同志指出，"今天，我们比历史上任何时期都更接近、更有信心和能力实现中华民族伟大复兴的目标。"中国崛起具有不可阻挡的趋势，中国正在走向世界，这一切都离不开亿万中国人民的聪明才智和辛勤劳动。民族振兴涵盖的内容很多，但每一项内容的落地都离不开劳动。党的十八大报告所高度概括的社会主义核心价值观，为振兴民族信仰指明了前进的方向和奋斗的目标，而劳动实践有利于将价值观内化于心、外化于行。经济振兴是民族振兴的物质基础。劳动是生产力得以发展和变革的唯一路径，为经济的良性发展提供可行方法。文化振兴是民族振兴的重要内容。劳动是政治、经济、制度、行为等文化生成、发展、传承的必然方式，确保民族振兴是可持续的。国民精神振兴是民族振兴的核心要义。劳动是实现国民精神振兴的最大支撑，只有通过劳动，人民才能为国家的发展尽力，国家的发展才能给人民带来实惠，实现国家繁荣与人民幸福。军事振兴是民族振兴的保障。劳动是实现军事战备力、军事指挥力、军事创新力的必要手段，能够为民族振兴提供坚强的后盾。总而言之，只有劳动，才能实现中华民族振兴，让中华民族立于世界民族强林。

3. 劳动是实现人民幸福的必选方式

人民幸福是"中国梦"的奋斗目标，而劳动是实现人民幸福的必选方式。"中国梦"不仅是"宏大叙事"的国家梦，更是"具体而微"的个人梦。在习近平同志看来，"中国梦"归根到底是人民的梦，这就表明了"中国梦"的主体、实现力量与惠及对象。他深刻认识到，"'中国梦'必须同人民对美好生活的向往结合起来才能取得成功。"国家强大、民族兴旺都要以保障人民各项权利和维护人民切身利益为先决条件和最终目的。人民由无数个体构成，他们的发展和命运在一定程度上，既是社会发展的缩影，也是社会发展的投影，无数的缩影和投影才构成社会发展的全部合力。劳动铸就"中国梦"的一个重要表现就在于，劳动是实现人民幸福的方法和捷径。实现"中国梦"，一方面，必须紧紧依靠人民，依靠工人阶级，依靠劳动；另一方面，必须造福人民，造福劳动者，让每个人追求幸福美好生活的梦想都得以实现。习近平同志指出，"有我国工人阶级和全体劳动群众的团结奋进，有全国各族人民的共同奋斗……中华民族伟大复兴的'中国梦'一定能够实现！"

习近平同志新时代劳动观,就要把崇尚劳动与造福劳动者有机统一起来,把依靠主力军与发展主力军有机统一起来,用劳动筑就"中国梦",用幸福汇聚正能量。忆往昔,正是在挥汗如雨的劳动中,勤勤恳恳、任劳任怨的广大劳动人民托起了一个生机蓬勃的中国;看今朝,实现"中国梦",同样需要艰苦奋斗、不懈努力、埋头实干。从中华人民共和国"站起来",到改革开放"富起来",再到新时代"强起来",我们听到了"中国梦"渐行渐近的铿锵足音。正如习近平同志所说,"中国特色社会主义事业大厦是靠一砖一瓦砌成的,人民的幸福是靠一点一滴创造得来的。"只有充分调动全体人民的劳动积极性,挖掘他们的劳动潜能,我们才能向目标一步一步靠近,才能夯实发展根基、筑牢梦想大厦。

课堂案例

光荣属于劳动者!她们谱写"中国梦·劳动美"的新篇章

2020年11月24日,在全国劳动模范和先进工作者表彰大会上,578名女性获此殊荣。

各条战线英雄辈出、群星灿烂;

她们是民族的精英、人民的楷模,是共和国的功臣;

她们在实现中国梦伟大进程中拼搏奋斗、争创一流、勇攀高峰;

她们用智慧和汗水营造了劳动光荣、知识崇高、人才宝贵、创造伟大的社会风尚,谱写了"中国梦·劳动美"的新篇章!

全国先进工作者冷菊贞:用镜头讲述小山村故事,好风景变成大产业

冷菊贞:黑龙江省双鸭山市饶河县西林子乡小南河村第一书记兼驻村扶贫工作队队长,2019年全国脱贫攻坚奖创新奖、全国三八红旗手标兵、2020年全国先进工作者荣誉称号获得者。

真抓实干的冷菊贞并非想象中的女汉子,实际上,爱摄影、爱写诗的她很文艺。

黑龙江省双鸭山市委组织选派第一书记时,抱着"为家乡做点事"的想法,冷菊贞主动报了名。2015年12月,她拎着简单的行囊,背着摄影包,到小南河村上任了。来之前她就打定了主意:做旅游!把小南河打造成摄影旅游基地!

面对村民的质疑,冷菊贞选了三座木刻楞老屋,自己花钱买来了装饰品,把老屋装扮起来。翻磨盘、钉爬犁……冷菊贞把这些都拍成图片或视频。之后,冷菊贞拍摄了冰雪中小南河村红灯高挂的梦幻景象。照片传到网上,立刻就火了。

小南河由此成了远近闻名的东北民俗旅游村,还被国家列入了省乡村旅游示范点。除了旅游,冷菊贞还想到了土特产经营。现在小南河村的"小南河辣椒酱"是市场的香饽饽,村里的"明星产品"。

驻村5年,冷菊贞用镜头讲述小南河的故事,带领村民发展乡村旅游脱贫致富。把一个默默无闻的小山村打造成了远近闻名的东北民俗旅游村,将好风景变成了大产业。

任期早就到了,但冷菊贞选择了留下来。把小南河打造成独一无二的东北古村落,用旅游带产业、用产业促品牌,实现农民增收致富是冷菊贞的最大心愿。

全国先进工作者秦倩:85后"胡辣汤书记"交出精彩战贫成绩单

秦倩:河南省周口市西华县迟营乡孙庄村第一书记,共青团河南省委学校部部长,全国先进工作者,荣获2019年"全国脱贫攻坚奖贡献奖"、2019年度"全国三八红旗手"称号。

"海归书记""闺女书记""胡辣汤书记""不走的书记"……都是村民送给秦倩的亲切称呼,她带领当地百姓打造出一个省级脱贫攻坚示范村。

2016年,已任共青团河南省委学校部副部长的秦倩接受组织委派,来到河南省周口市西华县迟营乡孙庄村担任驻村扶贫第一书记,带领村民脱贫致富。

秦倩带头创立了"邵蛮楼"胡辣汤品牌,打造了电商产业链,还因地制宜相继做起了蜗牛产业、蔬菜大棚、扶贫车间,并利用互联网平台推广,拓宽销售渠道。

她还推动"中国梦·脊梁工程"精准医疗扶贫项目落户河南,推动建立了河南省首家"第一书记互联网分级诊疗医院"等,为村民解决了看病难的问题,防止因病致贫和返贫。

"把青春献给脱贫攻坚第一线,不获全胜,决不收兵!带领全村在2020年年底彻底脱贫!"这是秦倩在驻村日记中写下的战贫宣言,更是必达目标。4年拼搏,孙庄村的贫困户从当初的163户、596人到目前全部脱贫,孙庄村从深度贫困村变成了省级脱贫攻坚示范村。第一书记秦倩用植根基层热土的赤诚之心和不停奔波的双脚,艰苦奋斗,走出了不负青春、不负时代的精彩人生路。

全国劳模冯颖慧:创造港珠澳大桥点"睛"之美

冯颖慧:中交第四航务工程勘察设计院有限公司建筑与公共设计院建筑设计师、高级工程师,全国劳动模范

作为港珠澳大桥东西人工岛岛上建筑的总挂帅,冯颖慧曾把一版设计稿"熬"出3 000张图纸,始终奔走在工地一线……5年,她带领团队筑就了世纪工程的最美地标,成为港珠澳大桥工程这项传奇的缔造者之一。

作为水上桥梁与水下隧道的衔接部分,东西人工岛是港珠澳大桥建筑整体的重要组成部分。经过反复研究论证,冯颖慧带领设计团队沉淀匠心,删繁就简,用极致工艺体现"言有尽而意无穷"的中国传统文化意境。

骑楼、青铜鼎、中华铭文等独特元素,在细微处传递着港珠澳三地同宗同源的美好内涵。大桥和岛隧串联起云蒸霞蔚的海洋和三地守望的同胞情谊,白海豚欢叫游走于环绕着人工岛的伶仃洋。这一地标建筑,寄托着以冯颖慧为代表的建筑师们心底最浪漫的赤子情怀。

回顾和港珠澳日夜相伴、为之奋战的经历,冯颖慧的获得感难以言表。参与这项国际一流的伟大工程,对所有大桥人来说都是可遇而不可求的幸运。

港珠澳大桥建成后,她也一直致力于做好相关的总结工作,将自己的新思考、新认识与同行们分享,传递更多中国人的建筑审美理念。建筑会说话,它们会告诉一代又一代炎黄子孙,这才是属于民族的美好和骄傲。

新征程,新蓝图。全国劳模的新荣誉是对冯颖慧的最大激励,相信更多举世瞩目的超级工程将会在他们手中逐一兑现。

全国劳模曹玉兰:27年坚持技术创新,当好电力先行官

曹玉兰:国家电网鹤岗供电公司电气试验正高级工程师,全国劳动模范。

1993年,曹玉兰从长春水利电力高等专科学校毕业,同年分配到黑龙江鹤岗电业局试验所高压班工作,也是高压班唯一的"一朵花"。从一名普通工人到国家级技能大师工作室的领衔人,曹玉兰付出了不同寻常的努力。

2012年7月,以曹玉兰名字命名的劳模创新工作室在鹤岗供电公司正式挂牌成立。工作室取得了数十项科技创新成果和奖状荣誉,曹玉兰相继发明了真空开关真空度测试、红外测温氧化锌避雷器带电测试、GIS组合电器试验、异频法测量线路参数等多项新技术,并迅速得到推广应用。现场工作中31项发明和革新取得专利证书,多项技术填补黑龙江省公司高压试验空白。

曹玉兰说:"党的十九届五中全会把科技创新提到前所未有的高度,作为国家级技能大师工作室的领衔人,我将继续扎实创新,同时注重高技能人才的阶梯培养,带出一支业务精、创新强的技能型、知识型、创新型的新型工人队伍!"

——摘自:学习强国

(三)劳动成就人的价值

恩格斯赞美"劳动创造了人本身";马克思更认为劳动是人的本质。在从猿进化成原始人,再从原始人进化为现代人的过程中,劳动始终起着不可替代的重要作用。劳动不仅让人成为人,而且让人成为更好的人。随着历史进程的推演,人的需要向高级的自我价值跃进,而劳动能够助力培塑人的核心价值观、助力人的全面发展、助力实现人的社会价值。习近平同志指出,"一切劳动者,只要肯学、肯干、肯钻研,练就一身真本领,掌握一手好技术,就能立足岗位成长成才,都能在劳动中发现广阔的天地,在劳动中体现价值、展现风采、感受快乐。"所以,劳动不仅是谋生手段,也是公民的责任和义务,更是每个人实现自身价值的根本途径。无论是穿行于大街小巷的快递小哥,还是凌晨挥动扫把的环卫工人;无论是在田野里辛勤耕耘的农民,还是埋头创新攻关的科研人员……不同的群体,千万种忙碌,各行各业的劳动者都在用奋斗的姿态追寻更好的自己,在全力奔向美好生活的同时,铸就了新时代最美的风景。

1. 劳动助力培塑人的核心价值观

习近平同志指出:"从自己做起、从身边做起、从小事做起,一点一滴积累,养成好思想、好品德",毕竟"每个人的生活都是由一件件小事组成的,养小德才能成大德"。这实际说明了无论是谁,只有从身边的每一件劳动做起,才能将中华民族的传统美德、公民层面的核心价值观熔铸到个人的价值观中,让人在劳动过程中有正确价值观的指导,确保能把控好广大劳动者的思想"总开关"。

首先,劳动有助于培塑爱国价值观。在劳动过程中,广大劳动者一方面能对脚下的厚重土地、眼前的瑰丽河山产生出浓厚的依赖,在爱家乡、爱事业、爱生活的情感熏染下,升华为对家国的眷恋和热爱;另一方面,他们能更直观地感受到党和国家"以人民为中心"的宗旨的践行力度,切身体会到各种惠民政策和福利待遇,极大地提高自身的幸福感和获得感,进而沉淀出对党和国家的感恩之情与报国之志。

其次,劳动有助于培塑敬业价值观。认识源于实践,敬业价值观的形成,必然源于对事业的艰苦奋斗。只有躬身于具体的劳动实践,广大劳动者才能逐渐形成和强化对职业的认可与敬重;只有在具体岗位上的长久锤炼,才能脚踏实地的扎根岗位;只有在对事业的辛勤付出后,才能收获丰收与成长的喜悦,进而强化对事业的依恋、热爱和敬畏。

再次,劳动有助于培塑诚信价值观。一方面,劳动者对"诚信"的需要,有利于内化其诚信价值观。无论是什么劳动者,都会扮演多样的角色,但每一种角色对诚信都会有需求。商品制造者,需要有诚信的"供应商"提供货真价实的原材料;扎根工作岗位付出心血与精力的工人,需要有诚信的企业主按时发放工资和相关福利;处于生产链末端的消费者,企盼所购买的商品价格是合理的、质量是安全的。另一方面,外界对劳动者诚信意识的灌输与要求,有利于深化其诚信价值观。无论何时、何地,诚信的宣传始终都"在线",劳动者在浓厚的诚信氛围中能够更好地被熏陶和感召。加之,党和政府对有无诚信的行为的褒奖与惩戒力度加大,有利于规范劳动者的行为。

最后,劳动有助于培塑友善价值观。在劳动过程中,劳动者从来都不是孤立的个体,而是被纳入各种各样的社会关系。当感受到他人的友善时,这种温暖感受有利于激励自己成为一个友善的人;当自己对他人友善得到回应与认可时,这种助人为乐的言行会鼓舞自己成为一个更加友善的人。久而久之,友善便成了一种自觉与习惯。这其实正如习近平同志所强调的,"只有于实处用力,从知行合一上下功夫,社会主义核心价值观才能内化为人们的精神追求,外化为人们的自觉行动。"

2. 劳动助力人的全面发展

"培养德、智、体、美、劳全面发展的社会主义建设者和接班人"是回答当代培养什么样的人的根本任务,必须"要在增强综合素质上下功夫……培养创新思维"。诚然,培养全面发展、综合素质强的人,劳动在这一过程中是不可或缺、不可替代的。

一方面,劳动能提升人的"劳动素养"。劳动内蕴了一定的价值品质,能从不同维度提供助力。"参与"是劳动的本质性规定,是劳动实践得以顺利开展的敲门砖和垫脚石,能帮助劳动者以行使权利或者履行义务的方式,合理规划自身的劳动目标与劳动任务,并采用有效的劳动方式来挖掘自身的主观能动性。"激励"作为劳动的条件性规定,是劳动实践得以有效开展的驱动力和保障力,能帮助劳动者在外在倒逼和内在激励的共同作用下积极参与劳动、挖掘潜能、提高效率。"增能"作为劳动的目的性规定,是劳动实践得以持续开展的营养剂和生长剂,有助于劳动者强化思想意识层面的认知和提升实践操作层面的技能,在提升劳动者素质和本领中强化他们的获得感和归属感。

另一方面，劳动能够助力德、智、体、美四个方面的发展，而劳动本身作为其中的一项重要内容，它能助力人的全面发展，主要表现在以下几个方面：首先，劳动能够磨砺人的"品德"。在劳动实践过程中，劳动者能够更好地践行和传承前人的劳动伦理与劳动道德，遵守现行的各种劳动道德规范，帮助自己树立正确的价值观，具有乐于助人、乐善好施的良好品德。其次，劳动能够增进人的"智慧"。通过劳动，人们既可以获取最新的认知以丰富自身的学识，也可以在劳动中检验已有的知识，进行巩固与更新，还可以不断提升自己的工作能力和岗位竞争力，让自己充满认识世界和改造世界的智慧。再次，劳动能够增强人的"体魄"。劳动往往要劳心劳力、动脑动手，适当适量的劳动，本就是一种很好的强身健体方式。因此，往往爱劳动的人拥有更加健康的体魄。最后，劳动能够提升人的"审美"。人们在劳动过程中，在周围环境的熏染、内心情感的陶冶下，能够感知美、懂得欣赏美、明白评价美、致力创造美，进而不断满足自身的审美要求、提高审美能力、获得审美享受。

3. 劳动助力实现人的人生价值

习近平同志曾强调，要"在时代大潮中建功立业，成就自己的宝贵人生"。无论是谁，只有通过具体的劳动实践才能将自身的智慧和能量展现出来，实现自己的梦想和人生价值，得到社会和他人的尊重与认可。在2019年习近平同志的新年贺词中指出，"要倾听基层干部心声，让敢担当、有作为的干部有干劲、有奔头。农村1 000多万贫困人口的脱贫任务要如期完成，还得咬定目标使劲干。要关爱退役军人，他们为保家卫国做出了贡献。这个时候，快递小哥、环卫工人、出租车司机及千千万万的劳动者，还在辛勤工作，我们要感谢这些美好生活的创造者、守护者。大家辛苦了。"他的这番话，既再现了不同岗位、不同角色的劳动者在自己劳动岗位上拼搏、奋斗的场景，也赞颂了他们默默奉献的精神品质，是对广大劳动者人生价值的充分肯定。

人的价值具有二重性，包含了自我价值和社会价值两个方面。劳动实践是个体之善和社会之善得以勾连的桥梁。创造有价值的人生，需要树立正确的世界观、人生观、价值观，以便更好地指引人生的发展；使个体以积极的态度投身于国家现代化建设，为国家、社会、民族的长远发展和进步做出应有贡献。一方面，劳动实践为实现个人价值提供平台。个人价值强调的是对个体需要的满足，对个体和社会具有不可估量的作用，对他人和社会的贡献越大，自己的个人价值也就越大。习近平同志指出，"幸福不会从天而降，梦想不会自动成真。"这就警示每一个人，必须脚踏实地、真抓实干，通过劳动来满足自身诉求，实现自我价值。另一方面，劳动实践为实现社会价值提供契机。人的社会价值也是不可估量的，是社会存在和发展的必然要求，个人社会价值的实现关乎个体的自我完善和全面发展。习近平同志曾列举，"天上多了颗'南仁东星'，全军英模挂像里多了林俊德和张超两位同志。我们要记住守岛卫国32年的王继才同志，为保护试验平台挺身而出、壮烈牺牲的黄群、宋月才、姜开斌同志，以及其他为国为民捐躯的英雄们。他们是新时代最可爱的人，永远值得我们怀念和学习。"

这些名字的主人，他们扎根在自己的劳动岗位，奋战在自己擅长的劳动领域，用自己的智慧、才华、生命、执着为国家的强大、社会的安定、人民的幸福做出卓越贡献，既实现了个人价值，更彰显了其社会价值，是模范榜样，更是时代标杆。

二、劳动精神论

习近平同志强调,"实现我们的发展目标,不仅要在物质上强大起来,而且要在精神上强大起来。""要在全社会大力弘扬劳动光荣、知识崇高、人才宝贵、创造伟大的时代新风,促使全体社会成员弘扬劳动精神,推动全社会热爱劳动、投身劳动、爱岗敬业,为改革开放和社会主义现代化建设贡献智慧和力量。劳动模范和先进工作者、先进人物不仅自己要做好工作,而且要身体力行向全社会传播劳动精神和劳动观念……广大党员、干部要带头弘扬劳动精神。"这不仅标志着习近平同志首次提出"劳动精神",而且对弘扬劳动精神提出了明确要求。

(一)目标层面:劳动的理想状态

劳动精神的内涵极为丰富,为了将其涵盖内容进行划分,既要对相关表述进行归纳总结,也要对相关论述进行剖析解读。在其划分的三个层面中,第一层面是目标层面,主要包含习近平同志对劳动达到理想境界和目标的呼吁与追求,那就是带领广大劳动者实现科学劳动、体面劳动、幸福劳动。这三种劳动状态,是对理想的劳动方式、积极的劳动评价、内在的劳动感受的勾勒与擘画,在一定程度上构成劳动得以落地的源动力和方向标。

1. 科学劳动

科学劳动作为一种理想的劳动状态,是体面劳动和幸福劳动的重要遵循和保障。随着社会生产已扩展到非物质生产领域,科学技术越来越成为发展生产的决定性因素,必须围绕中国特色社会主义建设事业,深化对科学劳动的研究与认识。正如习近平同志所强调的那样,"实现我们确立的奋斗目标,归根到底要靠辛勤劳动、诚实劳动、科学劳动。"需要指明的是,这里的"科学"是广义上的,包含两个层面的意思。一方面,从形容词的视阈理解"科学"。它指代的是,人们在生产和社会实践的长期活动中,在投入大量的活劳动和物化劳动的基础上,不断总结前人和自身实践得来的经验,不断思考促进劳动效益最大化的内在规律,通过脑力劳动,将其上升为理论,具有较强的前瞻性和指导性。这不仅是认识科学、发现科学、创造科学的过程,也是学习科学、传授科学、继承科学的过程。它强调的是,劳动处在一种合乎规律、合乎理性、合乎时空、合乎效率的理想状态。科学劳动不仅要求劳动者能够结合自身的能力、精力、身体状况等要素进行劳动,还要合理规划自己的劳动目标、选择合适的劳动方法、制定可持续且高效率的劳动任务,做到与客观存在能够融洽。另一方面,从名词的视阈理解"科学"。它指代的是,人们将科学当作一种门类或者专业方向,从事与之相关的劳动。通过创造出一系列新的劳动工具、劳动手段、劳动工艺,劳动者具有一定的科学技术知识、掌握一定的科学技术能力,并将它们运用到具体的生产生活劳动中,这是一个将潜在生产力转化为现实生产力的过程,科学劳动被认为是人类最伟大的劳动。习近平同志指出,"中国要强盛、要复兴,就一定要大力发展科学技术,努力成为世界主要科学中心和创新高地。"为了实现这一伟大使命和目标,他呼吁"培养造就一大批具有全球视野和国际水平的战略科技人才、科技领军人才、青年科技人才和高水平创新团队"。诚然，懂得和擅长科学劳动的人，大多掌握相关劳动领域的科学理论和多学科的前沿知识，掌握先进技术和生产工艺，他们从事的劳动大多是相对高级复杂的劳动，是简单劳动的大量倍加，在同样的劳动时间里，能够折算为更多的社会必要劳动时间，即折算为更多的新创造的价值量。可以说，科学劳动者从事的劳动是神圣而又庄严的实践活动，探索着客观事物的本质和规律，创造了世界，改变了生活，给人以启迪，放射出无比灿烂的光芒。

2. 体面劳动

体面劳动作为一种积极的劳动评价，是科学劳动的体现、是幸福劳动的条件。1999年6月，国际劳工组织新任局长索马维亚在第87届国际劳工大会上首次提出"体面的劳动"，并从保护劳动者权益、保障收入、社会保护、提供工作岗位四个方面指明努力方向。此后，"体面劳动"不仅成为领导人经常提及的高频词汇，而且成为广大劳动者奋力追求的目标。2013年，习近平同志强调："要坚持社会公平正义……努力让劳动者实现体面劳动、全面发展"；2015年，他再次强调：要"关注一线职工、农民工、困难职工等群体，完善制度……努力让劳动者实现体面劳动、全面发展"。习近平同志对"体面劳动"的重视与推进，是坚持以人为本、科学发展、关注民生、重视人权的必然要求和生动体现。诚然，社会的正常运行，要确保每一项工作都得有人做，由于家庭背景、个人禀赋、教育质量、努力程度等的差别，导致有些人可以从事看起来高大上、轻松多金的工作，而有的人却不得不从事苦累、报酬少的工作。但无论如何，要树立一种共识，劳动本无贵贱，分工不同而已，不论何种工作的劳动者，都应该是体面的、有尊严的。这种体面和尊严，始于内心对人的尊重，对劳动的尊重，确保既体面地劳动，又体面地生活。正如习近平同志指出的那样，"一切为我国社会主义现代化建设做出贡献的劳动，不论是体力劳动还是脑力劳动，不论是简单劳动还是复杂劳动，都是光荣的，都应该得到全社会承认和尊重。"体面劳动对于劳动者而言，就是能选择合适的就业岗位、配备良好的劳动条件和环境、提供合理的收入、得到社会的认可与尊重，是美好的愿景和不懈的追求，意味着能够获得较高阶的劳动权益与光彩的劳动尊严。但不可否认的是，当前，还是存在人为地把不同劳动贴上标签、戴着有色眼镜看待不同劳动者、让不少劳动者处于不体面的尴尬境地。为了实现体面劳动，让广大劳动者的劳动更有价值，有效地激发普通劳动者的积极性与自豪感，充分体现劳动的尊严与荣光，政府、企业、劳动者个体要形成合力。政府要从宏观上统筹把握，发挥法律、体制、政策的效用，为劳动者的体面劳动遮风挡雨、保驾护航。企业要切实推进各项制度，把致力于实现员工的体面劳动熔铸于企业文化，依托工会组织等采取针对性的举措。劳动者个体要想体面地生活和工作，至少应是一个称职的员工，能在自己体力和智力允许范围内守好自己的"一亩三分地"，提升个人形象和劳动技能，打破外界的固化认知，过上体面劳动的德性生活。

3. 幸福劳动

幸福劳动作为一种内在的劳动感受，是科学劳动和体面劳动的旨归。习近平同志指出，"人世间的一切幸福都需要靠辛勤的劳动来创造""劳动是财富的源泉，也是幸福的源泉"。在2018年习近平同志的新年贺词中指出，"幸福都是奋斗出来的"；在2018年中共中央、国务院春节团拜会上再次强调:"奋斗本身就是一种幸福……只有奋斗的人生才称得上幸福的人生……新时代是奋斗者的时代";在中华人民共和国第十三届全国人民代表大会第一次会议闭幕会上又指出:"世界上没有坐享其成的好事,要幸福就要奋斗"。习近平同志多次强调劳动、奋斗与幸福的关系,足见其重要性。一方面,从劳动过程看,幸福劳动是一种合理写照。马克思认为,"劳动是自由的生命的表现……是生活的乐趣。"诚然,幸福劳动是一种尊重劳动的原始回归。这是破浪前行的新时代,劳动者在与时俱进中已今非昔比,他们有着充分的文化自信,有着充盈的精神生活,劳动不再仅仅是求取生存的手段,而日渐成为打造幸福人生、满足高级需求、完成自我超越、促进自身全面发展、实现人生价值的需要。劳动本身也是一种需求,奋斗本身就是一种幸福,这已然成为生命哲学和人生指南的最好注脚。另一方面,从劳动结果看,幸福劳动是一个可行目标。幸福作为一种抽象的主观感受,表现为心愿达成、需求满足后产生的喜悦感,抑或是从不幸中解脱后鲜明对比的强烈感受,离不开一定的物质条件和精神慰藉。而这些,并不是与生俱来或者唾手可得的,需要付出时间、精力和情感去奋斗争取。奋斗作为劳动者专利,是人民追求幸福、赢得幸福、守卫幸福的重要武器。只有在奋斗中才能产生效益和财富,才能更好地共享发展成果,才能不断提高人民幸福生活的指数。只有奋斗能带来愉悦,进而不断强化劳动者的成就感、获得感、自豪感,奋斗成为一种信仰。正如习近平同志所言,"奋斗者是精神最为富足的人,也是最懂得幸福、最享受幸福的人。"这种幸福,不止于感官上的刺激、物欲上的满足,而是更高层次的情感追求、更有意义的生活方式、更大价值的人生取向。

(二)理念层面:劳动的德性态度

习近平同志曾强调:"要弘扬劳动精神,教育引导学生崇尚劳动、尊重劳动。"这实际上阐明了劳动精神第二层面的内容,即劳动的理念层面。劳动的理念层面,包含广大劳动者对劳动所持的认知定位、心理倾向和情感表达方面的态度,旨在确保广大劳动者能够立足自身岗位,尊重劳动、崇尚劳动、热爱劳动。这些内容实质上体现的是对劳动的伦理认知与德性态度,彰显了从普遍社会认识到个人品行追求的情感内化过程。

1. 尊重劳动

尊重是对劳动最基本的德性态度,是崇尚劳动和热爱劳动的根本前提。劳动使人类从远古走向未来,从野蛮走向文明。习近平同志指出:"一切劳动,无论是体力劳动还是脑力劳动,都值得尊重和鼓励""一切创造,无论是个人创造还是集体创造,也都值得尊重和鼓励"。诚然如此,生活的改善、社会的进步、财富的积累、幸福的生成,都源于平凡而艰辛的劳动。尊重一切有益于人民、造福于社会的劳动者及其劳动成果和价值,是每个人应尽的本分。放眼世界,每一项世界奇迹、每一个重点突破、每一次跨越前进,无不凝聚着劳动者的聪明才智,浸透着劳动者的辛勤汗水,蕴含着劳动者的奉献牺牲。回望历史,中国所取得的成就和成果,无不是通过劳动者的双手创造出来的。时传祥、王进喜、邓稼先、郭明义、焦裕禄等一个个响亮的名字,凝结的都是劳动者的奋斗;一汽、北大荒、大庆、红旗渠、"两弹一星"等一个个光辉的坐标,闪耀的都是劳动者的豪情。立足当前,令人震惊的中国速度、中国方案、中国力量,无不汇聚着广大劳动者的智慧和汗水,若没有对劳动者应有的尊重、对劳动价值应有的认可,也就不会有"中国梦"的指日可待。因此,习近平同志号召:"全社会都要贯彻尊重劳动、尊重知识、尊重人才、尊重创造的重大方针,全社会都要以辛勤劳动为荣、以好逸恶劳为耻,任何时候任何人都不能看不起普通劳动者,都不能贪图不劳而获的生活。"每一滴在劳动中洒下的汗水,都可以折射太阳的光芒、散发收获的芳香;每一份在劳动过程中的付出,都可以助力靠近梦想、带来温润的希望。劳动带来的是美好,每一种劳动都值得被尊重。只有充分尊重劳动,才能焕发劳动热情和创造激情,用勤劳的双手创造属于自己的幸福生活和实现自己的美好理想。广大人民群众唯有亲身参与到社会实践中,用智慧的头脑绘就蓝图,用勤劳的双手付诸实施,骄傲的以劳动者自居,才能成为实现"中国梦"的主角。

2. 崇尚劳动

崇尚是对劳动的合理倾向,是尊重劳动的升华,是热爱劳动的前奏。只有整个社会都崇尚劳动,才能做到"让劳动最光荣、劳动最崇高、劳动最伟大、劳动最美丽蔚然成风",才能激发广大劳动者的劳动热情、创造潜能,为实现"中国梦"供给最持久的动力。崇尚劳动,不仅是被实践证明了的正确选择,而且是社会发展规律衍生的必然结果。习近平同志指出:"无论时代条件如何变化,我们始终都要崇尚劳动、尊重劳动者,始终重视发挥工人阶级和广大劳动群众的主力军作用。"我国是一个人口和劳动力大国,解决一切问题的关键是发展,而发展最根本的要靠劳动。在这个时代里,人们往往容易聚焦于眼前的光鲜靓丽与成功,却忘记了成功背后的辛劳与汗水。一个社会,如果不鼓励人们特别是青年人从基础做起、从基层做起,就不会有美梦成真的未来和希望。崇尚劳动、劳动光荣,是实现"中国梦"的基本前提。对劳动的崇尚,体现出我们党为人民谋幸福、为民族谋复兴的初心和使命,展现了中国共产党人的光荣传统和优秀品质,必须坚持不懈地辛勤劳动和艰苦奋斗,以劳动为抓手不断实现既定目标、创造新的辉煌。把"崇尚劳动"作为社会主旋律,既是对劳动者社会地位的确认,更是对一种以劳动为价值基础的经济秩序诉求,以及被越来越多人接受的伦理主张。习近平同志指出,"劳动没有高低贵贱之分,任何一份职业都很光荣。广大劳动群众要立足本职岗位诚实劳动。无论从事什么劳动,都要干一行、爱一行、钻一行。"劳动虽然被贴上各种标签,但都只有分工不同、没有贵贱之分。崇尚劳动,要以辛勤劳动为荣,以好逸恶劳为耻。崇尚劳动,要切实保障劳动者的基本权利不因出身、职业、财富等不同而区别对待,特别是对于进城务工人员、劳务派遣工、快递小哥、残疾人员工等特殊群体,应保证其享有平等的生存权、发展权。要切实保障劳动者享有平等的规则,在公开、公平、公正的规则和程序之下,平等地参与竞争、参与发展、分享成果。要加速优化科学合理的收入分配格局,既保护劳动者的权益,又认可劳动价值。只有这样,崇尚劳动才会"在全社会唱响劳动光荣的时代强音,每一个有劳动力的公民都脚踏实地劳动",只有遵循这个颠扑不破的真理,才能集聚起逆势而上、后发赶超的底气和实力,再创中国发展奇迹。

3. 热爱劳动

热爱是对劳动的情感表达,是尊重劳动和崇尚劳动的高级呈现和升级归宿。热爱劳动是中华民族的传统美德,也是社会主义精神文明的构成内容,更是众多创造劳动奇迹和感人事迹的劳动者所共有的德性品

"共和国勋章"获得者:袁隆平

质。正是因为有着以劳动报国的热情，邓稼先在美国普渡大学拿到博士学位后便谢绝导师挽留、不顾美国重重阻挠，带着满脑袋核物理的知识启程回国，在"谈核色变"的领域扎根，为中国核科学事业做出了伟大贡献，被称为"两弹元勋"。正是有为民族争气的劳动热情，王进喜才会领着工人没日没夜地干，在发生井喷的危急关头，不顾腿伤，不顾严寒，扔掉拐杖，带头跳进泥浆池，用身体搅拌泥浆，最终制服井喷，避免了重大危险和巨大损失，赢得"铁人"的荣誉称号。正是有"中国饭碗"端在自己手上的劳动情怀，一辈子只干一件事的"杂交水稻之父"袁隆平，躬耕不辍多次创亩产纪录，为全世界解决温饱问题做出了卓越贡献，通过劳动成就自己、实现人生价值。对于广大的普通劳动者而言，也是因为热爱劳动，所以才有不断学习提升劳动素养的渴望；才有意愿向师傅学、向同事学、向书本学、向实践学，在学中练就过硬本领，力求把工作做到最好的意愿；才有心甘情愿立足岗位埋头苦干、奋力拼搏的干劲，实现人生价值的追求；才有由"要我劳动"转变为"我要劳动"的动力。苏联作家高尔基曾指出，世界上最美好的东西，都是由热爱劳动的人的聪明才智创造出来的。他曾发出深情号召，"热爱劳动吧，没有一种力量能像劳动，即集体、友爱、自由的劳动力量那样使人成为伟大和聪明的人。"习近平同志也多次强调："全社会都要热爱劳动，以辛勤劳动为荣，以好逸恶劳为耻。"必须大力弘扬"劳动光荣"，继承和发扬热爱劳动的优良传统美德，号召广大劳动者积极劳动，兴起劳动的热潮，促进社会的物质财富与精神财富不断丰盈，确保人民生活水平不断提升以达到理想标准。值得一提的是，对劳动的热爱并不是与生俱来的，需要外在观念灌输和切实的劳动实践感染。习近平同志指出，"要教育孩子们从小热爱劳动、热爱创造，通过劳动和创造播种希望、收获果实，也通过劳动和创造磨炼意志、提高自己。"教育要从娃娃抓起，劳动教育更是如此，从小培养孩子对劳动的敬畏与热爱，将一切鄙夷劳动、歧视劳动者的错误认知扼杀在摇篮中。在崇尚劳动的优良环境浸润中，热爱劳动便成为融入基因血液中的情感，进而化成人们参与劳动的自觉和热情。

（三）行为层面：劳动的实践道义

习近平同志曾强调："弘扬劳动精神，教育引导学生……长大后能够辛勤劳动、诚实劳动、创造性劳动"，这实际上指明了劳动精神第三层面的内容，即劳动的行为层面。劳动的行为层面，主要包含广大劳动者在具体劳动过程中所呈现的基本要求、内在品性、高阶方式等，确保广大劳动者能够辛勤劳动、诚实劳动、创造性劳动。这三者关乎对劳动的精力投入、品格要求和方法预设，体现为对劳动实践多维并存的道义标准，在一定程度上构成了劳动得以落地的路线图和指南针。正如习近平同志强调的那样，"实现我们的奋斗目标，开创我们的美好未来……必须依靠辛勤劳动、诚实劳动、创造性劳动。"

唯有如此，广大劳动者才能在不断完善自我的过程中收获喜悦，才能在为社会做出贡献过程中得到认可。

1. 辛勤劳动

辛勤劳动是每个劳动者对劳动应有的基本态度和要求，是诚实劳动、创造性劳动的依托和基础，强调愿意付出时间、心血、精力，不辞辛苦、勤勉敬业、埋头苦干。习近平同志多次指出："真抓才能攻坚克难，实干才能梦想成真。我们要在全社会大力弘扬真抓实干、埋头苦干的良好风尚。""实干"的本质不仅是一种迎难而上、坚忍不拔的态度，而且是一种破解难题、披荆斩棘的方法，折射出的思想精髓就是自力更生、艰苦奋斗、辛勤劳作。习近平同志告诫广大群众，"任何一名劳动者，要想在百舸争流、千帆竞发的洪流中勇立潮头，在不进则退、不强则弱的竞争中赢得优势，在报效祖国、服务人民的人生中有所作为，就要孜孜不倦学习、勤勉奋发干事。"诚然，个人卓越的能力、美好的生活都是通过辛勤劳动得到的。广大劳动者要发扬主人翁意识，树立正确的劳动观，争做新时代奋斗者。在"苦干实干"中体悟"一分耕耘，一分收获"，始终谨记靠勤劳创业，稳固；靠实体致富，扎实；靠吃苦发家，安心。要抵制一切与"辛勤劳动"背道而驰的思想和心态，不能贪图不劳而获的生活，不要幻想一夜暴富，也不能安于现状、得过且过、干劲松弛、思想懈怠、精神萎靡，否则只会让个人错失出彩的机会、让国家错失发展的机遇。毕竟，"实现中华民族伟大复兴的'中国梦'，要靠各行各业人们的辛勤劳动。"正所谓，三百六十行，只要肯勤奋，行行都能出状元。人世间一切美好梦想的实现，需要每一个人付出不懈的艰苦努力。习近平同志还特别指出："在田间地头，就要精心耕作，努力赢得丰收。在商场店铺，就要笑迎天下客，童叟无欺，提供优质的服务。只要踏实劳动、勤勉劳动，在平凡岗位上也能干出不平凡的业绩。"如果"人人踏实劳动、勤勉劳动，我们就能汇聚劳动创造的巨大能量"。身处这样一个伟大的时代，普通劳动者不仅能干事业，而且能干成事业，更可以在宽广的舞台上奉献社会展示价值，建功立业实现梦想。

2. 诚实劳动

诚实劳动让劳动闪耀着最光荣、最崇高、最伟大、最美丽的光辉，是辛勤劳动的升华，也是创造性劳动的保障。谨遵工作标准、职业道德、法律法规，脚踏实地、恪尽职守、实事求是，是劳动者认识和对待劳动过程和劳动成果的品质体现。劳动本身是内在逻辑与外在呈现的统一，在劳动中投入什么样的劳动态度和付出力度，就会得到相应的劳动回报。只有诚诚恳恳、踏踏实实地付出劳动，才能收获实实在在、真真切切的劳动硕果和劳动善果。所谓的"炒作""虚拟""投机""取巧"只会收获"泡沫""幻影""惩罚"，因此，对待劳动，要诚实守信、拒绝虚假。习近平同志强调，"人世间的美好梦想，只有通过诚实劳动才能实现；发展中的各种难题，只有通过诚实劳动才能破解；生命里的一切辉煌，只有通过诚实劳动才能铸就。"只有诚实劳动，才能提供周到服务；只有诚实劳动，才能培养互助美德；只有诚实劳动，才能完善有序竞争；只有诚实劳动，才能构建诚信体系。无论是一线劳动者，还是时代的弄潮儿；不论身处哪个行业，从事什么职业，身居什么岗位，掌握何种技术，都应该以诚实劳动为基本准则。习近平同志强调，"我们要在全社会大力弘扬劳动精神，提倡通过诚实劳动来实现人生的梦想、改变自己的命运，反对一切不劳而获、投机取巧、贪图享乐的思想。"要摆脱恶性竞争、恶币驱逐良币的不良影响，在科学研究、产品开发、文艺创作、品牌打造等劳动中，杜绝抄袭、伪造、掺假的行为。广大劳动者要牢牢守住诚信做人的底线，始终以诚为先、以诚为重、以诚为美，"让诚实劳动、勤勉工作蔚然成风"，这才是劳动的应有之义。

3. 创造性劳动

创造性劳动往往是体力劳动和脑力劳动的结合，是辛勤劳动、诚实劳动的发展，也是劳动的核心和本质要求。创造性劳动重在打破循规蹈矩、因循守旧、故步自封的落后状态，敢闯敢试、用于突破、开拓创新。"中国制造、中国创造、中国建造共同发力，继续改变着中国的面貌。"从猿人举起第一块石器开始，一直到今天科学技术所创造的奇迹，创造性劳动如影随形。习近平同志指出："人类是劳动创造的，社会是劳动创造的。"若不是在劳动过程中创新性地改造劳动工具，人类很可能还处于猿猴状态，甚至在弱肉强食中已然走向灭亡，而社会可能依旧处于混沌未开的初始模样。习近平同志还鲜明地指出："正是因为劳动创造，我们拥有了历史的辉煌；也正是因为劳动创造，我们拥有了今天的成就。"不可否认，中国的崛起和人民生活水平的提升，都是得益于创造性劳动。因此，我们必须"要坚持创新是第一动力……实施创新驱动发展战略，完善国家创新体系，加快关键核心技术自主创新，为经济社会发展打造新引擎。"中华人民共和国成立70余年来，从创业之初的手提肩扛，到数控时代的计算机控制；从永不褪色的"铁人精神"，到赶超一流的"载人航天精神"；从都市快递员的忙碌身影，到互联网时代的创业创新……这些都说明劳动创造让劳动不再是原始落后、简单低级的代名词。面对日趋白热化的国际竞争和日益激烈的社会竞争，以及大众创业、万众创新的时代热潮，习近平同志强调："必须把创新摆在国家发展全局的核心位置，不断推进理论创新、制度创新、科技创新、文化创新等各方面创新。"随着技术创新、知识创新、管理创新的日益发展，创新劳动对推动科技进步和经济发展方式转变的作用越来越大。因此，习近平同志呼吁："要增强创新意识，敢于走前人没有走过的路，敢于抢占国内国际创新制高点。"广大劳动者要提升自己的素质，锤炼自身锐意进取、勇于创新的时代品质，争做知识型、技术型、创新型的劳动者，充分焕发创新潜能和创造活力，努力在改革开放中闯新路、创新业，这是圆梦的最佳途径和最好方式。

三、劳动主体论

（一）捍守劳动群众的主体地位

1. 肯定普通劳动群众的作用

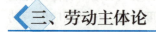

在习近平同志关于劳动的论述中，虽然没有直接提及"普通劳动群众"，但实际上已把他们熔铸到"人民""广大劳动群众""工人阶级"等相关的群体代名词中。在2018年习近平同志的新年致辞中指出："广大人民群众坚持爱国奉献，无怨无悔，让我感到千千万万普通人最伟大。"这里的"广大人民群众"和"千千万万普通人"，指代的就是能为国家富强、民族振兴、人民幸福做出贡献的广大劳动人民。习近平同志鲜明地指出："实现我们的奋斗目标，开创我们的美好未来，必须紧紧依靠人民、始终为了人民。"毫无疑问，这里的"人民"也包括了广大普通劳动群众。在各种不同的"劳动者"中，习近平同志不仅梳理了他们的关系，而且肯定了他们的作用。他认为：广大知识分子"能够提供十分重要的人才支撑、智力支撑、创新支撑"，充分肯定了知识分子的重要地位和作用。在知识分子与工人阶级的关系问题上，习近平同志认为："知识分子是工人阶级的一部分。"而在两者的地位上，他指出："包括广大知识分子在内的我国工人阶级是改革开放和社会主义现代化建设的主力军""工人阶级是我国的领导阶级，是我国先进生产力和生产关系的代表,是我们党最坚实最可靠的阶级基础,是全面建成小康社会、坚持和发展中国特色社会主义的主力。"而对于青年,习近平同志也赋予了其"劳动者"的角色定位和期待,"劳动人民是国家的主人,青年是中国特色社会主义事业接班人、是国家的未来和民族的希望。"习近平同志对不同劳动群体的定位,实质上就是对不同劳动者主体地位和贡献的充分肯定。习近平同志指出:"历史赋予工人阶级和广大劳动群众伟大而艰巨的使命,时代召唤工人阶级和广大劳动群众谱写壮丽而崭新的篇章。"他从历史和时代的视角进行审视,指明了广大劳动者群体所肩负的历史使命和时代重任。在迈向未来的征程上,"必须充分发挥我国工人阶级的重要作用,焕发他们的历史主动精神,调动劳动和创造的积极性。"他把对劳动者的认可化作了对信任与美好祝福。习近平同志深情号召、深切寄语广大知识分子、劳动群众、青年,"要紧跟时代、肩负使命、锐意进取,把自身的前途命运同国家和民族的前途命运紧紧联系在一起,努力为全面建成小康社会贡献智慧和力量。"这实际上给广大劳动者注入了强大能量,有利于激励他们扎根平凡岗位做出不平凡业绩。在2019年新年献辞中,习近平同志不仅"向每一位科学家、每一位工程师、每一位'大国工匠'、每一位建设者和参与者致敬",而且专门提及"快递小哥、环卫工人、出租车司机以及千千万万的劳动者……要感谢这些美好生活的创造者、守护者"。这实质上给全社会树立了"劳动者最光荣、劳动者最美丽、劳动者最伟大"的正确风向,有力地抨击了一切诋毁劳动者、污蔑劳动者、仇视劳动者的言论与行为。

2. 彰显劳动模范的价值贡献

将劳动模范(简称"劳模")从"广大劳动者"中作为特殊样本抽离出来,并不是为了将其与"广大劳动者"割裂,更不是为了将其与"普通劳动者"对立,而是为了将其选树为"榜样","榜样的力量是无穷的"。对于劳模的肯定和颂扬,习近平同志从不吝啬他的赞美之词:从"劳动模范是民族的精英、人民的楷模"到"一代又一代的劳动模范和先进工作者、先进人物,是我国劳动人民的杰出代表,是祖国和人民的骄傲",再到"劳动模范是劳动群众的杰出代表,是最美的劳动者"。

一方面,习近平同志高度肯定了劳模所做的贡献。他指出:"劳动模范始终是我国工人阶级中一个闪光的群体,享有崇高声誉,备受人民尊敬";他认为:劳模"干一行、爱一行、专一行、精一行,带动群众锐意进取、积极投身改革开放和社会主义现代化建设,为国家和人民建立了杰出功勋";他强调:"广大劳模以高度的主人翁责任感、卓越的劳动创造、忘我的拼搏奉献,谱写出一曲曲可歌可泣的动人赞歌,为全国各族人民树立了光辉的学习榜样"。他认为:劳模"立足本职,争创一流,集中体现了伟大的时代精神、创业精神、奉献精神,为国家和民族增添了绚丽光彩";他指出:"劳动模范和先进工作者是坚持中国道路、弘扬中国精神、凝聚中国力量的楷模……为全国各族人民树立了学习的榜样"。劳动模范是自带光环的民族精英,是广受推崇的人民楷模,是毋庸置疑的最美劳动者。他们既是实干家,也是梦想家,虽然来自不同的行业、不同的岗位,但都体现了共同的特质,诠释了相同的精神。习近平同志对劳模的充分肯定,使劳模享有崇高地位和无上荣耀,有利于更好地激励广大劳动群众学习仿效。

另一方面,习近平对劳模提出了新的期冀,号召广大劳动群众向劳模学习。他深情叮嘱劳模，要"珍惜荣誉、再接再厉，爱岗敬业、无私奉献，做坚定理想信念的模范、勤奋劳动的模范、增进团结的模范"；他呼吁劳模，"把取得的荣誉作为新的起点，努力在新的征途上再创新业、再立新功"；他寄语劳模，"珍惜荣誉、努力学习，在各自岗位上继续拼搏、再创佳绩"；他号召劳模，"珍惜荣誉、谦虚谨慎、再接再厉，不断在新的起点上为党和人民创造更大业绩"。当然，这也有利于点醒广大劳模不要停留在已有的功勋章上沾沾自喜、止步不前。全社会"要为劳动模范更好施展才华、展现精神品格提供全方位支持，使他们的劳动技能、创新方法、管理经验能广泛传播，充分发挥示范带动作用""要热情关心他们的工作、学习、生活，为他们的健康和幸福、为他们更好发挥作用创造良好环境和条件""要高度重视劳模、关心爱护劳模，支持劳模发挥骨干带头作用，帮助劳模解决生产生活中的问题，广泛宣传劳模先进事迹，使劳模精神不断发扬光大"。习近平同志的系列指示，体现了他对劳模的关心和爱护，有利于激励他们继续贡献力量、成为经得起历史检验的劳动榜样。习近平同志对劳模的认可，还体现在他多次号召广大人民向劳模学习、争当劳模。他呼吁，"全国各族人民都要向劳模学习，以劳模为榜样，发挥只争朝夕的奋斗精神，共同投身实现中华民族伟大复兴的宏伟事业。"他号召，"希望我国广大劳动群众以劳动模范为榜样，爱岗敬业、勤奋工作，锐意进取、勇于创造，不断谱写新时代的劳动者之歌。"习近平同志关于劳动模范的论述，有利于让广大劳动群众以劳模为榜样，立足岗位，安心定志，躬身做事，兢兢业业，踏踏实实，甘于奉献；在工作中比干劲、比付出、比质量、比业绩、比贡献，在平凡的岗位上实现人生价值；引领广大劳动群众从工作中的每件小事做起，聚沙成塔、集腋成裘，积跬步、至千里，从容迈过一个又一个"坎"，勇敢攀越一座又一座"峰"。

3. 维护劳动群众的基本权益

广大劳动群众始终是习近平同志放不下的牵挂，捍卫劳动者的地位和权益始终是习近平同志关切和思考的重要问题。习近平同志强调："要始终实现好、维护好、发展好最广大人民根本利益，让改革发展成果更多、更公平地惠及人民。人民对美好生活的向往，就是我们的奋斗目标。"他不仅是这样说的，更是这样做的，为人民群众办实事，赢得了最广大人民的拥护和爱戴。习近平同志指出："全心全意为工人阶级和广大劳动群众谋利益，是我国社会主义制度的根本要求，是党和国家的神圣职责。"充分彰显了党的宗旨意识和制度的优越性，有利于巩固党的群众基础和国家的长治久安。习近平同志要求："把竭诚为职工群众服务作为工会一切工作的出发点和落脚点，帮助职工群众通过正常途径依法表达利益诉求""要面对面、心贴心、实打实做好群众工作，把人民群众安危冷暖放在心上，雪中送炭，纾难解困"。他的这些要求为完善劳动政策、改进劳动分配等工作，奠定了维护劳动群众基本权益的总基调。习近平同志认为："工会是党联系职工群众的桥梁和纽带。"在他看来，工会是捍卫劳动者权益的"娘家人"。他对工会工作提出了多项要求，既要"让职工群众真正感受到工会是'职工之家'，工会干部是最可信赖的'娘家人'"；也要"把工作重心放在最广大普通职工身上"，从根本上强化了工会工作的重要性，指明了工会肩负的神圣使命。为确保广大劳动者能够顺利找到工作，他指出，"要实施积极的就业政策，创造更多就业岗位，改善就业环境，提高就业质量。"他还要求，工会"要创新思想政治工作方式方法，加强人文关怀和心理疏导……不断满足广大职工群众精神文化需求。"这一系列指示，不仅有效地解决了群众就业难的问题，而且丰富了劳动者的物质和精神生活，更大幅提升了广大劳动者的获得感和幸福感。

（二）发扬劳动群众的精神引领

在习近平同志看来，"伟大的事业需要伟大的精神，伟大的精神来自伟大的人民。"因此，他主张要用伟大的精神来引领、感染广大劳动者。习近平同志指出，要"弘扬劳模精神和工匠精神，营造劳动光荣的社会风尚和精益求精的敬业风气。"不论是劳模精神，还是工匠精神，抑或是敬业精神，从宏观上来说，它们是新时代中国的伟大精神、伟大智慧、伟大力量，它们根植于中华大地，传承着中国文化，展现着中华民族不屈不挠、前赴后继的奋斗品格。从微观上来说，它们指代的都是一种对工作追求卓越的"职业精神"；一种对职业的敬畏、对工作的执着、对劳动的坚守。通过传承与弘扬这三种精神，有利于发挥榜样的示范导向作用和精神的鼓舞激励作用，营造健康向上的社会风尚。

1. 弘扬劳模精神

劳动模范在埋头苦干中淬炼的劳模精神，是激励广大劳动群众艰苦奋斗、再创辉煌的强大动力。习近平同志强调弘扬劳模精神主要体现在两个方面。一方面，高度肯定劳模精神的意义，多次号召弘扬劳模精神。他指出："广大劳模以平凡的劳动创造了不平凡的业绩，铸就了'爱岗敬业、争创一流，艰苦奋斗、勇于创新，淡泊名利、甘于奉献'的劳模精神，丰富了民族精神和时代精神的内涵，是我们极为宝贵的精神财富。"此外，他还指出："劳模精神，生动诠释了社会主义核心价值观，是我们的宝贵精神财富和强大精神力量。"爱岗敬业是最根本的立场、争创一流是最宏伟的目标、艰苦奋斗是最基础的态度、勇于创新是最关键的方法、淡泊名利是最理想的境界、甘于奉献是最崇高的品性，它们是对劳模精神最客观、最全面、最科学的定义和诠释。习近平同志号召："要在全社会大力弘扬劳模精神、劳动精神，大力宣传劳动模范和其他典型的先进事迹""全社会都应该尊敬劳动模范、弘扬劳模精神"。另一方面，习近平同志立足新时代，赋予劳模精神新的内涵和生命力。2018年"五一"国际劳动节前夕，习近平同志给中国劳动关系学院劳模本科班学员回信，他在信中鼓励和呼吁劳模，"用你们的干劲、闯劲、钻劲鼓舞更多的人，激励广大劳动群众争做新时代的奋斗者。""干劲"强调的是吃苦耐劳，"闯劲"强调的是大胆拼搏，"钻劲"强调的是专注创新，三者不仅体现出劳模所共有的优秀品质和角色特征，而且深化和发展了劳模精神的时代品格和实践指向，更弘扬了劳动光荣、技能宝贵、创造伟大的时代风尚。广大劳模之所以能成为劳模，是因为他们在工作中发挥积极性、主动性和创造性，自觉把个人与集体、家庭与国家、个人价值与社会价值统一起来，既提升了自己，也做出了贡献。在他们奋斗的过程中，沉淀和打磨出了伟大的"劳模精神"，引领广大劳动者战胜苦难、不懈创新、勤勉开拓。

2. 培育敬业精神

"敬业"作为一种职业价值观，与社会主义核心价值观公民层面的爱国、诚信、友善相辅相成，不仅是一种价值理念，更是一种彰显个人魅力的人格精神。敬业精神因其时代性，在不同历史阶段呈现出差异性。"敬业"作为仅次于"爱国"的公民层面的核心价值观，足见其重要性，是敬业观在当代的新形态和新呈现。习近平同志对黄大年同志先进事迹做出重要指示,"以黄大年同志为榜样""学习他教书育人、敢为人先的敬业精神"。敬事而信、敬业乐群的黄大年是新时代敬业精神的优秀诠释者,他让广大劳动者懂得,把事业看得比生命还重的人,定会收获更有价值的人生,必将做出非比寻常的贡献,为我们在新形势下弘扬敬业精神、共筑伟大梦想注入强大思想和行动力量。"敬"是一种信念,可以化作催人奋斗的力量。他强调,"要在培养奋斗精神上下功夫,教育引导学生树立高远志向,历练敢于担当、不懈奋斗的精神,具有勇于奋斗的精神状态、乐观向上的人生态度,做到刚健有为、自强不息。"只有在敬业精神和奋斗精神的牵引下,劳动者才愿为一项事业兢兢业业、为一种理想夙夜在公、为一份信念投入一生。敬业,其实也是一种人生道德,是对本职工作的高度负责,更是对自己成就何种人生价值的负责。它生成于个人主观感情,在本心意愿里真诚爱其岗、热忱敬其业;它体现为一种能自然而然为工作尽心尽力、无止无休的状态;它能把作为谋生饭碗的"职业"转化为实现自我的"事业"。"鞠躬尽瘁,死而后已"是敬业精神的最高境界和极致体现,但"敬业"并不强求每个人都能达到这种境界。敬业与每位劳动者都息息相关,它不是令人心生恐惧的沉重,也不是让人望而生畏的负担,更不是让人谈虎色变的梦魇,它是投入其中的自觉乐趣、自然而然的奋斗引力、与生俱来的隐性本能,它要求劳动者有恪尽职守的责任心、有勇于开拓的进取心、有百折不挠的事业心。敬业精神与劳模精神和工匠精神三者一脉相承却又各有侧重,劳模精神的内核是"劳",强调乐业与勤业;"工匠精神"的内核是"工",强调精业与敬业。两者背后体现的都是劳动者坚忍不拔的品质、追求卓越的恒心、钻研创新的执着,是爱岗敬业的集中体现。

3. 践行工匠精神

朝耕暮耘,陇亩间洒下辛勤汗水;匠心雕琢,方寸处施展精湛技艺。现代科技时代,"工匠"似乎离我们而去,但实际并非如此。对于中国制造而言,"工匠精神"将成为一种软实力。实现"中国梦",不仅需要大批科学技术专家,同时也需要千千万万的能工巧匠。习近平同志指出:"要弘扬'工匠精神',精心打磨每一个零部件,生产优质的产品""要大力弘扬工匠精神,厚植工匠文化,恪尽职业操守,崇尚精益求精,完善激励机制,培育众多'中国工匠',打造更多享誉世界的'中国品牌',推动中国经济发展进入质量时代。"习近平同志深刻阐述了工匠精神的重要作用,有力地促进了工匠精神的传播。此外,习近平同志勉励工人"发扬工匠精神,为'中国制造'做出更大贡献",强调"民营企业也要进一步弘扬企业家精神、工匠精神,抓住主业,心无旁骛,力争做出更多的一流产品,发展一流的产业,为实现'两个一百年'目标做出新的贡献"。无论是对于个人还是企业而言,都应该秉持工匠精神,如此才能取得非同寻常的成就和贡献。相较于"劳模精神"的生成路径而言,"工匠精神"所植根的人类历史更长,语境也更丰富。"工匠精神"既是一种技能,也是一种精神品质,它传承和契合了时代发展的需要,具有重要的时代价值与广泛的社会意义。"工匠精神"的底色是爱岗敬业的职业精神,是从业者全身心投入的认认真真、尽职尽责的状态;其保障是精益求精的品质精神,是从业者对每件产品、每道工序都凝神聚力、追求极致的态度;其关键是

劳模工匠张家建

韩伟:践行工匠精神的园林人

内心笃定的专注精神，是从业者对于细节耐心、执着、坚守的特质；其重点是追求卓越的创新精神，是从业者执着、坚持、专注甚至是陶醉、痴迷，但绝不等同于因循守旧、拘泥一格的"匠气"和追求突破、追求革新的创新内蕴。可以说，树匠心是弘扬工匠精神的根本，育匠人是传承工匠精神的基础，出精品是践行工匠精神的目的。

课堂案例

弘扬工匠精神·让湘绣走向世界
——记"全国文化和旅游系统劳动模范"江再红

江再红出生于湘绣世家，8岁开始学习刺绣。从1987年进入湖南省湘绣研究所从事刺绣工作，到1991年创立长沙天心湘绣厂，再到2003年企业升级为长沙市湘绣研究所，江再红全身心投入湘绣事业，现已成为第一批国家级非物质文化遗产项目湘绣代表性传承人、中国工艺美术大师。

一心一意坚守湘绣事业

江再红1968年3月出生，家中七代从事湘绣。她从小跟着长辈习作刺绣，在潜移默化中技艺逐渐成熟，后进入湖南省湘绣研究所成为一名骨干技师。

20世纪80年代，湘绣在工业化浪潮中走向低谷，国内市场只占30%、国际市场仅占5%，湘绣从湖南省大宗出口商品中销声匿迹。江再红所在的单位经营惨淡，许多人认为湘绣"生锈"了。

此时，江再红决定探索新路径，毅然丢掉了"铁饭碗"。她从小作坊做起，把自己的技艺汇集成教材辅导员工，集中优势力量进行攻关和大胆创新，每年拿出30%的利润用于新产品研发，实施个性化定制、柔性化生产……江再红创立的"再红湘绣"品牌逐步赢得了国内外市场的认可，并连续20多年经久不衰，带动了湘绣再次飞入寻常百姓家。

一针一线铸就"工匠精神"

湘绣是中国四大名绣之一，有着两千多年历史，主要依靠针线刻画来表现物象神态。

1988年，江再红从汉墓出土文物中成功复制了已失传两千多年的汉代刺绣连珠针技艺，掌握了湘绣独门"鬅毛针"绣法。她把这种技法运用到实践中，把工匠精神融入创新发展中。在不断改良实验后，她创作的《虎啸雄风》中，虎的毛色斑斓，生动逼真。配线使用几十种各色丝绒线，色调浓淡混合，眼睛晶体透明闪闪发光，巧妙的针法和施线让老虎栩栩如生。在首届中华民族艺术珍品拍卖会上，《虎啸雄风》一举拍出了120万元，为湘绣拍卖史上最高价，被国家博物馆收藏。

从业40多年，江再红创作了数以万计的湘绣作品，其中19幅获国家专利；团队创作的167件作品获国内国际大奖，还有4幅作品搭载神舟飞船遨游太空。

一经一纬推动文化交流

艺术无国界，湘绣在对外文化交流中有着举足轻重的地位。

1949年，毛泽东主席出访苏联，用一幅湘绣作为国礼赠送给斯大林。江再红将湘绣艺术发扬光大的同时，还积极参与文化交流。她绣出的世界最大双面湘绣《阴功轴》，在法国里昂当代艺术博物馆展出，被媒体誉为"惊世的传世之宝"。

江再红的湘绣作品还跻身北京奥运会、上海世博会、米兰世博会、巴黎博览会、东京博览会等近百个国内外大型展览，获得广泛好评，观展的一些国外领导人也成了湘绣的推广大使。

一生一世传承千年技艺

近20年来，江再红以各种方式培训湘绣人才10万余人，提供了200多个就业岗位。为推动非遗进校园，她走进几十所中小学、大学和职专讲授湘绣专业课程。

江再红热心公益事业。2020年，她带领全体绣工转产做防疫口罩，为社会提供了186个就业岗位，累计为海外留学生及3A级旅游景区捐赠50余万元酒精、口罩等物资，为新冠肺炎疫情防控作出了贡献。她还带领志愿者和员工参加近百次公益活动，为山区儿童、孤寡老人、残疾人士、困难家庭捐钱捐物。

江再红说："我要永远铭记党的恩情，坚定初心使命，弘扬工匠精神，把中国湘绣融入世界文化，一针一线编织湘绣的绚丽色彩，坚定不移地在继承和创中华人民共和国优秀传统文化的阳光大道上勇往直前。"

——摘自：中国旅游报

（三）助力劳动群众的全面发展

1. 提高劳动者的主人翁意识

习近平同志指出："我国工人阶级要增强历史使命感和责任感……始终以国家主人翁姿态为坚持和发展中国特色社会主义做出贡献。"劳动主体必须树立主人翁意识，才能正确认识自身角色，履行好自己的职责。习近平同志强调："我国工人阶级一定要……万众一心、众志成城，为实现中华民族伟大复兴的中国梦而不懈奋斗。"不仅如此，他还号召："我国工人阶级和广大劳动群众一定要以国家主人翁姿态，积极投身经济社会发展的火热实践，为共同创造我们的幸福生活和美好未来做出新的贡献。"习近平同志之所以多次强调把劳动者作为"主人翁"，是因为主人翁代表的是肯定和认同、是责任和使命，彰显着内蕴的自发自觉、忘我投入的工作态度。培养劳动者的主人翁意识，有利于强化员工的奉献精神和责任意识，是一项势在必行而又迫在眉睫的要事。习近平同志为培养和强化广大劳动者的主人翁意识，指明了正确方向，提供了切实可行的方法。首先，他认为要从理想信念入手，帮助广大劳动者"牢固树立中国特色社会主义理想信念……始终做坚持中国道路的柱石"。其次，他指出要从价值观入手，帮助广大劳动者"自觉践行社会主义核心价值观，发扬我国工人阶级的伟大品格"。最后，他认为要从责任意识入手，帮助广大劳动者"以振兴中华为己任……发扬工人阶级识大体、顾大局的光荣传统,自觉维护安定团结的政治局面,始终做凝聚中国力量的中坚"。

2. 培养综合全面的劳动素养

"素质是立身之基,技能是立业之本。"习近平同志高度重视劳动者的劳动素养。

习近平同志呼吁,既要"实施职工素质建设工程,推动建设宏大的知识型、技术型、创新型劳动者大军",也要"提高包括广大劳动者在内的全民族文明素质,是民族发展的长远大计"。总而言之,只有提高劳动者思想素质、智力素质和体格素质等劳动素养,才能不断提高一个国家、地区或某个历史时期的社会经济、科学技术和文化水平。

提高劳动者劳动素养仅靠某一方面的努力是不够的,需要多方形成合力。其一,需要外力予以帮助。习近平同志指出,"要高度重视广大职工的多样化需求,不断拓展职工成长成才空间""要不断营造环境、搭建平台、畅通渠道、创新方式,为广大职工成长成才、就业创业、报效国家、服务社会创造更多机会"。他鼓励"发展素质教育,推进教育公平。""大规模开展职业技能培训,注重解决结构性就业矛盾。"这在一定程度上为提高劳动者劳动素养指明了可行路径。其二,需要劳动者自身的不断努力。习近平同志呼吁:"广大劳动群众要勤于学习,学文化、学科学、学技能、学各方面知识,不断提高综合素质,练就过硬本领。"他鼓励广大劳动者,"只要勤于学习、善于实践,在工作上兢兢业业、精益求精,就一定能够造就闪光的人生。"他坚信"只要有志气、有闯劲,普通劳动者也可以在宽广舞台上展示自己的人生价值"。

3. 打造高水平的劳动接班人

社会的发展规律和国家的生存之道无不说明,要想获得恒久发展,必须要具备未来眼光,做好储备。在习近平同志看来,"人才是第一资源",硬实力、软实力归根到底要靠人才实力。对国家和社会的发展与进步来说,最大的储备就是人才的储备。

(1)习近平同志对人才的教育和培养尤为重视。习近平同志强调,"要树立正确人才观,培育和践行社会主义核心价值观,着力提高人才培养质量,弘扬劳动光荣、技能宝贵、创造伟大的时代风尚。"这在一定程度上有利于营造人人皆可成才、人人尽展其才的良好社会氛围。习近平同志指出,"我们一定要深入实施科教兴国战略、人才强国战略、创新驱动发展战略,把提高职工队伍整体素质作为一项战略任务抓紧抓好",还着重强调"要深入开展中国特色社会主义理想信念教育……开展以职业道德为重点的'四德'教育,深化'中国梦·劳动美'教育实践活动,不断引导广大群众增强中国特色社会主义道路自信、理论自信、制度自信。"这不仅提出了努力培养高素质劳动者和技术技能人才的目标和任务,而且从多个维度指明了方法。习近平同志强调"要深化科技、教育、文化体制改革,深化人才发展体制改革,加快形成有利于知识分子干事创业的体制机制"。要利用现有的优势条件,遵循知识分子工作特点和规律,为他们提供优良的发展契机。

(2)习近平同志对作为人才接班人的青年尤为关注。他认为"全面建成小康社会的奋斗目标,为广大劳动群众指明了光明的未来;全面建成小康社会的历史任务,为广大劳动群众赋予了光荣的使命;全面建成小康社会的伟大征程,为广大劳动群众提供了宝贵的机遇。"面对这样一个千帆竞发、百舸争流、有机会干事业、能干成事业的时代,广大劳动群众尤其是青年一定要倍加珍惜、倍加努力。习近平同志要求"广大青年要自觉加强学习，不断增强本领。"他强调"所有知识要转化为能力，都必须躬身实践。要坚持知行合一，注重在实践中学真知、悟真谛、加强磨炼、增长本领。"这实际上是提醒和告诫广大青年，要想成为祖国需要的人才，关键靠自身的努力。在习近平同志看来，"社会本身就是一个大学校，留心处处皆学问。只要你肯学习、能吃苦，没有读过大学，照样能成才。""人生道路千万条，各行各业都能成才。只要矢志追求、努力拼搏，照样可以实现人生抱负和目标。"无论是谁，只要立志成为人才，就会发挥自身的主观能动性，努力克服困难、把握机遇。习近平同志强调："要通过各种措施和方式，教育引导广大青少年牢固树立热爱劳动的思想、牢固养成热爱劳动的习惯。"通过外界助力和青年自身努力"内外结合"与"双管齐下"，广大青年定能成为具有高素质、高技术、高技能的社会主义优秀建设者和可靠接班人。

四、劳动关系论

（一）和谐劳动关系意义深远

1. 关乎人民幸福生活

劳动关系事关职工切身利益，没有规范、和谐的劳动关系，就没有稳定、体面的就业，也就难以实现民生的根本改善。构建和谐劳动关系，加快形成企业和职工利益共享机制，有利于不断提高职工特别是一线职工的劳动报酬，使劳动者更好分享企业发展成效、共享经济社会发展成果，从根本上提升劳动者的就业质量。加强劳动保护，健全劳动保障监察和劳动争议调解仲裁体系，有利于切实解决矛盾，最大限度地实现好、维护好、发展好广大人民群众的权益。只有构建和谐的劳动关系，维护好广大劳动者的经济、政治、文化、社会权益，才能最大程度调动他们的劳动积极性，激发他们的工作热情，让他们依靠自己努力就能提高生活水平，推动社会健康有序发展。

2. 关乎社会和谐稳定

劳动关系作为一种最基本的社会关系，其和谐与否是衡量社会和谐与否的风向标，其具体状态是体现社会状态的"晴雨表"。

（1）和谐劳动关系有利于推进社会民主法治。和谐的劳动离不开民主和法治的护航。《中华人民共和国劳动法》（以下简称《劳动法》）规定了统一劳动标准和民主协商规则，确立了用人单位与劳动者的市场经济主体地位，特别是坚持法定标准与契约自由相结合的原则，有利于促进民主法治。

（2）和谐劳动关系有利于推进社会公平正义。和谐劳动关系需要依靠公平正义来化解劳动者与用人单位之间的纠纷。劳动者对公平和正义的渴求，有利于助推整个社会积聚公平正义的能量。

（3）和谐劳动关系有利于推进社会诚信友爱。劳动者与用人单位有各自的立场，都想确保自己利益的最大化，而和谐劳动关系能助力两者在诚信友爱中实现共赢。

（4）和谐劳动关系有利于社会充满活力。和谐劳动关系能有效调动劳动者积极性，极大地地解放了生产力，为社会主义市场经济注入强大活力。

（5）和谐劳动关系有利于推进社会安定有序。构建和谐劳动关系，要求健全劳动关系诉求表达机制、矛盾调处机制和权益保障机制，有利于化解劳动纠纷，规范社会行为，尽可能地预防和减少社会矛盾。这是"推动社会管理关口前移、源头治理，健全社会管理长效机制"的重要举措。

只有通过构建和谐劳动关系，努力破解劳动关系发展中一些源头性、基础性、根本性难题，逐步扫除制约劳动关系和谐稳定的体制性障碍，尽快解决社会普遍关注、劳动群众反映强烈的突出问题，才能精心打造通往和谐社会的康庄大道。

3. 关乎国家长治久安

构建和谐劳动关系，关乎国家的长治久安，主要表现在以下两个方面：

（1）构建和谐劳动关系，是"增强党的执政基础、巩固党的执政地位的必然要求"。劳动关系事关用人单位和广大劳动群体。企业作为工人阶级最为集中的地方，汇聚着党的阶级基础之源。因此，劳动关系要是和谐，劳动群众容易在情感转移中感激和拥护党，强化他们对党的执政能力的认可和对党践行宗旨意识的肯定。反之，若是劳动关系不和谐，劳动群众与企业之间的矛盾冲突无法和解，劳动群众则会找相关的党政部门讨要说法和公理，若能得到满意解答还能落个好评，否则只会将不满化作对党的埋怨，进而降低自身对党的拥护和信赖。

（2）构建和谐劳动关系是"坚持中国特色社会主义道路、贯彻中国特色社会主义理论体系、完善中国特色社会主义制度的重要组成部分"。中国特色社会主义道路既坚持以经济建设为中心，又统筹推进经济、政治、文化、社会、生态文明建设，而构建和谐劳动关系则推进"五位一体"建设的题中之意。中国特色社会主义理论体系，在新的时代条件下系统回答了什么是社会主义、怎样建设社会主义，建设什么样的党、怎样建设党，实现什么样的发展、怎样发展等重大理论实际问题；习近平新时代中国特色社会主义思想则系统地回答了新时代坚持和发展什么样的中国特色社会主义、怎样坚持和发展中国特色社会主义。所有"回答"的最终落脚点都离不开劳动、离不开和谐的劳动关系，所以，构建和谐劳动关系是贯彻中国特色社会主义理论体系的生动体现。构建和谐劳动关系，事关企业和广大职工的切身利益，事关经济发展与社会和谐，事关我国进一步深化改革。为了加快发展，保持稳定，就要依托相关制度的制定和实施，而这本身就是在遵循和完善中国特色社会主义制度。

（二）着力化解劳动关系纠纷

习近平同志从全局审视，认为："当前，我国劳动关系总体和谐稳定……随着工业化、信息化、城镇化、市场化、国际化的深入发展，我国劳动关系领域也出现一些新情况、新问题，务必高度重视。"立足国情，我国正处在经济体制转轨和社会转型时期，导致经济关系、劳动关系多元化和复杂化，劳动关系领域的蜕变仍在路上，矛盾总体平稳可控；但不可否认，在局部地区、部分行业和领域以及一些特殊敏感时期，包括群体性纠纷、个体性问题在内的各种劳动关系矛盾仍呈现易发、多发、高发态势，人民在劳动就业、收入分配、社会保障、劳动环境、安全卫生等领域的权益受到侵犯、迫害的现象屡有发生，成为破坏劳动关系的隐患和瓶颈。习近平同志要求"采取有力措施引导劳动关系朝着规范有序、公正合理、互利共赢、和谐稳定的方向健康发展",为新时代有效应对劳动关系领域的新情况、新问题指明了方向、提供了方法。

1. 正确看待劳动关系存在的矛盾冲突

根据劳动关系冲突的缘起、规模、影响等,当前的劳动关系矛盾冲突主要表现为三个方面。

首先,职工与企业之间个体性劳动争议仍是劳动关系矛盾的主体,且主要集中在劳动密集型企业和非公经济领域。引起劳动争议的原因各异,主要是由于企业在转制、破产、兼并、重组的过程中,未能协调好、分流好、安置好、维护好职工的合法权益,欠薪、扣薪、拖薪等问题给职工造成生活方面的困顿,未能妥善解决而引发不满和上访。当然,也有部分人存在"不闹不解决,小闹小解决,大闹大解决"的心理状态,导致劳动争议的解决难度加大。

其次,利益与权利之争相互交织,职工群众对民主和社会权利的诉求开始显露并有所抬头,但劳动经济权益仍是劳动关系双方争议的焦点。部分劳动争议尤其是群体性劳动争议,往往涉及多方面的原因,牵涉不同的部门和单位,引起相关联的连锁反应。特别是对破产企业职工的经济性补偿问题,或其他相关问题,职工往往会互相比照,导致部分待遇和赔偿水涨船高,超过企业所能承受的范围,进而导致问题长期得不到解决。

最后,职工群体性纠纷出现组织化、连锁化、信息化日益增强的趋势,以集体停工、封堵厂门、堵塞交通等为主要表现形式的非理性抗争行为时有发生。随着改革的深入及互联网的风靡,当前群体性争议呈现出"规模范围扩大化,问题处置复杂化,内部矛盾社会化,经济问题政治化"的新特点。有的职工特意选择重大节日或有领导出席的政治性活动时上访闹事。有些对立情绪若没有及时缓和,极易恶化成对抗性冲突,造成不良的影响。

2. 理性省思造成劳动关系矛盾冲突的成因

任何矛盾和冲突的产生,离不开矛盾双方的原因。当前,劳动关系矛盾冲突的主要成因需要从以下两个方面进行剖析。

(1) 从以企业为代表的劳动力使用方来看。由于市场经济体制的不完善、法律监管的不健全,加之劳动关系的市场化、契约化、复杂化导致了职工合法权益受侵犯的空间增大、矛盾因素增多、客观条件增加,具体表现如下:第一,政策失当。部分企业在制定政策时没有依托现有的法律制度,而是向自身利益倾斜和服务,导致部分政策存在盲点,成为劳动争议产生的隐患。第二,操作失范。在落实相关工作的过程中,不按程序办事,蔑视职工的民主权利,忽视职工的合理诉求,强制推行职工反对的事项。第三,领导失职。部分领导官僚主义严重,对职工反映的问题不够重视且漫不经心,对职工的意见敷衍塞责且推诿应付,无端错失解决矛盾的良机。第四,调处失策。对于问题缺少预见性和防控意识,不按政策、规定、原则办事,态度恶劣,简单粗暴,破坏了干群关系。第五,理解失真。企业在宣传相关政策时覆盖面不够、效果不佳,导致职工在误解中引发争议。

（2）从以劳动者为代表的劳动力供给方来看。由于企业改革、行业调整等原因，广大劳动者作为利益代表方之一，不可避免地会受到影响。在劳动关系矛盾中，除去部分投机倒把的人，大部分劳动者往往处于弱势和劣势，由于受到各方面的压力，让他们不得不采取投诉、上访、罢工、媒体求助的方式和措施来护卫自身权益。首先，他们承受着强大的社会压力。由于科技迅猛发展，加之网络的全面覆盖，原有"铁饭碗"和"用工荒"变成了"瓷饭碗"和"失业潮"，加之社会舆论影响，让他们承受着强大的社会压力和精神负担。其次，他们承受着严峻的就业压力。原有的"产业平衡"格局被打破，各行各业对劳动者素质和能力的要求越来越高，他们在激烈竞争下承受着较大的就业压力。再次，他们承受着复杂的心理压力。在贫富差距日益悬殊下，由此衍生的价值取向让他们心态失衡。在此鲜明对比下，他们承受着无以言说的心理压力。最后，他们承受着巨大的家庭压力。部分劳动者被侵害的权益关乎他们能否安身立命、养家糊口，他们不仅是为自己在抱不平，更是在强大的家庭压力逼迫下选择抗争。

3. 科学预判劳动关系矛盾冲突的态势

在习近平同志看来，"当前和今后一个时期，要着重抓好进一步完善劳动法律法规并保障其实施、合理调节企业工资收入分配、加强企业民主管理建设、努力化解劳动关系矛盾、加强企业党组织建设、支持和促进企业健康发展等工作，以构建和谐劳动关系的新进步更好地推动科学发展、促进社会和谐。"这实际上是对当前劳动关系问题开出的药方，也是对未来潜在问题的预防。

立足新时代大背景，社会主义市场经济体制的完善仍会是一项不易工程，全面推进改革也是一个长期的任务，各企业的改制重组也将继续进行，在这样的潮流涌动下，根据当前的劳动关系矛盾冲突现状，不难预估问题不但不会消逝平息，还可能呈现出如下几种发展态势。

（1）劳动关系矛盾将更多元和尖锐。随着改革进入攻坚期和深水区，各种深层次的矛盾将会被触发和显露，与之相关的经济关系也会被迫变化，带来经济主体的多元化，衍生出更为繁杂的劳动关系，这从基数上加大了矛盾冲突发生的可能性。随着改革开放的推进，我国的国际化进程在一定程度上也会影响劳动关系秩序。从世界范围来看，新一轮科技和产业革命正孕育兴起，全球价值链深度重塑，国际分工体系加速演变，而"世界经济复苏势头仍然脆弱，全球贸易和投资低迷，大宗商品价格持续波动，引发国际金融危机的深层次矛盾远未解决。一些国家政策内顾倾向加重，保护主义抬头，'逆全球化'思潮暗流涌动"，致使劳动关系矛盾将呈现出错综复杂的局面。

（2）劳动关系冲突可能被激化。随着当前社会主要矛盾的转变，人们对美好生活的要求越来越高，需求的多样化将难以得到满足。尤其是在职工多且杂的企业内部，将会派生出不同诉求的利益群体，如经营者群体、管理者群体、知识分子群体、一般职工群体和弱势群体，他们可能会因不同价值取向、利益分配、发展前景而互相攀比，导致企业难以平衡，进而让劳动争议出现频发趋势。尽管这些冲突和矛盾不具有对抗性，但也有不可低估的副作用，若没有得到及时、合理地处置，将成为影响社会稳定的隐形炸弹。

(3) 劳动力供求矛盾将持续升级。在市场这双无形之手的指挥下，劳动力资源的配置并没有实现最优化，而是出现了供大于求的矛盾，劳动力市场也就难以实现规范有序。在这样的背景下，处于优势的用人单位很容易不按规则办事，成为劳动关系不和谐的始作俑者。只有让政府宏观调控这双有形的手来规范劳动力市场，监督和规范企业行为，才能有效化解和规避现存的问题。

（三）构建新型和谐劳动关系

习近平同志指出，"经过这些年的探索和实践，构建和谐劳动关系工作已初步形成党委领导、政府负责、社会协同、企业和职工参与的工作格局，要在坚持中进一步明确各方职责，使党政力量、群团力量、企业力量、社会力量紧密结合和统一起来，共同推进构建和谐劳动关系。"这实际上明确了构建和谐劳动关系的参与力量及践行方法，为其后来提出的"完善政府、工会、企业共同参与的协商协调机制，构建和谐劳动关系"的方法做了铺垫。只有充分发挥各方力量、各司其职、优势互补，才能在发展中求和谐，在和谐中促发展，使劳动者和企业各自合法权益得到维护与保障，实现共赢式、包容性增长。

1. 党政机关履行主导责任

习近平同志非常重视构建和谐劳动关系，他充分认识到必须发挥党政部门的力量，为构建和谐劳动关系提供方向与方法上的指导及保障。

要促进广大劳动群众参与管理国家事务和社会事务、管理经济和文化事业，健全以职工代表大会为基本形式的企事业单位民主管理制度，落实劳动群众的知情权、参与权、表达权、监督权，进而依法保障群众基本权益，有效构建和谐劳动关系。习近平同志要求，"各级党委宣传部门和新闻媒体要把构建和谐劳动关系作为宣传报道的经常性任务，坚持正确舆论导向，引导和促使各类媒体共同营造构建和谐劳动关系的良好舆论氛围。"通过宣传的方式，营造正确且科学的舆论环境，依靠环境的渲染作用，于不知不觉中促进和谐劳动关系的构建。

此外，他强调要"继续大力推进和谐劳动关系创建活动，丰富创建内容，规范创建标准，改进创建评价，完善激励措施，不断把创建活动取得的成果转化为构建和谐劳动关系的长效机制。"以创建活动为抓手，拉近劳动关系双方的互动和信任，在相对轻松、自由、开放的活动中促进两者关系的和谐。需要指出的是，并不是构建所有和谐劳动关系都得采用千篇一律的方法。习近平同志强调："要从不同类型企业的实际出发，把构建和谐劳动关系必须遵循的总的共同要求与具体的具有差异性的措施结合起来，统筹兼顾、分类指导，既整体推进，又突出重点、突破难点。"只有立足具体情况，各个击破，才能真正达到预期目标。

2. 用人单位扛起主体担当

在构建和谐劳动关系上，企业扮演着重要角色，需要供给优质服务，更需要提供切实可行的科学对策。习近平同志不仅指出，企业要"维护好广大职工群众包括农民工合法权益，扎扎实实为职工群众做好事、办实事、解难事，不断促进社会主义和谐劳动关系"，而且强调企业"要切实维护广大劳动群众合法权益，为广大劳动群众排忧解难，积极构建和谐劳动关系"。在构建和谐劳动关系的具体操作上，习近平同志明确指示，"要建立健全党和政府主导的维护群众权益机制，抓住劳动就业、技能培训、收入分配、社会保障、安全卫生等问题，关注一线职工、农民工、困难职工等群体，完善制度，排除阻碍劳动者参与发展、分享发展成果的障碍，努力让劳动者实现体面劳动、全面发展。"第一，建立企业和职工利益共享机制，关键是确保分配合理。企业要以工资分配机制和方法为重点，加强工资集体协商制度建设，健全职工工资与企业效益和劳动生产率提高等相挂钩的增长制度，共享机制发展效益，实现劳动报酬增长和劳动生产率提高同步的目标。第二，坚持同工同酬原则，重点关注以农民工为代表的一线工作者。当前，很多劳动关系矛盾就是由于同工不同酬的鲜明对比引起的，劳动者深感不平等、被歧视，切实实现同工同酬有利于消解此类问题。第三，健全企业就业服务体系，着力提升服务效能。企业要积极创设良好的就业环境和政策，向广大劳动者提供优质的就业服务和就业质量。第四，执行劳动关系法律法规，始终以保护劳动者权益为准则。企业要严格践行相关的法律法规，始终以法律法规为准绳，重点健全劳动合同制度、劳动关系矛盾调处机制。

3. 劳动群众肩负主角使命

习近平同志指出："积极构建和谐劳动关系，充分调动职工的积极性，依靠职工群众共同把企业办好。"这实际上说明了职工群众在构建和谐劳动关系中的重要地位和作用，因此，广大职工群众务必明确自身使命，扮演好自身角色。广大劳动者要有主人翁的责任感，始终做维护和谐劳动关系的柱石、弘扬和谐劳动关系的楷模、深化和谐劳动关系构建的推动者与参与者。劳动主体在构建和谐劳动关系中如何发光发热，习近平同志也给出了明确的指示，"我国工人阶级和广大劳动群众要发扬识大体、顾大局的光荣传统，正确认识和对待改革发展过程中利益关系与利益格局的调整，正确处理个人利益和集体利益、局部利益和全局利益、眼前利益和长远利益的关系，树立法治观念，增强法律意识，自觉维护社会和谐稳定。"为了确保广大劳动群众肩负起主角使命，需要从以下几个方面着力。首先，需要发扬优良传统。中华民族向来以"和"为贵，但这并不意味着否定矛盾的存在，而是期冀通过解决矛盾而达到更高的统一。劳动者要自觉从大局看问题，把自身的工作和利益放入整个企业的运行与发展去思考、去定位、去权衡，进而做到正确认识大局、自觉服从大局、坚决维护大局，与企业同舟共济、共克时艰，为构建和谐劳动关系打下基础。其次，需要协调各种利益。随着改革开放和市场经济的推进，社会利益关系呈现出前所未有的多元化、复杂化、交集化，广大劳动群众也面临着更多利益选择、利益矛盾、利益羁绊。当个人利益与集体利益相冲突时，要坚持以集体利益为重，愿意放弃或牺牲一些个人利益。须知从长远看，坚持集体主义是对个人利益的最大保护。当然，坚持集体主义并不意味着只顾集体利益，不顾个人利益，正当、合理的个人利益是应该受到尊重和保护的。最后，需要合理表达诉求。广大劳动者要增强法律意识，在不同的诉求问题上，通过向相关负责部门提请帮助来解决，而不应该以不合理、不合法的方式寻衅滋事、胡搅蛮缠。对于自己不懂的，可以向法律人士、权威部门请教，了解权益的保护范围、有效途径、科学方法。

课后实践

一、活动目标
理解新时代劳动教育的意义。

二、活动时间
建议10分钟。

三、活动流程

1. 阅读以下材料，阐述：你从年度工匠人物中学到了什么？

2018年的10位"大国工匠年度人物"揭晓：他们分别是为火箭铸"心"，为民族筑梦的高凤林；以柔情呵护复兴号筋骨的李万君；擦亮中华"翔龙"之目，铺就嫦娥奔月星途的夏立；在"刀锋"上起舞，守护岁月通明、灯火万家的王进；一腔热血融进千米厚土，一缕微光射穿岩层深处的朱恒银；56 000步零失误的核燃料修复师乔素凯；用极致书写精密人生的陈行行；在尽头处超越、平凡中非凡王树军；以无声的温柔唤醒在黑暗中沉睡的宝藏的谭文波；以心为笔、以血为墨，让风化的历史暗香浮动，绚烂重生的李云鹤。他们就是先进代表，在不同的行业和岗位上书写奇迹、熠熠生辉，展现了中国工匠的风骨与情怀。

2. 将学生分成4～6人的活动小组，通过小组内部讨论形成小组观点。
3. 每个小组选出1名代表陈述本组观点，小组之间通过交流、讨论将问题弄清楚。
4. 教师对各组观点进行分析、归纳、总结。

第三章

大学生劳动教育社会实践

学习目标

1. 讨论大学生社会实践劳动特点。
2. 扩展大学生社会实践劳动的价值体现。
3. 归纳大学生劳动教育社会实践方式。
4. 分析大学生劳动教育的实践路径。
5. 认识劳动教育与思想政治教育相结合原则。
6. 讨论如何构建劳动教育安全保障体系。
7. 掌握劳动安全保障体系中各项要求。
8. 制定相对完善的劳动合同。

案例导入

南京工程学院：收油菜去，师生共上一堂劳动实践课

炎炎烈日下，在南京工程学院工程实践中心与北区足球场之间的油菜田里，学校机械工程学院的师生们拿起镰刀，干起了"收割油菜"的农活儿。

活动现场，经过后勤保障处环境科工作人员的现场培训指导后，师生们分成6个大组，有序开展油菜收割。师生们分工合作，有的手握镰刀，有的把散落的油菜秆整理打包，摆放在田边空地。

南京工程学院院长史金飞表示，新时代的青年大学生要正确认识劳动及劳动者的光荣和伟大，树立"劳动最美丽"的理念，努力成为德、智、体、美、劳全面发展的社会主义合格建设者和可靠接班人。他希望同学们通过这次收割油菜的劳动，体验劳动的过程和辛劳、珍惜劳动的成果和喜悦、领悟劳动的光荣和真谛，学会尊重劳动和劳动成果，用辛勤的劳动创造更加美丽的未来。

不少同学是第一次参加这样的劳动，他们从一开始的好奇不已、干劲十足到汗流浃背、腰酸背疼，实实在在地体验到了劳动的艰苦不易。机械191班的高平同学说"一次次弯腰、一趟趟搬运，不一会儿就满头大汗了，直到收割结束都感觉肌肉酸酸的。这让我们真正体会到了'粒粒皆辛苦'的含义

和'光盘行动'的意义，今后我要更加珍惜每一粒粮食，养成勤俭节约、杜绝浪费的良好习惯。"

据悉，南京工程学院将以此次劳动实践课为基础，开辟劳动教育实践基地，开设相关劳动教育课程，促进学生树立正确的劳动观念、掌握必备的劳动能力、培育积极的劳动精神、养成良好的劳动习惯。

——摘自：学习强国

想一想

你认为劳动教育社会实践有哪些特点？大学生劳动教育社会实践有哪些方式？

第一节　社会实践劳动概述

一、社会实践劳动内涵

劳动教育的直接目的是引导学生以正确的劳动观念和劳动态度参与劳动实践，突出劳动教育的教学实效，实现知行合一。因此，加强学生劳动实践观教育成为劳动教育的一项重要内容。开展新时代劳动实践观教育要"结合创新创业的时代召唤，不断丰富劳动教育与终身教育的实施理念与实践形式，为现代教育与生活相结合的实施提供基本的路径方略。"为此，劳动实践观教育有必要从端正劳动态度、树立劳动榜样、拓宽劳动参与三个层面出发，增强学生的劳动实践能力。

（一）端正劳动态度，参加劳动实践

劳动是一种直接的现实性活动。劳动者的态度至关重要，这不仅直接影响劳动结果，更会间接影响整个社会的劳动风气。如何教育和引导学生以正确的劳动态度参与劳动实践，这是劳动教育的重要目标和根本职能之一。习近平同志强调，让学生们辛勤劳动、诚实劳动、创造性劳动，指明了新时代应有的劳动态度，这不仅继承了中华民族优秀传统，而且是基于当代中国发展实际做出的科学回应，构成了新时代劳动教育思想的重要组成部分。

1. 辛勤劳动

（1）辛勤劳动源于中华民族的优秀传统。习近平总书记曾讲过，"中华民族是勤于劳动、善于创造的民族。正是因为劳动创造，我们拥有了历史的辉煌；也正是因为劳动创造，我们拥有了今天的成就。"中华民族一直以辛勤劳动著称，这是支撑中华儿女不断攻坚克难的宝贵品质，是推动中国人民接续创造人间奇迹的不竭动力，是引领中华民族走向伟大复兴的不竭动力。早在春秋时期古人就有"民生在勤，勤则不匮"的感慨；古代哲人也曾有"人生在勤，不索何获"的诘问；民间也有"一分耕耘，一分收获"的谚语。古往今来，中国的很多诗歌、谚语和故事传说都歌颂了辛勤劳动这一伟大品质，表达了以劳动创造美好生活的价值取向。中华民族以坚忍不拔的意志和辛勤劳动开创了古代社会发展的奇迹，体现了劳动从谋生手段逐渐转变为个体成长和社会发展根本力量的过程，印证了历史唯物主义的客观规律。

民生在勤，勤则不匮

人生在勤，不索何获

（2）辛勤劳动是人类劳动的基本特征之一。无论是体力劳动还是脑力劳动都不是一个容易的过程，人类正是付出"蜗牛爬行般的艰辛劳动"，才从茹毛饮血的原始社会走入日新月异的 21 世纪。虽然工业革命"比过去一切世代创造的全部生产力还要多、还要大"，机器的大量使用可以让人类从繁重的体力劳动中解放出来，但是随之而来的是为了发明和维修机器所付出的更为繁重的脑力劳动。尤其是现代社会知识技能更新快速，人们为了应对快节奏的社会生活，不得不付出更为艰辛的劳动以适应快节奏的社会生活。不难看出，在人类生产力不足以实现每个人自由而全面发展之前，辛勤劳动作为人类劳动的基本特征之一，并不会随着生产力的发展而消失，它只会从一种劳动形式转为另一种劳动形式。

2. 诚实劳动

（1）诚实劳动是劳动者应有的精神境界。"诚者，天之道也；思诚者，人之道也。"诚实作为一种优秀品质是任何一个劳动者都应具有的精神境界。诚实劳动要求劳动者在法律和道德的框架内从事各种有利于社会发展的体力劳动和脑力劳动，要求劳动者实事求是地认识和对待自己的劳动过程与劳动成果。劳动者在劳动过程中时刻以诚实守信作为第一原则，对自己的劳动技能和劳动知识有清晰地认识，对自身的劳动素质做出清晰定位，杜绝好高骛远的假性劳动。同时，劳动者应立足自身岗位踏实劳动，摒弃虚假之风和一切不劳而获的投机思想，积极弘扬诚信文化，将诚实劳动作为一种价值诉求内化于心，依靠诚实劳动实现人生梦想。

诚者一也

（2）诚实劳动是社会主义劳动的重要特征。习近平同志指出，"人世间的美好梦想，只有通过诚实劳动才能实现；发展中的各种难题，只有通过诚实劳动才能破解；生命里的一切辉煌，只有通过诚实劳动才能铸就。"中华人民共和国成立以来，广大劳动者以主人翁的精神继承并发扬了中华民族诚实劳动的优秀品格，在各自的工作岗位上恪尽职守，铸就了社会主义事业的人间奇迹，彰显了社会主义制度的优越性，这与资本主义下劳动有着本质的区别。最著名的莫过于美国作家厄普顿·辛克莱的小说《屠场》中对肉制品令人作呕生产过程的描写，充分揭露了资本家为谋求利润最大化不择手段的不诚实劳动。空谈误国、实干兴邦。中国特色社会主义事业需要脚踏实地的诚实劳动，对个人来说，唯有诚实劳动才能最好地实现和保障人的自由；对国家来说，诚实劳动才是提升国力的基石和坚守国格的精神基因。

3. 创造性劳动

（1）创造性劳动是当代中国发展的迫切要求。习近平同志在党的十九大报告中指出，"创新是引领发展的第一动力，是建设现代化经济体系的战略支撑。""惟创新者进、惟创新者强、惟创新者胜"。以深邃的历史眼光洞悉世界发展潮流，创新是实现中华民族伟大复兴的关键一招。开展创造性劳动，必须要尊重劳动人民的"首创精神"，激发亿万人民的创造性劳动实践热情，只有这样才能更好地引领新一轮产业革命和破解当代中国的发展难题。

（2）创造性劳动有利于学生个人成长。"青年是社会上最富活力、最具创造性的群体"，广大青年学生应当走在时代的前端，引领我国乃至世界的创新大潮。同时，当前广大青年学生正处于身体和思维成长的黄金时期，在劳动教育中坚持创造性劳动、弘扬创造性劳动，有利于激发青年学生的想象力和创造力，促进学生个人成长成才，成就闪亮人生。

课堂案例

荣新起：从创业者到"天使投资人"他靠技术创新完成华丽转身

荣新起（右图）在检查出厂前的产品

8年前还是一家名不见经传的民营企业，如今已是能为油田生产提供流体控制和测量整体解决方案的高科技企业。靠的是什么？

"靠技术创新。"克拉玛依熙泰石油装备有限公司创始人荣新起的回答不是空话：该公司每年都把企业15%以上营业收入用于新产品研发，已获得7项国家发明专利及23项实用新型专利。

放弃高年薪回疆创业

上大学时，荣新起心里就埋下创新的种子。

1989年，荣新起考上清华大学。在校读书期间，荣新起担任了清华大学学生科协常务副主席，参与了全国大学生首届"挑战杯"科技竞赛诸多赛事的组织工作。期间，荣新起的组织协调、管理创新能力得到了难得的锻炼和提升，创新的种子也埋在他的心底。

2002年，荣新起出国深造。在斯坦福读书期间，每学期，学校都会请一些校友来分享成功的创业经验，这些校友传递出来的企业家精神，对荣新起影响很大。

斯坦福大学取得硕士学位毕业后，他进入了一家大型跨国公司，并担任了其下属中国合资公司运营总监一职。

2012年，荣新起放弃了高年薪的外企高管工作，回到新疆创业。作为一个土生土长的新疆人，选择回新疆创业，除了一些家庭和个人的原因，更重要的原因就是荣新起看中了新疆得天独厚的石油产业。

在对市场进行了深入全面的了解后，荣新起没有像当时很多创业者选择流行的行业创业，而是选择了一个认为最合适的细分市场作为创业目标，将"为油田生产提供流体控制和测量整体解决方案"作为企业发展方向，创办了克拉玛依熙泰石油装备有限公司。

从创业之初，荣新起联合全国知名高校和国内外一些高技术公司，针对油田实际情况，引进最新技术，专注新产品的研发。

2012年9月，在克拉玛依首届石油石化装备展上，荣新起凭借新产品，作为10家集中签约企业代表之一与克拉玛依市政府签约。

2013年，荣新起带领熙泰团队开发的首款产品数控多通阀就成功进入新疆油田市场。经过几年的现场应用,凭借最终用户的良好口碑,多通阀市场所占份额持续扩大,超过了60%。

与此同时,荣新起积极参与创新创业大赛,斩获多项成果。2015年,荣新起获得自治区高层次创业人才称号,当年,自治区仅两人获得这项殊荣。

在2017年举办的全国创新创业大赛上,荣新起带领熙泰公司团队获得自治区赛区先进制造行业组一等奖,全国总决赛先进制造行业组第八名的优异成绩。

预见风险及时调整战略

荣新起带领团队研发生产的第一个产品在油田市场一炮打响,公司的销售收入和团队规模都有了快速的增长。

然而,市场环境瞬息万变,在公司创业的第三个年头,国际石油市场风云突变,油价持续走低,国际石油及相关产业遭受重创。

市场环境的突变给尚处于创业初期的熙泰公司,无疑也是雪上加霜。然而,荣新起对此并没有过多的焦虑和紧张。在外企打拼的那些年让他练就了一项特殊的本领——那就是不仅能预见风险,并能及时做出战略调整控制风险。

在国际油价调整初期,他就及时预见了未来的风险,并迅速调整了公司的战略,一方面积极收缩,控制成本和现金支出;另一方面,抓紧修炼内功,改善公司内部管理,招聘培训技术团队成员,加紧新技术的引进和新产品的开发、测试。

荣新起采取的战略收缩和调整策略很快见到了回报,在2016年年底油价逐步回暖后,公司的业绩迅速回升。随着油田生产的恢复,原有产品销售迅速回升,新产品的销售收入也有很快的增长。

成为颇有影响力的"天使投资人"

如今,已近知天命之年的荣新起,更愿意将自己这些年沉浮商海积累的经验和他人分享,助人成功。

四年前,荣新起投资了一位清华校友创办的初创企业,现在,这家企业已从最初的几百万元估值快速发展为一家估值超过10亿元的高新技术企业。荣新起先后投资10多家小微企业,也成了一名业内颇具影响力的"天使投资人"。

"85后"胡艳亮从公司创立之初就加入了这个团队,现在是公司产品研发部经理。

"可以说由一个'搬砖人'蜕变成了一个有思想、有技术的'设计师'。这里工作氛围一直很开放,员工和老板更像是合作伙伴,有时针对一项设计,我们可以讨论到深夜。"胡艳亮说。

在最近举办的全球清华校友三创大赛乌鲁木齐赛点选拔赛,荣新起取得了总分第一名的成绩,成功进入西北赛区复赛。

这次,荣新起和团队又推出了新产品:水平油井自动流入控制装置。该装置是一种纯机械、不用电的自动装置,能自动识别并区分油和水,解决长期困扰油田的控水问题。该装置打破了个别跨国公司在这个领域的垄断,已在油田试用并小批量供货。

"技术创新让我们的创业之路越走越宽。"荣新起说。

——摘自:学习强国

（二）树立劳动榜样，热爱劳动实践

榜样的力量是无穷的，在劳动教育中为学生树立劳动榜样，有利于增强学生劳动实践的精神引领，有利于推动新时代劳动教育走深、走实。"劳动模范是劳动群众的杰出代表，是最美的劳动者。劳动模范身上体现的'爱岗敬业、争创一流，艰苦奋斗、勇于创新，淡泊名利、甘于奉献'的劳模精神，是伟大时代精神的生动体现。"劳动模范作为社会主义劳动者的杰出代表，他们在各自的岗位上为国家经济和社会发展做出了不可磨灭的历史贡献。广大劳动模范所展现出的劳模精神是值得中华民族世代传承和发扬的宝贵精神财富，他们是开展劳动教育最宝贵和最直接的学习榜样。从某种角度上说，开展新时代劳动教育和弘扬劳模精神是一脉相承、有机结合的，引导学生向劳动模范学习，在劳动实践中继承弘扬劳模精神，树立热爱劳动、尊重劳动的价值观念，这对于新时代劳动教育有着十分重要的意义。党的十九大报告要求大力弘扬劳模精神和工匠精神，在全社会营造劳动光荣的社会风尚和精益求精的敬业风气。

学校是国家培养人才的重要基地，理当具有弘扬劳动光荣风尚的责任。

（1）敬业、实干和开拓是劳动精神和工匠精神的精神内核。这不仅体现了社会主义核心价值观的本质要求，也契合了学生道德建设的重要目标。学校要重视劳动教育，努力使学生树立热爱劳动、崇尚劳动、尊重劳动的观念，为社会形成劳动光荣的社会风尚打下坚实的基础。学校要积极开展榜样教育，推动劳动模范进校园活动，让学生更直观地了解劳动模范的光荣事迹和感人故事，引导学生向劳模学习、向劳模看齐，以劳模精神为引领投入以后的劳动实践，为新时代中国特色社会主义事业贡献自己的力量。

（2）学校的一切工作要始终围绕"立德树人"这个根本目标展开。广大教师应学习劳模甘于奉献、爱岗敬业的精神，不断锤炼教学能力、个人修养，做好立德树人工作。开展劳动模范进校园活动，要积极引导劳模精神和工匠精神在广大教师中间发扬光大，让教师成为劳模精神的践行者，将劳模精神和工匠精神融入课堂教学和社会实践的方方面面，努力让劳模精神成为推动师德建设的重要力量。在学生间树立劳动榜样，开展劳模进校园活动，无疑将为学生劳动实践注入精神力量，提升劳动教育的现实性。劳动模范是社会主义建设者的优秀代表，他们身上所展现出的"爱岗敬业、争创一流，艰苦奋斗、勇于创新，淡泊名利、甘于奉献"的劳模精神是推动国家经济建设和社会发展的重要精神力量，也为开展劳动教育提供崇高的精神榜样。劳动教育为继承和发扬劳模精神提供了有效载体，劳模精神也为劳动教育提供了不竭的精神源泉和方向引领，两者相互促进共同发展。教育学生在劳动实践中自觉向劳动模范看齐，在学习中、在生活中、在日常劳动中都要以"踏实肯干、艰苦奋斗"的标准严格要求自己，将劳模精神内化于心、外化于行，始终将其作为自己干事创业的坚定信仰。

（三）拓宽劳动参与，增强劳动实践

当前很多学生劳动实践能力不足的问题十分突出，有些学生甚至缺乏基本的劳动技能和自理能力，这无论对于学生个人成长还是国家今后发展都极为不利。如何增强学生的劳动实践能力是开展新时代劳动教育亟须回答的问题。新时代劳动教育必须开展广泛的劳动教育实践活动，增强马克思主义劳动观引领，充分动员学校、家庭和社会三方主体，让学生在广泛的劳动实践活动中夯实劳动价值观念、提高劳动技能，让学生更好地劳动、更好地生活。习近平同志指出，"素质是立身之基，技能是立业之本。广大劳动群众要勤于学习，学文化、学科学、学技能、学各方面知识，不断提高综合素质，练就过硬本领。"劳动技能和劳动素质必须在广泛的劳动实践中才能不断提升。开展新时代劳动教育要拓宽学生的劳动参与面，不能仅将劳动教育紧紧定义为学校的教育课程，需要充分发掘并认识到家庭和社会的劳动教育资源的重要性，形成三方协同的育人格局，不断推动新时代劳动教育成果走深、走实。首先，拓宽劳动教育参与面。劳动实践多种多样，但是最主要的还是基本生活技能和谋生技能，这就要求学生广泛地参与家庭、学校和社会的劳动实践，先从简单劳动做起，在实实在在的劳动中出汗、出力、磨炼意志，在实实在在的劳动中体会到劳动成果的来之不易，在实实在在的劳动中增强劳动获得感和体验感，摒弃一切虚假劳动。在广泛的日常生活和社会参与中学习和强化劳动技能，不断夯实劳动教育的教学成果。其次，注重劳动教育阶段性。开展新时代劳动教育必须从学生的实际情况出发，根据学生的身体发育状况制定相应的劳动教育方案。在小学阶段，可以通过做一些简单的家务活动，培养学生热爱劳动的好习惯；在中学阶段，可以组织学生参加一些简单的社会生产活动和服务劳动，让学生认识到劳动成果的来之不易；在大学阶段，可以有针对地培养学生专业性劳动技能，增强学生走向社会的生存能力。最后，聚焦劳动技能新发展。随着时代的发展，劳动的业态不断丰富，劳动技能也在不断发展，学生一定要树立与时俱进的劳动观念，根据时代需要和个人发展规划，有意识地增强劳动技能学习，为今后更好的劳动实践打下坚实的基础。

二、社会实践劳动特点

新时代劳动教育成为与德、智、体、美并列的基础性教育，最终指向人的全面发展，根本上服务于培养德、智、体、美、劳全面发展的社会主义建设者和接班人。劳动教育相比于其他"四育"有着更为直接的现实参与性和主体带入性。大学生在参与劳动实践的过程中实现了德、智、体、美等教育要素的充分带入，能够在劳动实践中潜移默化的塑造大学生的价值观念，激发大学生的智慧才干，增强大学生的身体素质，培育大学生的审美情趣，实现以劳树德、以劳增智、以劳强体、以劳育美的目的，彰显了劳动教育独特的综合育人功能。

（一）以劳树德

习近平同志指出"要把立德树人融入思想道德教育、文化知识教育、社会实践教育各环节。""立德树人"是我国教育工作的出发点和落脚点，是我国教育工作必须遵从的基本原则，"以劳树德"自然也成为我国劳动教育工作的题中之义。人类在劳动实践中改造客观世界，同时人类的主观世界也在悄然发生改变，从这个角度说是劳动活动创造了道德主体。在劳动教育中加强对大学生的引导，使之树立正确的世界观、人生观和价值观，进而达到"以劳树德"的目的。新时代劳动教育作为中国特色社会主义教育制度中的重要组成部分，必须坚持社会主义核心价值观，突出劳动教育的"立德"功能。道德是一种主观概念，必须要以一定的载体来表现，将"以劳树德"定位于价值引领、品德意志、劳动情感三个方面。

1. 增强价值引领

习近平同志多次就劳动的作用和价值发表一系列重要论述，这些重要论述继承和发展了马克思主义劳动价值观，深刻阐明了劳动对人类社会发展的重要价值，体现了历史唯物主义的基本立场，这成为开展新时代劳动教育的基本价值遵循。在劳动教育中使大学生树立正确的劳动价值观，增强马克思主义劳动价值观的价值引领，这是劳动教育的核心目标。一方面，通过开展劳动教育让大学生充分认识到劳动的本源价值，这有利于大学生树立唯物主义的世界观，明白劳动是创造世界和推动人类历史发展的源动力，深刻明白劳动是一切快乐和美好事物源泉的道理；另一方面，让大学生充分认识到劳动对于社会发展和个人成长的重要作用，自觉将个人奋斗与社会进步紧密联系在一起，以高尚的价值观引领劳动实践，明白不会劳动、不爱劳动会阻碍个人和社会发展的道理，认识到劳动是实现生命价值和社会价值的有效途径。

2. 锤炼品德意志

"千淘万漉虽辛苦，吹尽狂沙始到金。"人类的历史就是一部艰辛的劳动创业史。人类正是在劳动中改造世界并不断加深了对客观世界的认知，在这一过程中人类的宝贵品格得以彰显，人类的意志得以体现。一方面，开展劳动教育有助于大学生磨炼意志。"要教育孩子们从小热爱劳动、热爱创造，通过劳动和创造播种希望、收获果实，也通过劳动和创造磨炼意志、提高自己。"在这一点上，习近平同志曾经的知青岁

千淘万漉虽辛苦，吹尽狂沙始到金

月给了我们最为深刻、直接的感悟：人为了达到目的必须要付出艰辛的劳动，只有经过一番磨炼，人的意识和思想才能实现升华，品德意志才能得以提升。另一方面，开展劳动教育有助于增强大学生干事创业的担当。大学生在劳动中锤炼了品德意志，增强了干事创业的决心和敢于担当的品格风范，这些优秀品格的养成，有助于当代大学生干事创业，承担起社会和历史赋予的重任。

3. 培养劳动情感

在劳动教育中，培养大学生对劳动和劳动者的正确劳动感情是"以劳树德"的重要内容。劳动情感厚植于劳动实践，大学生作为劳动实践的主体，在参与劳动实践的过程中逐渐形成了对劳动的主观情感，形成了对劳动要素的情感依赖关系，最明显的就是对劳动和劳动者的情感依赖。新时代劳动教育以培养合格的社会主义接班人和建设者为目标，对劳动、劳动成果和劳动人民怀有深刻感情都是社会主义建设者和接班人应有的素质。通过劳动教育培育大学生的劳动情怀和劳动情感要从两个方面着手。一方面，开展形式多样的劳动实践教育，让大学生在劳动实践中劳有所得、劳有所获，使大学生在劳动中获得幸福感和满足感，在劳动中感受到他人的帮助和关心，对劳动心怀感激；另一方面，在劳动教育中开展榜样教育，通过劳模进校园或者评选身边的劳动模范等活动，在大学生身边树立起艰苦奋斗、兢兢业业的劳动模范。通过榜样教育让大学生深感劳动的不易，对劳动者心怀敬意。劳动教育实现了生活教育和生命教育的有效汇聚，充分彰显了在培养大学生正确劳动情感方面的重要作用。

（二）以劳增智

"劳动教育是对年轻一代参加社会生产的实践训练，也是德育、智育和美育的重要因素。"劳动是实践的一种形式。劳动教育使得大学生在劳动中实现了自我主体和外界客体的互动，正是在这种多次互动的实践过程中，增强了大学生思考和解决问题的能力，启迪了大学生的智慧进而达到"以劳增智"目的。我国教育家陶行知认为劳动教育要"谋手脑相长以增进自立之能力，获得事物之真知及了解劳动者之甘苦。"不难看出，劳动教育可以增长大学生的智力，具有智育的重要属性，通过外部劳动促进大学生在劳动中增长才干、启迪智慧，彰显"以劳增智"的内在价值。"以劳增智"在劳动教育中有着重要的内生属性，是劳动教育的重要教育功能之一。在劳动中启迪智慧，启迪智慧后又不断丰富和发展劳动，正是在这不断的循环中实现了人类实践能力的提升，这两者构成了一对辩证关系，促进了人类智慧和劳动实践能力的同向发展。

对大学生开展劳动教育进而实现"以劳增智"的重要目的，这不仅是推动劳动教育更好发展的内在要求，更是当前劳动形式多样化、复杂化的现实要求。人类历史本质上就是一部人类劳动史。人类从茹毛饮血的蛮荒时代走入日新月异的21世纪，人类的劳动早已从简单的狩猎采集发展为机械化、智能化的大规模作业。随着人类社会的不断发展，劳动的形态也更加多样化，脑力劳动在人类生活中更加重要，而体力劳动的作用则趋于弱化。因此，在劳动教育中注重对大学生心智的启发显得尤为重要，这也对劳动教育提出了更高的要求。在新时代历史方位下，科技发展和产业变革加快，劳动业态日益复杂化，加之"转变我国经济发展方式、实现中国制造2025目标、做强做大实体经济、建设知识型技能型创新型劳动者大军"这一系列重大任务的提出，要求强化劳动教育突出"以劳增智"的重要功能。一方面，"纸上得来终觉浅，绝知此事要躬行。"劳动教育为大学生搭建了一条书本知识和与生产生活紧密联系的桥梁，通过劳动有效地检验知识、发展知识，强化大学生实践能力，破解外界对中国大学生"高分低能"的诟病。在劳动教育过程中，大学生为了解决劳动实践中存在的问题，会主动开阔思路将所学知识应用于劳动实践，这样不仅实现了大学生"学以致用"的劳动教育初衷，使大学生获得在劳动中验证知识的成就感，而且培养了大学生解决问题的思路，启迪了大学生的智慧。另一方面，劳动教育赋予了大学生亲自参与劳动实践的机会，大学生在劳动实践中释放和满足了自己参与劳动的实践需要。大学生为了更好地完成劳动实践任务，合理规划时间，分阶段完成劳动时间任务，努力提升自身解决问题的能力和注意力，实现了劳动教育知识的有效吸收，促进学习的事半功倍。

纸上得来终觉浅，绝知此事要躬行

（三）以劳强体

"为了在对自身生活有用的形式上占有自然物质，人就使他身上的自然力——臂和腿、头和手运动起来。"劳动作为有目的的生产性活动，必须要以人的身体作为载体，在这一过程实现了锻炼身体的效果。据科学研究证明，劳动有利于促进血液循环和骨骼肌肉发育，明显改善呼吸效果，提高身体素质强化体质。因此，在开展劳动教育的过程中，让大学生充分参与劳动实践，实现手脑并用，锻炼四肢和身体，继而达到"以劳强体"的目的。良好的身体素质是大学生健康成长的基础，也是教育工作的重要任务。

习近平同志高度重视大学生身体素质的发展，他指出"都要把身心健康牢牢抓在手上，养成良好的生活习惯，经常参加劳动和体育锻炼，自觉培养不畏艰难、顽强奋进的意志品质。"这一论断强调了劳动对身体的锻炼作用，凸显了"以劳强体"的重要功能。劳动作为人类改造客观世界的实践活动本身就与人类的身体素质密不可分。人类以自身劳动力去参与劳动实践，在劳动实践中自身身体也得到了锻炼，适当强度的劳动实践无疑对提升人的身体素质是有好处的，这对于正在身体发育期的大学生显得尤为重要。一方面，加强劳动教育有利于增强大学生的身体素质。劳动实践无疑对增强大学生的身体素质大有裨益。相比较欧美国家，我国大学生劳动时间严重不足，通过劳动实践锻炼身体的机会较少，"以劳强体"的重要功能也逐步弱化。开展新时代劳动教育，重新彰显了劳动教育的重要价值，"以劳强体"的重要功能受到了高度重视。劳动教育通过校园、家庭和社会的多方联动，以家务劳动、班级劳动、社会服务等几种形式共同为大学生参与劳动实践提供平台，为大学生创造多种劳动实践的机会，通过劳动为大学生锻炼身体提供良好机会。另一方面，劳动教育并不单纯等同于让大学生参与体力劳动。片面地将劳动教育等同于体力劳动显然是不对的，这既忽视了大学生身体成长的客观规律也违背了劳动教育的初衷。体力劳动是劳动实践的一种重要表现形式，劳动教育是通过让大学生参与劳动实践达到劳动教育的目的，必须提高对劳动教育的科学性认识，避免劳动教育成为单纯的体力劳动使劳动教育成为"变相体罚"，出现惩戒化的问题。

（四）以劳育美

习近平同志在全国教育大会上做出了"劳动最美丽"的重要论述，从审美观念方面，深刻揭示了劳动本身所蕴含的美学意蕴，这成为开展新时代劳动教育的价值遵从之一。

（1）劳动实践是审美观念形成的基础。美作为一种价值取向是在人类改造客观世界的劳动实践活动中形成的。正是在劳动中人们形成了对美的认知和判断标准，具有了区别于动物的显著能力。马克思主义审美观认为，人在劳动实践中形成了对"美"的评价尺度和标准，并最终形成了人类独有的审美观念。因此，劳动实践是审美观念形成的基础，最重要的是，这种基于劳动实践所形成的审美观念不仅满足了人类自身发展的精神需要，更为人类赋予了想象的翅膀，使人性得到进一步升华，为破解今后人类自身发展和世界存在的问题提供了一把"钥匙"。马克思从人类劳动实践和从固有的行为方式出发，揭示了人审美观念形成的根本原因，体现了唯物主义的核心内涵，构建了马克思主义审美观念的体系架构，这成为新时代劳动教育思想"以劳育美"的理论源头。

（2）"以劳育美"展现了美的社会价值。正如马克思所说，"劳动的对象是人类生活的对象化：人不仅像在意识中那样在精神上使自己二重化，而且能动地、现实地使自己二重化，从而在他所创造的世界中直观自身。"人类不仅在劳动中改造着客观世界，也在劳动中改造着主观世界，人类在劳动中得以塑造自我并彰显人性的光辉，为社会增添了正能量，培育了"美"的社会共识，这便是"以劳育美"社会价值的体现。自中华人民共和国成立以来，党领导全国各族人民投入如火如荼的国家建设，在全国各行各业涌现了一大批优秀劳动者代表，如王进喜、焦裕禄、黄大年等，他们都在各自的劳动岗位上创造了不平凡的工作业绩，彰显了自身的优秀品质，为国家发展做出了贡献，给我们留下了宝贵的精神财富。他们在劳动中展现的优秀品格，不仅为社会创造了价值，也为社会发展提供了榜样引领。开展劳动教育就是要让大学生充分认识到劳动中蕴含的"美"的元素，在劳动实践中、在劳技作品的创造中塑造自身的审美观，加强对美好事物的直观感受。同时，大学生在劳动实践中充分发扬自身优秀品质，形成对好和坏、美与丑的价值观念认同，进而形成大"美"的概念，以更好的精神面貌和价值观念投入今后的学习生活，为社会发展做出自己的贡献。

课堂案例

黄大年

黄大年，男，汉族，1958年8月生，中共党员，生前是吉林大学新兴交叉学部学部长。

为响应国家海外高层次人才归国的号召，黄大年放弃国外优越的工作生活条件，回到母校吉林大学从事科研和教学工作。作为国家"863计划"资源环境技术领域主题专家组专家，黄大年忘我奉献、鞠躬尽瘁，为我国深地资源勘探和国防安全建设作出了突出贡献。

黄大年在国外学习工作期间，一直关注着祖国的发展变化，经常回国交流讲学。2009年，黄大年回国担任吉林大学地球探测科学与技术学院全职教授，成为东北地区第一位"千人计划"归国者。他筹划组建了"吉林大学移动平台探测技术研发中心"和"吉林大学海洋油气资源研究中心"，将多学科优势资源整合到国家急需的陆地和海洋资源勘探领域中，同时担任国家"863计划"航空探测装备主题项目和地球深部探测关键仪器装备研制与实验项目的首席科学家。5年时间，他凝聚带领400多名中国高校和中国科学院的优秀科技人员，取得了一系列重大成果，使我国成为继俄罗斯之后第二个具备万米大陆科学钻探技术能力的国家。黄大年任硕士、博士研究生导师期间，治学严谨、关心学生，指导了44名研究生，其中获得省部级以上奖项的就有14人。他还多次担任国家"千人计划"、教育部"长江学者奖励计划"评审专家，为国家引进和培育高端人才提供服务。

为尽快缩小国内研究领域同国际水平的差距，黄大年经常工作到夜里两三点，没有休过寒暑假，平均每年出差130多天，每次出差开会都把行程安排得满满的，经常选择坐最晚班飞机往返，以节省更多时间用于科研和教学。患病前，黄大年3次累倒在工作岗位上。治病期间，每天在病房中也会与团队师生研究项目。他说:"我只想为国家做更多的事!"

黄大年生前积极推动和配合学校组建新兴交叉学科学部,并担任学部长。服务国家重大战略和经济社会发展需求,指导地方科技建设和经济转型,牵头筹划建立吉林省"无人机产学用基地"和"吉林大学留学生报国基地"。黄大年的忘我工作,充分展现了一名新时代归国科研精英及高校教育工作者的奉献精神和崇高品格。

黄大年荣获时代楷模、杰出科学家等称号。

——摘自:学习强国

三、大学生社会实践劳动的价值体现

在中国特色社会主义进入新时代的关键时期、中华民族发展的最好时期,新时代大学生面临着更多的机遇和更大的挑战,他们要在磨砺中追逐青春梦想、勇做时代弄潮儿,肩负起实现中华民族伟大复兴的历史使命。因此,新时代开展大学生社会实践劳动观教育对于落实高校"立德树人"根本任务、促进大学生成长成才、培育和践行社会主义核心价值观、实现"中国梦"等方面有重要意义和实践价值。

(一)社会实践劳动观教育是实现"中国梦"的强大助推力量

党的十八大以来,以习近平同志为核心的党中央在继承和发展马克思主义理论的基础上,凝结集体政治智慧,描绘了实现中华民族伟大复兴"中国梦"的伟大蓝图。伟大复兴中国梦不是喊喊口号轻轻松松就能实现的,而是需要我们共同付出辛勤劳动、诚实劳动和创造性劳动。

第一,实现"中国梦"离不开每个人的辛勤劳动。习近平总书记多次强调劳动是一切成功的必经之路,中华民族伟大复兴目标的实现需要亿万中国人民坚持不懈地付出辛勤劳动。不论是辛勤耕耘的农民、走街串巷的外卖派送者、生产车间或建筑工地的工人,还是站在三尺讲台上的老师、手持消防枪奔赴火海的消防人员或者其他各行各业的劳动者,每个人都需要将对美好生活的追求和远大梦想的实现付诸实际行动,在劳动中实现价值、创造幸福生活。

第二,实现"中国梦"需要每个人诚实劳动。诚实是社会主义核心价值观的基本要义和个人道德品质的基本要求,要倡导和规范诚实合法劳动,揭发、遏制一系列投机取巧、弄虚作假等不诚实劳动。建立健全劳动者保护权益,让有些商家的过度浮夸的产品宣传、贩卖和购买各类假证件、无良商家买添加"瘦肉精"的食品、做假账、报假账等不诚实现象无处遁形,使诚实劳动者在劳动中获得尊重、取得应得的回报,让诚实劳动在全社会蔚然成风。

第三,实现"中国梦"必须要靠创造性劳动。创新是推动经济社会发展的首要动力,中国要想跻身"创新性国家"之列,除需要高素质的人才和尖端的技术支撑外,更加强调发明和创新的重要性。例如，从"和谐号"到"复兴号"，中国铁路开创世界领先水平的铁路技术成果，中国制造和中国速度用事实证明创造性的劳动是托起"中国梦"的有力臂膀。因此，加强大学生社会实践劳动观教育，一方面能激励大学生努力学习掌握科学文化知识，强化大学生诚实合法劳动意识，培养科学精神，提高创造性劳动能力，在新时代的浪潮中以真才实学服务人民、以创新创造服务祖国；另一方面能引导大学生树立远大理想、涵养劳动情怀，自觉把自己的小我融入祖国的大我，把个人和集体、个人梦和中国梦有机结合起来，奋力谱写新时代的绚丽华章！

（二）社会实践劳动观教育是社会主义核心价值观的应有之义

劳动是社会主义核心价值观从理念阐述转变为具体实际行动的重要实践形式。在劳动中创造形成的劳模精神、工匠精神、创新精神不仅是新时代民族精神和时代精神的生动体现，也是践行社会主义核心观的重要驱动力量，成为鼓舞人心、催人奋进的永恒力量。一代又一代劳动模范用热爱劳动、艰苦奋斗、务实奉献、爱岗敬业、开拓创新等宝贵精神品质生动地诠释了社会主义核心价值观，为培育社会主义核心价值观提供了重要素材，为践行社会主义核心价值观做出了优秀示范。在我国抗击新冠肺炎疫情期间，为打赢这场抗疫的人民战、阻击战、总体战，全国人民紧紧地团结在一起，用自己的行动书写着大大的爱国之情。无论是那些奔赴在防控一线的医务人员、警察、记者，日夜值班的公务人员、社区工作者，争分夺秒建医院的建筑工人，还是为保障物资供应、城市运转的各类劳动者，他们都在用行动诠释着敬业与担当，用实际行动践行着社会主义核心价值观。新时代大学生面临着"天将降大任"实现民族伟大复兴的时代使命，肩负着党和国家的期望、民族和人民的重托。新时代大学生社会实践劳动观教育要以习近平同志新时代中国特色社会主义思想为指引，深入研究社会主义核心价值观中所蕴含的劳动价值，教育引导大学生不断在自身辛勤、诚实、创造性劳动中得到历练，树立"爱国、敬业、诚信、友善"的价值追求和道德要求，努力成为勤于学习、善于钻研的勤学上进好青年，富有开拓精神、勇于创新创造的创新创业好青年，诚信善良、尊老爱幼的崇德守信好青年，以及热心公益、甘愿奉献的扶贫助困好青年。引导大学生坚持以劳模为榜样，正确处理个人理想与社会理想的关系，用爱国报国之心奉献社会、用爱岗敬业之心努力工作、用诚信友善之心与人相处，做劳模精神、工匠精神的时代传承者，通过辛勤、诚实、创造性的劳动为中华民族加速迈向伟大复兴之路贡献自己的力量。

（三）社会实践劳动观教育是高校"立德树人"的有效载体

习近平总书记多次强调高校要全面贯彻党的教育方针，把"立德树人"作为中心环节，努力实现全程育人、全方位育人，培养德、智、体、美、劳全面发展的社会主义建设者和接班人。党的十九大报告提出要"建设知识型、技能型、创新型劳动者大军，弘扬劳模精神和工匠精神，营造劳动光荣的社会风尚和精益求精的敬业风气。"因此，强化社会实践劳动观教育，培育和弘扬劳模精神与工匠精神是高校"立德树人"的有效载体，是培养全面发展人才的题中之义，必须把社会实践劳动观教育作为高校德育工作的重要组成部分。首先，高校坚持"立德树人"。要明确"培养什么人、怎样培养人、为谁培养人"这些基本问题，准确把握社会实践劳动观教育的政治属性、教育属性和实践属性，引导大学生坚定理想信念，培育爱国报国情怀，发扬艰苦奋斗精神，从而肩负起时代赋予青年的历史使命。其次，高校作为培养高素质人才的重要基地，要积极完善社会实践劳动观教育课程体系建设，加强社会实践劳动观教育与校园文化深度融合，坚持把社会实践劳动观教育与劳动实践相结合，鼓励大学生进行自主创业就业，从而帮助大学生树立正确的劳动认知、形成良好的劳动习惯和劳动态度，形成尊重劳动、尊重劳动者、珍惜劳动成果的真挚情感。最后，高校社会实践劳动观教育要注重引导学生传承、弘扬劳模精神和工匠精神，带领学生学习。例如，扎根电力抢修工人的全国劳模张黎明，从业32年练就了电路抢修的"火眼金睛"，不断开展技术革新，并获得多项国家专利，成为敢想敢干、创新创造的新时代产业工人先进代表；全国"五一劳动奖章"获得者李二国积极探索金融精准扶贫模式，拉开了"阜平模式"金融扶贫序幕，帮助阜平县降低了贫困发生率。把劳模精神和工匠精神作为帮助大学生树立正确的学习观、社会实践劳动观和就业择业观的优质精神食粮，注重大学生劳动品德的养成和团队协作意识的培育，唤醒大学生内心深处对于劳动的热爱和自觉参与的劳动实践活动意识，激发他们的劳动热情、提升劳动意识、涵养奉献精神、矫正就业观念，满足大学生的思想需要，丰富大学生的精神世界。最终培养出一个"德"中有劳模精神、工匠品质，"才"中有专业技能、专业素质的大学生群体，实现"德才兼备、又红又专"的培养目标，这样的大学生群体才能成为优秀的时代新人，才能担当起民族复兴的大任。

李二国：奔跑在"保险扶贫"的路上

课堂案例

张黎明：点亮万家灯火 光明温暖人生
——电力一线工人张黎明坚守初心的故事

黎明，寓意着美好和光明。在国网天津市电力公司，党的十九大代表、全国优秀共产党员张黎明人如其名——他始终秉承"人民电业为人民"的宗旨，扎根电力抢修一线31年，甘当点亮万家的"蓝领工匠"，练就了电力运维抢修的绝活；他带领着滨海黎明共产党员服务队，活跃在天津的街区里巷，被誉为"坚守初心的光明使者"。

"干好本职工作就是对党最大的忠诚"

"不忘初心，就要不畏艰难，始终保持永不懈怠的精神状态和一往无前的奋斗姿态……"这是张黎明在天津城市建设管理职业技术学院思想政治教育公开课上的一段自白。

电网抢修不分昼夜，特别是风雨雪雾等恶劣天气，更是要"枕戈待旦"。在张黎明心里，工作永远是第一位的。"我从未关过手机，夜里听到风雨声，就马上穿戴好，把电话握在手中，为的就是能第一时间赶到抢修现场。"翻开抢修工作单，几乎每一项电网抢修任务都有"张黎明"的名字。

2012年7月26日,天津地区遭遇暴雨突袭。张黎明正在病房陪伴病危的父亲,窗外的风雨声搅动着他的心。等送饭的妻子来到医院,他马上赶到抢修班,刚进门就接到故障电话,立即出发赶往现场。那一晚,张黎明和同事们在暴雨中奔波近8小时,完成报修工作81件。

张黎明服务的辖区是天津市滨海新区,作为北方第一个自贸区,落户在这里的世界500强企业达140多家,确保区域用电安全责任重大。他常对工友们说:"干好本职工作就是对党最大的忠诚。"

张黎明有个爱好,顺着电力设施沿线溜达。溜达的时候,他边走边记,回去后再把一条条线路图精确地绘制下来,对供电线路的全部参数指标、安全状况、沿线环境及用户特点等情况了然于胸。加上长期的抢修实践,他能根据停电范围、天气情况、线路设备健康状况等,迅速判断出事故的基本性质和位置、故障成因和故障点。简单的事情重复做,重复的事情精心做,在长期抢修实践中,他巡线8万多千米,亲手绘制线路图1 500余张,梳理分析上万个事故隐患,累计完成故障抢修两万余次,积淀出电力一线工人的工匠精神。

30余年如一日扎根抢修一线,以工匠之心坚守电力工人的初心,张黎明成为电力抢修领域的行家里手。为将自己的绝活儿毫无保留地传授给大家,张黎明总结分析了上万个故障,形成50多个案例,编成《黎明急修工作案例库》,同时将其中常用的11个抢修小经验、8大抢修技巧、9个经典案例印成《抢修百宝书》,使电力抢修更及时、更高效。

张黎明在工作中特别爱较真儿:发明了"黎明急修BOOK箱",将抢修工具定位摆放,省去了翻找时间;优化改进抢修工作流程,将高压故障平均处理时间由3小时缩短到1小时以内……

"对待工作要讲究,不能将就!"张黎明说,践行工匠精神就要有一种传承和担当精神,既要在专业上精益求精,更要在心中有家国情怀,"我要将国家电网的社会责任落到实处,带领更多的队员在奉献社会中实现人生价值。"

"把人民群众的小事当作自己最大的事"

张黎明说:"我是党的孩子,就应该随时出现在人民群众最需要的地方。"

2016年11月20日,一场暴雪不期而至。接到拥军里社区停电报修的电话后,张黎明立即和工友驾车出发。经过火速排查,发现是一段埋在地下的电缆出现故障。排除故障首先要将电线杆上的刀闸断开,可是电线杆已经在风雪中结冰,脚扣难以固定,无法攀爬。经过商议,他们想出一个办法:砸开一段冰层,装上脚扣,3名抢修队员再用肩膀牢牢顶住脚扣,"搭人梯"托举张黎明用加长至5米的拉闸杆上杆作业。风雪正急,寒风刺骨,看着张黎明在这样恶劣的天气下作业,居民们既感动又担心。故障排除后,小区内灯火通明,居民们围在张黎明身边连连道谢,许多人淌下了热泪。

通过这次抢修,张黎明发现社区用电超负荷或遭遇暴雨雷电天气时,线路变压器易发生保险片短路烧毁故障。他和同事们经过反复试验,发明了"可摘取式低压刀闸",将线路变压器发生保险片短路烧毁故障的抢修时间,从过去约45分钟缩短至8分钟。这项发明后来获得国家专利并得到广泛推广,仅这一项小革新每年就可创造经济效益300多万元。张黎明说:"中国共产党人的初心和使命就是为中国人民谋幸福,我们就是要把人民群众的小事当作自己的大事。"

"节能互助、点亮邻里"是"黎明共产党员服务队"开展的一个公益项目,让600多个老旧楼道告别黑暗,近2 000户居民从中受益。张黎明到老旧小区抢修电力故障时,发现这些小区楼道大都光线不好,出行很不方便。于是他将滨海新区发给他个人的一万元奖金悉数捐出,成立"黎明·善小"微基金,用来购买节能LED灯泡,安装到这些楼层,为社区居民带去了光明。

以队长张黎明名字命名的"黎明共产党员服务队"成立10年来,张黎明和伙伴们深入开展"进社区、进企业、进村庄、进校园、进医院"等志愿服务,与11个社区150余户老弱孤残户建立帮扶关系,累计开展志愿服务近万次,惠及居民10万余户。2015年3月的一天,黎明服务队的一位帮扶对象,家住丹东里社区70多岁的陈雨兰大娘打来求助电话,说心脏不好受,子女又联系不上。火速赶到现场的张黎明连忙拨打120叫救护车,可对方说因为堵车到达丹东里至少需要20分钟。时间就是生命,张黎明当即决定:"大娘这情况不能耽误,咱们开车送大娘去医院!甭管有多大责任,我担着!"他将大娘背下楼,和队员们一道将大娘送到附近医院,还帮她垫付了医药费,一直等到大娘脱离危险后才离开。当陈大娘的家人带着锦旗来到服务队,向张黎明和队员们鞠躬致谢时,每个队员都感受到:只有对百姓"心存大爱",才能在关键时刻敢于担当,才能对得起共产党员服务队这一光荣称号。

如今,"黎明共产党员服务队"的9支分队、215名队员已经把志愿服务制度化、常态化,每年累计出勤1 100余次。他们用点滴奉献,诠释着"客户所需、党员所及、让党旗飘扬、让百姓满意、让爱心传递"的郑重承诺。

用"初心"点亮万家,让光明温暖人心——张黎明笃信:幸福是奋斗出来的,奋斗者是最幸福的。

——摘自:学习强国

(四)社会实践劳动观教育是大学生成长成才的客观需要

劳动是人类独有的活动,人们不但通过劳动改造世界,其智力水平、思维方式和责任意识等也在长期的劳动实践活动中得到了完善和提高,人与人之间的关系、人与社会之间的关系都在劳动中得到了发展。劳动可以使人的综合素质得到全面的发展和提高。科学的劳动观是推动大学生全面发展的重要因素,是促进大学生成长成才的客观需要。

当今大学生普遍出生在物质生活优越的年代,大多没有体会过生活艰辛,缺乏吃苦耐劳的生活磨炼,害怕劳而无获或劳而少获,有些甚至把成功的希望寄托在投机取巧、试图走捷径上,出现了如父母眼里的"三好学生"进入大学后宿舍脏乱差没人打扫,屡教不改被叫家长;父母勒紧裤腰带培养的山沟里飞出来的"金凤凰",在大城市就业就嫌弃家庭条件,一年探家几次从不在家过夜,父母孤苦无依;大学生抗挫折能力差,毕业工作后不顺心就换工作,屡屡跳槽等社会现象。可以看出,大学生在社会实践劳动观教育等方面急需补课。加强大学生社会实践劳动观教育可以推动大学生德、智、体、美的发展,提高他们独立生活和适应社会的能力。通过树立正确的思想道德观念,培养大学生吃苦耐劳、敢于艰苦奋斗的优良品质及顽强拼搏、解决困难的信心和决心,"以劳树德";社会实践劳动观教育可以让大学生在劳动中提高独立思考的深度和广度,努力学习新知识、新技术、新方法,激发创造潜力,"以劳增智";社会实践劳动观教育可以让大学生投身具体的劳动实践活动,锻炼身体、增强体魄,"以劳强体";劳动观教育可以让大学生塑造一颗能发现美、挖掘美、创造美的心灵,"以劳育美"。与此同时,积极向上的就业、择业、创业观也需要正确社会实践劳动观的指引。正确的社会实践劳动观不但可以帮助大学生树立平等的社会实践劳动观念,促进大学生形成积极的服务基层的就业选择,不断在工作中得到磨炼,为以后的发展打下坚实的基础,也能培养大学生形成爱岗敬业、精益求精、不断创新的精神,帮助大学生明确"实干兴邦""创造伟大"的道理,推动大学生自主创业的积极探索,让正确的劳动价值观在大学生心中扎根、生长,调动自身全部体力与脑力劳动,在辛勤、诚实、创造性劳动中实现梦想、获得发展。

第二节 大学生劳动教育的社会实践方式

一、生活劳动

劳动是人类适应自然的活动和改造自然的独特方式。中国共产主义运动先驱李大钊同志说："人生求乐的方法最好莫过于尊重劳动。一切乐境，可由劳动来，一切苦境，可由劳动解。"没有苦境自然就离幸福更近些，而这种没有苦的生活从某种意义说，就是一种幸福。李大钊同志提倡的劳动创造幸福，是一种积极健康的生活方式，在个人生活自理中强化劳动自立意识、体验持家之道、感受劳动之美，是大学生健康发展，适应社会生活的重要基础。

1. 家庭生活劳动的内涵

关于家庭生活劳动，其实并无确切的定义。一般来说，家庭生活劳动是指人们在家庭生活中经常会接触到的劳作活动，以自助性劳动为主，如与衣、食、住、行相关的家务劳动，个人卫生及对日常生活、学习、工作场所的清洁、维护、整理活动等日常生活劳动。

2. 家庭生活劳动的社会现状

现在的学生大多是独生子女，优越的生活条件使其一出生就成为家庭中的"掌上明珠"，受到两代甚至三代长辈的共同关注。家长把家庭的未来寄托在孩子身上，希望孩子考一个好的大学，将来有一份好的工作。为了不让孩子输在起跑线上，从幼儿园开始就要孩子参加各类培训班，却忽视了自理能力的培养。到了小学、中学特别是高中，重应试教育、轻个性发展的现象越演越烈，"两耳不闻窗外事，一心只读圣贤书"，家长承担了孩子成长过程中本该由孩子自己承担的很多生活劳动。及至大学，孩子更被视为"天之骄子"。新生开学时，家长开车送其上大学，代其购买日常生活用品、安排日常生活，有的甚至替学生报道、缴费等，尽量包办学生的一切，假期回家后也不让孩子参加家庭劳动。家庭的过分溺爱和包办导致孩子不爱劳动、不会劳动，不愿劳动。

其实，让大学生经常参加一些力所能及的家务劳动，不仅不会影响学生的学习，反会促进学生的健康发展。学生结束了在学校的紧张学习，回到家后，帮助父母拖地、洗碗、洗衣服，可以通过这些劳动来消除学习中的紧张感，减轻疲劳度，从而使学生精力更充沛。父母同学生一起进行劳动,还是一个同孩子沟通的好机会。通过劳动、谈心、聊天,父母可以拉近和孩子之间的距离,亲情的交融会给孩子在学习、生活、精神上新的力量。

　　学校不妨把家务劳动列为学生的必修课程之一,对学生必做的家务劳动做出规定,努力做学生家长的说服教育工作,把开展家务劳动开发成为一个培养学生良好劳动习惯的教育渠道,让学生养成热爱劳动的良好习惯。以家庭为主体,劳动教育生活化。著名教育家陶行知说,"好的生活就是好的教育,坏的生活就是坏的教育"。家庭是孩子接受教育的第一所学校,是孩子成长的起航地,因此,家庭在劳动教育中发挥着基础性作用。家长不仅是孩子的第一任老师,也是孩子劳动启蒙的主导者,加强劳动教育需要家庭的全面参与和家长的全力支持。家长要充分认识到劳动所具有的教育价值,把劳动教育生活化,树立崇尚劳动的良好家风。家长通过日常生活的言传身教,潜移默化地引导孩子从小养成爱劳动的好习惯。注重日常养成,抓住衣、食、住、行等日常生活中的劳动实践机会,小到整理书桌、房间,大到洗衣、做饭,鼓励孩子自觉参与、自己动手,从点滴处培养孩子劳动意识。同时,强化家庭教育与学校教育的协同,注重家校互动,让家长与学校在家庭劳动、勤工助学等方面达成共识。

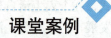

课堂案例

家常菜肴和家庭主食制作举例

家常菜肴

1. 酸辣土豆丝

材料:土豆。

调料:小辣椒、花椒、蒜。

做法:

(1) 把土豆去皮切丝,越细越好,再把青红椒切丝,蒜瓣切粒。

(2) 土豆丝切好,过冷水去淀粉,这样炒出的菜口感脆。

(3) 准备好盐和白醋,用白醋会使菜品看着色彩干净。

(4) 开火,放炒锅,添油。

(5) 油温热时,把花椒粒放进去,炸出香味,捞出花椒。

(6) 油热时,把辣椒丝和蒜粒放入爆出香味,倒入准备好的土豆丝,掂锅翻炒几下。

(7) 放白醋,放盐,动作要快,再翻炒几下,使盐味更匀。

(8) 菜熟装盘、整形。

2. 炒青菜

材料:青菜、大蒜。

调料:鸡精、盐。

做法：

(1) 将大蒜、青菜分别洗净，切好备用。

(2) 热锅中倒一点油，把切好的大蒜倒入油中。闻到蒜香后，将切好的青菜倒入。

(3) 加一点水，盖上锅盖焖一会儿，大火持续3分钟后，放盐、鸡精进去，翻炒均匀。

(4) 大火收汁后，立即出锅。

3. 麻婆豆腐

材料：豆腐切丁、牛肉切末、豆瓣酱。

调料：盐、酒、干红辣椒碎、青蒜、姜末、花椒粉、水淀粉、酱油、少许糖。

做法：

(1) 锅内加少许菜油，大火加热，油热后依次加入豆瓣酱、盐、干红辣椒、青蒜、姜末、花椒粉、牛肉末，也可将牛肉末用上述调料腌好后一并加入，炒香。

(2) 加入切成小块的豆腐，改小火，煮沸。

(3) 待豆腐熟后，改大火，加入由水淀粉、糖、酒、味精、酱油调好的芡汁。待均匀附着后，关火，起锅。

(4) 起锅，撒上花椒面。

4. 韭菜炒鸡蛋

材料：韭菜、鸡蛋。

调料：盐、植物油。

做法：

(1) 将韭菜择洗干净，控干水分后切成3厘米长的段。

(2) 将鸡蛋打入碗内搅匀待用。

(3) 将炒锅烧热，加油烧至五六成热，倒入蛋清，炒至小团块时倒出。

(4) 炒锅倒油烧热后，加入韭菜，用旺火速炒、放盐，快熟时倒入鸡蛋，颠翻两下，即可出锅装盘。

5. 红烧肉

材料：五花肉。

调料：食用油、酱油、料酒、生姜、冰糖、盐、白糖。

做法：

(1) 五花肉一块，切成1厘米见方的条状。

(2) 炒锅洗净，烧热，下2汤匙油，放3～4汤匙白糖，转小火。

(3) 不停地用炒勺搅动，使白糖溶化，变成红棕色的糖液，即炒糖色。

(4) 把切好的五花肉倒入，炒均匀，使每块肉都沾上糖色。

(5) 加酱油、料酒、生姜、冰糖、盐少许，烧开，再转小火烧二三十分钟左右。等汁挥发得差不多，加大火收汁。等收汁完成后就可以装盘。

家常主食

说到主食我们总会想到米饭和馒头，但其实主食的种类也有很多种，在这里我们主要介绍蒸米饭和馒头的基本做法和注意事项。

1. 蒸米饭

蒸米饭的基本做法很简单，分为两步：第一步，需将米洗干净，放入要用来蒸米饭的容器中，加入清水。第二步，盖上盖后，放在火上或插上电即可。

蒸米饭的注意事项有以下 4 点：

（1）洗米。记住洗米不要超过 3 次，如果超过 3 次，米里的营养就会大量流失，这样蒸出来的米饭香味也会减少。

（2）泡米。先把米在冷水里浸泡半个小时，这样可以让米粒充分的吸收水分。这样出来的米饭会粒粒饱满。

（3）米和水的比例。蒸米饭时，米和水的比例应该是 1∶1.2。测量水量可将食指放入米水里，水不可超过食指的第一个关节。

（4）增香。如果家里的米是陈米，也可以蒸出新米的味道。就是在经过前三道工序后，在锅里加入少量的精盐或花生油，记住花生油是必须烧熟的，而且是晾凉的，只要在锅里加入少许就可以。

2. 蒸馒头

食材：面粉或麦芯小麦粉。

辅料：酵母粉、温水。

做法：

（1）揉面前的准备。揉面前需要先添加酵母粉，酵母粉与面粉的比例是 1∶100，也就是说 500 克的面粉，加 5 克的酵母粉。将酵母粉放到 30 ℃的温水中化开，融化酵母粉的水量也量取好，一般制作 500 克面粉会用 50 毫升的水来化酵母，酵母化开后加入面粉中，再加 450 毫升的水到面粉里。

（2）揉面。用筷子将面粉搅拌成雪花状再开始动手揉面，这样揉面不会粘手，揉好面后盖上纱布开始发面。

（3）发面。很多人做馒头不成功，是因为发面时间太短或太久。判断面是否发好的方法非常简单，只要用手指粘一些面粉插入到面团里，面团不会缩，这就说明面已经发好了。

（4）二次发酵。将发酵好的面团揉成光滑的面团，然后再将面团揉成条状，分成相同大小，揉成圆形后盖上纱布进行二次发酵。还可以做刀切馒头，将面团揉成长条形，然后切成均等大小。二次发酵的时间，夏天为 20 分钟，冬天为 30～40 分钟。

（5）冷水下锅蒸。等馒头二次发酵完成就可以开始蒸馒头了，冷水下锅，先大火烧水，等水烧开后，转中火再蒸 15 分钟就可以了。

（6）开锅。馒头蒸好几分钟后开锅。

注意事项：

（1）面粉选择。蒸馒头非常关键的一步就是选择面粉，建议选择多用途麦芯粉，即中筋面粉。麦芯粉做出的馒头，面香味浓。

（2）揉面程度。面要揉到面光、盆光、手光，即三光。

（3）二次发酵。要想馒头松软绵密，一定不能少了二次发酵。

（4）防止收缩。馒头蒸熟后先不着急打开锅盖，要过几分钟再打开锅盖，这样馒头就不会马上收缩。

（5）增加甜度。爱吃甜馒头可以适当加入糖，在加水的时候可以加入适量白砂糖。

3. 家庭生活劳动的意义

（1）感受生活之美。在日常生活中，由于个体所面临的对象是多种多样的，因此，个体的日常劳动形式也是多种多样的。创造美的劳动具有二重性：从表面上看，个体的劳动过程是满足吃、穿、住、用的过程。劳动对于人，就像生命对于人一样是不可或缺的。恩格斯说得好："劳动改变了人本身。"如果没有劳动，也许世界上至今还没有人类；如果没有劳动，人们不可能有今天这样丰富的生活。人们可以改变劳动的形式，却不能取缔劳动本身。虽然每一种创造美的劳动都是具体劳动，如种植活动、建筑活动、舞蹈活动、歌唱活动、绘画活动等，但是，这些具体形式的劳动活动都有一个共同特征：每一种具体形式的创造美的活动都是体现劳动的自由自在性的活动，那种凡是体现了人类劳动的自由自在性的劳动成果则被看成美的东西。

（2）传递家人之爱。2020年年初，新型冠状病毒疫情暴发，很多人主动在家隔离，成就了不少会做菜的大学生美食家和中国造"西点师"。当你按照网上的视频学会了做蛋糕、面包、饼干，对着菜谱炒上几个色香味俱全、"五星级酒店"水平的菜。这时候，父母眼中的欣慰是不可忽视的，他们品尝着你做的糕点和饭菜，感受到的是"家有儿女已长成"的幸福，这就是实实在在的天伦之乐。家务劳动在一粥一饭、一饮一食中传递着对家人的爱。

从事家务劳动，有利于培养大学生独立生活的能力。掌握生存的技能越多，大学生的独立能力也就越强、从而增强大学生的自信心和适应能力，使大学生能够更好地解决生活中所遇到的问题。家务劳动可以锻炼大学生的身体协调能力、动手能力，而且有助于、学生逻辑思维能力和对事情分析、判断、安排的统筹能力的提高，使大学生能够更快地接受新鲜事物。家务劳动还可以锻炼大学生与人交流、合作的能力，并且培养其团队协作意识。在家务劳动中，大学生与父母面对共同的劳动任务和目标，经过沟通、分工、合作，最后在各自的努力中实现共同目标。在这个过程中，大学生锻炼了分析能力和沟通技巧，培养了合作意识和团结精神。家务劳动还有助于调节家庭气氛，构建和谐氛围。大学生分担家务劳动后，亲身体验到家务的繁重与琐碎，切身体会到父母的不易，从而会更加珍惜现在所拥有的一切，会懂得关心父母、体贴父母、孝敬父母，这样，大学生对父母的抱怨、抵触就会减少。日常的共同劳动还会增加大学生对父母的信赖和感情，进而给家庭带来一种融洽、和谐、欢乐的气氛。"兴趣是孩子最好的老师"，要想使大学生在做家务的过程中养成良好的劳动品质，首先要让大学生感受到做家务的乐趣，使其养成愿意做家务的良好习惯。

二、生产劳动

生产劳动是人类社会赖以生存和发展的基础，是人类最基本的实践活动。在原始社会中，人人都要劳动才能生存。在阶级社会中，出现了体力劳动与脑力劳动的分离与对立，剥削阶级把体力劳动者作为剥削和压迫的对象。在社会主义的中国，实现了生产资料公有制，消灭了剥削与压迫，劳动人民当家做主，劳动是每一个公民的光荣义务。各尽所能、按劳分配是社会主义的基本原则。每一个公民都应该以自己的辛勤劳动对社会主义现代化建设作出贡献。

党的十八大以来，在传承马克思主义劳动教育观和立足中华大地的教育实践中，习近平总书记围绕青年学生奋力实现中华民族伟大复兴、培育大国工匠、点赞劳模精神等一系列讲话中对教育与生产劳动相结合的重要性进行反复强调。习近平总书记在党的十九大报告中指出，要"建设知识型、技能型、创新型劳动者大军，弘扬劳模精神和工匠精神，营造劳动光荣的社会风尚和精益求精的敬业风气"，这一论述把劳动上升到"工匠精神"的层面。生产劳动作为劳动的一项核心要义，更是培育工匠精神、提升职业道德和职业能力的主渠道。大学生应该将理论与实践相结合，在生产劳动中培养自身的"工匠精神"。大学生作为未来各行各业的储备力量，既需要接受与本专业相关的理论知识，为未来从事相关生产性活动提供理论支撑，也需要借助课余时间进行适当的生产劳动实践，为将来走出校园积累实践才能。大学生应通过发挥自己的聪明才智和体能素质开展必要的生产劳动，这不仅是一项具有创造性的社会实践活动，还对其未来的职业化发展具有重要的价值。

（一）大学生生产劳动的背景和意义

1. 培育新时代大国工匠的现实需要

教育的根本任务在于"立德树人"，这不仅包括培育学生的爱国情怀、树立其共产主义远大理想等要义，也包括弘扬劳动精神、教育引导学生崇尚劳动、尊重劳动等内容。习近平总书记指出"要在学生中弘扬劳动精神，教育引导学生崇尚劳动、尊重劳动，懂得劳动最光荣、劳动最崇高、劳动最伟大、劳动最美丽的道理，长大后能够辛勤劳动、诚实劳动、创造性劳动"。实践出真知，劳动长才干。鼓励大学生从事生产劳动是一种职前教育，是对大学生未来走上工作岗位的一项预热性实践活动。鼓励大学生从事生产劳动最核心、最本质的意义并不在于要求大学生在校期间创造可观的物质财富，而在于通过生产劳动使其能够尊重劳动、崇尚劳动，树立科学的劳动价值观，从而提升未来对参与社会生产的内在热情和劳动积极性。

习近平总书记强调："一切劳动者，只要肯学、肯干、肯钻研，练就一身真本领，掌握一手好技术，就能立足岗位成长成才，就都能在劳动中发现广阔的天地，在劳动中体现价值、展现风采、感受快乐"。这当中所指的"劳动"，主要是生产性劳动。这一论述把劳动与练就过硬本领、实现成长成才、贡献社会价值联系起来，为当代大学生提升个人综合素质提出了更高的要求，大学生作为未来的劳动者，"不仅要有力量，还要有智慧，有技术，能发明，会创新以实际行动奏响时代主旋律"。这些论述充分表明，高校要落实"立德树人"的根本任务，必须强化生产劳动教育，引领学生进行生产劳动实践，使其在价值观念上认可生产劳动在推动社会进步、实现个人发展等方面的重要价值，激发学生对于生产劳动的热情，破除对于"网红""一夜暴富"等观念的盲目迷信，更好地培育和发扬勤俭节约、脚踏实地、艰苦奋斗、勇于创新的精神。

2. 大学生职业化发展的必由之路

在校学习期间，大学生通过接受系统化的学习，将前人所创造的知识财富以理论的形式进行储备，并转化为自己精神财富的一部分。教育作为社会经济发展的重要推动力，需要不断调整教育内容，满足社会经济发展需要。职业教育作为教育的重要类型之一，在不同时期有不同的侧重点。中华人民共和国成立初期，在学习苏联推进工业化的背景下，我国为了快速填补人才缺口，把重心放在培养周期短、人才实用性强的中等职业教育上；一直到20世纪末，中专、技校、职业高中一直是职业教育的主力。这些学校在当时国民受教育程度普遍不高的现实背景下，通过引入生产技能培训的方式，在提高全民科学文化素质、提升劳动者生产能力、推动社会经济发展等方面产生了重要的影响。随着我国现代职业教育体系框架的全面建成，特别是我国进入新的发展阶段，产业升级和经济结构调整不断加快，各行各业对技术技能人才的需求越来越紧迫，培养高素质劳动者和技术技能人才势在必行。在这一背景下，"怎样使教学过程与生产过程对接，怎样使学生的理论素养和生产实践素养同步提升，怎样培养大国工匠、能工巧匠"不仅是高职院校需要回答的问题，也是每一位大学生应当关注的重要领域。随着"云计算'大数据'人工智能"等新技术的涌现，社会生产日益表现出知识密集型、科学密集型的特征。企业面对日趋激烈的竞争环境，为了尽快实现财富和价值的转化，在人才招聘中对大学生从事生产劳动的能力越发关注。"招之即来，来之能用，用之必胜"是许多用人单位对青年毕业生的基本要求，"逐步适应""边做边学"等心态对大学生而言，除了带来一些自我的心理安慰，已渐渐失去社会生存土壤。在这种情况下，作为大学生只有在校期间便积极参加生产劳动，不断提升创新精神和实践能力，才能适应当前经济社会发展和产业升级的需要。

（二）大学生生产劳动的类型

按照《现代汉语词典》释义，"生产劳动"与"非生产劳动"相对应，前者指创造物质财富的劳动，如工业、农业、交通运输业、建筑业等；而不创造物质财富的劳动，如教师、医生、演员等，是非生产劳动。与此同时，"生产劳动"又是一个政治经济学术语。首先，就生产的一般过程和目的而言，生产劳动是劳动力与生产资料相结合，通过改造劳动对象，生产具有一定使用价值的劳动。其次，从我国社会的实际情况出发,生产的目的是满足人民群众日益增长的生活需要,只要符合这一目的的劳动都可以视为生产劳动。因此,对当代大学生生产劳动范畴的理解主要包含:一是熟练运用生产资料,即掌握使用生产工具的生产劳动;二是善于改造劳动对象,即积极探索具有创造性的生产劳动;三是明确生产劳动的社会主义性质,即能够创造社会价值的生产劳动。

1. 使用生产工具的生产劳动

生产工具又称劳动工具,是在生产过程中用来直接对劳动对象进行加工的物件。对农民而言,生产工具包含如锄头、镰刀、拖拉机、三轮车等农用工具;对产业工人而言,生产工具包含如叉车、挖掘机、切割机、数控机器人等机电设备。大学生以理论学习为主,以生产实践学习为辅,虽然不必像职业农民、产业工人那样"精通十八般武艺",长期使用生产工具从事生产劳动并获得收益,但从学校人才培养规划和职业道路发展的角度来看,大学生依然需要掌握使用一定的生产工具的能力,为未来的职业发展打下坚实基础。这其中主要包括掌握使用与本专业相关的生产工具的能力,如信息安全与管理专业的学生可能需要掌握操作系统安全配置、网络安全系统集成、Web系统安全开发、信息安全产品配置与应用、网络安全运行与维护等技术,又如汽车制造与装配技术专业的学生可能需要掌握汽车构造、机械制图、汽车电器系统装配与调试、汽车整车装配与调试、汽车车身制造技术、汽车电控系统诊断与调试、汽车制造工艺设计等技术。强调掌握与本专业相关的生产工具的能力,不仅能够体现本专业学生区别于其他专业学生的重要特质,而且是大学生未来从事专业化的生产劳动所必需的实践基础。大学生在校期间必须以掌握使用本专业生产工具的能力为基本目标,不断锤炼专业技能,提升专业核心竞争力,掌握使用能够拓展职业发展道路的生产工具的能力。人的全面发展内在包含人的劳动是不同能力的全面发展。学生通过掌握使用与本专业相关的生产工具,可以将自己培养成为"一"字形人才,即熟练掌握某一项专业知识,但知识面相对狭窄,可以发展为专业中技术骨干。从职场的多元化发展来看,企业用人单位更需要的是"十"字形人才,即既有较宽的知识面,又在某一领域有比较深入的研究;既能在本专业独当一面,也能在相关领域有所作为,在紧急关头还能发挥"补锅匠""救火队长"的作用。面对这一现实需求,职业院校的学生要学会树立"破立结合"的思维,适度跳出自己的专业思维局限,结合未来的职业发展需求,适度关注并掌握其他专业的生产工具。如从事计算机行业的从业人员未来极有可能会拥有自己的私家车,所以也需要掌握一定的汽车维修与保养知识;从事汽车维修与服务的学生也可能需要借助计算机进行绘图设计和数据处理。在社会化生产高度发展的今天,各行各业之间存在着千丝万缕的联系,大学生需要提早认清这一现实,在校期间便做好相应的准备。

2. 创造性的生产劳动

创造性,在思维上指人既不受现有知识的限制,也不受传统方法的束缚,通过推理、想象、联想等方式,多角度、多侧面、多层次、多结构思考和寻找答案;从行为上指人能发明新事物,生产新奇独特的、有社会价值的产品。创造性的生产劳动实质上是人通过脑力劳动发出技术、知识、思维的革新,从而提升劳动效率、生产出超值的社会财富成果。《国务院关于印发国家职业教育改革实施方案的通知》指出,"把职业教育摆在教育改革创新和经济社会发展中更加突出的位置……以促进就业和适应产业发展需求为导向，鼓励和支持社会各界特别是企业积极支持职业教育，着力培养高素质劳动者和技术技能人才。"这表明，社会对大学生职业能力的评价很大程度上取决于其创造力。大学生从事创造性的生产劳动可以具象化为以产业发展需求、市场发展需求为导向，以产教融合、校企"双元"育人为依托，以创新创业、职业技能竞赛为主要形式的劳动。

（1）创新创业型生产劳动。对于学校而言，创新创业教育是高等院校的重要办学任务；对大学生个人而言，创新创业素质是专业发展的核心素质。大学生从事创新创业型生产劳动：一是要明确创新创业的目的。学生应当具有敏锐的问题意识，对学习和工作保持敏锐的洞察力，时刻关注并分析挖掘现象背后的问题，并将问题转化为解决办法。同时，学生还要打破因循守旧的惯性思维，学会用新的视角和方法来看待日常的事务。二是要积极参加学校的实践类课程，主要指学校实习实训课程、创新实训课程、创业实训课程等。

（2）职业技能大赛型生产劳动。高技能人才是宝贵的战略资源。如果创新创业型生产劳动是不同专业的同台竞技，那么职业技能大赛型生产劳动则是同专业、同行业之间的"王者对决"。作为一名立志在本专业有所建树、提升专业素质的大学生而言，需要从以下方面进行努力：一是要树立正确的职业技能竞赛观，不能把获奖作为参赛的唯一目的，而是要树立"以赛促学、以学促用"的竞赛观，把技能竞赛视为向同专业同学学习交流的重要平台，在竞赛中查缺补漏，找出自己在专业技能学习上的不足之处，为赛后进一步提高自身的专业水平找准方向。学生通过积极参与、组建团队，可以检视自己的创新创业能力，向更优秀的选手、团队学习取经。二是要与未来的职业发展相结合。技能大赛种类繁多，即使同专业内部也存在多个研究方向和分支，如果奢求用短短几年的学习时光熟练掌握本专业的所有知识，极有可能造成"一"字形发展。因此，在技能大赛的选择上要明确目标，突出重点，精心准备，力争达到提高能力，发现不足的参赛效果。三是要关注校企合作型的竞赛平台。随着产教融合、校企"双元"育人的深入推进，一些企业也以赞助或主办技能大赛的形式走进校园，一方面宣传企业文化；另一方面也能够感受高职院校教育改革的成果，挖掘、储备人才。

三、社会劳动

社会化是指个体由生物人成长为社会人，并逐步适应社会生活的过程。经过这一过程，社会文化得以积累和延续，社会结构得以维持和发展，人的个性得以完善。社会化是一个不断自我定向的过程。大学生的社会化是在初级社会化基础上继续社会化的一个关键时期。大学生社会化的结果对社会发展、文化传承和人格具有特殊的意义。由于大学生群体的内在特性和社会影响的原因，许多学生在刚步入大学时出现了学习适应不良、人际交往障碍等情况，这也反映了处于"心理断乳期"的大学生在社会化中产生的许多困惑。

作为大学生社会化重要途径的社会劳动，形式多样、丰富多彩，社会实践劳动有助于大学生迅速、顺利地适应社会、融入社会。大学生在社会劳动中,可以深入社会,学会客观、正确地评价自我,发现"理想我"与"现实我"的实际差距,通过调整角色期望值,确定适当的动机,不断完善自我,提高社会适应能力和人际交往能力,从而逐步实现生活技能的社会化、职业能力的社会化、行为规范的社会化、生活目标的社会化重要目标。劳动教育是中国特色社会主义教育制度的重要内容,直接决定社会主义建设者和接班人的劳动精神面貌、劳动价值取向与劳动技能水平。实施劳动教育重点是在系统的文化知识学习之外,有目的、有计划地组织学生参加日常生活劳动、生产劳动和服务性劳动,让学生动手实践、出力流汗、接受锻炼、磨炼意志,培养学生正确的劳动价值观和良好的劳动品质。中国特色社会主义进入新时代,随着生产力发展、技术革新、文化进步和教育提升,传统劳动方式和组织形态发生了深刻变革,劳动特别是大学生的劳动越来越呈现出创造性、协作性、非物质性的特点。高等院校注重围绕创新创业,结合学科和专业积极开展实习实训专业服务、社会实践、勤工助学等活动,重视新知识、新技术、新工艺、新方法的应用,创造性地解决实际问题,使学生增强劳动意识,积累职业经验,提升就业创业能力,树立正确择业观和到艰苦地区、行业工作的奋斗精神,懂得"空谈误国、实干兴邦"的深刻道理。劳动教育使学生能够理解和形成马克思主义劳动观,牢固树立"劳动最光荣、劳动最崇高、劳动最伟大、劳动最美丽"的观念;体会劳动创造美好生活,理解劳动不分贵贱,热爱劳动,尊重普通劳动者,培养勤俭、奋斗、创新、奉献的劳动精神,具备满足生存发展所需要的基本劳动能力,形成良好的劳动习惯。

社会实践劳动有利于大学生深入理解政治教育论知识,形成正确的价值取向。社会实践作为高校思想政治教育的重要载体,以高度的实践性,普遍的认同性,广泛的参与性,推进了大学生思想道德素质的培养。人的道德品质只有通过行动才能体现出来,大学生只有积极加各种社会实践劳动,才能切实认识社会、了解社会,才能在社会大舞台中增强自身的使命感和责任感。社会实践劳动有利于磨炼大学生坚忍不拔、持之以恒的意志,培养面对困难不屈不挠、越挫越勇的执着精神,有助于大学生养成言行一致、脚踏实地的优秀道德品质,从而树立正确的人生观、世界观和价值观。社会实践劳动是理论联系实际的重要途径。大学生在社会实践劳动中,通过理论和实践相结合的模式,可以达到抽象的理论知识外化为实用的专业技能的目的。高校学习以课堂教育为主线,在课堂学习中,大学生所获得的知识主要是抽象的、间接的书本理论。理论知识对于大学生来讲是非常必要的,然而由于缺少实践训练,许多理论知识无法转化为能够实际运用的技能,难以直接用于现实生活中,在生活中的问题往往也不是依靠唯一的理论知识就能解决的。在社会实践劳动中,大学生既可以加强学校与社会的信息交流,通过运用自己的专业知识和技能,巩固和强化课堂上学到的知识,又可以将所学的专业知识与生产活动结合起来服务社会,真正体现自身的社会价值。

课堂案例

凌洪明：从焊工到发明家的精彩跨越

从一名手握焊枪的焊工转变为研发自动化技术的机械工程师，再到斩获7项国家专利的"车间发明家"，凌洪明用日复一日的钻研和精益求精的执着，成就了一个世界首创的"套装式内外袋全自动包装生产线"，也完成了人生一次次精彩跨越。

在平凡岗位心怀创新之志

穿着厚重的帆布工作服，扣着封闭的焊帽，在烟熏火燎中做着重复性动作——刚进入广西机械工业研究院有限责任公司工作时，凌洪明是车间里的一名普通焊工。

"平凡的岗位做到极致就是不凡！"在外人看起来枯燥乏味的工作岗位上，凌洪明却深藏着敢于攀登、勇于挑战的大志向。为多一些经验积累，他一头扎进车间，一项一项地练，一招一式地学，反复琢磨技术技能，脚踏实地的磨砺让他渐渐成长为一名高级技师。

从渐渐入门道到炉火纯青，凌洪明不再满足于简单的重复劳动，他利用业余时间完成了机械和自动化的本科学习，渴望进入更大的舞台。

机会从来都是留给有准备的人。2014年，凭借扎实的技能功底，凌洪明开始进入公司自主立项的"全自动套装式内外袋包装生产线"研发团队。

"取袋、上袋"是包装机的第一个步骤，也是项目的关键节点。与常用的复合袋相比，内外袋包装需先将内袋密封塞入外袋后，再将外袋缝合。看似简单的过程做起来并不轻松，需要融合机械、电气、自动化、软件等多元化知识。由于这个瓶颈，此项目已推进5年却未取得突破性进展。

进入团队后，凌洪明主动出击，了解新知识、新材料、新技术，与同事一道对之前所有实验项目推倒重来。一次次构思、一项项试验、一次次否决、一回回重来，故障不断被排除。

经过深入研究，凌洪明提出运用"逆向思维"——倒置上袋，顺应重力使柔性内袋袋口下垂，感应器可准确识别到标准的袋子，从而提高上袋率。这个大胆的设想颠覆了之前项目组的常规做法，开辟出一条新路。

进入团队后的一年多时间里，凌洪明解决了从"取袋"到"上袋"再到"套袋"的技术难题，获得了6项国家专利。

填补包装领域世界空白

初步的成功探索为凌洪明树立了强大信心，"工匠精神"的种子在他心中萌芽、生长。

2016年12月，套装式内外袋物料包装全自动生产线在糖厂现场应用时出现故障无法运行，紧要关头凌洪明临危受命，带上装备奔赴现场，在最短的时间内解决了故障问题。

此次抢修虽然及时完成，但也让凌洪明意识到了包装机的"不完美"。精益求精的他与项目团队又一次踏上研制第二代包装机的创新之路。

为了尽快找到技改的切入点，凌洪明在糖厂机器设备故障时主动请缨，到现场实地观察，分析故障原因，仔细排查线路，每天守在包装机前，盯紧导轨、滑块、气缸这些关键部件，思考如何解决故障。

有了"一代机"的坚实基础和丰富经验，凌洪明和项目团队只花了一年时间便完成"二代机"的技改工作，获得第7项专利——套装式内外袋物料包装全自动生产线的取袋套装装置，大大提升了包装机取袋速度。包装机故障率也从1%下降到了1‰，生产线劳动用工从原来20人降到4人，节约了近5倍的人工成本。

套装式内外袋物料包装全自动生产线，填补了该领域的世界空白，如今已广泛应用于制糖、食品、饲料、化工、医药、纳米碳酸钙等行业，助力广西传统产业机器换人的智能化转型。

传承技术创新"接力棒"

凌洪明将工匠精神外化于行，内化于心，把自己所学毫无保留地传授给"后来者"，他根据青年员工不同的特点量身定做学习方案，为单位培养了一批又一批新能手。

"凌师傅是当之无愧的技术能手，更是我们青年员工的领航员。"提到师傅，徒弟黄文峰发自内心地敬佩。

在凌洪明的带领下，许多年轻人走上研发一线，接下技术创新的接力棒，继续开展包装机三代机研制。对此，凌洪明深感欣慰："我希望徒弟们都能保持钻研的精神和劲头。只有这样，才能为企业的创新发展积蓄更多力量！"

从普通焊工到"发明家"的逆袭，背后是守正创新、克难攻坚、精益求精的工匠精神，是当所有的荣耀和掌声褪去，依然坚守沉静、踏实前行的初心。

——摘自：学习强国

第三节　大学生劳动教育的实践路径

从远古社会用民歌歌颂劳动人民的智慧和聪明，到近世的"耕以致富，读能荣身"的朴素愿望，再到新时代劳模精神、工匠精神的弘扬，古往今来劳动一直受到人们的推崇，正是因为劳动的存在，中国人民才创造了辉煌的历史，铸就了灿烂的中华文明。在新时代背景下，我国以城市化和工业化为主要内容的现代化进程日益加快，上一辈人普遍熟习的劳动在如今却被部分大学生所鄙视，成为国民教育体系中的突出短板。因此，该如何改变大学生对劳动的片面认知，发挥劳动教育的综合育人价值，是当前劳动教育亟待解决的问题。社会是大学生接受劳动教育的主要外部途径，也是大学生劳动价值观形成和培养的重要渠道。对青年大学生的劳动教育离不开强有力的社会氛围，整个社会氛围对大学生劳动意识的培养具有极其重要的作用。要想有效地推进劳动教育工作的发展就必须营造热爱劳动、尊重劳动者、珍惜劳动成果的社会氛围，要及时对社会中存在的不爱劳动、看不起劳动者、践踏劳动成果的行为予以纠正。让"劳动最光荣、劳动最伟大、劳动最崇高、劳动最美丽"的理念在全社会蔚然成风，深入每个人的心灵，激励每位劳动者在自己平凡的岗位取得不凡的成绩。营造崇尚劳动的社会氛围既是劳动教育的一种方式，也是劳动教育的重要内容。社会教育具有导向性、多样性、普遍性的特点，无论学校教育还是家庭教育都离不开社会这个大环境。总之，唯有与各个相关部门密切配合、分工负责、堵塞漏洞、不留死角，才能营造良好的社会氛围，为大学生劳动教育保驾护航。

一、实现劳动教育与专业学习相结合

劳动教育与专业学习具有内在一致性和统一性。一方面，专业学习本身就是一种脑力劳动，学习的过程本质上也是一种劳动教育；另一方面，专业学习的最终目标，也是劳动的根本需要。高校根据专业发展开设课程，传授专业劳动知识，培育专业劳动技能，培养具有创新精神和实践能力的高素质劳动者。首先，要拓宽专业视角，推进劳动教育与不同学科领域的专业相融合。在自然学科领域，有劳动教育与专业相融合的实践，如化学、物理等理科的相关实验，或者机械、电气、土木等工科专业的研究应用技术和工艺。在社会科学领域，毛泽东同志早年在湖南考察农民运动、社会学家费孝通所做的田野调查也都具有劳动的性质。在艺术领域，美术的绘画创作、设计专业的设计想法和音乐的创作，都是需要动手动脑的创造性劳动，这些专业的发展也是与劳动教育相融合的

鲜活实践。其次，要充分抓好课堂教学知识传授的主渠道，潜移默化地融入劳动教育。在进行专业教学活动中，可以将劳动意识、劳动关系、劳动法及劳动职业生涯发展教育融入专业教学内容，为学生提供完整且具有系统性的劳动教育，让学生能够系统了解劳动的相关知识，维护自身的劳动权益，营造尊重劳动的环境。同时，根据专业的不同，高校可利用课外时间组织相关的劳动教育活动，以达到利用劳动教育促进专业教学的目的。最后，要在日常的学习、考试、实习、毕业论文写作等专业教育的关键节点，融入辛勤劳动、诚实劳动以及创造性劳动的教育内容。学习作为大学生第一个重要的劳动过程，在这一过程中，学生通过辛勤劳动提升对知识吸收理解的能力，从而满足社会需求。诚实劳动可以从培养学生诚信考试做起，逐步加强对学生日常作业、课程论文、毕业论文、实践报告等检查力度。创造性劳动则可以从学生的实习活动和毕业论文的写作中体现出来。

二、实现劳动教育与实习实训相结合

实习实训是进行劳动教育的重要途径，其根本任务是开展专业劳动知识技能教育，并融入劳动价值观、劳动态度的教育，让学生在这一活动中养成良好的劳动品质。首先，要在教学体系构建时加强劳动教育。这主要包括两个方面：一方面要建立科学的实习实训课程体系，要根据人才培养方案，参考相关行业对专业人才的岗位标准，开设与就业密切相关具有专业特色的多学科课程，从而进一步提升学生创新创业能力和专业知识技能；另一方面要做好实习实训的物质保障，整合校内教学资源，构建高效一体的实验教学平台，充分利用校外资源，加强与企业的合作，建设满足实践需要的实习实训平台。高校作为开展新时代大学生劳动教育的主要场所，要切实承担起劳动教育的主体责任，充分发挥其主导作用，重在深入把握高等教育规律，找准劳动教育的着力点、切入点，科学谋划、优化协调、精准高效、扎实推进。其次，要在实习实训过程中建立一套科学的管理体系，这是确保劳动教育成效的重要举措。一是要建立健全实习实训管理制度，包括校内外的实习基地管理制度、实习学生的考勤制度、实习质量和效果评价等；二是要发挥教师的指导作用，能够帮助学生在短时间内适应实习环境；三是要明确学生实习实训的目的和任务，让学生有目的地学习，培养学生在实习实训过程中发现问题、思考问题、解决问题及应对突发事件的能力，从而使学生更好地适应未来岗位需求；四是要建立一套考评体系，以此来调动教师和学生的积极性、主动性、强化劳动教育的地位。对于学生而言，学校应将在学生管理中设置劳动学分，增加实践学分的比重，将劳动态度和行为纳入综合素质的考评，以此激励学生参与劳动的积极性，让学生感受劳动带来的收获，促进学生形成更尊重劳动、热爱劳动的真挚情感。

三、实现劳动教育与思想政治教育相结合

思想政治教育工作是高校育人的重要环节，在补齐劳动教育这一"短板"的大背

景下，面对学生群体更加个性化的特征，应该将劳动教育贯穿思想政治教育的全过程和全领域。首先，在思想政治理论课程中要渗透马克思主义劳动观，围绕"劳动是人类创造物质财富和精神财富的活动"进行案例化教学，使学生树立积极的劳动观念。例如，在"马克思主义基本原理概论"课程中，以马克思主义劳动价值论为主线，开展对资本主义的批判和对未来共产主义的展望；在"毛泽东思想和中国特色社会主义理论体系概论"课程中加入习近平总书记关于劳动的阐述；在"形势与政策"课程中加入对当前劳动力市场的分析以及坚持教育教学与生产劳动、社会实践相结合。其次，鼓励教师运用互联网技术，为学生搭建不断深入理解和践行新时代劳动观的教学、研究、实践三位一体的平台，实现从理论认知和课堂教学向学生的自觉认知与课下吸收的有效转化。同时，利用新媒体、新技术搭建劳动教育与思想政治教育相结合的教学网页，构建网上网下、线上线下的混合式教学模式，推出劳动教育与思想政治教育相结合的微信公众号，向学生推荐弘扬劳动精神的相关文章，宣传劳动教育相关理论课程或者讲座信息，全方位实现师生在线讨论交流，使学生能够自主自觉地在课下传播劳动精神、传播正能量。最后，要使大学生正确理解劳动的作用、劳动的价值，就要回到马克思主义的经典理论，探寻劳动教育的理论渊源，理清党在各个时期关于劳动的观点。在教学过程中注重将经典解读和原理讲解结合起来，让学生领略马克思主义经典文本的理论深度和思想魅力，在理论的脉络中不断深化对劳动教育的理解，培养学生树立正确的系统劳动观念。

四、实现劳动教育与校园文化建设相结合

校园文化渗透在每一个教师和学生的观念、言行和举止中，将劳动教育与校园文化建设相结合，使劳动精神融入师生的日常活动，是新时代高校加强劳动教育的重要途径。一方面，高校要充分利用校园文化活动这一有力抓手，开展劳动教育。围绕劳动教育的主题，打造一系列学生喜闻乐见的校园活动，让参与其中的大学生感受劳动的魅力；将劳动教育的内容融入新生入学教育，引导大学生领会劳动的内涵；在毕业生离校时，鼓励毕业生在自身工作岗位上发光发热；开展创业知识培训和创新设计大赛活动，建设大学生创新创业园区，培养大学生创新创业精神；组织引领大学生参加社会实践活动，深入一线劳动，在服务他人的同时，感受劳动所带来的快乐。另一方面，在充分利用传统媒体的同时也要充分利用新媒体开展劳动教育，进行全媒体传播，有利于加大劳动教育的宣传力度，实现更好的传播效果，形成浓厚的劳动教育氛围。例如，在微信公众号开设"大国工匠""身边劳模"栏目分享他们的故事，增加劳动教育的吸引力和感染力，进而培养大学生的时代责任感。在校园官博设立劳动教育话题，鼓励师生参与话题讨论，分享自身感悟，增强劳动教育的互动性，进而提升劳动教育的实效性。

课堂案例

"七一勋章"获得者、大国工匠艾爱国：当工人就要当一个好工人

一位71岁的老人，终日奋战在高温火花中，只为给我国焊接事业贡献力量。

说到他的坚持不懈，他的亲人会心疼无奈；谈起他的无私培养，他的徒弟们会红了眼眶；了解他的淡泊名利，人们都不由被他的平凡而伟大深深折服。

"焊花"激扬，
初心不改

1985年，艾爱国入党。秉持"做事情要做到极致、做工人要做到最好"的信念，他在焊工岗位奉献50多年，多次参与我国重大项目焊接技术攻关，攻克数百个焊接技术难关。作为我国焊接领域"领军人"，他倾心传艺，在全国培养焊接技术人才600多名。

"钢铁裁缝"几十年练就"钢铁"本领

1969年，19岁的艾爱国扛着行李从湖南的罗霄山脉来到湘江边的湘潭钢铁厂，由知青变为焊工。

1983年，原冶金工业部组织全国多家钢铁企业联合研制新型贯流式高炉风口。如何将风口的锻造紫铜与铸造紫铜牢固地焊接在一起，成为项目的最大难关。还是普通焊工的艾爱国，主动请求一试，他提出采用尚未普及的氩弧焊工艺，当时国内还没有先例。

艾爱国用湿棉被挡住身体，用石棉绳缰包住焊枪，在高于700 ℃的高温材料旁持续奋战。寒冬腊月，外面鹅毛大雪，而他一身工作服却拧出了汗水。

整整5个月的奋斗后，经X射线检查，他焊的21个风口全部符合国家技术标准。因在这次攻关中表现突出，艾爱国荣获国家科技进步二等奖。

艾爱国在技术突破上从不满足。全国职工自学成才奖、中华技能大奖、全国五一劳动奖章……半个多世纪以来，他凭借高超技能为我国冶金、矿山、机械、电力等行业攻克技术难关400多个，获得数不清的奖项。

作为钢铁厂的焊工，艾爱国自称为"钢铁裁缝"。几十年如一日的理论钻研与实践操作，练就了"钢铁"般的硬本领。

"如师如父"精心培养焊接人才

50多年来，艾爱国手把手培养的600多个徒弟都已在祖国各地发光发热。他们当中，不少人获得了全国五一劳动奖章、湖南省劳动模范等荣誉。

"师傅给我印象最深刻的就是'汗臭味'。"欧勇告诉记者。天热的时候，他安全帽上放草帽，肩膀上搭一条毛巾，就外出干活了。焊工出汗多，有时候加完班回来，浑身一股汗臭味。人家说"哎，劳模，赶紧去洗澡啦，下班休息了"，他说"等会儿"，就喊上徒弟来练习，抓住他们的手，一个一个地教。

近年来，艾爱国着力无偿培养下岗工人和农村青年，先后向200多人传授焊接技术。他常说："做好传帮带，实现高技能人才的传承，是我的责任。"

"如师如父"是徒弟们对他的定位

来做学徒的农村青年没有地方住，他就自己想办法腾出办公室让他们住下。每次徒弟们去家里，他都坚决要求不要带任何礼物，却默默为他们准备一桌子的零食。

他连续多年坚持免费给个体户、民办企业的焊工培训上课，每次都是"满座"。他开启"在线答疑"模式，所有工人都有他的微信，有事找他，他总是有问必答。

"当工人就要当一个好工人"

艾爱国在湘钢工作一辈子，最高职务就是焊接班的班长。他的老同事、退休职工李宁记得，20世纪80年代，领导想从职务的角度提拔他，但艾爱国婉言谢绝领导好意，"我还是安心从事自己的岗位"。

艾爱国的女儿在广东生活，前几年想接退休的老父亲过去享清福，却因此和艾爱国争吵起来。"你如果想让我多活几年，就让我继续工作，工作对我来说才是休息。"艾爱国说。

如今他已71岁，却仍然战斗在湘钢生产科研第一线。早上7点半前上班，下午6点半后下班，艾爱国的作息如时钟一般规律。他一个人生活，早饭和中饭在厂里吃，晚饭就自己做清粥、面条。

"一定要保持工人本色，当工人就要当一个好工人。"艾爱国说。

干到老、学到老，艾爱国坚信，实践中遇到的问题，都可以在理论中找答案。在高难度的焊接任务中，有很多罕见的金属材料。通过反复研究、累积实验，艾爱国对材料的优缺点都了然于胸。组建焊接研究室后，他的工艺研究对焊接技术起到了大作用。令全厂职工称奇的是，为了更好地从事科研，艾爱国58岁时自学了五笔打字和工程制图软件。

50多年来，艾爱国以"拼命三郎"的劲头引领着我国焊接事业不断发展。"我对自己的技术要求是达到极致。只有做到极致，才能发挥党员的先锋模范作用。"他说。

——摘自：学习强国

第四节　劳动安全和劳动权益

一、劳动教育安全保障

劳动教育安全保障体系是指充分调动各种要素，对劳动教育活动中可能出现的安全问题提前防范，对安全事故进行一定的预防、监管和处理的功能系统。科学规范的劳动教育安全保障机制是劳动教育安全保障体系的重要基础。

（一）建立劳动教育安全管控机制

建立"政府负责、社会协同、有关部门共同参与"的劳动教育安全管控机制是保证劳动教育活动安全有序的重要手段。

（1）政府机构应加快建立健全劳动教育安全保障制度。政府方面需要制定劳动教育突发事件预案制度，理清劳动教育中有关安全责任落实、安全事故处理、安全责任界定及安全纠纷处理的主体与机制，保证劳动教育安全管理"有法可依，有据可行"。

（2）学校应加强安全教育，提高师生安全意识。劳动教育的主要对象是大中小学生群体，这一群体的安全意识与安全素质较为欠缺，学校的安全教育是增强学生安全意识、提高安全能力的主要途径。各级各类学校要加强对师生的劳动安全教育，强化劳动风险意识，要科学评估劳动实践活动的安全风险，认真排查、清除学生劳动实践中的各种隐患，在场所设施选择、材料选用、工具设备和防护用品使用、活动流程等方面制定安全、科学的操作规范，强化劳动过程每个岗位的管理，明确各方责任，防患于未然。

（3）相关部门应全面强化劳动教育安全的协同合作。劳动教育不是一种单纯的学生活动，更是一种教学教育方式。其发展主要由教育部门牵头，过程涉及交通、公安、财政、文化、食品药品监管及保监会等不同部门，各相关部门都肩负着保障学生安全的重大责任。各部门加强协调与合作，共同构建一个科学、有序、安全的环境是保障劳动教育健康发展的重要支撑力量。

（二）建立劳动教育风险分散机制

建立"政府、学校、家庭、社会共同参与"的劳动教育风险分散机制是保障劳动教育开展的长效之策。

（1）政府应建立并完善学生劳动教育意外伤害保险制度。教育部颁布的《学生伤害事故处理办法》中规定："学校有条件的，应当依据保险法的有关规定，参加学校责任保险。教育行政部门可以根据实际情况，鼓励中小学参加学校责任保险。"中共中央、国务院下发的《关于加强青少年体育增强青少年体质的意见》中规定："建立和完善青少年意外伤害保险制度，推行由政府购买意外伤害校方责任险的办法，具体实施细则由财政部、中国保险监督管理委员会（简称保监会）、教育部研究制定。"根据中共中央和国务院的意见，由教育部、财政部、保监会下发了《关于推行校方责任保险完善校园伤害事故风险管理机制的通知》，该通知从投保范围、责任范围、理赔范围、经费保障和责任限额等方面提出了指导性意见，并对各省级教育行政、财政部门和保险监管机构、保险公司、学校以及其他有关部门就建立校方责任保险制度提出了具体的工作要求。当前，我国主要采用的是校方责任险与家庭自愿投保的学生意外伤害险相结合的商业保险的赔偿机制，转移学校的赔偿风险和补偿学生的伤害损失，是一种以事后赔偿为主的风险分散机制。鼓励学校和家庭为参加劳动教育的学生购买劳动教育相关保险，进一步完善学生劳动教育意外伤害保险制度，保障劳动教育正常开展。

（2）学校应建立健全安全教育与管理并重的劳动安全保障体系。一是各级各类学校要加强对师生的劳动安全教育，强化劳动风险意识。二是学校要科学评估劳动实践活动的安全风险，认真排查、清除学生劳动实践中的各种隐患特别是辐射、疾病传染等，在场所设施选择、材料选用、工具设备和防护用品使用、活动流程等方面制定安全、科学的操作规范，强化对劳动过程每个岗位的管理，明确各方责任，防患于未然。三是有条件的学校要购买校方责任险。

（3）鼓励家庭自愿投保学生意外伤害险。家庭是劳动安全教育的第一课堂，家长或监护人要通过日常生活的言传身教、潜移默化，让孩子养成从小爱劳动的好习惯，掌握必要的生活技能、安全技能和应急技能，减少甚至消除各类劳动教育意外伤害风险，同时鼓励具备相应条件的家庭自愿投保学生意外伤害险。

（4）社会应充分履行劳动教育风险分散管理中的社会责任，充分利用社会各方面资源，为劳动教育提供必要的安全保障。企业公司、工厂农场等组织要充分履行社会责任，开放实践场所，支持学校组织学生参加力所能及的生产劳动、参与新型服务性劳动，积极开展学生劳动安全教育科普宣传，切实保障开展劳动教育活动和场所安全。

（三）完善劳动教育应急与事故处理机制

制定劳动教育活动应急预案，建立并完善劳动教育应急与事故处理机制是应对劳动教育突发事件的关键能力。

（1）拟订翔实的活动方案。劳动教育活动要严格按照课程设计原则，根据学校情况、学生情况和课程延伸需要，提出合理计划，设计科学路线。

（2）规范制定应急预案。劳动教育活动前，学校要安排专人到目的地进行现场调查，判定是否符合开展活动条件，逐步完善相关应急预案。

（3）强化安全应急演练。劳动教育活动开展前，学校要针对活动内容组织师生进行安全专题教育及演练培训，具体内容：一是防灾教育。教育学生注意躲避雷雨、冰雹，防范雷电伤害和动物伤害。二是防过敏性教育。提醒体质过敏的学生不要近距离接触花草，不要在草地上睡觉，面部不要直接与花朵接触，以免引起过敏症状。三是饮食卫生教育。提醒学生不要摘食野果，不购食不卫生食品，不吃不清洁的食物，不喝泉水、塘水和河水等，以免发生食物中毒或肠道疾病。四是交通安全演练。引导学生学会登车、下车、系解安全带，提醒学生不在车上打闹，不把身体任何部位伸到车窗外，掌握交通事故自救、逃生技能。

（4）规范处置突发情况。外出实践活动难免会发生各类突发情况，这就要求学校及时启动应急预案，科学应对。要及时处理小伤（病）和正确处理火情。火情一旦发生，首先要逆风疏散学生，及时拨打火警电话。

（5）活动现场应急保障。学校要充分了解目的地医院分布情况，校医应备足野外救护药品、器械，班主任可随身携带风油精、止泻药、抗过敏药等常见应急物品。

掌握心肺复苏，为生命
争取每一分钟

高层建筑火灾逃生
自救指南

外伤出血的应急
处理方法

被毒虫叮咬后的紧急
处理措施

二、社会实践劳动安全风险

劳动教育活动作为一种职业劳动过程，存在一定程度的劳动安全风险，主要表现为组织管理、各类人员、交通和环境四个方面。

（一）组织管理风险

（1）规章制度。一是没有制定劳动教育活动方案、实施手册或规范，或照搬照抄、流于形式；二是规章制度缺失，没有针对劳动教育活动制定详细、完善的管理规章制度，规章制度缺乏可执行性或执行不到位；三是协调机制不完善、责任机制不健全，在开展活动及遇到突发情况时无章可循、无规可守，或有章难循、有规难守。

（2）应急预案。一是劳动教育活动突发事件应急预案缺失或缺乏针对性与可操作性，安全保障机制不完善；二是应急预案没有定期更新，没有针对应急预案开展专项安全教育和应急演练。

（3）应急救援能力。一是由于缺乏事前的准备与培训，事故救援能力不足，缺乏必备的事故救援物资，未配备经过专业救援训练的安全员；二是在遭遇突发事件时，事故救援不及时，救援资源（人员、物资等）不到位。

（二）人员素质风险

（1）学生群体与个体。学生素质的主观因素包括意识、素养、行为等；客观因素包括疾病、体质等。广大学生，特别是中小学生精力旺盛、好奇心强，但心理、行为不成熟，群体活动可控性弱，做事缺乏理性思考与判断，规则意识不强等，容易发生脱离集体擅自行动、学生间因琐事产生纠纷、活动过程中违规操作等不安全行为；由于大学生身体机能尚未发育成熟，免疫抵抗力较弱，或本身就存在过敏体质或既往病史等健康问题，在遇到一定诱因后，导致突发疾病、意外伤亡，为劳动教育的管理增加了不确定性因素。

（2）教管人员。一是教管人员在劳动教育活动期间存在身体及心理不适，不能正常履行安全管理职责；二是教管人员缺乏职业道德，思想认识不到位、安全意识不强，不认真执行规章制度，对学生疏于管理，没有尽到管理责任；三是应急能力差，对劳动教育活动内容和全过程不熟悉，未能提前了解活动内容是否存在不适合学生身心特点或威胁其健康与安全的情形。由于事前未做充足的风险评估和突发事件应急预案及演练，教管人员缺乏应对突发事件的能力，在面对突发事件时束手无策。

（3）社会人员。劳动教育基地一般是开放的社会场所，人员密集、人员结构复杂，中小学生群体因自身处于被保护阶段缺乏独立应对突发事件的能力，因此，容易产生一定的安全威胁。

（三）交通条件风险

（1）交通工具。劳动教育活动应优先选择航空或铁路交通方式，公路交通的安全系数相对较低。选择汽车作为公共交通工具时，师生乘坐的车辆本身存在安全隐患，出行前如未做全面的车辆故障排查，都会增加交通安全风险。

（2）交通路线。由于劳动教育活动的路线选择不当，遭遇道路维修、封路、路面崎岖不平、城乡接合部或乡村道路缺少交通信号灯等情况，或对路线不熟悉，也会增加交通安全风险。

（3）司机素质。一是司机在出发前就存在身体、心理不适等健康问题，影响正常驾驶；二是司机存在疲劳驾驶、酒后驾驶、超速、抢道等违法违规行为。

（四）环境条件风险

（1）生活环境。劳动教育基地住宿环境达不到卫生条件，如被褥、床单等清洗不干净，导致学生出现过敏反应等；活动期间用餐环境不卫生、食材不新鲜、饮用水水质不达标等，导致食物中毒、水土不服等；劳动教育目的地正流行某种传染性疾病，导致学生被感染。

（2）人文环境。劳动教育目的地举办大型公共活动导致人群密集；劳动教育目的地城市治安较差，偷盗抢劫案件多发或正发生群体性事件；方言造成的语言交流障碍，导致言语冲突；地方风俗习惯如民族民俗、宗教信仰等，导致文化冲突。

（3）自然环境。游览江河湖海等水域、沙漠、山地、高原等特殊环境时未穿戴必备的防护装备，对特殊环境缺乏了解；由于未提前了解天气情况，驻留营地期间偶遇雨雪、雷电、大风等恶劣天气，或在酷热、寒冷等极端天气及夜间出行等。

三、劳动合同和权益

（一）大学生错误地认为就业协议就是劳动合同

近几年，大学生的就业情况并不乐观，很多时候与用人单位之间因劳动合同引发诸多纠纷，而出现这些问题的主要原因是学生的社会经验不足且自身的法律意识相对淡薄。最常见的问题就是错误地认为就业协议就是劳动合同，单纯地以为签订就业协议就不必再签劳动合同，他们并不知道就业协议是指学生在校期间与相关用人单位签订的，它只能作为学生毕业被派遣的依据，并不能作为与用人单位正式的合作关系。劳动合同是指学生与用人单位之间明确劳动关系，它可以作为学生上岗或者从事何种工种的重要依据，简单来讲劳动合同是在就业协议之后签订的。此外，两者之间所包含的内容和意义也不同，就业协议主要是指学生将自身的实际情况如实的告知用人单位，自愿地加入该用人单位中或者是用人单位乐于接受该名学生，它往往不会涉及学生到达用人单位后是否享有权利义务；而劳动合同会涉及学生的薪资、工作内容及相关劳动保护和权益，但是事实上很多大学生并不能正确地区分两者之间的关系。

（二）大学生对自身在劳动合同中的合法权益了解不够

大学生在毕业的同时也就面临着巨大的就业压力。随着社会经济的迅猛发展，各行各业对人才的需求量也日益增加，面对如此激烈的就业竞争，很多学生在就业时总是急于与用人单位签订劳动合同，普遍的心理就是生怕到嘴的鸭子又飞了，其实这样急于与用人单位签订劳动合同往往存在很多问题。有很多学生认为只要签订了劳动合同自己的工作就有了保障，殊不知合同签订的背后可能隐藏着诸多隐患，而用人单位也正是利用学生初入社会且经验不足的心理，会在劳动合同中做一些学生很难发现的手脚。这在无形中就将最大的利益偏向用人单位而学生自身的合法权益往往受到侵害，从而影响学生后续的工作和未来发展。

（三）大学生对合同中存在的问题 敢怒不敢言

很多学生在与用人单位签订劳动合同的过程中，即使知道里面存在着不合理的条款，但是他们也只能敢怒不敢言。造成这个问题的主要原因是学生初入社会，对社会中形形色色的人还不能从容面对，尤其是在刚毕业正面临就业难题时更是会急于找到工作，这就为一些企业提供了获得廉价劳动力机会，他们往往利用学生这个心理随意地在劳动合同中添加一些"霸王条款"，很多学生在毕业急于寻找工作的时候，大多会签下这种不合法的劳动合同。例如，有一些用人单位在与毕业生签订劳动合同时会有不得恋爱，或者是试用期长达一年的情形，很多学生认为毕业后的第一份工作来之不易，不得不与用人单位签订下这种不合理的劳动合同，从而影响学生的后续工作和权益。

课堂案例

江苏昆山一公司以"试用期不合格"为由解除劳动合同被判败诉

2019年9月，罗先生与昆山某港电子公司签订了为期三年的劳动合同，岗位为工程类岗位，约定试用期为六个月。入职后，罗先生向公司提交了一分"业务目标/目标值/KPI权重/计划时间表"，显示"专案进度达成率为100%；生产良率为95%；持续改善件数每月一件；生产人力节降20%，预计完成时间为2019年12月31日，KPI权重各占25%"。2020年1月月底，公司提供的生产良率报表中，罗先生2019年10月至2020年1月期间虽有提升，但是未达到95%。2020年4月15日，昆山某港电子公司以罗先生"试用期不合格"为由单方解除了劳动合同。罗先生遂向昆山市劳动人事争议仲裁委员会申请仲裁，并获得了仲裁支持，要求昆山某港电子公司支付违法解除劳动合同赔偿金，撤销"昆山市企业职工解除（终止）劳动合同证明"上解除劳动合同原因"试用期不合格"。昆山某港电子公司不服仲裁，起诉到了昆山法院，要求撤销仲裁裁决内容。

法庭上，昆山某港电子公司表示，罗先生在公司担任制造工程师，其主要职责为改善生产良率，双方约定于试用期应达到的工作条件是依据本人确认并提交的工作目标计划表，其中明确约定罗先生应达到的生产良率提升目标值为95%，但在试用期间内罗先生负责专案的生产良率始终未能得到明显提升，罗先生在试用期间工作表现未达约定条件，且用人单位也经过辅导，但并未有明显的生产良率提高，所以，在试用期结束后给予"不合格"的决定。

罗先生对此并不认可，他表示，公司从未与他协商或约定任何试用期录用条件，本人也从未接到公司任何有关于"试用期录用条件"的通知或文件，并且自己工作后，团队的生产良率也在不断提升，并不存在所谓的"不合格"情况。

法院经审理后认为，双方约定的试用期期限已经是劳动合同法规定的最长期限六个月，但未约定明确的试用期标准，罗先生确向公司提交了工作计划，但工作计划并不等同于试用期标准，双方亦无约定工作计划将作为试用期的标准或者未达到工作计划中的项目视为"试用期不合格"。根据公司提供的各项数据及生产良率报表，按照罗先生的工作技术，生产良率KPI的权重仅占25%，也未明确未达95%的后果。

> 因此，法院认定，罗先生"试用期不合格"无充分证据予以佐证，公司在罗先生退工备案登记表中的解除原因"试用期不合格"应当予以撤销。昆山某港电子公司系违法解除，应当支付违法解除劳动合同经济赔偿金，经核算为1.65万余元。
>
> **法官提醒**
>
> 本案例中，用人单位看似在执行其自主用工的权利，殊不知在没有明确约定的情形下，侵犯了劳动者的合法权益。根据相关法律规定，用人单位证明劳动者"在试用期间被证明不符合录用条件的"，可以解除劳动合同。对于试用期内的考核，双方应该有明确约定供双方参照，作为试用期合格与否的标准。如果没有约定，用人单位也应当依据《中华人民共和国劳动法》相关"可以解除劳动合同"条款以书面形式通知劳动者解除劳动合同。
>
> ——摘自：学习强国

（四）学生就业期间的劳动合同存在问题的解决措施

1. 学校应加强对大学生就业前的指导工作

首先，可以在校园中开展就业座谈会、专题讲座及就业宣传栏等活动。其中就业座谈会应包括的内容：第一，必须要做好毕业生的安全教育指导工作。对于当下学生就业过程中容易遇到或者出现的问题必须要加强对他们的法制教育，使其充分认识就业协议和劳动合同的概念与含义是不同的。第二，应教育学生做一个诚信的人。在与就业单位签订劳动合同之前，必须认真仔细阅读合同条款后再签订，也要引导学生利用法律武器来维护自身的合法权益，这对学生的未来工作都是十分重要的。

其次，学校还应积极引导学生树立正确的择业观念。让学生树立先择业再就业的观念，同时，也要让学生明确自身的职业生涯规划和未来就业方向，让学生有一个明确的目标，才能防止后续频繁毁约的情况。

最后，要帮助学生树立与自身实际情况相符的就业期望。这样不仅可以使学生摆脱眼高手低、心高气傲的病态心理，同时，也可以帮助他们对自己有一个明确定位，这对他们后续就业和未来发展都是十分有利的。

2. 大学生应通过法律途径来保障自身的合法权益

很多大学生在毕业寻找工作时仍然对自身在劳动合同中的合法权益了解不够，单纯地认为毕业后的第一份工作应当马上与用人单位签订劳动合同，并没有过多的关心自身的合法权益，这样容易出现合同纠纷，使自身的合法权益受到侵害。大学生在面对这种情况时，应通过法律途径来保障自身的合法权益。首先，在学生就业前应积极学习相关法律知识，如《中华人民共和国劳动法》（以下简称《劳动法》）或者是《中华人民共和国民法典》（以下简称《民法典》），通过学习这些法律知识不仅可以使学生明确自身与用人单位之间的关系和了解彼此的权利和义务，同时，也可以提高自身的自我保护意识。一旦掌握这些基本的法律常识，就不必将自身摆在较低的位置，也不用害怕用人单位不予聘用。其次，在与用人单位签订劳动合同时，属于自己的权益应当尽量争取，属于对方应当履行的义务也应要求对方履行，并将此项条款明确的在劳动合同中体现出来。倘若学生在与用人单位签订劳动合同时依然存在劳动争议，可以向相关劳动部门要求仲裁，从而确保学生的合法权益不受侵害。

3. 大学生应与就业单位签订合法的劳动合同

大学生在就业过程中要想保护自身的合法权益，必须要与用人单位签订合法的劳动合同。首先，不同的单位劳动合同也会有所差异，这也很难统一社会上众多单位的劳动合同。《劳动法》中已经明确规定劳动合同中必须具备以下条款：第一，内容上必须体现劳动合同的期限、具体的工作内容、劳动者应得的报酬、违反劳动合同应当承担的责任等诸多条款，这些条款的体现也是确保劳动合同正规的关键。第二，用人单位还可以在试用期间进行岗前培训，对于商业机密等内容也要进行约定，只有这样才能确保双方的合法利益不受损害。

学生在与用人单位签订劳动合同时必须要仔细阅读里面的每一项条款，不仅要格外注意劳动合同中的所有条款还应注意自身与用人单位之间已经约定好的条款是否有体现，尽量将关乎自身利益的约定全部落实在合同中，同时为了防止后续出现不必要的劳动纠纷，必须将已经签订好的劳动合同妥善保管，以免后续纠纷可作为证据参考。在遇到责任划分不明确的条款或者不利于自身利益时还需谨慎签约，如果可以的话可以向相关专业人士进行咨询，进一步确保自身所签订的劳动合同合法。

课后实践

一、活动目标

通过探讨，让大学生明白只有树立科学的生活劳动态度，认识到生活劳动的重要性，才能够创造属于自己的辉煌人生。

二、活动时间

建议 10 分钟。

三、活动流程

1. 阅读以下材料，并思考：我们应该以什么样的态度对待生活中的劳动问题？

杜富国：从排雷英雄到生活强者

2018 年 10 月 11 日，27 岁的杜富国在执行扫雷任务时，加重手榴弹突然爆炸，他身受重伤，失去了双眼与双手，大大小小的手术做了无数个，先后使用了十几件假肢等辅助工具。头顶光环，身负伤痛，杜富国在一点点摸索未来的人生路。从练习独自穿衣吃饭，再到写字，他经常说："扫雷的长征路刚刚结束，要开始新的长征路,这条路上,自己是自己最大的敌人"。早上6点半,附近军校起床号准时响起,杜富国从黑暗中醒来,然后在黑暗中摸索,衣服在睡前就摆放在固定位置,他先用鼻子蹭衣服,分辨正反面,然而用牙齿咬起衣一端,头钻进去,左右摇两下就穿好了上衣。失去双手,他只能练习新的洗漱方式,洗脸、擦脸、刮胡子,如今他都能用残臂完成。

  一年后,杜富国已经能一个人完成日常洗漱穿衣。他依旧按照军人标准整理内务,虽然比以前的速度慢了很多,但他坚持用军人标准要求自己。

2. 将学生分成4～6人的活动小组,通过小组内部讨论形成小组观点。

3. 每个小组选出1名代表陈述本组观点。

4. 教师对各组观点进行归纳分析,引导学生深刻认识提升自己的生活劳动技能在经济社会发展中的重要作用。

第四章
劳动精神与工匠精神

学习目标

1. 熟悉劳动精神与工匠精神内涵。
2. 概述大学生劳动精神的主要特征。
3. 了解劳动精神的当代价值。
4. 熟悉大学生劳动精神的培育路径。
5. 总结新时代工匠精神的主要表现。
6. 了解工匠精神的时代内涵。
7. 掌握大学生工匠精神培育路径。

案例导入

李军：让"工匠精神"照亮成长之路

在外行眼里，整日穿梭于发电机之间和一堆冰冷的机器打交道，是不折不扣的粗活、累活。但在国网安康水电厂职工李军眼里，这是一项可以做得"很精细，很有成就感"的技术活，他从最初的钳工到现在的水轮机副班长，一干就是30多年。

国网安康水电厂高级技师李军

"任何一个零件、一个环节，都追求精益求精，同时也要有责任心，给社会提供优质电能，就是工匠精神的最好体现。"对于荣获陕西省"三秦工匠"荣誉称号的李军来说，"工匠精神"是贯穿其职业生涯的关键词。

1989年，李军从技校毕业分配到国网安康水电厂修配分场。当时他的愿望是：练好基本功，当好"手艺人"！作为一名钳工，他深刻体会到虽然在机组运维中这是一个小角色，但每一次制作出来优质工件，都能提高机组的运行效率，小角色也能发挥大作用。

当一名好的钳工，不单是靠蛮力、体力，下手时的轻重缓急，角度力度都要拿捏到位，没点儿灵气还真干不好这活儿。"悟性很高"，是老师傅对李军的评价。而这个悟性，也并非靠天赋异禀和偶尔的灵机一动，更多的是善于思考、善于总结。为提高自身技术水平，李军总是追着老师傅不放，缠着老师傅办学习班开小灶，把业余时间几乎都用在了研究机械零件和理论知识的学习上，遇到难题，无论寒冬酷暑，他就扎在厂房车间里反复练习、揣摩，精心加工每个零部件，让机组运转顺畅，让检修人员用着趁手。

入职7年后，因工作关系李军转岗到机械分场调速班工作，这次岗位更换对于他来说是一次认知的改变。

原来电也是有质量的，大电网的频率波动不能大于正负0.2赫兹每秒，而这个质量还与自己所从事的工作有关，如何让调速器根据指令控制水轮机转速，这是一个理论与实践更强的领域，也给他带来不小的挑战。为了尽快掌握调速器检修技术技能知识，他用了最原始也是最有效的方法——每天晚上多学习一个小时。就这样日复一日，他完成了专业知识的学习。

理论知识再强大也只有经过实践检验才有实用价值。他抓住一切可以"练手"的机会，从毛坝关、蔺河口电站小机组调速器检修干起，逐渐成长为独当一面的工作负责人。当面对安康电站20万机组调速器更换时，他游刃有余、全力投入，和同事们完成了四台机组的更换任务。

在一次次检修工作中，他经常思考，水轮机导水机构零部件配合间隙的大小对调速器死区有多大影响？调速系统与水轮机的导水机构在检修与调试中应当怎样协调……这些问题一直困扰着他，也成了工作中的瓶颈。带着这些问题，已经是高级技师的李军，主动要求到水轮机班工作，他从最基础的工作做起，两年时间参与了6台次水轮机抢险检修，并熟悉了水轮机检修流程及各部件工艺要求。

水轮机部件不但大、重、脏，而且工作环境狭窄潮湿，许多工具采用通用部件，没有针对性，工作效率低，耗费大量人力、物力。如何在检修中缩短工期？如何增加部件强度？用什么元件做动力？这些问题常常让他夜不能寐。经过不断设计、绘制、加工、组装、改进和试验，由他带领的李军创新工作室设计研发的国家实用新型专利工具，极大地降低了劳动强度和人力投入，同时也提高了工作效率，检修安全更有保障。他主导参与创新项目37项，获得国家实用新型专利9项、发明专利2项，14次取得省公司及以上奖励，切实解决了现场安全隐患，提升了检修质量，大大提高了工作效率。

多年来，李军始终坚持高度的责任感和使命感，通过"浸入式"师带徒培训体系为徒弟们在工作学习中传承引路，毫无保留地传授自己的宝贵经验和技术诀窍，他的徒弟说："李军师傅是指路明灯，是他一步步带着我们走向创新之路，让我们快速成长。"

——摘自：学习强国

想一想

通过以上案例，探讨劳动精神和工匠精神的内涵，思考在校期间应如何培养劳动精神和工匠精神。

第一节　劳动精神

一、劳动精神内涵

劳动精神主要是指人们对于劳动的热爱态度及劳动者在劳动过程中体现出来的精神状态、精神面貌、精神品质。它是人们关于劳动的思想意识和心理状态的总括，是每位劳动者为创造美好生活而秉持的劳动态度、劳动理念及其展现出的劳动精神风貌。

对于劳动精神的科学内涵，可以从劳动和劳动者两个方面来理解。从劳动角度看，劳动精神是源头精神、诚实精神、创造精神、勤快精神和崇高精神；从劳动者角度看，劳动精神体现了尊重劳动、发展劳动、热爱劳动等方面的精神风貌。

劳动精神是人类为了自身的发展和社会的进步而奋斗拼搏的精神。

（一）劳动精神的重要意义

劳动光荣、知识崇高、人才宝贵、创造伟大的时代新风构成新时代劳动精神的深刻内涵，它不仅折射出一个时代的人文精神，同时也反映出一个民族在一个时代的人生价值和道德取向。新时代劳动精神需在科学内涵的基础上，从尊重劳动、崇尚劳动、热爱劳动、辛勤劳动、诚实劳动和创造性劳动方面深刻理解劳动精神的重要意义。

1. 尊重劳动

尊重劳动是劳动精神所蕴含的核心内容。尊重劳动，不仅是对于劳动本身的认知，更是对劳动成果的认知。虽然在具体形式上，劳动分为脑力劳动和体力劳动、简单劳动和复杂劳动，但是在本质上，劳动创造了人本身，创造了物质和精神世界，凡是为社会进步提供贡献的劳动，凡是为了社会进步提供贡献的劳动者，都是值得尊重的，党的十六大报告中强调四个尊重："尊重劳动、尊重知识、尊重人才、尊重创造"更是体现着现代社会尊重劳动的必然要求和重要意义。

2. 崇尚劳动

崇尚劳动，是劳动者应具备的尊崇和提倡劳动的态度，劳动是光荣和神圣的。首先，劳动是宪法所赋予的、不可剥夺的权利和义务。我国宪法明确规定："公民有劳动的权利和义务。"公民通过劳动的权利义务，为社会发展进步提供产品和服务，同时提升、发展自我；其次，劳动的成果是神圣的，劳动者通过劳动创造出满足人类社会进步发展的各种产品。人们通过劳动，体会着成功和梦想的能量，获得着满足感、成就感和尊严感。劳动成为人类最美好、最崇高的存在。人们常说劳动创造美，那是因为劳动本身就是美的，没有劳动，衣、食、住、行都将成为泡影，只有尊重劳动并崇尚劳动，才能通过劳动创造实实在在的价值。

3．热爱劳动

热爱劳动，不仅是对劳动成果的美好向往，更体现在遇到阻力、挫折时的坚持与热爱。劳动精神，是甘愿为社会的进步发展奉献一切、兢兢业业劳动的崇高精神。"知之者不如好之者，好之者不如乐之者。"对待劳动，更应该保有积极的态度和足够的热情，通过劳动，劳动者不仅可以体会劳动成果的珍贵更能感受到身心的愉悦和幸福。中华民族是艰苦奋斗，热爱劳动的民族，中华民族的灿烂文化是广大劳动者通过辛勤劳动获得的，中国梦的实现和美好未来的开拓更应该是中华儿女用足够的劳动热情迎接的。热爱劳动，勇敢面对劳动过程中的艰难险阻，为民族振兴、国家富强和人民幸福而奋斗。

4．辛勤劳动

辛勤劳动是劳动精神实践层面的重要组成部分。《左传》中写道："民生在勤，勤则不匮"意思就是，百姓生活的根基在于辛勤劳作，只要辛勤劳作就不会缺少物资。《古文观止》中的《敬姜论劳逸》中也记录有"民劳则思，思则善心生"，由此可见，勤劳是中华民族的优良传统，通过辛勤的劳动，中华民族屹立于世界民族之林。现如今，我们也依靠勤劳，开创了中国快速发展的新篇章。"一勤天下无难事"弘扬劳动精神，我们不仅要从认知层面肯定辛勤劳动，更要在实际生活工作中，践行辛勤劳动，反对一夜暴富和不劳而获等错误思想，用踏实肯干和聪明才智更好地践行辛勤劳动。

5．诚实劳动

诚实劳动，是劳动精神所蕴含的重要部分，是劳动价值的基本追求。诚实劳动不仅是每一位劳动人民应该遵循的准则，更是传承并发扬光大的中华美德。以诚为先、以诚为重、以诚为美，这才是劳动的应有之义。诚实劳动的重要性，它不仅关乎劳动价值、关乎道德底线，更涉及人民的生命和生活。不讲诚信的劳动，不仅是与优秀的传统文化相违背，与社会主义核心价值观相背离，更是危害社会的行为甚至是违法犯罪的行为。

6．创造性劳动

创造性劳动是争创一流、勇于创新的代名词，新时代科学技术的快速发展，弘扬劳动精神更加重视创造性劳动，成为其重要内容。创造性劳动不仅需要继承优秀劳动成果，更需要在当今时代创造出更优秀的劳动果实，在脚踏实地的劳动中勇于创新，立足脚下，仰望世界。创造性劳动不仅可以创造出物质财富，还可以通过创新创造出幸福生活，这就需要劳动者不仅要用汗水来辛勤劳动，更要不断提高劳动者素质，用其智慧创造性地劳动。习近平同志在庆祝"五一"国际劳动节大会上的讲话指出让创造伟大成为铿锵的时代强音，"劳动创造了中华民族，造就了中华民族的辉煌历史，也必将创造出中华民族的光明未来"。

（二）劳动精神新的时代内涵

对于劳动精神的理解着重把握以下几点：第一，劳动精神是劳动的本质属性，是对普通劳动者工作状态的基本要求，是人们在劳动过程中所表现出来的一种积极状态。第二，劳动精神是中国精神的一部分，是新时代大学生应该具备的精神品质。第三，弘扬劳动精神，就是要弘扬劳动光荣、劳动伟大的劳动理念；爱岗敬业、争创一流的劳动态度；淡泊名利、甘于奉献的劳动品德；艰苦奋斗、勇于创新的劳动习惯；珍惜劳动、尊重劳动的劳动情怀。第四，要把劳动精神与劳模精神和工匠精神相区分，劳模精神是工人阶级伟大品格的具体体现；工匠精神是一种钻研技能、精益求精、敬业担当的职业精神。它们的共同点都是广大劳动群众在从事社会生产的劳动实践中锤炼出来的，是工人阶级和广大劳动群众宝贵的精神财富。

劳动精神的培育是学生成长成才的必要途径，具有树德、增智、强体、育美的综合育人价值。对学生进行劳动精神的培育是为了不仅让他们知道学习书本上的文化知识，还要有计划和有目地组织他们参加日常生活劳动、生产劳动和服务性劳动。通过出力流汗，接受各方面的锻炼、磨炼自身的意志力，培养大学生正确的劳动价值观和良好劳动品质，最终形成一种可贵的劳动精神，这种精神可以引领新时代的大学生更好地为建设社会主义做出应有的贡献，并最终能助推中华民族伟大复兴"中国梦"的实现。由此可见，劳动精神非但没有过时，相反，在新时代背景下，劳动精神被赋予了新的时代内涵。社会主义是干出来的，新时代也是干出来的，因此，要大力弘扬劳动精神，做新时代的奋斗者。大学生作为新时代的弄潮儿，更应该传承好劳动精神，努力学习，主动把握劳动精神新的时代内涵，做到爱国奉献、尊重劳动、热爱劳动，以劳树德、以劳增智、以劳强体、以劳育美，使自身更好地成长为德智体美劳全面发展的社会主义建设者和接班人，为中华民族伟大复兴"中国梦"的实现贡献出自己的一份力量。

大学生劳动精神的培育是习近平总书记关于德、智、体、美、劳全面发展理论的重要内容，是高等教育人才培养体系的重要组成部分，是顺应新时代劳动发展的趋势对大学生进行系统的劳动认知和实践教育的重要过程。著名教育家陶行知曾说过："劳动教育的目的，在谋手脑相长，以增进自立之能力，获得事物之真知及了解劳动者之甘苦。"只有通过劳动精神的培育，大学生才能真正明白"劳动是财富的源泉，也是幸福的源泉"这个道理，深深体会劳动的幸福。大学生劳动精神的培育，应结合时代背景、结合大学生所求所需，积极引导大学生正确认识和改造世界。

二、大学生劳动精神的主要特征

（一）提升大学生劳动精神的自主内化能力

提升劳动精神的自主内化能力，需提高大学生劳动精神认知自觉性。"中国梦"要依靠青年的不断奋斗实现，新时代大学生要自尊自强，抓住新时代机遇，自觉内化、转化劳动精神相关理论思想，通过踏实的学习实践，扎实实用本领，学会自我教育、自我成长。第一，大学生应进行劳动相关经典著作解读，从而培养劳动精神的理论思维。"原汁原味"读经典著作，使其从理论知识上了解"劳动""劳动精神"，在知其然的基础上，又知其所以然。注重马克思主义经典著作的理论高度和思维深度，同时，强化习近平同志新时代中国特色社会主义劳动思想的学习，深入了解新时代劳动精神的时代特征，体会新时代劳动精神的继承与发展，从而不断深化对劳动精神的认识。

第二，大学生应高度重视中国优秀传统的劳动精神思想教育，挖掘中华优秀文化中的劳动精神。中华民族自古以来就拥有崇尚劳动的悠久文化，如"愚公移山""精卫填海""书山有路勤为径，学海无涯苦作舟"，不仅是中华民族上下五千年历史发展的基本保障，同时，也是新时代屹立于世界民族之林的强大精神动力，优秀传统文化的传承，可帮助大学生纵向理解劳动精神内涵。

（二）提升参与劳动实践积极性

提升劳动精神的自主内化能力，需提升大学生参与劳动实践的积极性。学生的劳动实践，不仅可以从基本的家务劳动和学校劳动中实现，还应自主的有计划、有方法、有效率的结合所学知识，锻炼核心竞争力，积极投身新时代创新创业劳动，切实感受劳动带来的满足感和获得感，同时体会劳动人民的辛苦和不易，激发劳动热情和劳动创造力。纵观当代大学生集父母亲人的宠爱，处在条件优越的生活、学习环境，加之改革开放后快速发展，许多学生失去了劳动的机会，故作为新时代青年大学生，应积极主动参与劳动，踏实做好本职工作，勇担重任，注重劳动实践的锻炼。一方面，积极主动参加简单劳动，培养基本的生活自理能力，通过简单的体力劳动锻炼身体、磨炼意志，在日常生活中辛勤劳动；另一方面，积极主动参加复杂劳动，在所学专业领域参与实践劳动，不断夯实基础，练就过硬本领，从而诚实劳动、创造性劳动。通过简单劳动和复杂劳动的有机结合，主动接受挑战迎接机遇，增强大学生体质体魄，激发大学生创新灵感，感受劳动价值。

（三）坚定劳动理想信念导向性

提升劳动精神的自主内化能力，大学生需坚定劳动理想信念导向性。理想信念就是人的志向，清代郑板桥诗中"千磨万击还坚劲，任尔东西南北风"表达了竹子坚定的信念。新时代的大学生应该做有理想、有本领、有担当的时代新人，敢于认清身上的重担，并勇于承担新时代赋予的历史使命。坚定理想信念，坚守劳动精神，才能够指引大学生不断克服艰难险阻，勇攀高峰，体会劳动的光荣和伟大，争做民族伟大复兴的践行者。坚定的理想信念是中国共产党安身立命的根本，当代大学生应该在领悟劳动精神内涵的基础上，用实践劳动感悟劳动智慧，同时求真务实、奋发上进，做一名有理想信念的时代新人。用崇高的理想信念激发大学生的劳动主动性和创造性，鼓舞斗志、振奋精神，在认识和实践中体会劳动的伟大。一方面，树立个人理想，在奋斗中逐渐实现梦想、实现个人价值；另一方面，根植中国梦想，为中华民族的伟大复兴做出自己的贡献，实现社会价值。当代大学生应明确人生目标，坚定理想信念。通过坚实的思想基础、劳动实践的锻炼，用崇高的理想作为人生的支撑点，为人生旅途中的艰难曲折做好充足的准备。通过辛勤劳动、诚实劳动、创造性劳动，不断焕发劳动激情，秉持劳动初心。当代大学生劳动精神培育需要全员、全方位、全过程进行培育，针对劳动精神培育目标，充分发挥引导、规范、激励、教育及凝聚的作用。通过多载体、多形式的培养合力，促使大学生争做劳动精神弘扬者和引领者，培养以德、智、体、美、劳全面发展的社会主义建设者和接班人。

三、劳动精神的当代价值

劳动精神的培育对个人的发展很重要，对国家的发展也极其重要。新时代培育大学生的劳动精神能够促进大学生德、智、体、美、劳的全面发展，能够为大学生综合素质的提升提供必要的条件。对大学生而言，劳动精神是一种不容忽视的宝贵精神品质，是一种可贵的精神力量，是中国精神的精髓和要义。对高校来讲，劳动精神的培育能够为"立德树人"根本任务的实现提供重要的精神支撑。高校的根本任务在于"立德树人"，要始终不忘"立德树人"的初心和使命。劳动精神的培育有利于培养出具有更高道德素质的人才，从而促进高校育人目标的实现。对国家而言，劳动精神的培育能够培养出更多具备良好身体素质的人才，致力于祖国的社会主义现代化建设，有利于社会主义现代化强国目标的早日实现。总之，劳动精神的培育不论是对大学生自身，还是对高校和国家来讲，都具有不可忽视的重要作用。因此，在新时代的背景下，要大力加强大学生劳动精神的培育，发挥劳动精神强大的鼓舞作用。

（一）促进大学生全面发展的必然要求

2018年9月10日，习近平同志在全国教育大会上的讲话中指出，教育是国之大计，党之大计，培养什么样的人是教育的首要问题，要努力构建德、智、体、美、劳全面发展的教育体系。培养德、智、体、美、劳全面发展的社会主义事业的建设者和接班人是新时代教育的根本任务。对于大学生而言，人的全面发展的必然要求就是德、智、体、美、劳的和谐发展。劳动精神的培育是高校德育、智育、体育、美育、劳育的重要内容。我们强调"德、智、体、美、劳"的全面发展，恰恰反映出长期以来忽视"劳育"的问题，凸显了"劳"对于大学生全面发展的重要意义。新时代是一个全新的时代，人才培养目标也相应地发生了变化。新时代要加强对大学生劳动精神的培育，把他们锻造成德、智、体、美、劳全面发展的人才。劳动精神的培育使大学生能够不断提高自身的综合素质，使自身越来越接近全面型人才的目标。要以劳育促进德育、智育、体育、美育。首先，以劳树德。劳动精神的培育可以使学生锤炼优良品质，养成尊重劳动的可贵品德。其次，以劳增智。劳动精神的培育不仅能锻炼大学生的生活技能，培养学生的创新精神和动手能力。而且能促进大学生的智力开发。再次，以劳强体。劳动精神的培育能够使大学生具备顽强的意志力和坚忍不拔的毅力，使大学生拥有强健的体魄和健康的内心。最后，以劳育美。劳动精神的培育有利于促进大学生树立"劳动最光荣、劳动最崇高、劳动最伟大、劳动最美丽"的劳动观念，让大学生在劳动的过程中主动发现美、体验美、鉴赏美、创造美，从而有利于提高学生审美能力和审美情趣。就大学生的健康成长成才而言，德、智、体、美、劳五个方面缺一不可，哪一个方面缺少了，都不能称之为一个全面发展的人。因此，加强对大学生劳动精神的培育刻不容缓。

（二）落实高校"立德树人"根本任务的必然要求

"立德树人"是高校的立身之本。高等教育的主要功能包括人才培养、科学研究、社会服务、文化传承与创新、国际交流与合作，其中人才培养是核心。党的十八大以来，习近平同志多次发表关于落实"立德树人"问题的讲话。在全国教育大会上，他强调高校要在坚定理想信念、厚植爱国主义情怀、加强品德修养、增长知识见识、培养奋斗精神、增强综合素质六个方面下功夫，明确了新时代落实"立德树人"的根本任务，并把"立德树人"作为中心环节。这一任务的完成离不开劳动精神的培育。第一，坚定理想信念，就要加强劳动价值观的教育，使学生树立正确的劳动观念，并且有信心用劳动托起中国梦；第二，要加强劳动态度培育，教育大学生热爱劳动，对劳动采取正确的态度，不要轻视体力劳动，将一切劳动一视同仁；第三，要培养大学生养成良好的劳动品德，尊重劳动和劳动者，珍惜劳动者的劳动成果，自身要注重劳动品德的塑造，成为拥有高尚劳动品德的人；第四，增长知识见识，尤其是劳动相关的知识，使学生了解劳动相关法律法规，增强劳动素质，拓宽知识面；第五，培养奋斗精神，需要大学生发扬勤奋刻苦的宝贵品质，加强劳动实践锻炼，用奋斗书写青春华章；第六，增强综合素质，发挥劳动的综合育人功能。尤其要注意对大学生的德育，以德为先，使大学生真正成为全面发展的高素质人才。高校的根本任务是"立德树人"。对大学生进行劳动精神的培育，有利于高校更好达成"立德树人"的根本任务。一个热爱劳动的人，在很大程度上是一个注重自己品德培养的人。在对大学生进行德育的过程中，劳动精神的培育起着重要作用，可以使大学生养成良好的劳动习惯，磨炼劳动的意志，锤炼劳动的品格。高校在对大学生进行"立德树人"的教育过程中，要积极引导他们认识新时代进行劳动精神培育的重要性，对于大学生自身，对于高校，对于整个民族意义都很重大。大学生要养成良好的劳动品德，不仅自身要树立劳动精神，形成尊重劳动、崇尚劳动的价值观，养成自觉劳动的习惯，还要积极弘扬劳动精神，助力中华民族伟大复兴"中国梦"的实现。

（三）实现中华民族伟大复兴"中国梦"的客观需要

新时代弘扬劳动精神是实现中华民族伟大复兴"中国梦"的客观需要。"中国梦"是国家的梦、民族的梦，也是每个中国人的梦。中华民族伟大复兴"中国梦"的实现离不开千千万万劳动者的共同努力，尤其是当代大学生的重要贡献，必须练就一支爱劳动、能劳动、会劳动的劳动者大军。新时代加强劳动精神的培育，既能引导大学生勤奋学习科学文化知识，从而具备较高的劳动素质，又能教育大学生坚定理想信念，培育高尚的劳动情怀。富强、民主、文明、和谐、美丽的社会主义现代化强国梦的实现，不是敲锣打鼓，一下两下就能实现的，必须要靠劳动，靠劳动者的辛勤劳动诚实劳动和创造性劳动。新时代需要新型劳动者。新型劳动者是指具备扎实的专业知识和专业能力、拥有较强的学习能力和感悟能力、具备较强的创新能力、较好的人际沟通能力和社会关系处理能力等品质的新时代劳动者，同时，还要具备强烈的社会意识和社会责任感，脑中装有扎实的科学文化知识，确立终身学习的意识，善于抓住新事物、新概念、新技术的敏锐洞察能力、能够自主选择，并且要有善于质疑的精神等。新时代需要的劳动者要求很高，随着社会的不断进步还在不断地提高。大学生作为社会主义现代化建设的生力军，走在时代的前面，更加需要顺应时代需求，不断提升自身的素质和能力，使自身具备新时代需要的劳动者的应有素质。劳动精神是时代精神的重要组成部分，在时代精神中具有不容忽视的重要作用。新时代应该大力弘扬大学生的劳动精神，让大学生更好地引领劳动精神、弘扬劳动精神、传承劳动精神，将这一伟大时代精神发扬光大。

四、大学生劳动精神培育的路径

针对目前劳动精神存在的一系列问题，国家、学校、社会、家庭、大学生自身应该采取相应的措施。处于新时代，要大力加强对大学生劳动精神的培育，激发大学生勤劳奋进的精神，不断增强自身的劳动观念，塑造劳动品德，培养劳动能力，使大学生以饱满的精神面貌投身于社会主义现代化建设，为中华民族伟大复兴"中国梦"的实现贡献出自己的一份力量。

（一）强调党和国家在大学生劳动精神培育中的顶层设计

1. 政策引领

在新的时代条件下培育和弘扬劳动精神，政府应采取有效举措加强引导，抓紧出台加强劳动精神培育的政策措施。一是尽快修订《中华人民共和国教育法》，突出德、智、体、美、劳全面发展的培养目标；二是加强劳动教育管理工作的组织机构；三是加强劳动技术教育师资队伍建设；四是研究制定劳动技术教育发展规划。建议在国家教育课程体系中将劳动教育作为一门独立学科，列为必修课，努力构建贯通小学、初中、高中、大学的劳动教育课程体系，加强内容有机衔接，保持课程的连续性。大学阶段以劳动精神培育为主，加强动手实践课程，环环相扣、层层递进地把劳动精神的培育开展得越来越好。教育部高度重视劳动教育，目前正按照习近平总书记的重要讲话精神着力构建德、智、体、美、劳全面培养的教育体系。根据当前劳动教育的实际情况，要进一步强化劳动教育课时保障，在综合实践课程中明确劳动教育课时比重；要适应当前环境，从实际出发统筹好家庭劳动、学校劳动和社会劳动，形成推动劳动教育的合力；要加强保障条件建设，加大设施设备和经费投入。要完善促进劳动教育的体制机制，建立完善评价体系，把劳动教育开展情况作为落实党的教育方针的重要内容，纳入学校办学水平评价指标、学生综合素质评价内容，不断推动劳动教育规范化、常态化发展，在"立德树人"中发挥更重要的作用。培育大学生的劳动精神不是一项简单的工作，它需要结合大学生身心发展的规律，制定一个较为完备的培育体系，根据大学生的学习水平，安排不同的教学内容，使大学生得到熏陶。

2. 制度保障

要把"立德树人"融入思想道德教育、文化知识教育、社会实践教育各环节，贯穿基础教育、职业教育、高等教育各领域。国家应该把德、智、体、美、劳全面发展的教育理念纳入法律体系，通过法律文件的落实，为劳动教育的贯彻实施提供制度保障。教育部指出，要大力加强劳动教育，修订教育法，将"劳"纳入其中。由此可见，教育部越来越重视对大学生的劳动教育。"德、智、体、美、劳"应是培养大学生全面发展的一个五维目标。

3. 资源整合

对于劳动精神的培育，国家要充分利用社会各方面的资源。党和政府部门要积极协调与引导各类社会组织主动履行社会责任，拓宽大学生参与社会实践的场所，支持学校组织学生参加力所能及的生产劳动、参与新型服务性劳动，使大学生和千千万万的普通劳动者一起经历劳动的过程。群团组织要组织动员各类社会力量，支持学生参加志愿服务，开展公益劳动。

（二）突出学校在大学生劳动精神培育中的主导功能

高校肩负着培育时代新人的职责使命，是青年大学生劳动教育的重要阵地，是传播知识的殿堂和人才培育的摇篮，应该在培育大学生的劳动精神方面担负起更多的职责，为新时代中国特色社会主义社会事业培养更多的合格人才。学校要发挥劳动精神培育的关键作用，明确劳动精神的培育主体，拓宽劳动精神的培育平台，丰富劳动精神的培育内容，创新劳动精神的培育形式。学校对学生的教育不应该仅仅局限于课本知识的教学，而是应该引导学生进行综合发展，即在德、智、体、美、劳各方面得到全面发展。学校开设劳动课程，主要是引导学生有参与劳动的意识。真正的劳动存在于日常生活中的点点滴滴。劳动对于每一个人来说，都是人生必修的一门课程，片刻都不能荒废。我们要加强新时代大学生劳动精神的培育，让劳动精神存在于人人心中，并主动弘扬劳动精神，使其在社会上蔚然成风。高校的教育工作者必须要转变传统的教育理念，合理引导大学生树立正确的劳动价值观，积极营造有助于劳动精神培育的校园环境。校园环境对于大学生的成长成才具有重要的意义。高校要积极开展各类丰富多彩的校园活动，通过这些活动弘扬劳动精神，激发大学生热爱劳动的积极性和热情，使劳动精神在大学生心里开花结果。要加强对社会正能量的宣传，选取大学生身边的劳动模范和先进事迹进行宣传，让大学生认识到劳动的重要性，使全校形成人人热爱劳动、乐于劳动、忠于劳动、崇尚劳动精神的校园文化氛围。

1. 明确劳动精神培育主体

中共中央、国务院《关于全面加强新时代大中小学劳动教育的意见》中指出的："学校要切实承担劳动教育主体责任，明确实施机构和人员，开齐开足劳动教育课程，不得挤占、挪用劳动实践时间……根据学生身体发育情况，科学设计课内外劳动项目，采取灵活多样形式，激发学生劳动的内在需求和动力。统筹安排课内外时间，可采用集中与分散相结合的方式。组织实施好劳动周……高等学校要组织学生走向社会、以校外劳动锻炼为主。"基于此，高校首先要明确劳动精神的培育主体。所有高校教育者都承担着大学生劳动精神培育的职责和使命，思政课教师、辅导员和班主任更是责无旁贷。思政课教师应该在课堂上融入劳动精神培育的相关内容。辅导员和班主任在学生的日常管理过程中要注重对大学生进行劳动精神的培育。

2. 拓宽劳动精神培育平台

劳动精神的培育平台可以而且应该多样化。目前，高校进行劳动教育的平台还相对较少，不能完全满足学生的需要。高校应该一改传统的教学模式，围绕学生的实际特点开展差异化的教学，依托网络等平台构建以学生为中心的劳动精神培育模式。例如，让学生参与社会志愿服务活动、参加校园环境卫生打扫等，可以利用"两微一端"等新媒体，通过音乐、视频、漫画等多种大学生喜闻乐见的方式传播好劳动精神，特别是善于运用身边劳动模范的故事感染大学生，提升大学生对劳动和劳动精神的理解，并进一步主动弘扬劳动精神。广州某高校开设劳动必修课，课程分理论与实践两部分，实践部分需要学生打扫校园卫生，并纳入学分考核。不断拓宽劳动精神的培育平台，让学生有更多的机会参与劳动的过程。高校要明确劳动教育所依托的课程，可以设置劳动教育必修课程和选修课程，大学生在修完必修课程后，可以根据自己的喜好自由选择选修课程，这样就满足了不同学生的需要。高校还可以结合本校不同的专业、学科，为大学生开设专业化、特色化的劳动课程，使劳动精神自然地融入大学生的学习生活，使他们在潜移默化的过程中接受劳动教育，培养他们崇高的劳动精神，最终影响他们的劳动行为，使他们在不自觉中主动弘扬劳动精神。

3. 丰富劳动精神培育内容

高校要注重细节培养，从细节培育大学生的劳动精神。高校各学院应加强劳动主题教育，弘扬劳动精神，开展劳动相关宣传与教育工作。高校要根据大学生现阶段的特点开设劳动教育课程。每学年可以设置劳动周活动，给大学生创造劳动机会，让大学生有更多的劳动机会锻炼自己。劳动周的具体时间可由高校根据需要统一安排，既可以安排在每学期内，也可选择性地安排在寒暑假期间。建议多采取集体性劳动的方式，这样可以使大学生相互学习、相互鼓励，体会集体劳动的乐趣。劳动是美丽的，劳动的人更是美丽的。目前开设了劳动课程的高校往往以思政课的方式进行，而且劳动教育的内容往往比较陈旧，这样必然难以达到新时代培育大学生劳动精神的要求。针对劳动精神培育的重要性和必要性，有条件的高校可以设置专门的劳动课程，并将劳动教学纳入整个教学考核体系。同时，高校还要改变传统课程设置的方法，将劳动课程设置为校内外活动结合的课程，将社会实践活动纳入劳动教育体系，进而依靠体系增强大学生的劳动精神，激发他们积极参与劳动实践的积极性。高校大学生劳动精神的培育要根据当前大学生的实际特点、教育、教学开展情况和生理、心理发展需求进行，要使大学生真正明白劳动精神的特定内涵，理解劳动精神所包含的具体内容。高校要多组织、集中地开展服务于生活的简单体力劳动、教学社会实践、社会公益活动等，并吸引大学生参加，使他们在力所能及的劳动实践活动中体验劳动、掌握劳动的基本技能、享受参与劳动的过程、领悟劳动创造价值的深刻内涵，激发大学生的责任与担当意识，从而达到对大学生进行德、智、体、美、劳教育的目的。

4. 创新劳动精神培育形式

培育劳动精神的形式可以是多种多样的，除传统的课堂教学外，还应综合运用多种方式开展劳动精神的培育。高校在开展劳动教育时要不拘一格，围绕大学生的实际特点来开展差异化的教学。例如，高校可以利用新媒体，通过多种形式，宣传有关劳动和劳动模范的故事，提升大学生对劳动与"劳动精神"的理解程度和对于劳动人民的亲切感；尤其是要利用好身边的真实案例，以情动人，影响和感染大学生；邀请劳动模范到学校做公益讲座，讲述自己身上发生的真实案例，让大学生有更直观的感受，仿佛跟主人公一起经历了相同的事情，更容易引起他们的共鸣。除此之外，学校还要善于利用校内外的各类资源（如校内的学生会、学生社团等学生组织），借助他们的力量发展丰富多彩的校园活动，提高大学生的参与度；加强校企合作，利用校外实践基地和教育基地对大学生开展劳动教育。学校定期带领大学生参与劳动过程，使他们亲身体会劳动、感怀劳动，明白劳动的难能可贵，珍惜劳动得来的一切，并且学会传承劳动文化、弘扬劳动精神。劳动形式的创新有利于大学生更积极地参与劳动。在新时代的今天，劳动教育的方式可以并且应该多样化，劳动精神的培育方式有待进一步创新，高校应该对这个问题引起重视，劳动教育不容忽视。

永不过时的劳模精神时传祥

课堂案例

全国劳模梁兵：为坦克打磨"火眼金睛"

早上6点，河南焦作。晨光熹微中，梁兵起床，做好饭，送女儿上学，然后快步走路去上班，体格精瘦的他走路带风。

梁兵今年45岁，是河南平原光电有限公司高级技师。

8点不到，梁兵换上工作服，扎进生产现场。他一边走一边检查，看看夜班工作有无遗留问题，"我们被称作'为坦克制造眼睛'的人，因为我们加工的产品直接影响到坦克的射击精度，加工的零件精度都是微米级，0.008毫米也很常见。"

20分钟的巡检过后，梁兵走回工作室，打开电脑中的编程软件忙碌起来。

上午10点半，一场小规模的校企座谈在梁兵技能大师（劳模）创新工作室召开。"希望在学生培养上能给我们更多支持。"河南工业职业技术学院工会主席屈保中带队从南阳赶来，语气诚恳。

"没问题，以后你们的人才多往这儿送吧。"梁兵笑着说，技能人才的春天已经到来。

座谈会后，梁兵带记者参观他的工作室，指着他的一张领奖的照片说："那是我第一次进人民大会堂，拍照时特意把眼镜摘了，显得精神些。"

2004年，梁兵获得首届全国数控技能大赛职工组第一名时，只有29岁。几天前，他成为隶属中国兵器工业集团的平原光电建厂56年来第一位全国劳模。

吃过午饭，记者和梁兵边走边聊。"小时候，母亲会带些厂里不用的装铣刀的小纸盒给我当玩具。"他说，母亲退休前也是平原光电的铣工，他自小对机械的质感、设备的声音、机油的味道感到亲切。

从平光小学到平光技校，再到1993年入职平原光电……梁兵从一名普通技校生成长为中国兵器工业集团"首席技师"和国家级技能大师。

"经过多年实践，我能通过按压来感知零件的平面度，通过听力判断切削参数是否合适，根据机床振动确认程序编制是否合适。"一次，梁兵尝试将冰冻技术应用在装夹领域，在一个关键薄壁零部件上解决了平面度0.006毫米精度的加工难题。

紧张的工作之余，他喜欢爬山，"周末带家人去南太行，换换脑子"。以前喜欢打太极，由于太忙，只得放弃。

下午2点，"全国青年岗位能手"魏金龙来找梁兵请教。"他是我们的榜样和指路明灯。"魏金龙说，自己刚从技校毕业时，很迷茫，了解梁兵的事迹后，坚定了选择。

"他常带我们去北京参加国际机床展，长了很多见识。"2014年被选入梁兵工作室的张建军说。

> 作为工作室的带头人,梁兵负责解决生产一线的疑难杂症,总结推广绝招绝技,培养优秀人才;作为全国人大代表,他常去一线倾听职工心声,为产业工人队伍建设建言献策;作为河南工业职业技术学院的客座讲师,他鼓励学生学习工匠精神,为中国制造崛起而努力。
>
> ——摘自:学习强国

(三) 重视社会在大学生劳动精神培育中的环境影响

社会在大学生劳动精神的培育过程中,应尽力发挥好必要的支持作用。社会虽说不是大学生劳动精神培育的主体,但可以为大学生劳动精神的培育提供必要的条件支撑,如调动各方面的社会资源,为大学生参与劳动实践提供场所。诸如,利用政府部门的力量,协调高校、企业、公司、工厂、家庭、农场之间的合作,调动他们互动的积极性,互帮互助,这些机构或单位为高校提供实践场所,高校为这些机构输出大量人才,这样就能实现共赢。

1. 为学校组织劳动实践提供场所

社会可以为大学生劳动精神的培育提供外力支持,如为学校组织劳动实践活动提供场所。高校如果仅仅依靠校内力量,难以达到对大学生劳动精神的全方位培育,必须要依靠社会力量进行综合培育,才能达到实践育人、协同育人的最终目的。社会各界力量应该支持学校组织学生参加他们力所能及的生产实践活动,参加一些新时代的新型劳动,让他们在参与劳动的过程中体味劳动的艰辛,知道劳动过程的不易。这样他们在日后的工作中能够正视工作过程中遇到的困难,并勇敢地克服它们。这种体验对于大学生来说是十分难得的,也是十分必要的。社会可以为劳动精神的培育提供必要的场所,支持学校为大学生开展实践教学活动,更好地培养新时代大学生的劳动精神。

2. 为大学生劳动实践提供技术支持

社会除了能为大学生劳动精神的培育提供必要的场所,还可以提供一定的技术支持,尤其是一些高新企业可以为大学生体验现代高科技提供服务。例如,对于学习智能制造专业的学生,如果有机会接触最前沿的发明,更有利于激发他们的想象力和创造力。尤其是在新时代,每天都有一些新奇事物的出现,如果大学生能够从这些实践活动中找到灵感,这无疑比他们天天钻在实验室里埋头做实验来得有趣得多,也不会使他们成为一个个书呆子。通过社会提供技术支持,高校才能有更多的方式培养和锻炼学生的劳动能力。

3. 鼓励大学生参加志愿服务活动

社会的向前推进,离不开每个人的奉献,社会上的一些福利组织为大学生开展无偿劳动做出了很好的表率。例如,学校的共青团积极组织大学生参加一些公益性质的劳动,社会的福利组织主动为大学生搭建相关的劳动实践活动平台,带领大学生深入福利院、敬老院、孤儿院、残疾人活动中心等地参加志愿服务活动,开展一系列的公益劳动。多参加这些活动能够更好地培养大学生的奉献意识,让大学生体会劳动给他们带来的快乐。这种快乐是发自内心的,不同于其他的,俗话说"赠人玫瑰,手留余香"。

(四)发挥家庭在大学生劳动精神培育中的熏陶作用

家庭是孕育孩子的土壤,父母是孩子最好的老师。父母对孩子的影响可以说是终身的,在劳动精神的培育过程中,家庭的作用同样不可忽视。家庭是培养大学生劳动精神的重要场地,必须重视营造优美的家庭环境、良好的家庭氛围,充分发挥家庭环境对大学生劳动精神培育的熏陶作用。如作为家庭成员,每个人都要养成自觉打扫卫生的良好习惯,不能将保洁的任务固定地落到某个家庭成员的身上;一家人都要主动清洁卫生,将物品摆放整齐,注意美化、绿化、亮化家庭环境,让家庭环境常看常新。营造干净、舒适的家庭环境不仅有利于培养一家人的劳动观念,还有利于一家人互相体贴、相互尊重,使一家人都能保持心情舒畅、身心健康。中共中央、国务院发布的《关于全面加强新时代大中小学劳动教育的意见》中指出:家长们"要注重抓住衣、食、住、行等日常生活中的劳动实践机会,鼓励孩子自觉参与、自己动手,随时随地、坚持不懈地进行劳动,掌握洗衣、做饭等必要的家务劳动技能"。鼓励学生参与生活技能展示活动。"学生参加家务劳动和掌握生活技能的情况要按年度记入学生综合素质档案。鼓励孩子利用节假日参加各种社会劳动。家庭要树立崇尚劳动的良好家风,家长要通过日常生活的言传身教、潜移默化,让孩子养成从小爱劳动的好习惯。"《意见》为家庭如何对孩子进行劳动教育指明了方向,也引导了家长如何更好地培育孩子的劳动精神,为孩子的成长助力。

1. 身先示范弘扬劳动精神

身教胜于言传。父母还是孩子的启蒙老师,对孩子的行为具有潜移默化的作用。教育子女不是学校单方面的事情,家庭教育也是不可缺少的。在家庭教育中,父母应该起到带头的作用。在家里,父母可以给孩子安排适当的家务劳动。这从教育的角度来讲,在一定程度上,能够培养孩子做事独立自主的意识,可以增强孩子对待人和事的责任感。从孩子身心健康的角度来说,做家务一方面可以帮助孩子保持清醒的头脑,通过劳动锻炼身体,强健自己的体魄;另一方面,做家务还有利于孩子的心理健康。孩子在日常紧张学习后,参加适当的体力劳动能够使他们的大脑得到一定程度的休息,保证他们有更充沛的精力和脑力,后续能更好地进行学习,这样学习效率才会更高。另外,让孩子参加适当的体力劳动,还能够锻炼孩子的逆境商,提高孩子对抗挫折的能力。这样,他们在以后的学习和生活中就不会遇到一点点挫折就想要放弃。言教不如身教,大人自己就应该发自内心地热爱劳动,在平时的工作和生活中,不能只是做孩子的指挥官,要学会给孩子做榜样,起好模范带头作用,帮助孩子培养良好的劳动习惯。只有让劳动的种子在每一个家庭中生根发芽,劳动精神才能蔚然成风。只有每一个家庭都崇尚劳动、热爱劳动,才能使每个家庭更加幸福和美满,整个社会也才会因此而更加和谐,也更有利于促进中华民族伟大复兴"中国梦"的实现。

2. 创设条件培育劳动精神

父母应该尽可能地为孩子创设劳动条件,不要总是认为孩子的学习负担太重,没有时间参加劳动。这样的观点是不对的，劳动也是一种学习，而且通过劳动学到的东西是书本里面学不到的。父母应该把子女从事家务劳动当作对孩子勤劳节俭品德培养的一种方式。当孩子在家的时候，可以每天安排一些家务活让孩子当作固定任务去完成；通过让孩子干一些家务活，培养他们热爱劳动、崇尚劳动的观念，使他们在这种观念的驱使下以一种积极乐观的态度开展劳动；可以通过制定适当的家规，对孩子的劳动行为进行引导。毋庸置疑，家长主动营造一定的客观环境有助于大学生更好地培育和践行劳动精神。劳动精神的培育既需要主观条件，也需要客观条件。

3. 巧用家风培育劳动精神

家长应该充分利用每次劳动的机会对孩子进行劳动精神的培育，培养孩子的劳动习惯，让孩子掌握一些必要的劳动技能，使他们树立起"劳动光荣、劳动伟大"的理念，培养他们勤劳俭朴的高尚品质。要想营造良好的劳动精神培育环境，家长必须与时俱进地转变劳动教育观念。长期以来，在传统教育观念和升学竞争的现实压力下，多数家庭只注重孩子的学习成绩，让孩子一心扑到学习上，其他事情一律帮忙包办，孩子只要读书学习就好，这也在很大程度上影响了孩子的观念。这显然是一种错误的教育方式，孩子参与劳动不仅不会耽搁学习，反而会让他懂得更多书本里没有的知识。这种将理论与实践相结合的学习方式更有助于学生的健康成长，也更契合国家和社会需要的人才目标。习近平同志正是在良好的家风的熏陶下长大的。习氏家风，深深地感染了我们，是家国关系最好的注脚。家风纯正，家庭就能和谐美满，家道就会兴盛；家风不纯，必定会影响家庭成员，甚至对社会造成影响。所以，树立良好的家风，对于个人、家庭、社会乃至国家都具有重要的意义。家长要善于运用家族传下来的优良家风对大学生进行劳动精神的培育。大学生要主动继承和弘扬优良的家风，主动促进家庭成员的和谐，积极推动新时代家庭文明建设，争创最美家庭，尤其是要继承家庭的劳动美德，弘扬热爱劳动的良好风气。

（五）大学生要在劳动精神培育中发挥好自育作用

内因是基础，外因是条件，外因要通过内因才能起作用。要想培育大学生的劳动精神，必须要发挥大学生的自我培育作用。大学生要树立正确的劳动观点，养成良好的劳动习惯，培养自身热爱劳动和热爱劳动人民的思想情感。同时，还要具备遵守劳动纪律、爱护劳动工具和尊重劳动成果的优良品德。大学生要树立科学的劳动理念，秉持正确的劳动态度，培育优良的劳动品德，养成良好的劳动习惯，塑造高尚的劳动情怀。大学生综合自身进行自育，才能达到更好的培育效果。

1. 树立科学的劳动理念

劳动理念就是对于劳动的认识和看法。培育大学生的劳动精神必须要依托高校优质的劳动教育资源，通过教师的合理引导，让大学生形成良好的劳动精神。大学生劳动精神的自我培育首先要从劳动观念入手，大学生必须要树立正确的劳动教育理念。劳动精神培育的关键之处是要让学生树立尊重劳动、热爱劳动、积极参与劳动的劳动意识。意识具有能动的反作用，对于人的行动具有一定的指导作用。理念具有先导性和前瞻性，正确的理念能够指导人们进行正确的活动，而科学的劳动理念能够指导大学生进行正确的劳动行为。

2. 秉持正确的劳动态度

劳动态度是指劳动者对于劳动所持有的评价和行为倾向。大学生要端正劳动态度，要明白不管从事哪个行业，每个劳动者都在以自己的方式为社会的进步做出自己的贡献。职位没有高低贵贱之分，平凡的岗位上也能创造辉煌。大学生要秉将正确的劳动态度参与劳动，在劳动中发现快乐，挖掘劳动背后隐藏的价值，探寻劳动的奥秘，揭开劳动的神秘面纱。大学生在未进入社会前要端正自己作为未来劳动者的态度，将来有一天自己走向工作岗位时，无论从事的是哪一份职业，都要自觉按照社会所要求的职业道德准则来规范自己在日常工作和生活中的行为。可以预知的是，秉持正确的劳动态度能够使大学生在未来的职业生涯中更容易收获成功。态度决定一切，正确的劳动态度能够使大学生在实际劳动过程中不至于偏离航向。

3. 培育优良的劳动品德

劳动品德是指热爱劳动的优秀品德。大学生良好劳动品德的养成有助于给他人留下良好的印象，有助于大学生更好地参与劳动，有助于大学生为今后的幸福生活创造美好条件。品德的力量是无穷的，一旦大学生形成了优良的劳动品德，就能引导其正确的劳动行为，从而积极从事劳动。品德要经过长期的劳动实践才能塑造出来。劳动品德一旦形成，将具有稳定性的特征，它能够反映出一个人的整体道德素质，影响人的后续发展。因此，要注重大学生劳动品德的培育，使大学生在劳动的过程中修炼自身德行，完善自身的素质，体现高尚的人格。

4. 养成良好的劳动习惯

劳动习惯是指一个人长期劳动形成的一种身体的本能。劳动习惯具有相对的稳定性。俗语说，"习惯成自然"，良好的劳动习惯能够使大学生在日常的生活中将劳动看作一种自然的行为，而不是被动发生的行为。人要想成就优良的学业和辉煌的事业，拥有一段幸福且美好的精彩人生，必须养成良好的学习、工作和生活习惯。那些优秀的人，多半是拥有良好学习和生活习惯的人。良好劳动习惯的养成，有助于培养吃苦耐劳的劳动精神。一个人要想获得成功，不仅需要有远大的理想和伟大的志向，丰富的知识和扎实的技能，更重要的是，还有脚踏实地、吃苦耐劳的劳动精神。良好的劳动习惯教育对一个人的成长和成才具有不可忽视的重要作用，因此，大学生要注重自身良好劳动习惯的习得，让良好的劳动习惯贯穿自己生活的始与终。

5. 塑造高尚的劳动情怀

劳动情怀是指对于劳动的特殊情感。劳动情怀是建立在对劳动的正确认知基础上的，经过长期的社会实践而形成的。高校可以通过勤工助学、校园绿化、整理图书，以及设置助教、助管、助研、助理等岗位给予大学生勤工俭学的机会，强化对大学生劳动情怀的培育，以实现"立德树人"的根本任务。对于大学生自身来说，要主动培养自身的劳动情怀，培养自身对于劳动的这份特殊情感。劳动是人类特有的，是人类区分于其他动物的显著标志。人类有必要将劳动代代传承下去，形成一种热爱劳动的情怀。这种情怀一旦形成，就将具有持久的生命力，会指引着人们不断前进，依靠双手创造更加美好的明天。

课堂案例

全国道德模范王顺友:"马班邮路"上的山歌不再响起

2021年5月30日,一位邮递员永远离开了我们。初夏的凌晨,王顺友在凉山州木里县的家中永远地闭上了眼睛。

5点40分和6点05分,王顺友的女儿王小英在朋友圈发出两条信息:"爸爸一路走好"。后一条信息,王小英配发了一张王顺友身着邮政制服,蓝天白云下牵马走在邮路上的照片。

清晨的木里县下起小雨,空气中传来草木和泥土的味道,就像那条王顺友牵着马走了30多年的"马班邮路"的味道。

"马班邮路长又长,山又高来路陡峭。情注邮路不畏险,爱洒人民永不悔。……"

王顺友:坚守"马班邮路"30余年

王顺友的歌声曾拂过"马班邮路"上的每一道岭、每一棵树、每一块石头。只是,这歌声今后再不会响起了。

由于特殊的地理环境,过去的木里很多乡镇不通公路、不通电话,只有通过"马班邮路",党报党刊、政策文件才能尽快地送到偏远的乡村,党的声音才能传到木里的每个角落,远方亲人的问候才能温暖家乡父老的心田。

1985年,走了一辈子"马班邮路"的父亲把手中的马缰绳交给王顺友,并对他说:"父亲老了,走不动了,这个班今后就交给你。"那年,王顺友不到20岁。他继续走着父亲走过的路,一走就是30多年。王顺友每走一个班要14天,一个月要走两班。一年365天,他有330天走在邮路上。他这样描述自己的生活:冬天一身雪,夏天一身泥,饿了吞几口糌粑面,渴了喝几口山泉水或啃几口冰块,晚上蜷缩在山洞里、大树下或草丛中与马相伴而眠,如果下雨,就得裹着雨衣在泥水中躺一夜。

最苦的是心头的孤独,特别是到了晚上,大山里静得可怕,伸手不见五指,他能感觉到的只有风声、水声和不时的狼嗥声。

每当王顺友想打退堂鼓时,就会想起自己把邮件送到老乡手里时他们高兴的样子,想起把录取通知书送到学生家里的样子,想起自己在路上生病了乡亲们陪着走几天几夜的样子。"乡亲们需要我"这个念头,让王顺友继续坚持下来。

30多年来,他每年投递各类邮件近万件,没有延误过一个班期,没有丢失过一分邮件,投递准确率达100%。30多年来,他在雪域高原跋涉了26万千米,相当于21趟二万五千里长征、绕地球赤道6圈。30多年来,他为了一个简单而又崇高的使命,在大山深谷之中穷尽青春年华。30多年来,他以忠诚如铁、责任如山的可贵精神和执着不悔、坚定顽强的实际行动创造了中国乃至世界邮政史的纪录和传奇。

——摘自:学习强国

第二节 工匠精神

一、工匠精神内涵

中国古代社会已经出现了关于"工匠"一词的相关记载。东汉文字学家许慎编著的《说文解字》中有"工，巧饰也。"即工匠具有精湛的技能技巧，以手工技艺维持着基本的生存需求。《辞海》工部指出："工，匠也。凡执艺事成器物以利用者，皆谓之工。"中国著名文学家杨树达在《积微居小学述林全编》中解释"工"："工，象曲尺之形，盖工即曲尺也。"即"工"为量度的曲尺。我国最早的手工艺专著《周礼·考工记》曰："国有六职，百工与居一焉……或审曲面埶，以饬五材，以辨民器……谓之百工。"《考工典》中记录着："兴事造业之谓工""工，百工也。以其精巧工于制器，故谓之工。"即"工"为兴建土木事业。《庄子》中记载道，"夫残朴以为器，工匠之罪也。"《荀子·儒效》："人积耨耕而为农夫，积斫削而为工匠，积反货而为商贾。"上述著作中均出现了"工匠"一词，因此工匠也称"匠""工""百工"等。由此可见，在中国汉语史上，"工"由最初的曲尺之意，逐步演化为了工人、工艺和工业等更广泛的意思。正因工匠是"执艺事成器物以利用"的"兴事造业"之人，所以传统工匠专门指凭借自身的手工技艺制造器物的技术劳动者。手工工场的出现，涌现出了大批手工劳动者，在制造产品的过程中，传统工匠的技艺也得到了锻造，精湛的手工技巧不仅以产品的形式表现出来，同时，产品制造的背后也蕴含了技艺者追求极致、细心严谨、潜心钻研等工匠品质，并逐步演绎为一种精神的力量，在这种精神的指引下造就了专业技能一流、职业素养高尚的巨匠，以纯真的匠心、精湛的匠艺打造至臻的匠品。这表明传统工匠在注重物质本身的技术价值实现的基础上，还追求精神文化的价值，提升个人的修养水平，即"形而上者谓之道，形而下者谓之器。"因此，从技术水平的高低来划分，传统工匠可以划分为三个层次：下层工匠指普遍意义上的"百工"，即拥有技能的"工人"；中层工匠指在各自领域内专门研究某一岗位技能的专业化人才，如"铁匠""机匠"等；上层工匠不仅追求技艺的出神入化，还注重个人精神文化素养水平的提高，即"哲匠""匠师"等。工业革命推动社会生产大变革，生产力不断发展，社会化大生产逐步取代了手工工场，随之工匠的内涵也发生了变化。工匠不再仅指局限于传统手工业中的劳动者。现代工匠泛指各行各业中的工作者，不仅包括手工艺人，还包括技术人员、科技工作者、专业技术专家、工程师、设计师、管理人员等。

狭义上，"工匠"的内涵是指专门从事某种工作的手工劳动者；广义上，工匠是指在社会各个领域中以爱岗敬业为职业准则，从事不同行业、不同职业的社会工作者。广义上的工匠，即在各个领域中专注做事、热爱工作、精益求精、创新实干，并拥有一流技艺和高尚职业道德的工作者。工匠自古具有"尚巧"的创造性，为了谋生，工匠发挥自己的主观能动性，手创万物，服务于社会，推动着社会的发展与变革，即工匠是在劳动过程中，发挥自身的主观能动性创造万物，同时服务于社会发展和变革的主体。

（一）工匠精神的历史内涵

在《物原》《古史考》等古籍中，记载了各行各业的工匠之士：如土木建筑鼻祖——鲁班发明了曲尺等工具，使人们从繁重的劳作中解放出来；宋末元初棉纺织改革专家黄道婆——"布业的始祖"，将自己毕生所学无私传授；北宋毕昇发明的活字印刷术比欧洲早了400多年，不仅是我国印刷史上的里程碑，更对后世印刷术的创新产生了深远影响；明代微雕大师——王叔远雕的核舟，隋代李春主持建造的赵州桥；明代宋应星的《天工开物》等都处于世界领先地位。这些表明了古代伟大匠人对中华文明的发展进步所做出的杰出贡献，是工匠人在传承工匠精神的基础上铸造的传世瑰宝。

1. 追求极致的工匠品质

在传统社会中，家庭手工业为主要的社会生产形式。工匠在制造产品的过程中，从设计的理念、原料的选用、产品的铸造、后期的加工均由一人完成，产品的整个操作过程对工匠技艺提出了更高的要求，逐渐培养了匠人求精、追求极致的工匠品质。宋代《朱熹文集》注："言治骨角者，既切之而复磋之；治玉石者，既琢之而复磨之，治之已精，而益求精也。"匠人秉持对产品严格要求的准则，以负责任的态度求精求质，不计成本以追求产品的完美。正所谓没有最完美的产品，只有更完美的产品。

2. 尊师重道的求学精神

"一日为师，终身为父。"我国古代崇尚学徒制，先拜师再学艺，经过一系列的拜师流程和礼仪，正式确立师徒关系。师傅引进门，以一对一的方式讲授，不仅传授技艺，同时，也教授为人处世和做人的道理，学生以师傅为榜样，求学过程中也培育了其尊师重道的精神，这也是培育工匠精神的摇篮和基础。"师者，传道授业解惑也。"师傅对每位学徒尽心尽责，言传身教，将自己的毕生所学传授给学生，在传授技艺的同时传承工匠精神，这份崇高的师道精神和传承精神也是工匠精神历史内涵中浓墨重彩的一笔。程门立雪、子贡结庐、岳飞哭祭等都体现了师道传统，尊师重道的优良传统利于工匠精神的代代相传。

3. 淡泊名利的人生境界

"非淡泊无以明志，非宁静无以致远。"我国古代的许多工匠远离世俗的喧嚣和虚浮，常年沉潜作坊，安于清贫，不受金钱和权力的诱惑，吃苦耐劳，潜心钻研，完善自己的技艺，凭借自己的匠心打造出无数的旷世奇作。淡泊名利的心性体现了工匠豁达的人生态度和崇高的人生境界。现今，工匠将面临更多权力的诱惑和更多金钱的吸引，工匠更应该以身作则，严格要求自己，甘于清贫、甘于寂寞，不为名所困、不为利所图，在自己平凡的岗位上追求产品的致与质，制作出灿若繁星的传世杰作。

4. 突破自我的价值追求

真正的工匠不会安于现状，也不是机械性地重复制造产品，而是善于发挥自身的主观能动性，总结思考，在遵循产品本身规律的基础上不断推陈出新。我国历史上龙泉剑的创始人——欧冶子，在学习了冶金技术以后，开始铸造青铜剑、铁斧、铁锤等生产工具，后来，他不断研究学习，发现了铜和铁的区别，由此也锻造出第一把铁剑，开创中国冷兵器的先河。不安于现状、勇于突破自我、对技艺的不懈追求与探索也是古代工匠精神的应有之义。

（二）工匠精神新时代内涵

我国出台了《中国制造2025》战略规划，制造业的转型升级离不开具有工匠精神的工业巨匠。进入新时期工匠精神也被赋予了新的时代内涵：爱岗敬业的奉献精神，精益求精的敬业精神，求新务实的创新精神，知中有行的实践精神。当代的工匠精神不仅是一种职业操守，更是一种精神的指引，一种文化的传承。

1. 爱岗敬业，耐心专注

敬业是指一个人对自己所从事的工作及岗位负责任的态度。中国一直崇尚爱岗敬业的优良美德，孔子提倡"事思敬、执事敬、修己以敬。"《朱熹文集》中记载道，"敬业者，专心致志以事其业也""敬者，主一无适之谓。"即完成一件事，必须集中精神，心无杂念才可以做到"敬"。首先，敬业应该热爱自己的职业，干一行爱一行，从一而终，提高对职业的认同感，自觉践行职业理念。只有保持浓厚的兴趣和极大的热情，才可以全身心地投入工作岗位，才可以提升自身的技艺水平，打造出绝世匠品。其次，敬业要求每一位工匠要尊重自己的岗位与行业，每一道工序、每一个零部件都要用心去对待，用心去聆听，心无旁骛，严谨细致，打造有生命、有灵魂的产品。最后，敬业的最高境界即工匠要有献身于职业的高尚品格，敬业奉献是社会主义职业道德的最高境界，工匠为铸就一流的匠品，为追求产品的至臻至精甚至不惜付出自己宝贵的生命。

此外，高度集中的专注力也是工匠精神的内涵要义。集中的精神状态下没有自我的概念，耐心、静心、专注可以最大限度地发挥个人潜力。工匠为制造出精良的工艺品，要有"咬定青山不放松"的韧劲，要有甘于寂寞、静心钻研的精神，达到一种忘我、无我、物我一体的境界，"数年磨一剑"，打造旷世精品。

2. 精益求精，追求卓越

《论语·学而》中有："如切如磋，如琢如磨。"精益求精强调产品的工艺要反复雕琢，不能止步于眼前的成果，要以一颗上进之心追求更高层级的技艺。李克强总理在政府工作报告中提到"培育精益求精的工匠精神。"精益求精作为工匠精神的灵魂，不仅是对产品质量的追求，更是一种对卓越精神的追寻。制造不等于精造，工匠精神的目标是打造本行业最优质、最卓越的产品，以精益求精的工作态度对产品和工艺耐心打磨，打造出一流的匠品。俗话说，"最好的船永远是下一条。"工匠应以近乎严苛的标准严格要求自己，注重产品的细节，不失毫厘，将产品的每道工序，甚至某个细小的零件都尽可能地做到极致，赋予产品灵魂与生命。"天行健，君子以自强不息。"只有

如切如磋，如琢如磨——工匠精神述评

内心秉持精益求精的工匠精神，不断追求精湛的技艺，才能在追求卓越中实现个人价值。港珠澳大桥这一超级世纪工程中的每位兢兢业业的建设者，都是对工匠精神最生动的诠释，他们不仅是技艺的传承者、技术的开拓者，更是工匠精神的践行者，每件产品的精细雕琢、每道工序的凝神聚力，都是劳动者追求极致、精益求精的体现。铸造中国精品，锻造中国精神，造就中国力量，需要更多的工匠传承工匠精神，提升工匠技艺，追求精益求精。

3. 求实创新，鼎故革新

实践决定认识，认识是适应实践的需要而产生的。人的认识不仅是对客观世界的临摹或摹写，更重要的是一种创造。工匠的目的并不仅是制造产品，创造才是工匠所要追求的最高境界。工匠精神不是要机械地重复制造，而是在制造基础上的求新与创造。人类所从事的物质生产实践活动其本身就是一种不断挑战自我、不断突破的创造性活动。马克思这样形容"劳动过程"："在劳动者方面曾以动的形式表现出来的东西，现在在产品方面作为静的属性，以存在的形式表现出来。"工匠在这个劳动创造的过程中，以自身的技艺为基础，结合社会的需求不断探索，改进技艺，创新产品，在产品中传承工匠文化，让匠品承载人的意识。习近平总书记也明确提出："核心技术要不来、买不来、讨不来"必须依靠自主创新。在当前国际竞争激烈的重重压力下，工匠作为推动世界科技进步和时代变革的重要力量，在熟练掌握技能和坚持钻研的基础上，还应保持好奇的心态，思路上要大胆，行动上要务实，忠于产品的同时也要敢于突破，勇于打破旧式的规则，跳出固有的思维框架，发现问题，敢于质疑，不断尝试，才能创造出符合新时代需求的产品，更好地传承工匠技艺，弘扬工匠精神。

4. 知行合一，注重实践

中国古代思想家对于知行关系的问题也提出了自己的看法，其中明确提出"知行合一"命题的是王阳明，他认为只有通过知行合一、身体力行的实践活动才可以恢复人的良知本能。"知"是指教育的观点、理论、思想；"行"是指生产实践活动，即思想理论知识要与行为实践活动紧密相连。李克强总理在召开高等教育改革创新座谈会时指出："要注重增强学生的实践能力，培育工匠精神，践行知行合一，多为学生提供动手机会，提高解决实际问题的能力，助力提升中国产品的质量。"工匠精神的培育仅从主观意识上融入是不够的，新时代的工匠必须要将所学专业知识运用在实践中，提升把理论知识转变为解决实际问题的能力，内化于心，外化于行，做到知行合一，在实践中践行工匠精神。"知"是"行"的基础，新时代的工匠必须具备丰富全面的知识储备量，以理论知识指导实际行动；相反，"行"是"知"的根本目的与归宿，专业知识直接体现在产品的工艺中，理论知识需要在实践中检验，所学技艺需要在实践中被证实。实践性还主要体现在两个方面，一是物质性，即工匠通过劳动生产的实践活动，创造社会物质财富的过程；二是精神性，即工匠造物的物质生产过程不仅是为了求生存、谋发展，同时也是修身养性的过程，在实践活动中培养自己专业敬业、精益求精的品质，完善自己的职业人格，领悟和感知人生的真谛。因此，工匠精神强调的实践是物质与精神的统一，它不仅注重物质生产的外在实践性，更强调自我人格塑造等内在的精神追求。

5. 不求回报，勇于担当

一流的工匠不仅是追求精湛的工艺，拥有娴熟的职业操作技能，同时也不忘使命，勇于承担社会责任，以实现自身的人生价值。回首历史，正是勇于担当的精神，才造就了中华人民共和国。中国特色社会主义进入新时代，发展过程中将面临多样化的挑战，工匠精神也被赋予了新的时代内涵，同时对工匠也提出了更高的要求。新时代的工匠应不惧辛劳，敢于承担责任，勇于担当使命，要强化责任意识，担起实现中华民族伟大复兴的重任，积极作为，迎难而上。2021年《大国工匠》节目中24位匠人都是各个领域中的领军人才，他们在不同的岗位上承担着相同的责任与使命，即追求产品的极致，打造一流的匠品，这不仅关乎国家的发展，更与国民的生命息息相关。在攻克一个个的任务与挑战后，使命并没有终结，只有不畏辛劳，敢于担当，继续前行，才会创造下一个旷世珍品，才会缔造下一个传奇，这是新时代新工匠所要达到的更高境界。

课堂案例

"三峡工匠"李然：痴心守护"大国重器"

万里长江，纳百川汇巨流，成为新时代世界内河运量最大的黄金水道，三峡枢纽控巴蜀引荆襄，扼守长江经济带发展的关键节点。一扇扇开合的巨大闸门，像世界看中国的窗口，成为政治敏感度高、安全风险度高、民生关联度高、社会关注度高的重点航段。保障通航安全畅通高效至关重要，可不论是万里长江第一坝的葛洲坝，还是世界第一大坝的三峡大坝，每一扇闸门都是世界级"巨无霸"，要让它们俯首称臣，谈何容易？

李然16年如一日，"燃"在三峡，独辟蹊径，大胆革新，让三峡船闸停航检修时间从100多天压缩到50天，再到30多天，通航效率不断攀升；始终坚持在第一线开展科学研究，让三峡"天下第一门"提速再提速，用一项项凝聚着汗水和智慧的发明创造，每年为船方和社会节省数亿元。他用行动，用20多项通航关键技术、24项国家专利、3项行业标准，践行着入党誓言：自主创新科技报国，新时代共产党员就该越是艰险越向前。

"李然创新工作室"是湖北省总工会授牌的省级劳模创新工作室，既是创新成果的孵化器，也是人才培养的加速器。2016年成立以来，在李然的指导带领下，工作室累计申报发明专利21项，获得授权发明专利3项、实用新型专利8项，撰写论文86篇，提出合理化建议187条，均成功转化实践应用。

在同事眼中，李然是破冰专家，是引航者；在业内人眼里，他是当之无愧的

> 技术管理精英。船厢姿态调整工艺、下闸首排水工艺、升船机补排水工艺、漂浮物清除工艺……李然正带领他的团队开展着很多针对性的研究。每天，他在现场忙得脚不点地，因为在他的心中，守护好、运行好大国重器，早已融为他最坚定的执着与崇高的信念。
>
> ——摘自：学习强国

二、新时代工匠精神的主要表现

（一）媒体的舆论导向

媒体是传播信息的媒介，是人借助用来传递信息与获取信息的工具、载体或技术手段。工匠精神的培育应该合理运用媒介手段，积极响应党的号召，宣传党和国家的政策，引导正确的舆论导向，在全社会弘扬主流思想价值观，优化传播环境，净化舆论氛围。工匠精神作为一种时代气质，作为推动社会前进的正能量，理应得到推广。以媒体为宣传载体，成立专栏追踪报道工匠人才的优秀事迹，增加工匠精神的曝光率；在公告栏、宣传栏等张贴优秀工匠代表人物，电子屏播出其相关影视资料，使其成为大众所熟悉的网络热词；通过网络征文、微电影大赛等活动征集民间的优秀工匠，利用自媒体拍摄身边的技艺工作者。扩大工匠精神的传播途径，让工匠走进大众的视野，了解技艺工作者数年如一日、耐心钻研的职业精神。针对传统手工艺和濒临失传的技艺应加大宣传力度，提高大众的认知水平，兴起全民保护的热潮，提高大众对工匠技艺的尊崇和对工匠的认可度。同时，针对违法乱纪、假冒伪劣等违背职业道德的行为，还应该发挥媒体的监管作用，曝光其恶劣行径，使其接受舆论的谴责。

（二）提高制度措施保障

制度是人按照自己的本性和事物的客观规律而建立起来的属人的存在，是调整人与社会关系的中介手段。制度对人的行为具有约束性，是解决社会矛盾与问题的有效途径。国家层面要发挥政府"看得见的手"的宏观调控与指导作用，制定积极的人才引进政策，完善用人制度。习近平总书记2017年在江苏徐州考察时强调："大力弘扬劳模精神和工匠精神，在为实现'中国梦'的奋斗中争取人人出彩。"由此可以看出，工匠精神不仅没有过时，在新时代我们依旧需要坚守这种精神的力量。

（三）营造社会氛围弘扬工匠精神

社会存在决定社会意识，"社会即学校，生活即教育。"良好的社会环境可以为大学生工匠精神的培育营造积极向上的社会氛围。习近平总书记在党的十九大报告中提出："建设知识型、技能型、创新型劳动者大军，弘扬劳模精神和工匠精神，营造劳动光荣的社会风尚和精益求精的敬业风气。"因此，我们可以营造崇尚劳动光荣的氛围环境来弘扬工匠精神。

（四）物质精神的双重激励

首先，物质激励方面。国家应投入人力、财力和物力等加大基础设施建设，建设国家级、省级技术技能人才培训基地，为高级技能人才修建工作室、成立工作站，提供物质支持；还可以提供更多国内外深造培训的机会，发挥其技术带头人作用，为制造业的转型升级发展培养更多技艺精湛的工匠人才。同时要注重赏罚分明，对于做出重大突出贡献的技术人员，应给予金钱等物质激励，运用税收、股份、津贴等手段给予奖励，调动其工作的积极性；对于违背职业道德、破坏职业规则的人员应该严厉惩戒。

其次，精神激励方面。马斯洛需求理论指出：当人的物质需求得到满足以后，往往会追求更高层次的需求。例如，可以设立"鲁班奖""优秀工程师""企业首席技师"等荣誉来表彰践行工匠精神的工作者。从精神上鼓舞一线手工技艺工作者以更高的标准与规格要求自身，打造极致。当前我国的高级技能人才处于稀缺水平，所以，应该提高技艺技能要素在人才选拔制度中的占比，用人制度中更加注重人才的实践操作能力和创新能力，人才引进政策中以高技能、高技术人才为主。走出"唯学历"的误区，全面考察其综合能力素质，向实践型、创新型、技能型人才倾斜，缓解人才结构的供给矛盾，树立科学的人才观。以制度明确用人标准，以政策保障用人质量，为技能型人才能力的发挥提供空间，挖掘其内在的潜力，培育社会主义建设所需要的能工巧匠。提升大学生对职业前景的自信心和对整个行业的憧憬之心，培育其脚踏实地、专注钻研、追求极致的工匠品质。只有在公平的市场环境中才能造就出职业素质一流的工匠，才能打造出超一流的匠品，让"中国制造"走出国门，走向世界。

三、高校实现工匠精神的路径

（一）充实师资队伍力量

目前，我国高校的资深教师实践教学经验丰富，但处于教学疲惫期，新晋教师学历高且专业理论知识扎实，但实践经验缺乏。工匠人才的培养需要专业理论知识丰富且实践能力过硬的教师队伍的引领，因此，必须充实师资力量，弥补师资结构的缺陷。首先，工匠精神在教师岗位体现为专业的职业素养能力和良好的师风师德。教师要坚定自己的职业信仰，工作中奉行"工匠"准则，以精益求精的工匠精神要求自己，要适应新时代的变革，以学无止境的心态及时更新自己的知识结构体系，与社会最新研究接轨，向学生传递最前沿的科研理论成果。其次，教师队伍建设也可以充分利用校企合作平台，实行"引进来"政策，引进企业的高级技能人才来高校兼职教学，将自己的实践管理经验引入教学，模拟企业项目运作，开展技能操作课堂，培养学生的实操能力，弥补当前教师队伍实践能力的不足；鼓励教师"走出去"，去企业学习培训、感受企业的工匠文化，在实践中提升自身的技艺水平和实践教学经验。再次，高校可以定期推荐有潜力的教师去国外研习进修，如崇尚工匠精神的国家，感受他们工作即天职的职人文化、认真严谨的民族性格、精益求精的职业精神和追求极致的工匠品格。最后，理工科院系还可以组织教师队伍开展三年一次的职业技能培训，鼓励教师考取相关职业资格证书，完善自己的职业技能，在教学中发挥技术示范作用，助力"工匠精神"的传播。打造一支德才兼备、素质精良、匠心独运的教师队伍，为成为理论基础扎实且实践技能丰富的"双师型"队伍的一员而努力，才能有信心为国家培养高质量的工匠人才，做好培育大学生工匠精神的引路人。

（二）优化课程结构设置

首先，注重多学科之间的交叉融合。不同学科间相互渗透、相互借鉴，使学生从多维度、多角度感悟工匠精神，思想政治教育课程与专业课程同向而行，形成协同效应。将实事求是的求真精神、耐心静心的钻研精神、敢于质疑的批判精神嵌入课程，为大学生工匠精神的培育做好铺垫。同时，高校应以自身办学特色为基准，结合不同专业学科的特点，将工匠要素融入课程。专业课程是工匠精神培育的基石，思想政治教育理论课是培育工匠精神的主渠道。习近平总书记指出："高校思想政治工作关系高校培养什么样的人、如何培养人以及为谁培养人这个问题。"

把思想政治教育理论课作为切入点，发挥其育人功能的实效性，不仅是高校思想政治教育工作不断革新的时代要求，也是学生全面发展的个人诉求。将工匠精神融入公共课程：如《思想道德修养与法律基础》教育学生在择业与创业过程中，要规范自己的言行，恪守职业道德规范，做合格的社会主义工匠；《马克思主义基本原理概论》要发挥工匠精神作为正确意识的能动作用，指导大学生的行为实践活动，塑造其健康人格；通过《中国近代史纲要》的讲授，使学生明白"弱国无外交"，中国真正的强大仍要依靠制造业的崛起，大学生应以最大的激情投入建设，打造工艺精湛的匠品，助力实现制造强国之梦；《毛泽东思想和中国特色社会主义理论体系概论》中通过向学生讲述改革开放以来所取得的成就，使其明白高技术工匠人才依然是新时代推进中国继续前行、实现"两个一百年"奋斗目标的重要后备力量。将工匠精神融入时政课程：如通过《当代世界经济与政治》的学习，了解工匠精神对各国制造业发展的助推作用，借鉴其培育的积极经验，提出符合中国自身特色的培育路径，为中国的人才后备军注入新鲜血液；《形势与政策》使大学生明白"工匠精神"对于当前中国产业结构转型升级的迫切性与必要性，增强个人使命感；《就业指导课》结合社会的用人需求向大学生讲授复合工匠型发展人才的重要性，提升学生对自身全面发展的诉求。

其次，结合未来社会岗位的用人需求设置专业课程。为此高校可以精减冷门不实用的专业，依据人才历年的就业率或者本专业学生的择业方向，分析该专业学生必备的职业操作能力和品质，在人才培养方案中有针对性地开展工匠精神培育工作；加设工程师职业道德、工程伦理教育、职业教育等有关工匠精神的课程内容，形成结构严谨的独立单元和板块。高校应扩大选修课的范围，开设哲学、历史、地理、人文、艺术等课程，赋予学生自主选择的权利，通过人文课程的学习熏陶自己的心灵，开阔自己的视野。新时代的工匠不仅要具备科学严谨的实验态度，还要兼具人文情怀、整体思维的大局观及包容万物的匠心，全方位发展且具有自身人格魅力的新型工匠才是大学生所要追求的高度。

（三）改革传统考核方式

改革传统以笔试为主的单一考核方式，评定方式实现多样化，考核标准实现精细化。除却纸质化的理论知识等泛式考核外，还应将工匠精神要素融入考核体系，比如考查学生课后是否主动自觉地通过实验论证理论知识，是否做到理论与实践相统一；实验过程中是否具备了严谨细致、追求极致的工匠品质；实验失败后是否仍具有反复尝试、坚持钻研的决心；实验结论中是否保证了实验数据的真实有效性；科技竞赛中是否融入了创新思维、团结协作的精神；实习过程中是否遵守管理规则、遵循职业道德规范。同时，不同专业设计独特的考核方式，实现考核方式的针对性。根据大学生学科的特殊性，还可以以小组为单位，选择一个课题或项目，最后以模型等成品的形式展现出来，在此过程中考察学生的实践动手操作能力、创新思维的能力和团队协作的能力，这也是当代新型工匠应该具备的基本素养。

（四）参与实践活动，内化工匠精神

唯物辩证法认为，内因是事物变化发展的根本原因，是事物运动的源泉与动力，决定着事物发展的基本趋向，外因必须通过内因起作用。大学生工匠精神的培育还应该发挥自我教育的作用，不仅要从思想上认识工匠精神的内涵和意义，还要做到知行合一，在实践中践行工匠精神。首先，可以制定关于"实际活动中如何践行工匠精神"的计划，在主题班会中展开讨论，同学间互相监督落到实处；在校园开设的工匠精神专门网站或手机软件（App）中注册自己的账号，上传自己的手工作品等发明创作，分享自己对工匠精神的理解和感悟，点赞留言讨论，以积分排名的形式参与竞赛，在无形中加深自己对工匠精神的认知。其次，积极参与高校组织的关于"工匠精神"的主题知识竞赛活动、演讲比赛等，在参与中了解工匠精神的历史内涵，阐述自己对工匠精神的理解以及对自身全面发展的重要性；转变"参加实践活动无意义"的错误观念，积极参加专业技能评比大赛、创新科技大赛等素质拓展活动，如软件专业的程序设计、网页制作等技能大赛，数学专业的建模大赛等。最后，充分利用大学科技园等实习实训平台，实验中微小零件的精确度、实验失败后的不懈尝试、主动整理器材的工匠习惯等都是自觉践行工匠准则的体现。实习中要勇于到一线生产车间去历练，以提升自己的操作技能，锤炼自己坚强的意志，从而提高自己在实践中分析问题和解决问题的能力。实践是加强大学生工匠精神培育的最好途径，将工匠精神理念转化为具体的实践行为活动，外化于行，做到理论与实践的统一，培养大学生工匠品质的形成，塑造大学生成为全面发展型人才，发挥自身的人生价值，助力实现伟大"中国梦"。

四、大学生工匠精神培育路径

（一）构建校企联盟践行工匠精神

《国务院办公厅关于深化产教融合的若干意见》中明确指出：要充分发挥企业在高等

教育改革中的主体作用，促进人才培养供给侧结构和产业需求侧结构要素全方位融合，培养高素质创新人才和技术技能人才。因此，大学生工匠精神的培育应充分调动企业参与产教融合的积极性和主动性，构建校企联盟共同体，达成校企合作长效机制，统筹协调，共同推进。

（二）"双元制"模式体现校企协同式育人

"双元制"的教学模式是指学生分别在学校和企业两个场所学习，学校主要承担学生专业理论方面的教学任务，企业主要培养学生的实践操作技能。教学在学校和企业间交替进行，实现"双元制"教学，以培养学生的综合能力为目标。德国的"双元制"教学模式一直处于世界领先地位，它是由国家立法支持，学校与企业合作共建的职业培训体系。德国在继承中世纪学徒制的基础上，发展成了现今"双元制"的教育模式，教学培养方案以企业生产所需要的岗位技能为主，注重学生的动手操作能力等实践技能。在"双元制"育人模式下，学生可以将理论知识与实际相联系，在实践中培育自己的工匠品质。"双元制"的职业教育体系为德国培育了大量高素质人才，造就了其严谨细致的民族性格，成就了当今德国制造工厂的国际地位。在借鉴德国"双元制"教学模式的基础上，还应结合学生自身的特点，构建校企合作联合育人机制，培养工匠型人才。

首先，相关政策措施支持"双元制"模式。通过财税政策等优惠举措积极引导企业与高校、科研机构等合作，鼓励校企建立合作协调机制，给予这类型企业适当的财政补贴，吸引更多的企业以积极饱满的热情参与进来，在坦诚相待、平等协商、合作共赢的基础上统一目标、共担职责，为培育具有高技能高素质的全面人才做贡献。

其次，全方面参与提高企业的积极性。从高校自身的发展特色和企业岗位人才的实际需求出发，共同制定人才培养方案，包括教学模式、课程设置、科学研发、实践实习等，签订合作协议，开展"双元制"育人模式。高校主要承担学生专业理论知识的教授，企业主要以师傅带徒弟的方式，学生跟随实战经验丰富的企业师傅一对一学习，实现教室与车间、教学过程与实践过程、理论知识与实践技能的有机统一。通过企业师傅在一线车间的言传身教，实现情景式教学，学习师傅的专一务实、坚持不懈的精神以及应对紧急状况时沉着冷静的职业素养，近距离体会"匠人"精神，从而提高思想意识上对工匠精神的认同感，提前融入工作环境，适应从学生到工匠角色的转变，为以后进入职场奠定基础。

最后，明确细则将"双元制"育人模式落到实处。企业应合理安排实习岗位、分配实习任务，岗位与专业相一致以满足不同专业学生的实习需求；制定规则、制度等管理办法，约束学生的职业行为，培养学生爱岗敬业、精准守时、耐心钻研的工作作风；落实实习生的责任保险和工伤保险，保证其合法权益。企业与高校共同监督，每日安排专门人员监督学生的实习情况，并针对实习过程中的问题及时给予指导；制定统一的考核标准，不以实习报告为唯一的考量指标，加大对"工匠精神"内容的考核比重，注重学生的实践动手能力的考核，在实习期末可以举办小型技能创新大赛。考察学生的创新意识和团结协作意识，并要求以模型成品的形式展现出来，经考核达到要求的实习生，可以发放相应的职业资格证书，防止考核形式化、流程化。

(三)产学研政合作模式强化校企联盟

由于认识水平的不到位,产学研政合作模式一直被认为是高职院校培养人才的模式。开展 1+1+1+1 的产学研政合作模式,由政府主导,高校、科研机构和企业之间相互协作,发挥各自优势,共建共享生产性实训基地、工程训练中心、技术研发基地等,形成研究、开发、生产的一体化系统,为大学生工匠精神的培育提供创新实践平台。科研机构或高校作为技术的供给方,向企业提供技术,企业以其研究成果作为发展的动力,同时企业为高校和科研机构提供人才培养所需的硬件资源,将高校的科研成果转化为更多的社会生产力,实现其社会价值。产学研政模式还应立足于当地高新技术产业发展的需求,整合企业、高校、科研机构的资源优势,促成大学科技园、孵化平台等基地的建设,打造产学研高地,学生可以利用这些平台直接获取生产经验,也有更多的机会参与科研等实践创新活动。

(四)校园文化是培育工匠精神的主阵地

工匠精神作为一种积极向上的力量,可以以校园文化为载体,从物质文化建设、精神文化建设、制度文化建设等方面入手,以工匠文化感染学生,传承工匠精神。

(1)加强物质文化建设。以具体的物态形象为依托,发挥其"润物细无声"的滋养作用,在潜移默化中加深大学生对工匠精神内涵的理解。校园内建筑结构的周密设计,雕塑等人文景观的合理布局,无不体现着工匠人才的严谨思维与精湛技艺;实验室作为理工科学生的主要活动场所,内部的仪器、硬件设施设备等应符合本专业学生的特定需求,精准供应,"多专业共用、凑合着使用"等观念不利于向学生传达追求极致的工匠文化。

(2)加强精神文化建设。精神文化是社会的旗帜,是人的精神食粮,孕育着人的精神家园,决定着人的精神状态。在培育工匠精神的过程中,还应发挥精神文化的隐形资源作用。第一,依托微博、微信等新型媒介加强宣传,定期更新关于工匠元素的文字作品和影视资料,如山西大学控制工程专业注册了"匠在我心"的公众号,与大家分享身边学生的发明创造,激发同学们的创新创造思维;第二,各个院系可以在院网站开设"工匠精神"专栏或者成立专门校内网站,利用"学习强国"或专门开发以工匠精神为主的 App,结合自身专业的特殊性,更新工匠精神的最新信息,打造工匠精神培育新阵地;第三,定期开展"发现身边的工艺巨匠""百工进校园"等主题周宣传活动。例如,邀请优秀工匠、高级工程师进学校讲述其优秀事迹,体会故事背后匠人们的默默付出;组织学生观看《大国工匠》《我在故宫修文物》等节目,发挥榜样的力量,在耳濡目染中体会工匠精神的特质。

(3)加强制度文化建设。高校的学生管理条例等制度规范也可以与工匠精神的培育相结合,如《大学生管理条例》中制定严格的标准,从企业实习中的行为规范到寝室熄灯的时间管理,都应明确相关制度,以规则约束其行为,培养学生精准守时、追求极致的职业品质。高校的评奖评优等制度管理中,也应纳入对工匠精神内容的考核,加大对学生爱岗敬业、创新思维、实践动手能力等内容的考核比重,提高其在学分中的占比。

(五)企业文化是培育工匠精神的沃土

"要发挥企业家精神和工匠精神,培育一批专精特新的中小企业。"企业在追求自身经济利益的同时，还应勇于承担社会责任，树立正面的企业形象，为学生营造积极的企业文化氛围。第一，企业在提高员工技艺技能的同时，还应注重其职业精神的培养，将"工匠精神"要素并入绩效考核体系，坚持技艺与品质的双重考核，并嘉奖秉持工匠品质的员工，从而激励员工自觉践行爱岗敬业、求真务实、耐心钻研的工匠精神，使学生在实习实训过程中也能感受到追求质与致的企业文化氛围。第二，企业应完善薪酬制度，提高员工的相关待遇福利，及时维护员工的合法权益，创造公平健康的就业环境，为实习学生呈现积极的企业形象，使学生感受到技能人才的被重视和被认可。第三，要注重员工的职业素质教育，深化职工素质工程建设，鼓励员工继续学习，创建学习型组织，提升业务能力水平，在工作中践行工匠品质，完善职业精神，使学生在实习中可以亲身体会企业先进的经营管理理念，以及"工作即天职"的企业文化理念。第四，将企业文化渗透到校园文化中，培养学生爱岗敬岗、专注严谨、求精务实的品质；同时以校园文化反哺企业文化，丰富企业文化的内涵，利用校园和谐的文化环境，发挥高校的人才培养优势，建立符合企业发展需求的文化输出机制，将高校的优秀因子输入企业，提高其服务于企业发展的能力，以培养制造业转型升级所需要的综合素质全面发展的人才。

课后实践

一、活动目标

引导学生了解职业精神对社会发展的重要性。

二、活动时间

建议10分钟。

三、活动流程

1. 阅读以下材料，并讨论：司机、售票员缺失的职业精神都有什么？

职业精神的缺失

据《扬子晚报》报道，2003年11月30日晚，在扬州市区某处路边，有一对母女相拥而泣，周围行人纷纷询问时，母女俩道出了实情：她们来自泰兴农村，因女儿要去仪征上学搭乘从泰兴至扬州的班车。因为晕车，母女俩禁不住在车内呕吐起来。司机、售票员见状，不仅对她们大声辱骂，还威胁着要将她们赶下车。在母女的请求和乘客们的支持下，司机才将母女带至车站。司机和售票员要求她们打扫车厢，母女俩想下车找工具，售票员却拿起女儿的书包擦呕吐物，随后打开车门，将书包扔出车外，母女俩只好下车，因不认识路，才在路上哭。

2. 将学生分成4～6人活动小组，通过小组内部讨论形成小组观点。

3. 每个小组选出1名代表陈述本组观点。通过交流，将每一个需要研讨的问题都弄清楚。

4. 教师对各组观点进行分析、归纳、总结，给予点评并打分。

第五章
大学生劳动素养与劳动情怀

学习目标

1. 概述大学生劳动素养的内涵。
2. 归纳大学生劳动素养体系。
3. 了解大学生劳动素养培育的途径。
4. 了解大学生劳动情怀培育的价值。
5. 理解大学生劳动情怀培育原则。
6. 讨论如何增强大学生劳动情怀教育?

案例导入

劳动最光荣
——全国"五一劳动奖章"获得者曾国苍

曾国苍,南通万达锅炉有限公司容器制造部手工焊组班长,2019年全国"五一劳动奖章"获得者。

曾国苍是南通万达焊工队伍的优秀代表,是中材节能员工的缩影。他勤学苦练,不断进取,熟练掌握多种焊接方法操作技能,曾获得南通市职工职业技能大赛第一名、第四届全国职工职业大赛第五名,第三届北京"嘉克杯"国际性焊接技能大赛"优秀选手"。他"焊"艺卓绝,在公司技术创新、重大项目难点攻克、关键工序应用研发方面做出了突出贡献,先后荣获"全国技术能手""中央企业青年岗位能手""南通市劳动模范"等荣誉称号。

分析:曾国苍是一名普通焊工,他立足岗位做贡献、扎实工作求发展,在自己的岗位上踏实工作,在平凡的工作中做出了不平凡的业绩。他是千千万万工人的代表,用勤劳的双手描绘了美好的图画,也为无数职业院校学生树立了榜样,从而认识到劳动最光荣,劳动最崇高,劳动最伟大,劳动最美丽。

想一想

结合以上案例,谈谈你对劳动素养的理解,如何提升劳动素养?

第一节　劳动素养

一、劳动素养内涵

劳动素养的养成是大学生全面发展的关键。立足新时代，全面把握大学生劳动素养的内涵与特征是优化劳动教育的重要内容。劳动素养是指经过劳动或劳动教育等特殊形式的社会实践活动所形成的、与劳动相关联的人的素养。劳动素养有广义和狭义之分。广义上的劳动素养专指劳动价值观，是对劳动的根本认识和基本看法；狭义上的劳动素养则专指劳动知识、劳动技能和劳动习惯等。此外，劳动素养还具有规范性特征。一般说某人具有"劳动素养"，实际是指某人在劳动价值观、劳动知识、劳动技能和劳动习惯等方面具有良好的修养。高校开展劳动教育的目的就是以提升学生的劳动观念、劳动态度、劳动情感、劳动知识、劳动思维、劳动技能和劳动习惯等方式，推动大学生劳动素养的形成。劳动教育及其社会实践活动使大学生不仅能够"爱劳动""会劳动"，还要能够"懂劳动"，并能结合自身所学的专业和今后的职业创造性地开展劳动，最终成为能够"流自己的汗、吃自己的饭"的有尊严、有教养的现代公民。

"劳动素养"一词从结构上分析，由"劳动"和"素养"组成。一般意义上的劳动是指"人通过自身肢体对外输出劳动量而产生价值的人类运动，是人维持自我生存和发展的唯一手段"，具体包括体力劳动和脑力劳动两种形式。素养在《现代汉语词典》（第7版）中解释为"平日的修养"，而修养是指"理论、知识、艺术、思想等方面的一定水平；也指正确待人接物的态度"。素养主要是指个体后天形成的知识、思想、价值观念和态度等良好的品质及与之相适应的能力。劳动素养是指个体通过体力劳动和脑力劳动所形成的与劳动相关的品质修养和行为能力。对于大学生而言，劳动素养是大学生通过日常生活劳动、生产劳动及志愿服务劳动等教育活动逐步形成和深化的相关必备人格品质与行为能力。劳动素养是大学生接受劳动教育的结果体现，其内涵从以下几个方面进行理解：第一，劳动素养是大学生在劳动实践中逐步形成并深化的必备素养。在学生成长过程中需要多种素养来促进生命的健康发展、满足生活的需求及未来工作的需求，其中劳动素养是个体在充满竞争的社会环境中健康生存、锐意进取的必备内容，决定着个体在多领域中和谐发展、价值创造及理想目标的实现与否。第二，劳动素养是大学生核心素养发展的必然要求。大学生核心素养涵盖劳动意识这一核心素养，旨在培养学生积极的劳动态度和良好的劳动习惯等。劳动素养的提出是对劳动意识的完善与补充，推动了大学生核心素养的继续发展，是实现大学生全面发展的重要环节。第三，劳动素养是大学生劳动教育的评价指标。劳动素养是大学生从思想理念到行为习惯、从意识观念到实践创新的内在因素，是评价劳动教育实施效果的核心指标。因此，培育大学生劳动素养是新时代劳动教育塑造人才的基本素养要求，培养和提高大学生劳动素养是促进和推动学生生命成长、从容步入社会的有效手段。

二、劳动素养培育的意义

劳动素养是一个综合性的概念，它汇聚了劳动教育的价值期许，并且能够在最为根本处明晰劳动教育的实践志向。具体而言，培育劳动素养对于涵养劳动精神、培养新时代新人、实现中华民族伟大复兴具有重要的意义。

（一）培育劳动素养是涵养劳动精神的重要契机

劳动教育的核心价值指向是培养学生的自由人格，即引导劳动者在劳动中生成自我价值、获得自我承认、形成自我意识。劳动教育作为一种实践教育，是促进学生全面发展的必要条件与有效途径。通过劳动教育培育劳动素养，是对劳动者的劳动价值观、劳动意识、劳动情感、劳动意志、劳动能力等多侧面、多层次综合素质的培养与提升。一方面表现为劳动过程中的劳动心态和劳动技能；另一方面表现为通过劳动实践而获得的一种道德修养，是个人主观、独立的心理准备，是劳动精神生成与发展的基础。习近平总书记强调："要在学生中弘扬劳动精神，教育引导学生崇尚劳动、尊重劳动，懂得劳动最光荣、劳动最崇高、劳动最伟大、劳动最美丽的道理，长大后能够辛勤劳动、诚实劳动、创造性劳动。"精神是人的根本，劳动精神是支撑劳动本质、促进劳动者持续发展的根本。具体而言，劳动精神是以劳动使命、劳动文化自信及劳动自由人格等感性意识为基础，依靠自身价值意愿与劳动体验构建而成的，是劳动素养在精神层次和自由领域的内化，因此，劳动素养是涵养劳动精神的重要契机。从内涵分析，两者有相似重叠之处，劳动素养更为全面具体，而劳动精神更具统领作用，综合把握劳动的知、情、意、能，是形成劳动精神的基础与关键。从意识形态剖析，劳动素养是指劳动心理素质，能为日常劳动做好心理准备，而劳动精神是指向劳动自由人格与主客观精神体验，前者的丰富对后者的生成具有强化作用。从发展角度思考，劳动素养和劳动精神都处于持续不断的发展过程中，劳动素养所表现出的劳动活力，为劳动者在劳动中发现人性与美，探索自己的内在本质力量，形成甘于奉献、乐于创造的劳动精神提供了感性基础，为培育劳动精神创造了条件。

（二）培育劳动素养是彰显教育实践品性的显著标志

教育实践是人类有意识、有目的地培养人的活动。教育在很多方面都被认作是实践，不少人已将多数"实践"概括理论化，削减了教育实践的全面性、复杂性和生动性。因此，重新认同教育实践品性及着力开发教育实践，是劳动教育的关注点。劳动教育作为一种特殊的实践教育，能丰富教育实践的生命性与动态性。在劳动实践过程中，劳动者将

"做"与"思"有机衔接贯通，这时的劳动就变成思想与行动的知识。加拿大认知心理学家约翰·罗伯特·安德森把人类所掌握的知识分为陈述性知识和程序性知识。劳动教育所培养的劳动素养囊括了这两种知识类型，既引导学生树立有关劳动本质、劳动价值的正确意识，又提升其服务劳动实践的劳动能力，充分体现了"做中学""做中思"的教育实践理念。教育实践具有情境性、反思性、人文性和智慧性等价值品性，劳动教育在很大程度上贯彻发展了这种教育实践品性，是彰显教育实践品性的显著标志。教育情境是指受教育者在一定情景中经历、发现、体验知识的过程处境。劳动教育实践是走近自然、走进生活的实践活动，自然界和生活界是劳动教育的良好平台与教育资源。从这一视角看，劳动教育必须具有情境性。劳动者在自然、生活的情景中体验劳动过程、创造劳动成果，在劳动过程中体悟人性与生命，在劳动成果中体会价值与美。在劳动实践不断发展的过程中，劳动者的劳动素养就会不断形成和提升；随着劳动素养的不断提升，劳动者投身于劳动实践的愿望就会更强烈。劳动教育、劳动实践与劳动素养的螺旋发展，进一步彰显了劳动素养的实践品性。培养劳动素养体现了劳动教育实践的反思性。反思意味着劳动者在劳动实践时"做中思""思中做"。劳动意识、劳动情感、劳动意志是在劳动过程中形成、发展的，是"思"的持续性和完整性表达，体悟、研究劳动本质、劳动目的与意义是形成劳动素养的基础；劳动能力是"思"的外延体现，在"思"与"做"的过程中，通过劳动实践不断创造价值，发挥创造性能动作用。教育的灵魂是人文精神即人类自我关怀，培养劳动素养重在关怀劳动者的内在诉求。重视劳动者本身，关注人的存在方式，是劳动教育的根本理念。培养学生的劳动素养，能使学生关注自我、本我，追求人格自由，获得自我精神取向的发展，进而推动劳动实践走向生动化和全面化，以此表现出人文性。劳动教育实践也表现出智慧性。实践智慧属于理性德行，是劳动创造的必要条件，需要劳动者深入生活、自然、社会。劳动实践智慧是劳动者在与劳动材料相互作用的过程中，通过自身感悟所达到的一种劳动境界。劳动教育能通过创造各类劳动实践活动平台，引导劳动者催生实践智慧，促进劳动者形成学问智慧体系，发展其行动智慧系统。

（三）培养劳动素养是实现中华民族复兴的重要基石

习近平同志在党的十九大报告中指出："实现中华民族伟大复兴是近代以来中华民族最伟大的梦想……实现中国梦必须弘扬中国精神，必须凝聚中国力量。"实现中华民族伟大复兴，需要具备强大的物质基础与精神力量，而劳动实践既是创造物质基础的根本源泉，又是凝聚意志、汇聚力量、发挥引领作用的精神来源，劳动实践与创造是实现中华民族伟大复兴的根本途径。劳动教育是提高劳动者综合素质的重要平台之一，是指导劳动者逐步提升劳动素养的基地。劳动教育培养劳动素养，既是健全学生人格、培养新时代新人的内在要求，也是建设高水平人才梯队的思想行为保障。以个人汇聚主流，以集体影响个人，劳动素养就在较大程度上成为实现中华民族复兴的重要基石。从劳动个体角度剖析，劳动者能在劳动教育中开发其内在潜质，涵养个性特点，形成良心、道德心、责任心，培养创新思维与实践能力，进而健全劳动人格，为成为新时代的新人做好准备。培养劳动素养，能使劳动者更深刻地体悟自我意识与创造价值，开阔眼界，置身时代洪流，不断提升自我要求，把握时代发展潮流，以个人力量助推民族复兴之路。从集体劳动层面剖析，"功以才成，业由才广"，人才梯队是实现中华民族伟大复兴的必然要求与有力支撑，是推动社会发展的关键性力量。全面建成小康社会，全面实现"两个一百年"的奋斗目标，以及构建人类命运共同体等，需要高质量劳动人才的劳动创造，需要全社会劳动者坚持不懈地奋斗。培养劳动素养能提高劳动者的思想觉悟，为劳动者积极参与劳动、投身建设、诚实劳动、创造劳动提供内在驱动力。在劳动教育中培育劳动素养，是汇聚劳动力量、提升劳动竞争力、形成劳动人才梯队、构建美好社会，进而"用劳动托起'中国梦'"的动力基石。

课堂案例

功以才成、业由才广 | 探寻西昌航天从"开门红"到"满堂红"制胜密码

坚定航天报国志向，坚定航天强国信念。

西昌卫星发射中心组建以来，一代代西昌航天人从大漠戈壁出发，挺进深山峡谷，奔赴椰林海岛。

从年均2～3次发射任务，到2021年首次超过20次任务，近年来，随着核心能力逐步提升，西昌卫星发射中心承担的任务越来越重，不断创造中国高度、中国速度、中国奇迹。其中，重要的制胜法宝就是相信青年人才、重用青年人才，在高密度任务中培养锻炼青年人才，为其成长搭台子、铺路子、压担子。

2018年11月1日深夜，该中心西昌发射场灯火通明，第四十一颗北斗导航卫星即将发射。

这次发射，是西昌卫星发射中心历次发射中一次普通的发射，但又是一次不寻常的发射——这是中国首位女性发射阵地指挥员张润红首次指挥发射。

"80后"张润红追梦航天、圆梦"01"的历程，也正是西昌卫星发射中心党委识才、爱才、敬才、用才的一个缩影。

"重视科技人才的地位和作用，让专业的人干专业的事，把人才置于合适的岗位，才能让人才在合适的位置发挥出更高的效能。"西昌卫星发射中心主任介绍。

海纳百川，聚天下英才而用之。该中心要实现"世界一流航天发射场"的建设目标，更加需要一流的人才。

"5、4、3、2、1！点火！"2020年11月24日，长征五号遥五运载火箭在西昌卫星发射中心文昌航天发射场点火升空，将嫦娥五号月球探测器精准送入预定轨道。当"大红屏"亮起的那一刻，作为该任务01指挥员的胡旭东热泪盈眶、激动不已。

2003年从东南大学毕业后，胡旭东主动申请到航天发射一线工作。在西昌发射场，他"教头""排故能手"的称号声名远扬。来到文昌航天发射场后，胡旭东先后担任长五遥一、长五遥二、长五B遥一、嫦娥五号等多项"国字号"任务"01"，成长为发射场一颗耀眼的"明星"。

同时，依托重大任务，尹相原、廖国瑞、于新辰、周承钰、王宇亮等众多年轻优秀人才脱颖而出。他们坦言："感谢组织给予的广阔舞台，不仅提高了能力素质，也收获了满满的荣誉。"

航天事业是自带光环的神圣事业，西昌卫星发射中心是成就人才的红色沃土。该中心党委坚持党对人才工作的全面领导，始终把人才培养作为基础工程、战略工程，培养锻造覆盖航天发射组织指挥、技术研究、测试操作、综合保障的全方位、多层次人才队伍。

他们量身定制"一人一策"培养措施，每年分批输送技术骨干、优秀中青年专家外出攻读研究生、参加研修班和专题培训班。贯彻落实科技人员服务保障"9个保证"要求，积极为人才"松绑"，不断激发科技人员的积极性、主动性、创造性，让更多"千里马"竞相奔腾于伟大时代。

栽下梧桐树，引来金凤凰。此外，他们先后建成航天发射场可靠性技术重点实验室，建立博士后科研工作站，组建了以"车著明创新团队"为代表的11支科技创新团队和15个技能革新攻关班组，积极与22家国内著名一流大学、科研院所签订联合人才培养协议，构建形成了金牌指挥、科技精英、大国工匠为主体的强大人才方阵，一大批科研成果投入任务应用，极大提升了核心能力。

"一流的航天发射场要靠一流的人才来实现。"西昌卫星发射中心党委书记表示，"这些年，中心党委始终把人才建设作为'党委工程'常抓不懈，创新人才发展理念、培养模式、方法手段和制度机制，搭建创新平台、培育创新人才、浓厚创新氛围，人才队伍又'红'又'专'，为万无一失、圆满成功奠定了坚实基础。"

——摘自：学习强国

三、大学生劳动素养体系

（一）劳动素养体系之基础：劳动能力

劳动能力是学生劳动知识、劳动技能及劳动活动实践创新等多项内容的综合表现，主要包括劳动知识、劳动技能与劳动创新，是学生个体劳动观念、劳动精神及劳动习惯等人格品质形成的坚实基础。劳动能力素养的形成始于学生对劳动知识的学习与劳动技能的尝试。劳动知识是历史潮流中前人在劳动实践中认识客观世界、推动社会生产和发展自身的经验结果与传承积累，它包括理论知识和实践知识。劳动技能是指运用一定知识和经验顺利完成某种劳动任务的活动方式。在劳动教育过程中，学生需要系统学习劳动知识，包括劳动项目的起源、发展历程、社会作用及未来意义等内容，体系化和专业化的知识掌握形成了学生劳动知识素养。劳动技能素养是指学生在具体的劳动活动中所形成的稳定技术性能力等，主要表现为学生能独立或者合作完成简单的劳动项目并能熟练运用常见的劳动工具等，帮助学生从日常劳动中学习基本的生活技能。劳动创新是指学生通过知识与技能的学习，在各类劳动实践活动中所形成的劳动创新思维及在以往劳动基础之上继承创造的能力。如对传统劳动工具进行改造的想法、对如何优化劳动效率的思考等，这些都是青少年创新思维、创造能力的体现，也是未来人才所必备的竞争性能力。劳动知识的积累、劳动技能的掌握及劳动创新的培养，完善了学生知识结构体系，提升了劳动能力，为劳动品质与劳动习惯等素养的形成奠定了基础。

（二）劳动素养体系之重心：劳动观念

劳动观念是指学生在劳动活动中所形成的综合性认知，是学生劳动意识、劳动思想和劳动态度的表达。意识源于人对大脑内外所收获信息的觉察。劳动意识是学生个体关于劳动信息的主观性想法的表达，如"学生自己的事情自己做"的想法、尊重他人劳动成果、安全劳动等意识。劳动意识是正确认识劳动创造价值的核心，并进一步影响学生的劳动态度与劳动行为。劳动思想是指学生要正确认识马克思主义劳动思想以及新时代习近平总书记劳动观的具体内容，促进学生对"劳动最光荣、劳动最伟大"等思想认识的形成。劳动态度是学生对劳动活动系列内容的心理和行为倾向，常常外化为个体行为表现，如学生书桌整理、洗衣做饭等主动承担劳动的行为，是积极劳动态度的表现。劳动观念是学生劳动素养体系的重心，是消除因家庭淡化劳动教育所形成的"宅男""宅女""啃老族"和"佛系青年"等现象的良药。劳动观念的培养能够使学生在动手实践、体力付出中形成"劳动平等"与"劳动最光荣"等思想观念；在规范自我劳动行为、学习劳模精神和体验劳动过程中，端正劳动态度；在社会公共劳动活动中，形成公共服务、劳动自立、自我实现等意识。劳动观念的培养是学生自我价值实现的隐形奠基石，折射出个体内涵式发展的光芒，为其全面发展提供保障。

（三）劳动素养体系之核心：劳动精神

劳动精神是指学生面对劳动所秉持的精神风貌和人格气质，是学生劳动素养的核心内容。一般意义上，劳动精神是指劳动者在劳动中展现的精神状态、精神面貌、精神品质。劳动精神是个体思想、意识、思维等心理认知的凝练与升华，它指导与规范着个体外在劳动行为的表现。青少年是未来的社会主义接班人和中华优秀传统文化的传承人。劳动精神的培育必须立足中华民族优秀传统文化，结合时代发展需要和青少年身心特征来核定其主要内容，为塑造合格的时代新人提供保障。新时代劳动教育要培养勤俭、奋斗、奉献等劳动精神。奋斗、奉献、勤俭是学生在日常生活、生产及服务性等劳动活动中所必备的精神内容，也是培育学生坚持不懈、持之以恒、勤俭节约等良好德行修养的重要因素。学生劳动精神素养主要包括劳动奋斗、劳动奉献、劳动勤俭等基本劳动精神风貌。劳动精神素养是新时代社会发展对未来人才品德的要求，也是当今青少年学生所要学习和达到的个人品德标准。同时，劳动精神也是指引学生劳动品质与劳动思想形成的核心力量，是促使学生在社会公益劳动、日常生活劳动及生产劳动等活动中学会自立自强、勤奋坚强、勇于克服困难、乐于奉献的动力源泉，对未来提升社会公益活动质量、形成社会劳动风尚及推动学生突破自我劳动认知限度具有促进作用。

（四）劳动素养体系之关键：劳动习惯和劳动品质

劳动习惯和劳动品质是随着学生成长而养成的人格品质，体现为日常的自觉化劳动行为与思考方式，是从个体内在思维、思想到外在行为表现的素养展现，也是学生劳动素养体系的关键内容。个体的行为习惯有积极与消极两个方面。积极的劳动行为习惯激励着学生的劳动热情，督促着学生规范劳动行为。劳动习惯和劳动品质主要包括劳动自主、劳动诚信、劳动责任。具体而言，劳动自主在于学生能够自觉主动、积极自愿地投入家务劳动、班级服务劳动等劳动活动，形成自觉能动的能力和主动劳动的习惯；劳动诚信是指学生养成尊重劳动事实、遵守劳动规范的行为品格；劳动责任是指学生要在各阶段发展过程中形成各类劳动实施责任感，具体表现为个人、学校、家庭及社会劳动责任等，以此来强化青少年对于社会、家国发展的责任感。选择、坚持良好的劳动习惯不仅是学生养成劳动品质、形成劳动精神和劳动能力的关键，也是自身实践能力发展的重要举措。正如俄国教育家康斯坦丁·德米特里耶维奇·乌申斯基所言："如果你能成功地选择劳动，并把自己的全部精神灌注到它里面去，那么幸福本身就会找到你。"学生良好劳动习惯和品质的生成，不仅是满足课程专业发展的需求，更是自身幸福感的来源，也是获得感得以实现的重要渠道。

劳动素养结构主要包括劳动能力、劳动观念、劳动精神、劳动习惯和劳动品质四个维度。四者相辅相成，共同构筑了学生劳动素养结构体系。

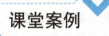

课堂案例

技能大师的成长之路

2017年11月，在重庆市技能大师工作室授牌仪式上，来自川仪子公司重庆四联测控技术有限公司制造二部的职工青增泰，接受了以他名字命名的"青增泰仪表调校工市级技能大师工作室"牌匾。青增泰高职毕业后就进入该企业工作，7年来，他凭着对技术行业的执着和热爱，勤学好问、潜心专研，收获奖项13个。2017年，28岁的他被授予重庆市劳动模范称号，成为全市最年轻的省部级劳模。在他看来，能取得这样的成绩，得益于自己对待工作一丝不苟、严谨认真的态度。这样的习惯，是他在校期间养成的。在学习专业课程和技能的过程中，他认识到严谨的工作作风对于技术人员的重要性。细节和质量对产品的重要性，因此，在工作中，他严格按照产品质量、进度、合格率的要求，不放过任何一个细微环节，凡经过他的检查和维修，产品的合格率达到了100%。同时，他也热衷于技术创新，公司每年组织的技能竞赛，是他脱颖而出的重要锻炼平台。几年下来，他已经成为公司的"老"师傅。在成立了以他名字命名的技能大师工作室后，他还将带领团队的12名技术人员培养更多的技术能手，在技术创新的道路上，一路仰望星空，一路大步向前。

四、大学生劳动素养培育路径

劳动素养是劳动教育的灵魂。依据劳动素养的结构体系，可从劳动教育内容、劳动教育氛围、劳动教育方式等方面来加强和培养学生的劳动素养。

（一）细化劳动教育内容，提升学生劳动能力

以课程教学为载体细化劳动教育内容是培养学生劳动能力的起点。

（1）以生活现象为切入点，优化学生劳动知识结构。以贴近学生生活的劳动内容为基本点传授多样性的劳动文化知识，促进劳动知识素养的形成。例如，课堂上教师与学生以早餐为出发点，共同探究大米的种植、生产方式及相关劳动工具的介绍等，以此方式解决学生相关生产劳动知识的盲点。

（2）强化动手制作、亲身体验的劳动活动内容，锻炼学生劳动技能。动手实践、身体力行是学生劳动技能能力提升的捷径，通过实践操作强化学生对劳动工具的充分认识和劳动方法的熟练运用，帮助学生从实践活动中掌握工具的使用和促进技术水平的提升。例如，在学校可以采用项目式、主题式等教学方式开展不同实践操作类劳动活动，以此来培养学生的相关劳动技能。项目式学习突出学生运用各种工具和资源对问题的自主与合作探究。在项目式等劳动教育活动中实现学生对劳动工具的认识与技术的学习及劳动合作能力的形成。

（3）注重劳动知识的对比分析，激发学生劳动创新能力。劳动创新能力表现在思维、实践等方面的创新。师生、学生之间思维的碰撞和观点的交流等是创新思维与创造能力形成的关键，注重劳动知识间对比分析是提升学生劳动创新能力的有效举措。例如，通过对传统剪纸与现代剪纸的制作技术、成果特点等内容的分析对比，激发学生对剪纸选材、图案设计等创新想法。科学的劳动教育内容的设置有利于学生自身对劳动知识、技能等内容的学习与掌握，层层推进劳动素养的养成与提升。

（二）强化多种劳动活动反思环节，涵养学生劳动观念

以劳动活动反思环节为关键点培养学生正确的劳动观念。

（1）通过劳动课堂中动手实践活动反思，增强学生的劳动意识。在学校劳动教育过程中，通过对学校班级责任田的除草、浇水工作反思农民耕种劳动之艰辛，形成尊重劳动者、珍惜劳动成果、杜绝浪费的意识；通过动手制作简易洒水器、缝制沙包等劳动活动，反思使用工具的安全性，如剪刀的正确使用等，延伸对安全劳动的知识拓展，形成安全劳动、保护自身安全的意识，拓宽对行业劳动者的劳动精神与品质的了解，强化尊重劳动者、珍惜劳动成果的意识。

手工缝制沙包

（2）基于课后家庭服务性劳动活动反思，端正学生劳动态度。家庭服务性劳动主要发生在校外，这就需要教师在校内组织进行学生劳动活动的反思交流，引导学生在家庭生活劳动中体会劳动的价值、感受父母劳动的意义，从而端正学生认真劳动、尊重他人劳动成果的态度。

（3）设计劳动反思评价，强化学生劳动思想。鼓励、肯定与认可是激发学生学习热情和行为实施的动力，教师与家长对学生真实、有意义的劳动反思，是激发劳动热情的催化剂，进一步强化了"学生劳动光荣、劳动创造自我价值"等劳动思想的形成。新时代的劳动教育要能够确保人获得一种自我存在的价值感。家长、教师及同伴的肯定、认同是学生通过劳动活动获得自我存在价值感的意义彰显。

（三）营造多维劳动教育氛围，培育学生劳动精神

以营造劳动教育氛围为重点培养学生劳动精神。

（1）依托学校网络软件，营造良好的网络劳动教育环境，强化劳动精神的浸染。随着网络信息的普及化，网络教育逐渐崭露头角，大部分学校已经具有微信公众号、微信群等媒体交流渠道。依托学校网络平台推送劳模、典型工匠等案例，弘扬奋斗不息、艰苦卓绝、无私奉献等劳动精神，营造信息生活化、常态化的劳动教育氛围，达到学生能够在课下通过手机等常用设备进行劳动精神学习的目的，并在劳动者光辉、朴实的事迹中形成热爱劳动的风尚。

（2）合理利用班级环境，营造劳动文化教育氛围，弘扬劳动精神。班级是学生在校共同生活的场所，班级劳动文化氛围的营造与学生劳动素养的形成息息相关。通过教室墙壁上劳动知识、劳模事迹等内容的张贴，教室板报上劳动观念的宣传以及教室读书角里有关劳动书籍的添置等，创设班级劳动文化氛围。在该环境中潜移默化地教育学生如何劳动、什么是劳动精神和劳动品质，促使学生劳动品德与劳动精神的有效生成。

（3）举办劳动类趣味活动，营造愉悦的劳动教育环境，使学生在游戏中感受劳动精神。组织实施"劳动游戏"，有利于激发学生的劳动兴趣。在劳动游戏中巧妙融入劳动精神知识，形成新的游戏形式和游戏规则，使学生在游戏中学习劳动知识、感受劳动奋斗的精神，从而促进相关劳动情境兴趣和个体兴趣的形成，实现劳动教育目的。

（四）实施协同劳动教育方式，培养学生劳动习惯和品质

以学校、家庭和社会为核心建构协同劳动教育方式，联合校内外资源实施劳动教育活动，使学生养成良好的劳动习惯和劳动品质。

（1）关注家庭生活能力的培养，提高学生劳动自主素养。生活能力是学生在面对生活需求与困难时所表现出的解决问题的能力，也是学生独立性的表现。目前，受社会科技化、劳动分工及家长教育思想的影响，越来越多的学生处于劳动意识淡薄、动手能力较差的状态，不会做饭、不会整理内务等已经成为目前学生常态化表现。多种家庭日常劳动，能够培养学生自觉主动、自主规划的劳动习惯，并在习惯养成中锻炼生活技能、形成生活能力，为未来独立自主的生活提供保障。

（2）学校报刊、主题讲座和班会等宣传劳动诚信事例，可以培养学生劳动诚信品质。诚信品质是学生应该从小培养的品质素养，通过主题班会、话剧会演等活动宣传劳动诚信的事实案例，并通过正、反两个方面的案例分析来宣扬尊重劳动事实、遵守劳动规范、诚信劳动的价值意义，培养学生形成劳动诚信的优良品质。

（3）体验社会公益劳动活动，强化学生劳动责任。学生劳动责任感在学校以及家庭的服务性劳动中能够达到较好的培养效果，但社会责任感较难形成，主要原因在于学生心智发展不够成熟，难以理解自身社会责任感的含义和意义。因而，通过组织参加社会公益性劳动，能够使学生体会到作为社会成员具有一定的社会责任，如参加公益性防沙植树活动，使学生明白爱护环境的社会责任等。

课堂案例

山东青岛胶州这个村里办起假期公益课堂 大学生志愿者当老师

"来看这个题，我给你讲讲错在哪里了。待会儿我给你讲完之后，再找一道类似的练一下。"2022年1月24日上午，在山东青岛胶州市九龙街道大洛戈庄网格村村支部的党员活动室，毕业于鲁东大学的王蕾正在给村里三年级的小学生辅导功课。这个假期，村里将办公室、会议室腾出来办起了公益课堂，邀请大学生当志愿者，为村里小学生办起了免费假期托管。

45名小学生的专属托管

上午8时，推开村支部办公楼二楼的党员活动室，32名小学生规规矩矩地坐在书桌前，写着寒假作业，5名大学生"老师"分年级照看着他们。在旁边的会议室，12名小学生在3名大学生"老师"的看护下，认真练字、做题。

"我们前期做了调研，包括村民意见、学生数量、家庭成员情况、打疫苗的情况等，经过充分论证后，才办起了这个公益课堂。"九龙街道大洛戈庄网格党支部书记姜宏斌介绍，村里不少小学生的父母白天上班，孩子们就跟着爷爷奶奶、姥姥姥爷，学习上老人帮不上忙，而且由于隔辈亲，大多数老人比较宠溺孩子，有些孩子就沉溺于玩手机、看电视。经过前期调研后，办公益课堂的消息一出，就得到了大伙儿的一致响应。

"小学一年级到五年级，一共收了45名学生。每天8点就开始上课，中午家长接回去，下午再送过来。"公益课堂负责人史翠云告诉记者，村里将村支部的党员活动室、会议室腾了出来专门给小学生们使用，安排专人每天测温，每天至少做四遍消杀工作。放学时确认每一名学生都有家长接，"村委前面就是条公路，必须得保证安全。"

9名大学生"老师"轮流辅导

"家里人都挺支持的，都同意我过来。"王蕾2021年7月从鲁东大学毕业，学习英语专业的她已经考取了初中教师资格证。看到村里招募大学生志愿者，她便报名参加了，每天在辅导小学生的同时，她也在学习，"这边的学习氛围不错。"

戴眼镜的郑鹏程是曲阜师范大学的研究生，学的是体育教育专业，在辅导小学生功课的同时，每个大课间，他便带着学生们在后面的校园里进行体育活动，打篮球，玩纸飞机……

看上去年纪稍小的唐雪是潍坊学院大一的学生，她一般辅导一二年级的小学生。"我放寒假闲着也没事，就过来帮忙了。"除了他们三人，还有来自大连外国语学院的刘佳玮、威海职业学院的唐子腾、齐鲁工业大学的刘文双、山东科技大学的韩林桥、日照职业技术学院的唐文浩、山东理工大学的董玉凤，大学生们都积极参与其中。他们9人都从小在村里长大，由于年龄不一，有些人原本彼此不熟悉，但在这个公益课堂，他们变得熟悉热络起来，在闲暇之余，也相互交流一下学习、考研的经验等。

上好安全课，请来民警与交警

来自上合示范区实验小学五年级二班的王天宇在教室后面认真整理好词好句，由于父母都上班，平时就小天宇自己在家，当公益课堂开班消息一出，他们一家三口都同意报名，"在这里有小伙伴一起写作业，也能一起玩。"王天宇说。

四实小三年级三班的张可欣寒假住到了姥姥家，"我爸爸妈妈都上班，所以送我来姥姥家，我平时写完作业，就自己玩。"来自慧海小学四年级一班的刘润泽也很喜欢这里的氛围，"我在家写完作业就跟奶奶玩，再就是看电视。在这里不仅有我好几个同学一起，我有不会的题还可以问老师。"

除了每天必做常规作业，课间的体育活动，公益课堂还准备了趣味故事、红色电影等，还把交警队的叔叔和公安局的阿姨请到了课堂，讲解交通安全知识和反诈治法知识。丰富的课堂知识与有趣的互动，受到了学生们的一致欢迎。

公益课堂不仅受孩子们欢迎，更是解了家长们的后顾之忧。"这个事挺好的，我在家管不了小孙子，他要不就看电视要不就往外跑，在家看电视我担心他近视，在外面玩，我担心车多，还害怕他去结冰的地方玩。在这里都有大学生领着学习，领着活动，真是帮了大忙了。"中午来接小孙子回家吃饭的刘爷爷说。

"现在防疫是重中之重，我们这边也严格执行相关规定，来当志愿的大学生得先做核酸检测，确认已经全程接种疫苗，没有中高风险地区旅行、接触经历等；小学生们需要家里人都完成了疫苗接种，也要确认没有相关的中、高风险地区旅行、接触史。此外，每天要进行至少四遍消杀工作。学生们上学、放学以及上课的地方，与村民来办事的区域相隔开。在确保安全的基础上，保障他们过一个充实有意义的寒假。"大洛戈网格党支部书记姜宏斌说。

——摘自：学习强国

劳动素养是劳动教育的目的之一，也是学生未来发展的必备能力之一，良好的劳动素养能够使学生更好地面对未来社会的发展，提升社会竞争力。因此，探析学生劳动素养的内涵、结构体系以及培育路径，对丰富劳动教育研究内容、推动学校劳动教育发展具有重要的作用。

第二节　劳动情怀

一、劳动情怀内涵

劳动情怀意蕴丰富，是指人们在实践中形成的对劳动的认知、情感、精神、习惯、品质等因素有机结合的总称。劳动创造了人和人类社会、促进了人的自由全面发展。劳动没有高低贵贱之分，所有劳动形式都应该得到认同、所有劳动成果都应该得到珍惜、所有劳动者都应该得到尊重。劳动情感是在劳动实践中是否满足人的某种需要而产生的心理体验。如果在劳动实践中，拥有正确的劳动认知，满足劳动预设需要，就会对劳动投入热情，享受劳动带来的快乐体验。劳动精神是指劳动者在劳动中展现的精神状态、精神面貌、精神品质。新时代劳动精神是在继承发展马克思主义劳动价值观基础上与中华民族优秀传统劳动观念，以及社会主义核心价值观一脉相承的，其核心内容为普及劳动最光荣、劳动最崇高、劳动最伟大、劳动最美丽的道理，彰显辛勤劳动、诚实劳动、创造性劳动的理念，弘扬劳动光荣、技能宝贵、创造伟大的时代风尚。劳动习惯是经过持久的劳动技能、劳动就业等训练后养成稳定的劳动生活方式。良好的劳动习惯是建立在正确的劳动认知基础之上，同时，又促进劳动情感的强化。劳动品质是一个人在劳动实践中表现出的乐观精神面貌和稳定心理特征，它是劳动精神的高度概括，也是一个人道德品质的重要内容。一般来说，有什么样的劳动品质就会有什么样的道德品质。在劳动实践中，当正确的劳动认知、真挚的劳动情感、昂扬的劳动精神、良好的劳动习惯、优良的劳动品质等因素有机结合，就能使劳动创造的社会价值最大化，自我价值自然也会得到体现。

新时代大学生的劳动情怀是建立在正确认识劳动价值的基础上，经过长期实践逐步升华形成的个人价值观层面较为稳定的劳动价值观、劳动态度、劳动精神、劳动习惯等内容的总称。

（一）劳动价值观

劳动价值观是人们对劳动价值、劳动意义的根本看法。新时代大学生劳动情怀的培育必须要树立马克思主义的劳动观，正确认识劳动和实践劳动，明确劳动是推动人类社会进步的根本力量，树立辛勤劳动为荣的价值取向，充分认识到劳动是财富和幸福的源泉。大学生只有树立科学的劳动价值观，才会正确地对待劳动，才能强化劳动光荣的意识，才能明确只有在劳动中才能实现自身价值。

（二）劳动态度

劳动态度是个人对劳动的一种心理倾向，包括对劳动的认识、情感反应和行为倾向。劳动态度受生活环境、教育程度、行为习惯等因素的影响。在新的历史时期，劳动情怀培育必须让大学生转变对劳动的认识，培养热爱劳动、服务社会的奉献意识，珍惜他人劳动成果，享受劳动所带来的成就感。不贪图安逸，不惧怕困难，不怨天尤人，依靠勤劳和汗水开辟人生与事业前程。

（三）劳动精神

劳动精神表现为一种对劳动积极接受的态度，不惧困难地对劳动坚定不移的热爱。劳动精神是新时代劳动情怀培育的精神基础，能引领大学生劳动情怀的方向。在大学生中弘扬和践行劳动精神，树立"辛勤劳动、诚实劳动、创造性劳动"的理念让"劳动最光荣、劳动最崇高、劳动最伟大、劳动最美丽"蔚然成风，激励大学生以劳动托起"中国梦"，在劳动中创造价值和实现价值。

（四）劳动习惯

劳动习惯是通过经常性劳动而得以巩固的自动劳动需要的行为方式。当个人积极主动地要求为自己劳动，更为他人和社会劳动时，劳动习惯就形成了。新时代的大学生成长在自动化的社会环境中，多为独生子女，被父母溺爱。劳动意识和劳动习惯的缺乏导致大学生形成了懒散、浪费、拜金等不良的作风。新时代大学生劳动情怀的培育应重视劳动习惯的养成教育，让劳动成为自觉的行为。

二、大学生劳动情怀培育的价值

习近平总书记非常重视培养青年学生的劳动情怀。他在全国教育大会的讲话中指出，"要努力建构德、智、体、美、劳全面培养的教育体系""培养德、智、体、美、劳全面发展的社会主义建设者和接班人。"要实现这一目标，高校必须加强劳动教育，把劳动教育纳入人才培养全过程，以涵育劳动情怀为切入点，在劳动教育中端正劳动态度、培育劳动精神、培养劳动品质、养成劳动习惯，这不仅关系到大学生在大学阶段学习、生活状况，更关系到今后走向社会的价值导向、就业意向和情感取向。

（一）端正劳动态度

"劳动创造人""创造社会关系""创造财富""劳动没有高低贵贱之分""所有劳动者都应该得到尊重"是马克思主义劳动价值论的重要内容。受市场经济的负面影响，当前，不少大学生对劳动创造价值产生模糊甚至错误认识：如有些学生认同劳动创造金钱，金钱能买来劳动，把创造金钱作为劳动的唯一动力；也有些学生害怕"劳而无功""劳而无获"，总认为付出的劳动就应该得到回报，否则就是有黑幕，就是世道不公，进而产生心理不平衡，消极怠工、不思进取、一蹶不振，甚至会走向厌世、报复社会的深渊；还有些学生把劳动者分为三六九等，对宿管员、清洁工、食堂师傅等体力劳动者存在偏见，漠视他们的劳动成果，甚至对他们冷言嘲讽、恶语相加。这些不正常的认知和现象都是劳动态度不端正的表现。劳动情怀的涵育有助于大学生树立正确的劳动价值观，塑造坚强的心理素质和阳光心态，教育引导他们学会尊重他人的劳动成果，用积极健康的劳动态度去放飞青春梦想、实现人生目标。

（二）培育爱岗敬业的劳动精神

爱岗就是热爱和忠于自己的工作岗位，敬业就是对自己所从事的工作采取恭敬、负责的态度。爱岗敬业不仅是社会持续发展的需要，也是个人自身价值的体现，蕴藏着丰富的劳动情怀和勤劳淳朴、拼搏奋进的精神品格。习近平总书记在对黄大年同志先进事迹做出重要指示时强调，"我们要以黄大年同志为榜样，学习他心有大我、至诚报国的爱国情怀，学习他教书育人、敢为人先的敬业精神，学习他淡泊名利、甘于奉献的高尚情操。"大学阶段正是青年学生人生观、世界观、价值观形成的关键阶段，强化大学生劳动情怀的涵育有助于激发他们的学习热情和创新意识，努力学习科学文化知识、练就过硬本领，继承艰苦奋斗、爱岗奉献、敬业乐业的劳动精神，把勤于学习作为实现人生价值的"哨位"，把报效国家作为实现个人全面发展的"压舱石"。

（三）培养精益求精的劳动品质

弘扬工匠精神，崇尚精益求精的品质，成为新时代社会前进的"风向标"。精益求精的工匠精神核心要义在于无论何种从业者都要干一行钻一行，注重细节，精心打磨，不断改进工艺技能，追求产品和服务的品质精细化、多样化。尽管自古以来我国也涌现出如鲁班、李春、詹天佑等追求精益求精的工匠大师，但长期以来重视人伦道德、轻视科技发明和创造的社会风气使得精益求精的工匠精神难以在社会上得到广泛传颂，再加上市场经济负面影响带来的浮躁、急功近利的气息，加剧了精益求精的工匠精神社会地位的削弱。新时代工匠精神注重技术应用和技术创新，紧跟现代技术的发展态势，引导青年学生在学习工作中养成精益求精、严谨认真的劳动品质。作为科技创新的生力军，大学生要勇于站在科技创新的时代前沿，努力攀登科学技术高峰，踏踏实实、勤勉学习，以利天下的情怀担负起民族复兴大业之责任。这种责任担当不是坐而论道的清谈，而是起而行之的躬行，是扎根实践淬炼出的精益求精的劳动品质。

课堂案例

李淑团：精益求精，把工作做到极致

"我的梦想就是把每一项技能学好，把每一个产品做好，看着一个个最原始的铁块在我们手中变成一个个精致零件，有的还被载上航天飞船飞入太空，心里会有一些成就感。"全国三八红旗手，河南三门峡中原量仪公司的首席员工、高级磨工李淑团感慨地对记者说。

三门峡中原量仪股份有限公司创立于1965年，作为中国首家精密量仪生产企业，开辟了中国精密量仪新领域，填补了国内多项空白。

李淑团所在的磨工岗，一天要在操作台站立8小时以上，精度比"在大米上刻画"还要高，这既费体力又耗精力的工作，李淑团一干就是30多年。李淑团还创造了零件加工的超精奇迹。她所操作的机床设备可以达到千分之一毫米的精度，而李淑团使用它所能达到的精度在万分之三毫米至万分之五毫米之间。许多微米级精度的部件，都是手工做出来的，产品远销30多个国家和地区。她的岗位成了大家心中的放心岗位，她的班组也成了放心班组。

李淑团喜爱读书，喜欢思索。2012年，她在公司拳头产品的拼合式气动量仪零件加工中，一举攻克了关键零件"锥度玻璃管"的加工技术难关。她经过不断摸索，反复试验，最终大胆创新出了以磨代研的技术，填补了国内"锥度玻璃管"的加工技术空白。

30多年来，李淑团兢兢业业，每年都超额完成任务量，获得全国三八红旗手等荣誉称号。她的梦想就是把每一项岗位技能练好，把每一个产品做精。

她先后带出了30多个好徒弟，使他们成为"中国智造"的中坚力量。逢年过节或是星期天，她常把徒弟们请到家里来，聊聊家常，给他们做顿好吃的饭菜，让身在异乡的他们感受到家的温暖。"作为一名老党员、老职工，我深知每一名员工的每一步成长都离不开企业，而企业的每一步发展也离不开全体员工的齐心努力。"李淑团说。

李淑团用自己获得的奖金成立了一个劳模基金，用来奖励公司的创新技术人才，让劳模精神、工匠精神发扬光大，传承下去，激励青年员工不断提高专业技能知识，为中国制造奋斗。

精于工、匠于心、品于行，李淑团在工作中不断演绎着"能人所不能"的精湛技艺，小到一枚螺丝钉、一根电缆的打磨，大到飞机、高铁等大国重器的锻造，都展现出笃实专注、严谨执着的匠心匠魂。

——摘自：学习强国

（四）助推劳动习惯的养成

新时代大学生劳动情怀的涵育不是局限于理论灌输，也不仅涉及思想、精神培育，而是要落实到具体的实践中并得以固化，以丰富的实践活动助推大学生劳动习惯的养成。大学阶段本是青年学生坚定理想信念、锤炼高尚品格、实现青春梦想的黄金期。然而，有些大学生精神状态慵懒懈怠、无所事事；或像被打了鸡血一般沉溺于虚拟世界寻求片刻满足而不可自拔；或"四体不勤，五谷不分"，不愿整理寝室卫生，不会清洗衣被，不想参加体力劳动，只想宅在寝室叫外卖、玩游戏、睡大觉。这些不正常的行为和现象对大学生劳动习惯的养成产生负面影响。涵育劳动情怀有助于引导大学生加强日常生活自理劳动，加大课堂教学、实验实践、创新学习等环节上的劳动付出，把劳动与梦想、劳动与幸福、劳动与责任紧密结合，使大学生在劳动实践中体会艰辛、磨炼意志、实现梦想。

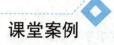

课堂案例

青年技师张文良：笃定专业不放松 奋力拼搏终圆梦

2020年首届全国职业技能大赛中，来自沈阳造币有限公司的钳工高级技师、维修班班长张文良捧回了大赛银牌。从一名临时工成为国企正式职工，从一名学徒工成长为工匠。他说："大赛改变了我的命运，成就了我的梦想。"

2008年，张文良背起行囊离开家乡，到沈阳职业技术学院模具专业学习。那时候的他懵懵懂懂，对所学专业一无所知。"是老师给我打开了一扇门"。张文良的师傅曲骊打开自己满载荣誉的"宝贝"柜子，荣誉证书多到数不清。张文良顿时开了窍："做钳工，也能干出一片天地。"

这种激励一直伴随着张文良，甚至影响到他毕业后的选择。"同学们毕业后都去了大工厂，进行流水作业的操作，相对于我们所学专业来讲，大家就算是转行了，因为没有手工操作了"。张文良则笃定信念："一定要把专业走下去。"

对于找工作，张文良有自己的想法——单位能给他提供技术提升和参加比赛的机会。

2013年，张文良进入公司，他面对的是全新的技术领域，生僻的专业术语，陌生的仪器设备。他非常珍惜这份来之不易的工作，经常在机器轰鸣的车间里一待就是一整天，晚上下班后还要到实训基地继续操练。短短一年时间，他就拿下了全国青年职业技能竞赛"机械设备安装工"的季军。

工作中，张文良特别爱思考。他发现，在造币工序中，废品率高是一个"顽疾"，在加工时硬币的坯饼卡在机器里，是一种比较常见的故障。他在翻阅大量资料后，大胆对设备参数进行了改动，用高精度的锉削及平台调平手法，将爬币皮带机构与转盘上表面的平行度调整到0.02毫米以下，彻底解决了"卡饼"的问题。

> 几年来，张文良先后对企业设备进行数十项改进，相继荣获"全国技术能手""全国青年岗位能手""辽宁五一劳动奖章""辽宁青年五四奖章"等荣誉，并在2015年7月当选全国青联委员。2018年，张文良正式加入了中国共产党。
> 张文良说："作为一名年轻的共产党员，我需要学习的东西还有很多，肩上的担子也更重了。我想用自己的经历告诉更多的年轻工人，只要奋力去追，梦想就会实现。"

三、大学生劳动情怀培育原则

新时代的大学生劳动情怀培育不只是为了教育而教育、为了劳动而劳动，较以往的劳动教育，在内容和方式都要有所创新和发展。明确大学生劳动情怀培育所应遵循的原则，为劳动情怀培育指明发展方向。

（一）坚持更高层面的价值导向原则

新时代大学生的劳动情怀培育不仅包括劳动教育的基础性任务，更要坚持更高层面的价值导向。不仅要培养青年大学生的实践能力，更要注重培养大学生艰苦奋斗、勇于担当的劳动精神，培养他们"以天下为己任"的社会责任感，树立为人民幸福、民族振兴、国家繁荣发展奋斗的劳动意识。只有具备坚定的理想信念、扎实的文化知识、强烈的社会责任感和过硬的劳动素质的大学生，才能成为合格的社会主义建设者和接班人。

（二）坚持以学生需求为本的原则

大学生经过基础教育阶段的知识积累已具备较为丰富的知识储备。新时代的劳动情怀培育应符合大学生自身成长的内在需求，顺应大学生身心发展的规律。在具体的实践设计上要以学生的实际需求为导向，贴近学生学习生活，采用符合大学生个性特点的教育形式，促进大学生的劳动实践能力提升，满足大学生自身社会化发展的需要，实现大学生的全面发展。

（三）坚持全面发展的原则

劳动情怀培育要坚持大学生全面发展的原则，德、智、体、美、劳同时发展才能成为全面和谐发展的人才。劳动情怀培育具有融通性，对德、智、体、美有着正向的促进作用。通过劳动情怀培育使大学生树立科学的劳动价值观、践行劳动精神，培养良好的劳动习惯，在劳动实践中增强体魄、磨炼意志，提升人格品质，充分发挥创造精神，最终实现以劳树德、以劳增智、以劳健体、以劳育美的目标。

（四）坚持艰苦奋斗与合理享受相统一的原则

艰苦奋斗是中华民族的传统美德，也是劳动精神的重要体现，艰苦奋斗的劳动精神与当代大学生合理享受的心态并不矛盾。新时代的大学生价值观现实，思维活跃，享受意愿强烈，在对他们进行劳动情怀的培育过程中，要坚持艰苦奋斗与合理享受相统一的原则，既要提倡艰苦奋斗、无私奉献，又要肯定追求自身价值的道德合理性。

四、大学生劳动情怀培育方式

大学生劳动情怀的培育需要通过目标导引、辐射带动、载体创新、实践铸就等方式进行科学的教育规划和设计。

（一）目标导引：推进劳动教育课程群建设

劳动教育是提高学生劳动素养的重要途径，也是培育学生劳动情怀、促进学生全面发展的重要抓手。高校作为人才培养的重要场所，理应将劳动教育纳入学校人才培养方案，形成以"立德树人"为核心的劳动教育课程群。

（1）把劳动教育纳入高校思想政治理论课教学，发挥思想政治理论课主渠道、主阵地的作用。挖掘思想政治理论课中的劳动元素，有针对性地定制不同年级大学生都能接受的"劳动套餐"，使大学生从马克思主义经典著作、新时代中国特色社会主义理论中汲取力量，感知劳动的创造价值，感受劳动带给人的幸福感、使命感，在潜移默化中培育大学生劳动情怀。

（2）劳动教育与其他专业课同向同行，形成协同效应。具体而言，就是实施"课程劳育"，即把马克思主义劳动思想融入自然科学、哲学、社会科学领域。梳理专业课程中蕴含的劳动元素，将劳动教育与专业理论课程相结合，劳动技能培训与专业实训、实验、实习相衔接，实现专业课教学中贯穿劳动思想，专业课教育中凝聚劳动价值引领，在劳动教育与专业课协同效应中培育大学生劳动情怀。

（3）实现劳动教育与创新创业课深度融合。新时代科学技术迅猛发展，迫切需要培养学生的创新性、批判性。这就需要在创新创业课程设计上"既要充分考虑劳动教育中技术素养提升的内在序列，又要充分考虑不同学段学生技能培养的梯度结构。"教育引导大学生既要大胆实践、勇于创新的勇气，又要有善于打破常规、另辟蹊径、寻求突破、推陈出新的批判思维，使大学生在劳动实践中养成创新创业意识和精益求精的工匠精神，进而在劳动教育与创新创业课的深度融合中培育大学生的劳动情怀。

（二）辐射带动：注重舆论引导和榜样示范引领

培育大学生劳动情怀不仅需要大学生自身"修炼内功"，养成良好的劳动习惯和劳动品质，也离不开外在舆论引导和榜样示范的引领，营造培育劳动情怀的时代风尚。第一，整合传统媒体与新媒体等宣传资源，利用校园广播、校报、宣传橱窗、电子屏等渠道，宣传倡导"一勤天下无难事""功崇惟志，业广惟勤"的传统美德；宣传倡导"劳动光荣、技能宝贵、创造伟大"的价值导向；宣传倡导"劳模精神""工匠精神"的价值追求。第二，挖掘学生身边榜样的引领效应。榜样是一种力量，是引领社会风尚的标杆。大学校园里不乏诲人不倦的良师，有自强励志成才的同窗，还有那些默默守护的宿管阿姨，这些榜样人物就在大学生身边，他们的感人故事就萦绕在大学生耳边，他们的经历具有感染力和引领性，更容易被接纳、被效仿。第三，发挥劳动模范和大国工匠的标杆引领作用。劳动模范和大国工匠是新时代劳模精神、工匠精神的传承者与弘扬者，全社会都应大力宣传各行各业的能工巧匠，营造劳动最美、劳动最善、劳动最真的社会文化氛围。高校作为社会舆论引导的重要战场，理应邀请劳动模范和大国工匠进校园，让大学生亲聆劳模故事，近距离感受劳模精神和工匠精神，用他们的动人故事和宝贵精神激励大学生争做立足勤奋学习、立志创新创造、立身修德奉献的模范，培育大学生的劳动情怀。

（三）载体创新：发挥"三全育人"的推动作用

"三全育人"即全员育人、全程育人、全方位育人。全员育人指的是由学生本人、学生家庭、学校及社会大环境所组成的"四位一体"的教育机制；全程育人即对学生的培养及教育贯穿其从进入校门到毕业的整个过程；全方位育人是通过各种教育载体，如将教育融入思想政治引领、学生管理与服务、奖惩资助、社会实践、实习实训、就业指导等各环节。"三全育人"的目的是通过素质教育，促进学生的全面进步和发展。

以"三全育人"为载体，实现劳动教育与"三全育人"有机结合。劳动教育是一项长期、复杂的系统工程，不仅需要与德育、智育、体育、美育深度聚合、有机融合，而且需要以"三全育人"为载体，发挥各个教育主体、各个过程、各个环节的推动作用。把"三全育人"理念贯穿劳动教育的全过程，实现劳动教育与"三全育人"的有机结合，形成大学生尊重劳动、热爱劳动、崇尚劳动的真挚情感。

（1）发挥全员参与劳动教育的推动作用。大学生劳动教育的主战场是学校，学校要切实承担劳动教育的主体责任，专业课教师、辅导员、思想政治理论课教师、行政管理者、后勤服务人员等是学校劳动教育的承载队伍和实施队伍，都担负育人职责。学校要从学生需求、利益出发，调动全员力量参与其中，系统总结大学生在劳动价值观、劳动态度、劳动品质、劳动精神、劳动习惯等方面的不足和短板，有针对性地设计劳动课程、组织劳动实践、制定劳动教育体系，同时让学生动手实践、出力出汗，体会劳动幸福、劳动光荣、劳动美丽。通过显性教育和隐性教育紧密结合，将大学生劳动情怀、劳动精神的培育依托在劳动课程、校内外活动、后勤服务等领域，在课堂教学、劳动实践、劳动锻炼中水到渠成地完成。此外，家庭作为学校劳动教育向外延伸的链条之一同样不可或缺。发挥家庭在学生劳动教育中的基础作用，父母在劳动认知、劳动习惯、劳动态度、劳动情感等方面的自觉提升，给学生树立良好榜样和崇尚劳动的良好家风，有利于学生养成追求品质、敢于担当的劳动情怀。高校劳动教育实效性也离不开全社会的支持。社会各界应为大学生劳动教育实践提供更多机会和必要场所，支持学生参加力所能及的生产劳动、参与新型服务性劳动，营造劳动光荣的社会风气和敬业风尚，支持学生把劳动光荣作为新时代实现人生目标的价值尺度。总之，大学生劳动情怀的涵育，需要学校、家庭、社会的协同，打造全员参与劳动教育大格局。

（2）发挥全过程融入劳动教育的推动作用。劳动教育是培养学生全面成才的必要手段，在不同的成长和教育阶段，劳动都将成为学生认识世界、感知社会、理解生活的重要载体和途径。高校劳动教育要在认真研究大学生成长成才的特点和规律的基础上，规划大学入学初期、学业中期、学业末期等不同阶段劳动教育的目标、内容和实现途径。

每个阶段的劳动教育都要体现持续性、系统性、针对性。例如，入学初期，依托思想政治理论课、心理健康教育课、军事理论课等课程开展劳动教育。如组织学生参加寝室文明评比、校园文化活动、劳动技能竞赛，树立德技并修意识，帮助大学生尽早适应大学生活，增强他们的学校归属感和付出劳动后的喜悦感。学业中期，注重理论与实践相联系。既重视新知识、新工艺、新方法的学习，也有意识地让学生亲自参与劳动创造，切实解决实际问题，增强大学生诚实劳动意识和团结协作意识，树立正确的择业价值观，发扬到艰苦地区和行业工作的奋斗精神和面对突发危机事件中主动作为的奉献精神。学业末期，学校应注重劳动教育与就业创业教育相结合，组织各类岗位操作实训及面试培训、创业培训、交往礼仪培训，提升大学生就业素质和就业创业能力，为他们顺利就业提供精准帮助。

（3）发挥全方位渗透劳动教育的推动作用。劳动教育的核心目标是涵养学生的奋斗精神和求真精神，使学生在增长才干和磨炼意志的过程中感受劳动所带来的收获和乐趣，进而形成尊重劳动、热爱劳动、崇尚劳动的真挚情感。在具体实施过程中，高校要做到全方位渗透劳动教育，不仅要把课堂教学与实践教学结合起来，充分利用课堂教学资源之外，还要利用宿舍、教室、图书馆、餐厅、实训基地等场所，开展互动式、体验式劳动教学，让学生体验劳动的意义和价值，增强学生对工匠精神、劳模精神的认可，将学生对劳动认知、劳动态度、劳动情感转化为生动活泼的劳动实践。同时，要将劳动教育理念和目标渗透到学生评优评奖、勤工助学、学生党团组织建设与管理、校园文化建设等育人载体，系统整合不同育人载体和育人资源，打通劳动教育到劳动实践的"最后一公里"，实现"全方位育人"的育人理念和目标。

（四）实践铸就：强化劳动实践的育人价值

高校在人才培养过程中，通过劳动教育与社会实践教育相融合，以及劳动教育与日常生活实践教育相衔接等具体途径强化劳动实践的育人价值。一方面，社区、企业、乡村、实习基地等校外场域蕴藏着丰富的劳动资源，学校及社会各界要组织大学生到校外场所开展社会调查、社区志愿服务、公益劳动等社会实践活动，使他们增长才干、锤炼品质，早日成为社会栋梁之材。正如习近平总书记所言："在改革开放和社会主义现代化建设的大熔炉里，在社会的大学里，掌握真才实学，增益其学不能，努力成为可堪大用、能担重任的栋梁之材。"在实践活动中，培养大学生艰苦奋斗的作风和吃苦耐劳的精神，培育热爱劳动、珍惜劳动成果的情怀。另一方面，劳动教育不能脱离生活之外培育劳动情怀，而应将劳动教育回归人的日常生活，在日常生活实践中铸就真挚的劳动情感。大学阶段，需要让学生明白"衣来伸手、饭来张口"不可取，只有自己动手，独立自主地解决自己的衣、食、住、行问题，才能真正成长；也需要让大学生明白"一屋不扫，何以扫天下"的深刻道理，引导大学生从简单的日常生活与自我服务做起，培养事无巨细的品质和互助友爱的精神。简而言之，高校可以通过开展卫生评选、寝室装饰、手工制作等丰富多彩的日常生活实践，助推大学生劳动行为习惯的养成，于日常生活的小事中、细微处培育深厚的劳动情怀。

课后实践

一、活动与训练

新时代劳动素养与情怀。

二、活动时间

建议 10 分钟。

三、活动流程

1. 阅读以下材料，并阐述：你从田志永身上学到了什么？

巧手赢美誉——特变电工田志永

在世界变压器领域，德国的西门子是老牌领先者。2002 年，田志永所在的沈阳变压器厂承担了引进直流换流变压器的重大任务，面对这个高精密工艺要求的庞然大物，装配班长田志永充满了好奇与探索的兴趣，然而他的请教却遭到西门子技术人员的断然拒绝，一句"你不要动！"让他明白了，外国人是不会把关键技术教给他的。于是，他白天寸步不离看外国人装配，晚上拿着图纸附着实物"读"，将变压器上 80 多根电缆和上千根控制线对照原理图进行艰苦繁杂的倒装推理验证。就这样，他用半个月的时间，硬是啃下了这块硬骨头，最终全面掌握了这种当时世界上先进变压器的装配技术。此后，他参与了 54 种世界级重大产品的装配，其中 24 种为世界第一。他技术高超，对超大型和大型变压器的上百个装配疑难问题的解决方案了然于胸，装配变压器一次合格率达到国际高水平。他善于创新，在工艺、流程和组装方法上，实现了 200 多项创新，形成了"田医优法"。现在，在超大型和大型变压器产品上，田志永已成为国内外少有的了解全部产品所有装配工艺技术的"大拿"，而且还在不断地自我超越中。

2. 将学生分成 4～6 人的活动小组，通过小组内部讨论形成小组观点。

3. 每小组选出 1 名代表陈述本组观点，通过交流，将每一个需要研讨的问题都弄清楚。

4. 教师对各组观点进行分析、归纳、总结。

5. 教师根据各组在研讨过程中的表现，给予点评并打分。

第六章
大学生职业素养与职业文化

学习目标

1. 探讨职业、职场、职业人之间的关系。
2. 概述大学生职业素养构成。
3. 掌握大学生职业素养提升原则。
4. 讨论加强大学生职业素养的策略。
5. 了解职场提升与自我价值实现。
6. 讨论大学生如何树立终身学习理念。
7. 讨论大学生如何持续做好自我管理。

案例导入

"河北大工匠"刘少辉：28年 他从普通矿工成长为技术领军人

早上上班时间，开滦能源化工股份有限公司范各庄矿业分公司的员工们正排队经过电子测温仪测量体温后依次入矿，每个人的体温情况都快速而准确地显示在电子测温仪上，矿门口秩序井然，没有出现拥堵现象。

这个电子测温仪是机电科班长刘少辉自费购买元件研制的。刘少辉开玩笑说："如果没有疫情，我和电子测温仪就不会有关系。"作为机电科班长，刘少辉从事的专业一直是电气自动化控制，在工作中负责的也一直是保障矿井提升系统的安全运转。

做一点力所能及的事

大年初四，刘少辉所在的矿区开始复工，复工后矿区加强了疫情管控，每天要对进出7000多人次进行体温测量，工作量大，复工第一天刘少辉就发现矿门口处出现了人员拥堵，"我心里很着急，要为那么多人测量体温，安保人员的压力也很大。"刘少辉之前在网络和电视上看见过电子测温仪的相关技术讲解，他想自己做一台电子测温仪，帮助解决公司的难题。

刘少辉开始上网查阅相关资料，又从网上联系厂家准备购买零配件。但疫情期间快递运输不畅，很多厂家也还在春节休息中。刘少辉很急迫，线上线下多种渠道同时寻找货源，终于在20天后所有的零配件都送到了。零配件准备齐全后，通过之前的学习和准备，仅仅用了半天时间，一台电子测温仪就被刘少辉组装好了。测温装置有了，但如何将数据直观显示出来？刘少辉与妻子商量把家中使用的台式电脑捐献出来，作为测温装置的终端。通过几十次试验，刘少辉终于将体温测量范围误差缩小到0.1℃～0.3℃。

刘少辉不仅成功做出了一台电子测温仪，还在制作和使用的过程中根据实际情况不断进行技术攻关，对电子测温仪完成了几项创新，使它更方便使用。到今天，保卫科门卫说："已经离不开这台设备了。"

刘少辉最终花费近2万元成功研制组装出了电子测温仪，他说："只是想做一点力所能及的事。"

为方便工作，他的家就住在公司对面

在刘少辉眼里，疫情防控很重要，安全生产也不能懈怠。刘少辉负责矿井提升系统的安全运转工作，这在煤矿生产企业是最为重要的一环，被称作煤矿的"命脉"。

"故障出现不分时间，一天24小时都要处于高度紧张的状态。"矿井提升系统的安全运转关系着工人们的生命安全，而这份沉甸甸的责任也一直被刘少辉放在心里。

有一天，范矿公司300暗井提升机电控系统出现故障，提升机无法正常启动，现场值班电工反复查找也没能找出问题根源。刘少辉得知这一情况后，急忙下井赶往现场。在详细询问当班提升机司机、值班电工具体故障问题后，刘少辉结合系统图纸，查线路、查程序，层层排查故障点，最终发现故障原因，并且立即处理解决。待故障处理完毕，提升机又恢复了安全运转。

  为了能第一时间赶到故障现场，刘少辉和妻子、孩子在公司对面租了一间房，有些故障出现在夜里，刘少辉在接到电话后就必须立马赶往现场，他说，不管是在工作中还是在家里都要时刻绷紧那根弦。对于这样的工作性质，刘少辉没有抱怨，他的妻子也非常支持他的工作，夜里公司来电话时，往往刘少辉刚穿好衣服准备好，妻子就已经给他拿来了钥匙和其他必备的东西。刘少辉说："一出现故障就立马赶到现场解决问题是一个一线工人必须具备的素质。"

  从业28年来，刘少辉靠着一股锲而不舍的钻劲儿，从一名普通矿工成长为专业技术领军人，最近又被评为"2020年河北大工匠年度人物"。他完成技术创新120项，制约矿山安全、生产、经营等一系列的难题都被他一一攻克，为企业创造经济效益数千万元。

——摘自：学习强国

想一想

  你认为是什么让刘少辉从一个普通旷工成长为技术领军人？你认为职业素养包括哪些方面？在学校应如何培养自己的职业素养？

第一节 职业、职场与职业人

一、职业

职业是指人们为了谋生和发展而从事的相对稳定的、有收入的、从事专门业务的社会劳动。这种社会劳动是人们的社会关系、经济状况、文化水平、行为模式、思想情操等方面的综合反映,也是一个人的权利、义务、职责的具体体现。

职业是人类社会发展到一定阶段出现了社会分工后的产物,人们通过参与社会分工,利用专门的知识和技能为社会创造财富和价值,同时获取报酬以满足个体的物质需求与精神需求。对职业概念的正确理解是开展职业生涯规划的先决条件。

(一)职业的基本特性

1. 社会性

职业是社会分工的产物,职业的存在构成了人类社会的存在。个人通过职业活动与社会产生联系,建立社会关系,形成丰富的社会生活。职业也是社会发展的动力,在个人与职业的互动、职业结构的演变进化过程中,构筑起社会进步与发展的动力。职业活动创造出的财富为社会的存在与发展奠定了物质基础。职业也是维持社会稳定,实现社会控制的手段。

2. 经济性

职业是个人获得经济收入的来源,人们通过职业活动可以获得合理稳定的报酬,维持个人生存、家庭生活和职业发展。同时,职业活动也会创造社会财富,不断推动社会进步。

3. 规范性

职业的规范性是指职业活动必须符合国家法律和社会道德规范,符合特定生产技术和技能规范的要求,主要体现为职业操作规范和职业道德规范。职业操作规范是社会成员在职业活动中应遵循的标准或原则,是保证职业活动的专业性要求。职业道德规范是在公民道德基础上体现一定职业特征的准则和规范。

4. 稳定性

职业是在长期的生产活动中随着社会的发展和劳动分工逐步产生与发展形成的,具有较长的生命周期,也具有相对的稳定性。虽然职业会伴随时代的发展而不断演化,但职业的劳动内容、行为准则等都是延续的,相对稳定的,通过世代相传不断丰富演化,因此具有连续性和稳定性。

5. 时代性

随着社会的不断发展,社会需求不断更新,新的职业顺应时代发展出现,不能适应时代需求的职业则会消亡。在不同的时代也会出现不同的热门职业,如曾出现过的"当兵热""下海热""公务员热"等,反映出在某一个时期人们对某种职业的热衷程度。

6. 专业性

不同的职业之间存在着很大的差异,工作环境、工作内容、工作性质、工作报酬等不同,对于劳动者需要具备的知识和技术要求也不同。随着社会的进步与发展,新职业不断涌现,职业对于劳动者所具备的知识和技术水平要求会越来越高,职业会现出更精细的专业区分,专业化程度也会越来越高。

(二)职业的发展

1. 职业结构的变迁

随着经济和社会发展的巨大,我国产业结构、职业结构也在不断变化,我国政府对于职业的分类与管理也在不断变化。20世纪50年代到80年代,在计划经济体制下,我国实行的是国家统包统配和工资统一计划管理的劳动就业制度。20世纪80年代到90年代,国家的重心转移到经济建设上,制定和修订有关职业分类标准,发布了《职业分类标准》与《中华人民共和国工种分类目录》,初步建立起行业比较齐全、结构比较合理的工种标准体系。21世纪以来,随着科技进步和产业结构调整,新职业层出不穷,不仅是近年来出现的全新职业,原有职业的内涵和从业方式也发生了较大变化。在新职业岗位增加的同时,职业之间的结构也在发生变化。首先,技术人员、办事人员、商业服务人员占比上升,从事农业生产的人员有所下降,但依旧占到了职业结构的最大比例,仍然有大量的劳动力在从事第一产业。其次,职场年轻化趋势加强。各职业的从业者都呈现年轻化趋势,在担任企业或组织负责人的职位上,35~54岁年龄段的人最多。最后,从收入的变化来看,高收入行业由制造业转向金融、科技等相关行业。随着中国进入工业社会后期,人们精神需求进一步加大,文化、科教、娱乐等行业快速增长。

2. 就业观念的演变

在不断地改革、发展、创新的引领下,我国青年就业观念的演变大致经历了三个阶段:

第一阶段:20世纪50年代到70年代,服从分配。高度集中的招生计划和统包统配的就业制度下,人们择业观念比较被动、单一,大家普遍更偏重政治和社会地位高的行业与岗位,如政府部门、国有企业,追求的是"铁饭碗",很少有人愿意从事商业、服务业。

第二阶段:20世纪80年代到90年代,走向开放。"民工潮"和城

博物馆里的斜杠青年

镇青年进入双向选择时期。这一时期，大学生择业不仅考虑职业的社会地位与声望，也开始看重社会意义和价值报酬。

第三阶段：2000年至今，自主择业。追求发展的多元化时代进入自主择业时期。青年的择业观更趋向务实，具备独立创业、开拓创新的自主意识和竞争意识，追求才能发挥和实现价值。进入21世纪以来，随着科学技术、网络技术的高速发展，新兴行业异军突起，市场创业就业的平台更大、需求更多元化，青年的择业观念进入"大众创业、万众创新"的新阶段。未来，职业的界限将会变得模糊，企业的组织结构也会变得更灵活，每一个人都可能会有多重身份。一个人一生中不一定只从事一份职业，"斜杠青年"将越来越多地出现在各行业。

3. 新职业

新职业是指在经济社会发展中存在一定规模的从业人员，具有相对独立成熟职业技能的职业或职业群。近年来，社会发展带来了行业的结构性调整，这种调整不仅涉及产业行业，也涉及职场本身，深度影响就业的结构性调整。随着科技的发展，特别是机器人和人工智能的发展，一些职业慢慢地消失，同时，一些新的职业也在慢慢兴起。2019年4月1日，人力资源和社会保障部、市场监管总局、统计局正式向社会发布了人工智能工程技术人员、物联网工程技术人员、大数据工程技术人员、云计算工程技术人员、数字化管理师、建筑信息模型技术员、电子竞技运营师、电子竞技员、无人机驾驶、农业经理人、物联网安装调试员、工业机器人系统操作员、工业机器人系统运维员13个新职业信息。这是自2015年版《中华人民共和国国家职业分类大典》颁布以来发布的首批新职业，主要集中在高新技术领域。新职业的发展，也意味着该职业将逐步建立统一的规范，相关的培训教育体系也日益完善。2020年2月25日，人力资源和社会保障部与市场监管总局、国家统计局再次联合向社会发布了智能制造工程技术人员、工业互联网工程技术人员、虚拟现实工程技术人员、连锁经营管理师、供应链管理师、网约配送员、人工智能训练师、电气电子产品环保检测员、全媒体运营师、健康照护师、呼吸治疗师、出生缺陷防控咨询师、康复辅助技术咨询师、无人机装调检修工、铁路综合维修工、装配式建筑施工员16个新职业信息。

二、职场

（一）职场的定义

职场是指一切开展职业活动的场所，广义上还包括与工作相关的环境、场所、人和事以及与工作、职业相关的社会生活活动、人际关系等。

（二）职场的关键要素

1. 职业意识

职业意识是指人们对职业劳动的认识、评价、情感和态度等，通俗地说就是人们对职业的认知、意向及所持的观点，是劳动者对自己未来所从事的职业有明确的追求和全面、清醒的认识。职业意识能够为人们指明方向，成为人们以某一特定职业为人类和社会进步服务的内在精神支柱。

2. 职业定位

职业定位就是清晰地明确一个人在职业上的发展方向，它是人在整个人生发展历程中的战略性问题，也是根本性问题。职业定位包括三层含义：一是确定你是谁，你适合做什么工作；二是告诉别人你是谁，你擅长做什么工作；三是根据自己的爱好、特长、能力和个性将自己放在一个合适的工作岗位上。职业定位是自我定位和社会定位的统一，是一个动态过程，需要结合个人职业生涯的不同阶段不断做出修正和调整。

3. 职业素质

职业素质是劳动者对职业了解与适应能力的一种综合体现，主要表现在职业兴趣、职业能力、职业个性和职业情况等方面。影响和制约职业素质的因素很多，主要包括受教育程度、实践经验、社会环境、工作经历及自身的一些基本情况（如身体状况等）。劳动者能够顺利适应职场环境，取得职场成就，很大程度上取决于个人的职业素质，职业素质越高的人，获得成功的机会就越多。

4. 职业规划

职业规划是对职业生涯乃至人生进行持续的系统的计划的过程。初入职场，职业规划有助于个人认清自身发展的进程和事业目标，可作为职业与承担任务的依据、相关的工作经验，充分利用有关机会与资源，指引自我不断进步与完善。职业规划能够评价个人的特点和强项，评估个人目标和现状的差距，提供奋斗的策略，增强职业竞争力。

5. 职业发展

职业发展是致力于个人职业道路的探索、建立、取得成功和成就的终身的职业活动，是组织有效开发人力资源，确保组织需要的岗位有充足人选的方法。根据中国职业规划协会的定义，职业发展就是在自己选定的领域里，在自己力所能及的范围内，成为最好的专家，也就是成为在某一领域有深入和广泛的经验，对该领域有深刻、独到认知的人。职业发展通道是进行职业生涯管理的基础条件之一，也是企业为员工提供的职业发展平台。

（三）未来的职场

如今，在移动、互联网、智能技术的推动下，企业正在改变它的组织形态。相应地，未来的工作和职场也将被重新定义。一方面，市场环境瞬息万变，企业需要具备更强的灵活性和应变能力，让组织的业务可以随市场的需求快速延伸或收缩，传统的组织形态和用人方式显然不能满足；另一方面，职业人的心态也发生了变化。阿里研究院发布的《数字经济2.0》报告则预测：随着自由职业者全球化及共享经济的盛行，"共享平台＋企业／个人"的经济组织方式在未来20年将获得突破性进展。也许未来公司会消失，但是工作不会。未来没有稳定的工作，只有稳定的能力。畅销书《未来的工作：传统雇佣时代的终结》中提到，"传统雇员社会即将消失在未来，工作任务和企业组织分离，组织边界被打破，而这些模块化的任务将由多元化的工作主体和方式来完成。在未来,一些容易拆分且易于考核的短期业务在更多地以零工的形式流入企业外部的劳动力市场,与长期雇佣形成互补的态势。越来越多的"斜杠青年""个人供应商"将成为企业人力资源中重要的组成部分。过去企业对员工的评估主要取决于其与岗位所匹配的专业能力、专业知识,但随着时代的变化,员工的雇佣价值将逐渐从过去的以"技能"为核心的单一维度,转变为多维度的综合评价体系。

三、职业人

(一)职业人的定义

职业人是指具有较强的专业知识、技能和素质,通过参与社会分工,为社会创造物质财富和精神财富并获得报酬,在满足物质需求和精神需求的同时实现自我价值的职场人士。

(二)优秀职业人的素质

1. 职业精神

职业精神也可以说是敬业精神,企业选人才时优先考虑的就是工作态度和敬业精神。职业人要想适应职场环境,必须具备明确的工作目标和强烈的责任心,有良好的职业态度,能踏实、高效地完成本职工作,塑造值得信赖的职业形象,获得上级、同事和客户的信任。

2. 良好的职场礼仪

职场礼仪是指人们在职场所应当遵守的一系列礼仪规范。职业礼仪是个人职业形象的外在表现形式,是内在素质的外化。优秀的职业人应当具备良好的职场礼仪,打造符合职业要求的形象,塑造良好的职业化行为,对外展现个人态度、个人修养、个人能力,同时,也能代表企业的良好形象和管理水平。

3. 良好的职业心态

挫折和困难是职场的常客。良好的职业心态是应对工作挑战的根本。优秀的职业人都拥有好奇心和求知欲,勇于面对挫折与挑战,勇于承担任务和责任,能够坦然接受失败,具备强大的抗压能力,善于解决问题,处理矛盾,化压力为动力。

4. 过硬的职业技能

现代社会分工越来越细,各行各业所需的专业知识越来越专、越来越精。企业选聘人才时对专业知识和工作能力的考查也是重点。优秀的职业人需要具备持续学习的能力,高效合作的团队协作能力、足够专业与理智的自控能力、敏锐的思想觉察与创新能力,能够迅速融入团队的沟通与适应能力,能够主动出击,创造机遇的执行力和行动力。

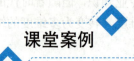
课堂案例

定位决定人生

一个乞丐站在路旁卖橘子,一名商人路过,向乞丐面前的纸盒里投了几枚硬币,就匆匆忙忙地赶路了。过了一会儿,商人回来取橘子,说:"对不起,我忘了拿橘子,因为你我毕竟都是商人。"几年后,这位商人参加了一个高级酒会,有位衣冠楚楚的先生向他道谢。这个人就是当初卖橘子的乞丐,而他生活的改变,完全得益于商人的那句"你我毕竟都是商人"。你定位自己是乞丐,你就是乞丐,靠乞讨为生;你定位自己是商人,你就是商人,靠创造价值生活。

第二节　大学生职业素养提升

一、大学生职业素养构成

职业素养能很好地衡量从业者是否适应和胜任所从事的工作，是大学生职业生涯发展的关键。

素养是一个人参与某项活动或从事某项工作时应该具备的素质与修养，是一个人在身体、知识、能力等各方面先天条件和后天教育、学习的综合结果。职业素养是职业内在的规范和要求，是一个人在从业过程中所表现出的综合品质，这种品质是相对稳定的，对工作的影响是起决定性作用的。因此，职业素养是衡量一个人职业成熟度的重要指标。

大学生作为高等教育阶段的主要对象，决定了他们的职业素养必然与完全职业人的职业素养有所区别。这个不同主要表现在侧重点上的不同。完全职业人的职业素养可在实际工作中得到不断的锻炼，如根据岗位要求更新业务知识，对工作技能中进一步改进创新，从而提高工作水平。对大学生职业素养的培养，当今学校普遍侧重于其专业知识、专业态度及基本专业技能三个方面，这也是大学生还处于受教育阶段的现实决定的。专业知识指专业内不可缺少的知识，如行业知识、管理知识等。专业态度可理解为职业道德，主要包括敬业精神和职业操守。专业技能即工作的能力，既包含专业基本技能，如基本设备的操作运用，语言的掌握与运用等，也包含更高层次的技能，如思维决策、组织领导及绩效管理等。

二、大学生职业素养现状

21世纪是科技和人才的比拼，各类企事业单位都将人才作为市场竞争的核心资源，都将引进人才的目标瞄向各大高校。许多大学生进入职场后的表现却不尽如人意，能说不能干、眼高手低且自恃才高。这些大学生一路过关斩将，以优异的成绩考上大学，这种经历往往使他们对自己的认知过高，不愿意从基层工作做起，普遍缺乏实际动手能力，缺乏操作技能，根本无力独当一面。这样的落差使很多大学生不能安心工作，与企业所要求的团队协作格格不入。

（一）大学生缺乏职业规划意识

很多大学生认为考上了大学就万事大吉，对自己未来的职业缺少规划，对毕业后如何发展没有目标。当毕业时，面临就业就会感到莫大的压力。一些大学生不能对自己有个准确的角色定位，在大学期间，仍像中学时一样，每天只是上课、完成作业，很少去图书馆看书，很少出校门，不参加集体活动，课余时间一般是睡觉、上网、玩游戏，有时也会盲从其他同学考一些证书。这就造成许多大学生不了解社会需要什么样的人才，不了解自己适合的职业；对自己的劣势认识不足，对自己的优势不能发扬光大。相当一部分大学生缺乏对未来的规划意识，得过且过，认为就业是毕业后的事，过早进行职业规划没有必要。

（二）学校忽视隐性职业素养培养

高职教育不同于其他形式的高等教育，它更注重"职业性"这一特征。职业性不仅要求培养学生的职业技能，也要求职业院校重视学生的职业意识、职业道德和职业行为习惯的培养。当前，部分职业院校对大学生职业素养教育的认识不深刻，片面追求学生专业理论和专业技能的提高，而忽视了学生隐性职业素养的培养。在课程设置上，职业院校往往偏重于专业课，提高隐性职业素养的人文类课程开设较少或课时较少。在这种导向下，即使学生的职业技能得到了提高，但学生的责任感、团队合作精神、交流沟通能力等隐形职业素养并未得到有效提高。例如，学生实训课结束后，经常可以看到损坏的实训器材和混乱的实训场地等。这种教育模式培养出的大学生不易得到工作单位的认可，也不能满足社会发展的需求。

（三）学校师资力量薄弱

高职大学生职业素养培养相比本科大学生更具有难度，在培养过程中教师的示范和引领至关重要。职业素养教育本质上是一种潜移默化的教育，它需要教师和学校付出大量的时间和情感。目前，高职院校职业素养相关课程师资力量薄弱，无法为大学生提供个性化指导，导致大学生的职业素养培养效果不理想。首先，高职院校中负责大学生职业素养培养的教师，大多是高校毕业后直接进入高职院校任教，缺少相关工作经验，由于主观上对职业素养认识不足，导致其参与大学生职业素养培养的力度不够。其次，部分高职院校中负责学生职业素养教育的教师并非专业教师，他们只是经过简单的学习和培训后直接上岗的，这些教师在职业素养培养过程中既不能根据学生的专业对课程进行科学设计，也无法对知识进行深入讲解。最后，相对于专业课教师，学校为职业素养相关课程教师提供的教学资源和进修机会也较少。

（四）缺乏有效的社会实践能力

社会实践是提高高职大学生职业素养的重要途径，它符合理论教育与生产相结合的教育规律，是理论知识在实际工作中的运用，是大学生学业与职业的衔接与互动。社会实践能够深化大学生对知识的理解，提高大学生运用知识的能力，从而激发大学生的职业热情。目前，社会提供给大学生提升职业素养的机会与平台相对较少，这严重影响高职大学生职业素养的提升。当前，虽然高职院校都实施了校企合作教育模式，但在该模式实施的过程中学校和企业重视的仅仅是职业技能的提高，而忽视了隐性职业素养的培养。校企合作的时间一般较短，学生在实践过程中几乎不承担责任，导致其职业素养在实践过程中很难得到提升。

此外，部分大学生受享乐主义等不良思潮的影响，对参加社会实践积极性不高，在实践过程中未能将理论知识与社会实践进行有效融合，从而影响了个人职业素养的提升。

（五）高职大学生未能认识到职业素养教育的重要性

当代大学生从小接触的是应试教育，其特点是把分数作为衡量学生优劣的主要标准。在应试教育影响下，大部分学生更注重自身文化知识的提高，而忽视了职业素养对其自身发展的重要性。现阶段大学生基本由"90后"和"00后"组成，他们入学后，部分大学生沉迷于网络游戏、微博、朋友圈等新媒体软件上，把理论和技能学习抛于脑后。部分大学生虽然意识到在校期间提高职业技能的重要性，但对提升职业素养的重要性认识不足。当前，高职大学生在职业素养方面普遍存在着一些问题，如缺乏吃苦耐劳精神和敬业精神等。职业素养的缺乏对大学生就业和未来发展造成了较大影响。例如，部分毕业生在就业初期，自我价值认知过高，自我定位不合理，过分看重就业岗位的薪资、福利等，忽视了企业和个人的未来发展前景；部分毕业生不愿意到农村等偏远地区工作，或仅仅作为职业生涯的一个跳板，不能踏踏实实地干好本职工作，这不仅影响了个人的职业前途，也给用人单位的运行和管理带来了很多问题。

三、大学生职业素养提升原则

职业素养从更大的层面来看是属于价值层面的范畴，那么提升大学生职业素养就要解决大学生价值层面上的问题。教师要察觉学生所持的偏颇或狭隘的价值观念和哲学立场，然后运用哲学的思维和方法对学生进行价值层面的启发与引导，帮助学生形成正确的职业认知，建立合理的价值坐标体系。职业不仅是谋生的手段更是自我价值的体现，要引导他们树立个人价值和社会价值相统一的价值观念，引导学生追求积极的、乐观的、合乎实际的职业态度，以及更高的站位，从而提升学生的职业素养。

（一）目标与方法相结合原则

首先，解决大学生观念层面的问题，提升职业素养，必须要有明确的目标性，且目标性贯穿于过程的始终。第一，设立明确的目标是有效开展活动的前提，也是检验是否达到预期效果的重要判断依据。第二，提升职业素养的最终目标就是要提升大学生的职业素养。针对个体或小团体展开的就是要引导大学生理清问题症结背后映射出的观念问题和价值取向问题，启发他们用理性的哲学思维去分析问题以及察觉真正的思想症结所在。第三，协助学生构建出一套自己的成熟的哲学框架，以更好适应职场生活和应对未来人生道路中可能出现的各种问题。

其次，要解决大学生观念层面的问题，还需具备一定的方法。因为方法和技术是"过河"必需的"桥"或"船","不解决船和桥的问题,过河就是一句空话。"需要特别指出的是,提升职业素养的过程其实也是进行教育的过程,但不是进行一种灌输式的显性教育,而是进行一种微观教育。因为大学生的问题症结实质是与认知方式的不当紧密相关,而不当的认知方式会形成不当的观念,不当的观念又会因为固有的经验而成为定势思维。在新情况、新问题面前,固有观念不能匹配和适应就业环境,就会产生学生自身不易察觉且不会化解的问题症结。教师引导学生洞察问题症结,针对具体症结进行具体分析,引导学生在更高站位或换个角度审视整个事件及遭遇的困惑,从而学会用一种哲学的思维去体察今后遇到的任何事情,让自己的职业生涯和日常生活过得更加有价值、有意义。

最后,对于教师来说,每一位学生都不尽相同,要解决的具体问题也不尽相同,提升职业素养的目标和方法需要根据学生的实际情况而做出相应的调整。这里主要分两种情况:一种情况,学生清楚地知道自己面临的困惑是什么,或者说清楚自己的问题症结在哪里,这类是有明确提升职业素养目标的学生。面对这类学生,教师要做的就是耐心倾听,了解学生遇到的职业困惑。另一种情况,学生还不清楚自己面临的是什么样的职业困惑,倾诉时也一直徘徊在问题边缘而无法探求到真正的困惑,这类学生的目标就是模糊的,或者说是定位不清晰的,就需要教师通过不断的启发、诱导,帮助学生发现自己真正面临的职业困惑,然后才能明确自己提升职业素养的目标。

(二)理性对话原则

提升职业素养的另一个原则是理性对话。对话具有明确的目标性,提升职业素养实质上是对大学生的思想层面的问题的一个理性分析过程,分析大学生在思想层面上的一些矛盾的信念和偏颇的价值观念,而且在这个过程中可能会用到形式逻辑和辩证逻辑等方法,且交流时必须要有明确的目标,所以要使用对话的方式进行,在对话的过程中坚持理性对话特别重要。所谓的理性对话实质上是观念层面的交流与碰撞,是教师用哲学这种智慧的、理性的方式与学生的固有观念进行对话,在这个过程中教师要帮助大学生尽可能地避免因个人情绪、事件情节的干扰而一直徘徊在事件的边缘,无法深入问题的核心。为防止这种情况出现,首先,教师要拒绝学生将自己主观上的情绪和情感进行不由自主的归因,进一步强化自己的固有观念进入定势思维的死胡同。其次,要求教师要尽快洞察学生的问题症结所在,也就是要尽快洞察学生所持有的观念、信念和价值倾向,避免学生进入自己固有思维的"死胡同"。教师只有及时有效地遏制这种强化自己固有思维的倾向,既不追究学生的心理疾病史或者心理阴影,也不分析他们的心理障碍,而是追问造成学生困扰背后的观点、信念和价值观是什么,最后进行正确价值观的引导。在整个对话过程中让学生不断反思,慢慢沉淀,直至形成一种哲学思维,帮助他们自主解决以后还会出现的类似问题。

(三)个性化服务原则

个性化服务是提升职业素养和设计提升职业素养方案时要坚持的一个十分鲜明的原则。大学生在就业方面存在诸多差异:首先,大学生的发展极具差异性。每个学生都是千差万别的,他们的家庭背景不同、认知程度不同、成长经历不同等,这些差异都会造成他们不同的择业观和价值取向。普遍的就业指导课无法有效地提供个性化的就业服务和职业素养指导。其次，大学生还存在性质差异。如性别的差异、学科门类的差异、生源类别的差异等，这些性质不同的群体需要更具针对性的就业指导，这在客观上就要求提供个性化的就业指导服务。个性化服务是针对个体不同的困惑进行启发和指导，偏重于微观和个体视角，聚焦工作态度、企业忠诚度、敬业、诚信、抗压、合作、执行力等职业素养，洞察不同个体的不同价值观念和哲学立场的真问题，实现就业指导课程内容的"哥白尼式"转换，即由"宏观"的授课内容向"微观"的、基于个体差异的职业困惑的解决上转换，从而做到基于个性化的就业指导，也是为大学生提供了一种更加精准有效的就业服务。其可以分为两种情况：教师和大学生开展一对一、点对点之间咨询活动，以及教师与划分成"小群体"的大学生之间开展一对多提升职业素养活动。无论是展开"一对一"还是"一对多"的提升职业素养活动，都是以尊重个性差异和尊重个性发展为出发点，在此基础上，教师对大学生的心理状态、目标定位、价值观念等隐性信息要做全面的把握，与学生进行充分的良性互动，以此来帮助学生找到适合个人发展又能顺应社会要求的工作岗位。

（四）价值提升原则

价值提升是提升大学生职业素养要遵循的最显著的原则。大学生产生职业困惑的背后，其实是个人职业观中的歪曲或偏颇的价值观念的体现，只有在价值层面进行正确引导才能帮助他们形成合理的价值观，从而有效提升职业素养。提升职业素养具有价值引领的功能和内涵，也就是说，价值提升是提升职业素养的核心内容和原则。每个人都有各自秉持的价值观念和固有的思维定势，这些固有的思维定势和价值观念会造成现实生活中的一些困惑，因此，教师要引导学生进行"苏格拉底式"的理性交谈，协助学生找到问题症结所在。这里需要注意的是，在对话刚开始的倾听环节中，双方都要先搁置自己的看法和意见，教师要尽可能地鼓励学生进行完整清晰的叙述，这样可以让教师更好地审视整个事件和学生的价值观念，从而协助学生找到自己的思维假设和固有观念。在这个过程中如果教师和学生之间不沟通、不分享各自的意义和价值观，教师也不重视对学生的价值引导或重构，这样设计出来的提升职业素养方案是没有任何意义的。

课堂案例

让青春之花在基层林场绽放

无论酷暑还是寒冬，每天早上7点身着长袖长裤，带着刀、喇叭和工作记录簿查火灾隐患，宣讲森林防火知识……刘天娇毕业后放弃大城市国企工作的机会，回到家乡的林业站工作，甘做大山深处的森林守护者。带着"扎根基层工作"这个想法，2010年7月，汕尾职业技术学院应用电子技术专业毕业生刘天娇毕业后，通过参加广东省2011年高校毕业生"三支一扶"计划到农村基层服务。在陡峭崎岖、荆棘密布的山路上一年走破五六双鞋，足迹踏遍红星林场下坝工区

2 万亩森林和坪山林场 1.34 万亩林地。2018 年 1 月，刘天娇主动请缨到更为偏僻的河源市国有坪山林场工作，把青春和汗水洒向林场的山山岭岭。他工作始终勤勤恳恳、任劳任怨、尽心尽责，他在平凡的岗位上默默无闻地辛勤耕耘、无私奉献，不畏前路荆棘密布，身体力行地践行社会主义核心价值观，用实际行动让青春之花在基层林场绽放，先后被授予"全国最美生态公益人物提名奖""最美基层高校毕业生""广东志愿服务铜奖""河源敬业奉献好人""河源市最美环保者""河源市优秀愿者"等称号。

四、提升大学生职业素养策略

在市场经济的影响下，用人单位对毕业生的要求越来越高，他们不仅关注毕业生的专业知识和技能，对毕业生的隐性职业素养也提出了更高的要求。当毕业生的职业素养达不到用人单位的要求时，就不可避免地出现了就业困难的问题。一些用人单位在招聘重要岗位人员时，考虑到资源的合理配置和单位的长远发展，对应聘者隐性职业素养的要求甚至超过职业技能的要求。如果毕业生既具有良好的职业技能，又具备良好的隐性职业素养，那么其被录用的概率就会大大增加。在就业竞争如此激烈的今天，大学生要想获得一份理想的工作，良好的职业素养是不可或缺的。

职业素养是职业内在规范和要求在从业者个体身上的内化，是从业人员在职业过程中表现出来的综合素质。职业素养能很好地衡量从业者是否适应和胜任所从事的工作，是大学生职业生涯发展的关键。

（一）更新教育理念，加强职业素养师资建设

面对当前社会发展对人才需求的新标准，高职院校必须更新教育理念，要在加强专业技能教学的同时，大力提升大学生的隐性职业素养，以促进大学生的全面发展，满足社会发展对高素质人才的需求。高职院校职业素养教育的师资水平关系着大学生职业素养的提升力度。高职院校可以引进和培养专业的职业素养教师，并聘请知名专家学者担任职业素养外聘教师，以此打造一支专兼职结合的职业素养教师队伍。一个具备良好职业素养的高职教师，会给学生起到良好的示范作用。高职院校应鼓励校内教师在暑假期间进入企业挂职锻炼，不断提高广大教师自身的职业素养。此外，高职院校还需为职业素养专业教师提供丰富的校内外培训、研修、访学与挂职的机会与平台，并加大财政投入，从而提高职业素养专业教师的工作积极性和教学能力。

（二）构建完善的职业素养培养体系

高职院校应根据职业的岗位要求和发展要求，建立起以培养综合职业素养为目的的课程体系，切实提升大学生职业素养的教育效果。在职业素养教育团队组成上，要形成以教师、学生、辅导员和企业专家共同组成的教育团队，形成以教师为主导、学生为主体、

学生管理与理论教学相辅相成、校外专家与校内教师共同参与培养的新教学模式，全方位保障大学生职业素养的提升。在顶层制度设计上，高职院校应重新审视和完善课程设置，合理设置职业素养课程模块，如开设职业生涯规划、礼仪、沟通与协作等职业素养课程。在职业素养教育内容的选择上，应多选取一些贴近学生职业并富有吸引力的案例，少选取一些教条的、枯燥的理论知识，使学生形成良好的职业意识、职业道德和职业行为习惯。

（三）构建完善的职业素养考核体系

职业素养教育不仅要有完善的职业素养培养体系，更要有科学有效的考核体系。目前，在大学生显性职业素养的考核上，评价体系已较完善，但在大学生的隐性职业素养考核上尚无统一的评价体系。广大高职院校应根据自身实际，细化考核指标，不断完善考核评价体系。考核形式上，可采取个人自评、班级互评、系部审核相结合的方式。考核过程中应注重公平公正原则，将学生日常表现列入考核范围，并建立学生平时表现的管理机制，加强对学生职业素养考核的过程管理。对于职业素养考核优秀的学生应及时给予奖励，这在一定程度上可以发挥榜样的作用。职业素养考核的目的不是划分等级，而是提升大学生的职业素养水平，因此，在考核过程中应更多关注每个学生身上的优点，鼓励他们及时弥补自身的不足，不断提升自己的职业素养。

（四）充分发挥课堂教学在职业素养教育中的主导作用

课堂教学是高职院校开展大学生职业素养教育的主渠道。高职院校应充分利用课堂这个教育教学主阵地开展有效的职业素养教育。首先，高职院校在进行课程设置时，应把职业素养教育与专业教育放在同等重要的位置，让大学生从入学开始就认识到学习职业素养相关课程的重要性。其次，各专业课教师应根据专业特色和学生的实际情况，将职业素养教育融入大学生的专业教育，让大学生在学习专业理论和技能的同时，不断提高自身职业素养。最后，职业素养教育授课教师要创新教学方式、方法，充分利用新媒体技术。一方面，将授课内容制作成生动、形象的微课，提高学生的学习兴趣和学习积极性；另一方面，教师在课外借助 QQ、微信等信息平台开展职业素养教育，为大学生提供更多的职业素养学习机会，实现课堂内外的相互补充。

（五）积极开展提升职业素养的实践活动

社会实践是提升大学生职业素养不可缺少的重要手段。高职院校要积极为大学生创造课外实践和锻炼的机会。首先，高职院校应加强校企合作，让大学生进入企业感受企业生产的氛围，了解企业对员工在职业素养方面的要求，让大学生为职业素养提升做到有的放矢。其次，高职院校可以邀请企业的能工巧匠和成功人士给大学生做讲座，以自身的经历和经验帮助大学生更好地理解职业素养教育的真谛，让大学生从内心认识到职业素养对自己未来就业和职场成功的重要作用。最后，学生会等社团也要积极开展提升大学生职业素养的实践活动，如开展"职业角色扮演"活动，以情景剧的形式让学生扮演工作中的不同角色，模拟实际工作中的一些典型场景，使大学生能够体验到真实工作中的感受，明确提升职业素养的必要性，为将来顺利走上工作岗位打下坚实的基础。

一般来说，大学生的职业素养水平决定了他的就业岗位层次水平，职业素养高的大学生更容易找到高层次的岗位，其职业选择决策也更容易正确，求职能力和创业能力相对也高。职业素养高的大学生，有更多的机会选择职业种类，就业机会相应的也多，找到最佳工作岗位、最佳工作环境的机会多，职业生涯发展更为顺利。职业素养是一个人职业发展的内在动力，一个职业素养低的人在工作中很难做到爱岗敬业、忠于职守，很难与同事团结协作，这样的人在事业上肯定是很难成功的。而当一个人的职业理念、人格、能力素质水平较高时，他就能正确应对工作上的各种困难，较轻松地胜任自己的工作岗位，取得较好的工作业绩，从而使自己的职业生涯进入良好的发展态势。

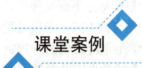

课堂案例

年轻工匠钟乐华

毕业于广东机电职业技术学院的"90后"小伙钟乐华，如今是广东一家大型工业机器人制造公司研发团队的重要一员。在校期间，他的成绩稳居全班前三，并获得2012年全国职业院校技能大赛高职组广东选拔赛自动化生产安装与调试项目一等奖，在2017年广州开发区第九届技术能手大赛可编程控制系统设计师项目一等奖，成为公司软件研发团队中唯一一位高职生，每天给工业机器人设计编程"造大脑"，钟乐华完成了一次次的人生"逆袭"。在这家企业里，钟乐华感觉到自己在飞速成长。参加工作的第一年，他就独立完成了澳门隧道的自控系统。几年时间里，他还独立完成了许多大型项目，如为国家大型粮油生产企业粮油自动生产线进行了设计编程。看似烦琐复杂的工序，钟乐华却干得起劲，钟乐华"玩"的就是技术。在他看来，开发出一次新产品，"技术和质量过关已经是基本要求，如何能使用一些新方法，去节省成本，才是技术'大牛'。"

第三节　职业适应与文化融合

一、角色转化与入职事项

根据《中华人民共和国劳动法》的规定，劳动合同可以约定试用期，试用期一般为3～6个月，最长不超过6个月。大学生毕业后到单位报到上班并不意味着进了保险箱，端上了铁饭碗，从某种意义上说，这只是进入职业生涯的开始。常言道：万事开头难。作为大学毕业生如何顺利入职、平稳地闯过试用关呢？

（一）注意个人形象

大学生从离开学校到单位工作的第一天开始，就应该特别注意自己的第一印象和个人形象。

首先，服装要整洁，衣着打扮要得体，体现出自己的良好个性和品位，给人以好感。

其次，精神要振奋，情绪要饱满，说话要爽快，处事要果断，言必信行必果，雷厉风行，办事效率要高，表现出青年人应有的青春活力和蓬勃向上的朝气，做不要事拖泥带水，说话不要吞吞吐吐、欲言又止，给人以暮气沉沉，老气横秋之感。

最后，为人处事要谦虚，说话要谨慎，不要信口开河，随心所欲，力求做到"君子要讷于言而敏于行"，也就是说要多干少说，做事要踏实，做人要本分。常言道："谦受益满招损"。在单位与人交往要有礼貌，要善于倾听，不要锋芒毕露，目空一切，更不要过分地争强好胜，不合时宜地表现自己。总之，要通过自己的一言一行，一举一动，表现出个人的人格魅力和良好教养。

（二）良好的工作态度

接受工作任务的态度是对刚报到的新员工的一次严峻考验，很多新员工由于在接受工作任务时与主管领导发生分歧，又没有妥善解决，刚上班就遇到工作上的挫折和烦恼。作为一名新员工要愉快地接受领导分配的工作任务，要善于接受挑战性的工作，因为越是难度大的任务，对自己的锻炼越大，取得成功的机会就越多。工作中有困难自己要想方设法去克服，不要挑挑拣拣，更不要工作还没有干，就提出这样那样过高的不切实际的要求和条件，让领导左右为难。如果分配的工作自己完成确有某些实际困难，既可以说"让我试试看",也不妨心平气和、婉转而策略地、有理有据地把困难如实地向领导提出来,表达自己意愿时要注意态度,注意话要好好说,千万不要动怒发火或激动。接受工作要以大局为重,不要只考虑自己的利益,不考虑上级领导的难处和单位的实际情况。当然,如果当时分配的工作不太适合自己,为了不给领导添麻烦,也不妨先把工作任务接受下来,干一段时间后如果真的不适应,再提出调整的要求,这样会更恰当些,而不要不讲理由就一口回绝。

(三)养成勤劳的工作习惯

对于工作中遇到的问题要及时和有关领导沟通,多请教比自己资格老的员工,以便得到他们的帮助和指导。在一个工作单位,不管是领导还是同事,人们最反感的员工有三类人:第一类是工作懒惰,生活习惯拖拉,得过且过,出工不出力,见异思迁,缺乏事业心、责任感的人;另一类是搬弄是非,阳奉阴违,拉帮结派,两面三刀的人;第三类是为人小气,心胸狭窄,斤斤计较,爱贪小便宜的人。大学毕业生初到一个单位后,工作要做到四勤:一是手要勤。要眼睛里有活,力求做到事事要积极主动,跑到前头。如在办公室或科室工作,上班时可提前几分钟到,把办公室打扫干净,把开水打好,提前做好上班的一切准备工作,这样,不管领导还是同事,都会对你产生好的印象。二是腿要勤。刚到一个单位,不要有任何偷懒思想,俗话说:"干活不会累死人。"青年人不要怕出力气,有些需要跑腿和手提肩扛的活,要争先恐后地去做。三是嘴要勤。不懂的事情要勤问,问领导,问同事,不要不懂装懂,在没有弄懂事情的来龙去脉之前就自作主张,把事情办糟。四是脑要勤。做事要善于动脑筋,处事要灵活,要讲效率,工作要有新思路,把自己承担的工作出色地完成,让别人无可挑剔。此外,不管做什么事情都要任劳任怨,兢兢业业,脚踏实地,利利索索,不做则已,做则一次做好;要克服浮躁情绪,做事千万不要拖泥带水,毛手毛脚,虎头蛇尾,既不善始又不善终。

(四)工作认真谦虚

"天下事必作于细。"日常生活中的每一件看似微不足道的小事,无不折射出一个人的道德和精神风貌。"于细微之处见精神",就是人们在评价一个人的表现时,往往都是通过许多不起眼的小事看起,毛手毛脚、马马虎虎、粗枝大叶、小事都做不好的人,关键时刻做事也容易"掉链子"、出纰漏,让人提心吊胆,放心不下。刚到新单位的青年人,要从日常的点滴小事和细节上严格要求自己,事事、处处、时时都要坚持高标准,做事要严谨,工作要认真,做到精益求精,提高办事效率,尽量减少不应有的失误。同时要律己严待人宽,虚心向他人学习求教,注意自己的道德品质修养和形象。不论做什么事都应该讲求认真,要拿得起放得下,干什么就干好什么,不应大大咧咧、粗心大意、满不在乎,以免给人留下思想不成熟、个人素质不高的印象。

(五)良好的人际关系

良好的人际关系是做好本职工作的基础,也是在一个单位站稳脚跟的重要因素。作为一个初来乍到的新员工,不仅要尊敬领导,服从领导的安排,而且要尊重同事,不管对老同事还是新同事，都要谦虚谨慎，虚心好学，通情达理，善解人意。要有合作意识和集体主义精神，遇事要冷静，要多为他人着想。维护自己的正当利益是必要的，但不要只考虑自己的个人利益，对集体和他人利益漠不关心。同时，要善于换位思考，做到己所不欲勿施于人，为人要正直，保持一身正气，有正确的是非观；不要随便议论他人，背后说别人的坏话，有意见要当面提出，并且要注意方式方法，尽量采取让别人能接受的方法；要全方位与人交往，不搞任人唯亲，互相拉拉扯扯、吹捧等庸俗作风。与同事或者上级主管领导有了矛盾，要多做自我批评，多检讨反省自己，要用加强沟通的方法加以解决。"有能走遍天下，无能寸步难行"。

（六）爱岗敬业

作为一名新员工，首先，要有敬业精神。热爱并胜任本职工作，从上班的第一天开始，就要尽快熟悉工作环境，熟悉业务和工作规程，处处严格要求自己，凡事有责任心、事业心，运用所学的知识，高质量高效率地完成自己担负的工作，力求做事要眼到心到手到，让领导放心，让同事满意。其次，要有创新精神。工作不仅要勤奋刻苦，业务要精益求精，而且要善于开动脑筋，讲究智慧，探索规律，提高工作效率，不断创造出新的业绩。再次，勇于承担重任。大学毕业生要有挑战意识和成就欲望，勇于承担那些难度大、具有攻关性质的、艰巨的开创性工作，使自己在工作中接受磨炼和考验，增长才干，奠定创业的基础。最后，要有奉献精神。做事要讲实干，不要先讲条件和待遇，要善于吃苦耐劳，工作要抢着干，而不要在工作报酬和物质利益上斤斤计较。要通过实干和能力找到自己的最佳位置，让用人单位感受到你的存在价值，发现你的良好素质。

二、培养良好的道德观念

大学生作为学生的一个特定群体，其思想中一些新的道德观念正在逐步形成，其效益观念、支柱意识、务实精神、民主要求等在改善和冲击着原有的道德观念体系。在剧烈的社会转型过程中，一部分大学生的道德状况却令人担忧，存在着如价值取向的迷茫、自我意识的夸张、责任意识的淡薄、审美情趣的错位、享乐观念的膨胀及精神失落等现象。社会大环境中一些不良现象在校园中的渗透和影响，产生了诸多矛盾，如学校传统美德的教育与社会上某些金钱至上、追逐实惠等不正之风的矛盾。因此，学校必须加强对学生的素质教育，规范学生道德意识和日常行为。

（一）在思想上高度重视

《礼记·大学》曰："古之欲明明德于天下者，先治其国；欲治其国者，先齐其家；欲齐其家者，先修其身。"修身，就是指形成良好的品格和修养，这就要求学生平时要养成良好的道德行为。除了学生本人重视这个内因之外，学校在教学、管理上，教师在引导、管理上，家庭在要求、教育上也要充分重视，让内因在外因的督促催化下达到双重效果。

（二）在日常的生活中，严格要求自己

（1）学生要有理想、有抱负。大学生在学习阶段就要有理想、有抱负，确定自己的人生目标，只有这样，他们才能够充分利用学生时期特有的学习氛围和环境，认真把握每一天，力求日有所新、月有所进、年有所长。学生要根据自己的实际情况，规划自己的未来。同时，要明确自己要实现未来蓝图所应具备的素质，良好的道德行为是必不可少的。只有这样，才能够充分发挥主观能动性，逐渐改正不良习惯。

（2）自觉地端正学习态度。大学生正处于学习技能的关键时期，是技能学习的特殊阶段。大学生应该自觉端正学习态度，不怕困难，积极补习较差的文化课，努力学习学校的专业课程，积极参加各种实习、实践活动，注意培养自己多方面的技能，珍惜在校的所有时间，采用正确的学习方法，当然要有耐心和毅力，并持之以恒。

（3）积极参与班级活动。班级是学生学习、活动的特定产物和场所。在班级集体中，学生之间能够友好相处，相互协作配合，培养学生关心班集体，关心班集体荣誉，热爱劳动，遵守班级管理制度，积极参加集体活动。通过自己的努力，在班级中赢得其他同学的尊敬和尊重，使自己逐步走向成熟。

（4）注重个人生活。个人生活是大学生的个人行为，不可否认有其隐私性。但要遵纪守法，明辨是非，具有良好的道德品质；待人热情大方，讲文明、讲礼貌，关心他人，能够较好地与他人沟通；生活上注意节俭，着装得体大方，这些都是大学生应该遵守或注重的行为道德。

（三）教师应加强正确引导、监督和适时鼓励

由于大学生尚未形成正确的人生观和世界观，容易被一些错误的东西或表面的现象所迷惑，容易偏离正确的方向，在这一过程中，教师的作用是必不可少的。教师应增强个人人格魅力，通过与社会、家庭、学校等方面的联系，对学生进行正确指导、有力监督、适时鼓励。

（1）教师应加强个人的人格魅力的培养。教师的一言一行极易被学生模仿，因此，教师应增强个人的人格魅力，给学生一个较好的垂范。教师的人格魅力主要体现在德、才、学、仪四个方面，教师不仅要精通专业知识，还要广增知识、阅历，并且要精通现代教育理论，不断调整、充实自己的知识结构，做个学识渊博的师长。

（2）正确引导。正确引导学生不是一种单向的行为，不能总是教师发出命令，学生被动接受，应该时刻想到与学生尽量多沟通。教师的言行应充满着对学生的理解、尊重，让学生能够轻松、自然地接受，起到正确的引导效果。针对不同的学生，采取不同措施，能抓住关键问题，与其做深入交流引导学生正确的行为规范。

（3）有力的监督。教师在整个教学过程中，发现学生有不良的行为，应及时指出、批评纠正，责其加以改正，特别是班主任可通过集体总结的形式，分别给予批评和表扬，最好是在每周开展自评、互评基础上，对每个学生给予优缺点的总结。对于不能达到要求或自我克制力较差的同学，可以使平时表现较好的同学帮助改正。当然，有力的监督离不开家庭的制约和教育指引，对于一些学生的恶习，应与其家长取得沟通和联系，通过多方面

的力量和努力，使其改正。

（4）适时对学生进行鼓励。部分学生做事常表现出自卑、自暴自弃等心理，针对这一现象，采取经常开展班级活动的方式，让学生表演自己的节目，发展自己的个性；经常进行各项评比，如谁朗诵较好、谁模仿较像、谁表演较好等，让他们每个人都感觉到自己有所长、有优点，并及时表扬、鼓励，逐渐消除他们的自卑心理，帮助他们改掉陋习、恶习，养成良好的行为习惯，使其健康、快乐地成长。

三、企业文化价值

（一）企业文化育人的内涵

企业文化是企业在长期经营管理过程中积淀形成的、企业员工共同信仰和遵守的、具有主导作用的价值观念以及行为范式、意识形态和物质形态体系，包括精神文化、物质文化和制度文化。企业文化育人是指在校企合作背景下，通过企业文化与学校文化的相互融合，将企业的理想信念、价值理念、管理哲学、经营特色等贯穿整个育人和教学过程，使其中的优秀因素对学生起到潜移默化的作用，从而达到人格塑造的目的。

（二）企业文化育人对职业精神养成的意义

1. 企业文化育人是职业精神养成的有效途径

企业文化育人是高校在校企合作中培养学生职业精神的最有效途径。

首先，企业文化是职业精神形成的基础。从某种意义上说，职业精神是抽象的，企业文化是具体可感的。从操作层面来说，从企业文化切入，以企业文化引领专业建设和人才培养具有很强的操作性，也容易为学生理解和接受。一个人的教育主要经历家庭教育、学校教育和社会教育，在学校教育阶段形成的价值观和思维方式对人一生的发展至关重要。现代的教育是面向未来的教育，只有教会学生思考、做人和学习的能力，才能帮助他独立地生活和适应社会。

其次，文化育人是一种潜移默化的育人手段。要从企业文化特质中寻求优质教育因子，通过跨界性的文化教育因素让学生真正地领悟和感受行业风范、企业品牌的建构除生产技术外，更重要的是员工的品质和职业信仰。所以，高职教育需要建构具有职业性特质的高职文化和育人途径。企业文化是社会文化的一个子系统，是一种亚文化，实质上是人本管理思想的体现，主要通过价值观、管理理念、目标愿景、精神风格、团队氛围等，反映出企业的生产经营特色、战略目标、群体意识和行为规范，提升员工在敬业、诚信、创新、奉献、自律、团队合作等方面的素养和层次。因此，用企业文化育人是学生适应现代企业发展的现实需求。

最后，企业文化育人是落实素质教育，提高人才培养质量的内涵要求。职业精神养成离不开职业活动，职业精神的内化离不开企业文化、无论何种方式的校企合作育人，其实质都是文化合作，充分发挥企业文化的引领和能动作用，容易引导校企合作向深度合作发展，使职业精神的培养更具有方向性和操作性，更具有说服力和现实性。文化育人，说到底就是要把学生培养成为有职业精神和职业素养的人，或者说是一个职业化了的人。

2. 企业文化育人增进职业精神养成的效果

陶行知生活教育理论认为，生活是教育的来源，生活与教育密不可分。因此，学校应该是开放的，不能封闭起来只传授书本上的知识。校企合作中企业文化育人，能够让学生在校期间就接触和感受未来的职场环境与职业氛围是真实完整的而不是零散片段的。大学生在从事职业活动的过程中，在企业文化的熏陶下容易养成一定程度的职业精神。高等职业教育对于人的能力塑造除显性技能的培养外，还应包括对思维能力（思想的创造性能力、技术与技能智慧、审美能力）、沟通能力、合作能力、解决问题的能力等隐性能力（也被称为职业核心能力或关键能力）的培养。这些职业能力的培养绝非仅靠知识和信息的传递，更多的是需要校企合作中企业文化对学生加以内在的文化影响力，通过文化熏陶和文化感召及正向职业精神的价值引领，学生被塑造为具有思想性职业能力的拥有者。企业文化育人是全方位的，贯穿渗透人才培养的全过程，学生职业精神养成效果是真实自然且容易固化的，是与社会和企业现实对接的，有益于企业和社会的。企业文化育人可以进一步开发大学生蕴藏的智慧和才能，培养他们可持续发展的能力，促进他们自身能力和人格的全面发展，充分发挥文化软渠道在人才培养方面的硬效果。

3. 企业文化育人是职业精神养成的质量保障

陶行知认为，一方面学校必须是开放的，必须与社会生活相联系，主张"以青天为顶，大地为底，二十八宿为围墙，人人都可以做先生，人人都可以做同学""随手抓来都是活书，都是学问，都是本领"；另一方面学校应该成为改造社会的重心，具有社会责任和服务社会功能。他提出学校教育要把"根安在环境里""应用自然界和社会界的助力和阻力"去培养学生的"生活力"，当然这其中就包括职业精神。学生在校期间通过零距离接触和感受企业文化，使职业精神与社会和企业实际结合得更加紧密，从而增强职业精神的现实性要求。企业文化育人通过学生主动参与、思考和实践，养成具有企业特色的乐观豁达、务实坚韧、诚信自律、昂扬向上的精神品格，良好的职业态度、职业操守、职业责任，爱岗敬业、乐于奉献的职业情怀，不畏艰难、勇于创新的职业信念，从而推进学生个体职业化的进程，形成社会主义核心价值观指引下的职业精神，在学生未来的学习和工作过程中持续发挥作用。

（三）企业文化引领大学生职业精神培育的实施策略

1. 制度层面：企业文化引入机制建设，强化职业精神

（1）形成职业精神与人的全面可持续发展相结合的培养机制。全面分析企业文化的构成，特别是职业精神的主要要素并将其融入学生德、智、体、美、劳各方面，在学生职业能力培养课程体系中，设计纳入职业精神的内容并占一定的比例。完善学生考核评价机制，应加大对学生职业态度、责任意识、合作精神等职业精神方面的考核力度。

（2）企业文化融入制度建设。校企合作管理、实训设备管理、实训室使用管理、教师绩效考核、教师进入企业锻炼等制度，可以借鉴企业的管理模式，体现企业的管理文化，使人才管理和设备管理具有一定的企业文化色彩，便于科学管理和增强活力。

（3）企业文化引领团队建设。建设一支专兼结合的企业文化活动教师队伍。充分发挥教师和辅导员在企业文化活动中的导向作用，引导学生形成社会和企业所需的良好品质。

通过培训进修、进入企业锻炼、建立教师企业工作站等方式，鼓励教师和辅导员以员工身份进入企业，和企业员工共同完成技术研发、技术攻关项目等，熟悉和适应企业文化，遵守企业的劳动纪律和有关规定，按照企业工作规范和流程进行岗位训练，参加企业员工考核和学校绩效考核，不断提升教师和辅导员的职业教育水平，提高其文化育人能力。同时，邀请企业骨干人员到学校担任企业文化导师，通过宣讲企业文化、指导项目团队工作等方式，让学生在学校就能充分感受企业的工作氛围和工作风格。

团队合作是职业精神的重要方面，未来社会个人发展靠的不是单打独斗，而是协作精神，只有团队共同奋斗才能发挥每个人的潜能，才能出成果。每个企业都有自己独特的团队文化，将这些优秀的团队文化植入专业建设和团队建设，使教师和学生团队目标明确，氛围友好，互帮互助，校内教师和企业教师融为一体。

2. 精神层面：企业文化渗入职业意识，不断内化职业精神

校企文化结合不是简单的"1+1"的关系，而是要在充分尊重各自文化特质的基础上取长补短，借鉴双方各自文化在育人上不可替代的优势进行融通，使得在学校的人才培养有企业的制度氛围和工作氛围，但基础还是学校，不能把学校完全变成企业。因为学校中集体学习的氛围、对知识理性的思辨、对技术技能的创造研发等系统化的教学科研环境和学术传统是企业无法实现的。企业文化与学校文化交融，包含外在和内在两个方面。从外在形式来看，校园环境、设施设备购置、各类标识和职场氛围等，都可以参考和体现企业文化；内在主要是指在管理理念、制度建设、质量考核等方面学校可以借鉴企业文化的精髓，使管理和人才培养更贴近企业实际和现实需要，同时提高工作效率。对于企业文化不能全盘照搬，要取其精华、去其糟粕。要充分吸取其中有利于人才培养的有用成分。

3. 行为层面：企业文化融入工作过程，逐步塑造职业精神

（1）创新人才培养模式。采用校企"双主体"人才培养模式或学徒制人才培养模式等适应企业文化育人的人才培养模式，充分发挥企业在职业精神培养中的主体作用，采取校内授课与到企业授课相结合的形式，在课程教学中注重职业技能与职业精神的融合。通过企业导师手把手地传授企业一线的技术、企业导师自身的榜样示范和个人影响，让学生感受到职业精神的影响并内化于心。

（2）确定校企合作模式。形成集团化办学、创办企业学院等有利于职业精神培养的校企合作模式，强化工学交替、半工半读、教学做一体化等以学生为中心的教学模式，突出对学生的创意思维、实践技能、吃苦精神和沟通能力的训练，通过学生"做中学"的方式，感知和领悟教师对职业精神的引入与引导。

（3）推进课程教学改革。课程教学是企业文化育人的实质载体。高职院校应将职业道德、职业心态、礼仪规范、企业文化、操作规程、企业新技术等融入专业教材和课程教学中，充实内容，保持同步，使学生的所学真正是企业所需，实现"育人"与"用人"的零距离。一方面发挥思想政治教育和就业指导等课程在职业精神培育中的主渠道与主阵地作用，将相关理论与企业文化特别是其中的诚实守信、敬业奉献、勤于思考、艰苦奋斗等职业精神相结合，让学生明确职业精神的内容及要素，充分认识到职业理想、责任、坚守在企业发展和品牌建构中的重要价值，并通过企业真实案例和榜样示范等方式将企业文化中的优秀特质内化于心；另一方面，将企业文化与专业课程渗透融合，挖掘专业课中蕴含的丰富文化内涵，通过在项目任务、情景案例、图片素材、任务工单、拓展阅读等学习材料中植入职业素质标准和职业行为规范，将技术文化和职业精神要求融入工作过程，日积月累、循序渐进地渗透，让学生在潜移默化中感受职业精神养成的方式方法，充分发挥专业课的文化育人功能。

（4）加强生产性实训。实践性教学环节是企业文化引领职业精神培养的关键环节。学生入校后进行分阶段的实践教育和企业文化教育。例如，第一学期主要以观摩、体验的认知实习为主，通过安排学生到企业进行实地参观，体验企业文化；第二至四学期进行工学交替式实习，将部分实践课程安排在企业中进行，实现校企文化的对接转换；第五学期主要是校内仿真训练和技能强化训练，校企文化高度融合；第六学期安排顶岗实习，学生以准员工的身份进入企业，在具体工作岗位上体会职业文化和职业精神，强化专业技能和分析处理问题的能力。校内专业实训应加强生产性实训的比重，应在实训环境营造、实训任务完成和实训考核评估等环节加强对职业精神养成的引导，使学生对职业精神塑造养成习惯。通过仿真或真实的企业环境植入企业文化因素、营造企业氛围，熏陶式培养学习者的职业素养，理解企业文化、掌握工作规范。企业顶岗实习通过给学习者提供真实工作场所和职业环境，使其直接接触产业文化和企业文化，感受性培育职业素养，为其正式的进入企业工作做好质量意识和纪律意识的准备。企业文化育人实践应循序渐进，不能强行灌输、一蹴而就。在实践过程中，一方面要注意将企业文化合理引入，使职业精神养成落到实处、富有实效；另一方面也要让学生充分感知到学校的育人理念、学术规范、求真精神等学校文化，使学生在未来的生活和工作当中真正成为综合素质与综合能力均优的有用人才。

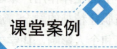

课堂案例

罗文中尉的故事

1898年，美西战争爆发。美国总统威廉·麦金莱急需一名合适的特使去完成一项重要的任务，军事情报局推荐了安德鲁·罗文。在孤身一人没有任何护卫的情况下，罗文立刻出发了，一直到他秘密登陆古巴岛，当地起义军才给他派了几名向导。那次冒险经历，用他自己谦虚幽默的话来说，仅仅受到了几名敌人的包围，然后设法从中逃出来，并把信送给了加西亚将军——一个掌握着决定性力量的人。整个过程中有许多意想不到的偶然因素，在这位年轻中尉迫切希望完成任务的心中，却有着绝对的勇气和不屈不挠的精神。为了表彰他的贡献，美国陆军部长为他颁发了奖章，并且高度称赞他说："我把这个成绩看作军事战争史上最具冒险性和最勇敢的事迹"。

第四节　职场提升与自我价值实现

 一、树立终身学习理念

关于终身学习的含义，自始至终都没有一个统一的概念，其中广为人知的终身学习是学习者个人在一生的过程中如何开发和利用自身所需要的知识体系、个人技能及学习态度。终身学习包括很多方面，对知识内容的学习，对学习方向的掌握，还有对于学习过程及学习环境等维度的认识，还可以指导人们学习行为的观念系统。终身学习是学习者究其一生不断探索，不断学习新的技能，不断完善自己适应时代发展的要求。终身学习理念是需要一生去贯彻和付诸实践的，具有自我完善的内在需求和自我能力。终身学习理念的提倡和推动可以促进大学生的自觉学习的意识。

终身学习具有三个特点：第一，功能性。不断学习是不断自我提升的过程。学习者通过不断学习的过程掌握自身所需要的技能，通过不断输入新的知识和思想能够紧跟时代发展的潮流与周边环境的变化。学习个体不是孤立存在的，会受周围环境和整个社会的影响，若想要生存下去，必须不断完善自己，调整自己的知识储备能量，才能不和时代脱轨，学习者自身才能得以生存和发展。第二，自主性。要实施终身学习理念最终还是学习者本人。终身学习理念的贯彻还是需要自主性和自觉性。终身学习不受任何条件、场所和地点的限制，自身想要学习，任何地方任何环境都可以实现。终身学习是学习者个体一生中通过各种各样独立的思考、探索研究和不断挖掘问题从而掌握知识，最终应用于不断变化的学习环境和生活环境中。第三，终身性。终身学习是指人从出生那一刻到生命结束那一刻，在人生的每个阶段都不断接受学习新知识、新技能和新思想。高校对大学生终身学习理念的培育是一项铸魂工程，是一项长期且艰巨的工程，是对大学生理想信念和学习理念的深入培养。

1. 打造"终身学习理念"网络平台

网络平台凭借即时性、互动性的优势，在信息传播过程中发挥自身独特的作用。在现阶段媒体发展的信息时代，利用网络媒介培育大学生终身学习理念是思想教育的有效途径。利用互联网的传播特点，挖掘红色故事和红色基因，引领大学生的学习理念，这是现阶段思想政治教育的重点。终身学习理念需要结合网络媒介不断创新宣传方式，打造大学生喜闻乐见的且符合学生学习特点的传播方式，让大学生在学习的过程中提升自己的思想境界；挖掘终身学习理念的历史事件，让学生在感受历史人物的精神的过程中认识到终身学习的必要性。这样的学习方式既能提高自身的文化修养，也能在精神上得到共鸣，从而起到潜移默化的作用。

2. 创办"终身学习理念培育"微媒体

将微媒体与终身学习理念紧密结合。微媒体已经成为当代年轻人最受欢迎的媒体，其中QQ、微信、微博、抖音的用户量最大，这些软件的最大优势是容易看懂、容易操作且娱乐性强，大学生对微媒体的依赖性更强，他们使用QQ、微信、微博、抖音和知乎等软件聊天、学习，以及观看感兴趣的视频、图片和文章。微博平台也可以成为大学生终身学习理念培育的平台。高校可以由专业人士管理微博平台，并对其进行"大"认证和推广，在微博平台对红色精神中革命人物的精神品质以及学习方式进行分享，激发大学生学习的兴趣。抖音也是当下大学生热衷的软件，他们利用抖音关注自己喜欢的"名人""趣事"。这些"名人"极具宣传力与影响力，使得抖音成为弘扬精神文化、宣传终身学习理念的强有力的载体，是极佳的推广平台，并且以年轻人所喜爱的一种方式，达到了对红色精神的宣传推广目的，也增强了人们在评论区的交流与互动。寓教于乐，在轻松愉悦的氛围下，不仅使大学生学习到了知识，也增强了大学生转发推广的主动性，使终身学习的理念与时俱进，掀起了当代学习的热潮流。

3. 开设"终身学习理念培育"广播专栏

大学生终身学习理念的培育是潜移默化的过程，不能一蹴而就。在日常生活中、学习中和娱乐活动中营造终身学习的氛围，保证大学生无论何地、无论何时都能够学习。例如，韩国就在培育大学生终身学习理念时，始终坚持教育立国，致力于构建一个"不管谁，不管什么时候、不管在哪里、不管想学什么、不管想以什么方式学，只要你想学，你就可以学、就能学得好"的"学习社会"。校园广播不受校园地点限制的优势成为大学生接受终身学习理念培育的最好方式。可以设立"终身学习理念"广播专栏，相关广播站负责人可以就红色精神中与终身学习理念相关的投稿，在空闲时间通过广播形式进行传播和解读，使大学生对红色精神与终身学习理念更加了解和深刻。从宣传方式来看，校园广播是大学生在校园中最容易接收到的信息，学生可以在课间、用餐中以及宿舍接收到有关红色精神和终身学习理念，对终身学习理念耳濡目染，更容易实现对大学生终身学习理念的培育；从宣传效果来看，校园广播前期已对信息进行筛选，选取较为趣味和幽默的语言，同时充分围绕校园主旋律，对大学生的终身学习理念培育起到潜移默化的积极作用。

4. 打造"终身学习理念培育"云课堂

随着信息技术的发展以及大学生对学习的各式需求，虚拟课堂在各大高校应用更加广泛。共享教育资源也已经成为当前热点，高校可以结合传统课堂的优势，将线上教学和线下教学融入现代教育教学。疫情其间"停课不停学"更是推动了网络教学的发展，打造"终身学习理念培育"云课堂，能够激发大学生的学习动力，培养大学生自主学习的能力。云课堂可以由专业性较强的教师录制有关终身学习理念培育的课堂内容，以红色精神为视角，深入延伸讲解有关终身学习理念培育内容。播放红色精神歌曲和有关红色精神短片，引发大学生对于红色精神的学习兴趣，以红色精神为素材拓展终身学习理念培育相关概念和内涵，使大学生了解当下终身学习理念的重要性。教师可以因材施教，通过弹幕互动或者线下留言对各类学生的学习现状进行分析，并为其制定终身学习计划。高校可将"终身学习理念培育"云课堂积极推广，让全国大学生共享学习资源，促进全国大学生终身学习的理念培育。

二、培养自我发展意识

（一）志存高远——牢固树立崇高的理想和坚定的信念

理想和信念是一个人对未来前景的向往和追求。不同的理想和信念造就不同的生活，世界上唯一的救世主就是由自己的理想和信念激发的精神力量。一个人被崇高的思想支配着，他就会变得坚强、勇敢，也就会沿着既定道路义无反顾、一往无前地走下去。大学阶段是一个人理想、信念由探索到定向的重要时期。理想信念是大学生健康成长和持续发展的强大精神动力。大学生应该通过观察、思考和实践，实事求是地看待社会，看待自己，清楚自己在社会中的地位、应有的权利和所承担的义务，具有强烈持久的自我发展、自我完善意识；应树立远大的理想，对祖国的前途和中华民族的繁荣富强充满信心，执着地践行"修身齐家治国平天下"。远大的理想、正确的信念、强烈的社会责任感是同每个大学生的持续发展相辅相成的。大学生只有树立崇高的理想和坚定的信念，将自身的发展与社会发展的规律、人类进步的趋势相一致，才能培养可持续发展的意识，才能充分发掘自身的潜能；只有牢固树立崇高的理想和坚定的信念，才有追逐的梦想和目标，才有执着求索的动力，才有持之以恒的勇气，才有克服万难的力量。因此，在大学阶段大学生必须要尽早地树立崇高的理想和坚定的信念，以之作为"灯塔"沿着可持续发展的道路坚定不移地走下去。

（二）目光长远——正确处理短期利益和长远价值的关系

大学生的可持续发展是其整个人生可持续发展的有机组成部分，是一个人生命历程的重要部分。大学生的可持续发展不局限于受教育阶段或人生的某些阶段，而是着眼于人的终身发展，其本质特征在于追求人的发展的最大化。也就是说，大学阶段的教育会影响以后的职业生涯乃至其整个生命历程，这就意味着大学生现在所付出的努力和接受的教育都是为整个人生历程的发展做铺垫。大学生学习、生活的目标在未来，必须以未来作为标尺为现在做决策，有目的地放弃某些背离长远价值的短期利益。然而，当前许多大学生缺乏长远发展的眼光，急功近利，主要表现：重科学文化素质的提高，轻人文素质的培养；重专业，轻基础；重分数和证书数量，轻基本技能和动手能力的培养；重眼前名利，轻发展积淀；重择业待遇，轻发展空间……导致毕业后基础不实、能力不强、潜力不够等，严重影响了发展的可持续性。因此，正确处理短期利益和长远价值两者之间的关系，有利于大学生为日后人生发展的厚积薄发奠定基础。

（三）学会管理时间——正确处理"重要性"和"紧急性"两者之间的关系

大学生在大学期间的时间和精力都是有限的，为了充分利用时间，将精力的产出发挥到最大，必须提高效率，学会取舍。简而言之，即正确处理好事情的"紧急性"和"重要性"两者之间的关系。人生有很多要做的事，但归纳起来只有两类：一类是紧急的；另一类是重要的。大学阶段80%的时间是为了日后的发展积累能量，20%的时间是为了完成眼前的考评和测评。但是很多大学生不会管理自己的时间，将注意力始终放在眼前应急的事情上，忽略了时间投入的重心，影响可持续发展所需要的"能量"和"基础"。学会管理时间就能将时间合理分配，始终将重要的事情放在首位。如果事情在变得紧急之前就被解决了，自然不需要再为紧急的事情操心，就可以赢得时间做之后重要的事情。如此下去就会形成良性循环，将时间和精力分布得恰到好处，兼顾了事情的"重要性"和"紧急性"。

（四）学无止境——树立终身学习的观念

大学时间很短暂，大学生仅凭这几年的教育和知识储备无法满足知识经济时代自身发展的需要。每个学科的知识都很多，不可能在校期间完全涉及，因此，需要大学生牢固树立终身学习的观念。终身学习观要求学生不仅会学习，而且能持之以恒地学习。"会学习"是指既要有积极的学习态度，也要掌握好的学习方法。在"会学习"的基础上，坚持"活到老，学到老"，自身的潜力才能得到充分挖掘和发挥，可持续发展才能成为现实。目前，有些学生认为大学毕业后就可用大学里学到的知识去大展身手、实现宏图抱负，殊不知其知识结构还需要在实践中不断地更新和完善。培养大学生的终身学习观除培养满足各种学习需要、养成良好的学习习惯外，更重要的是要让学生了解知识背后所凝结的历史、观念、方法和精神，体验对追求人生意义的成就感和美感，从而激发学习的热情和动力，长久地感受到学习的乐趣。

（五）厚积薄发——构建宽厚合理的知识结构

大学期间阅读涉猎面广、自由读书时间很多且不易受外界影响。知识虽不能代替智力和能力，却是人们智力和能力的基础。大学生的知识结构是否宽厚、合理，直接影响他能否有所创新的一个重要因素。因为掌握的知识越丰富，结构越合理，就越容易产生新的联想、新的见解和新的创造。只有把知识的丰富性和知识结构的合理性辩证地统一起来，才能成为人们衡量知识水平高低的可靠标准。有些大学生宁愿将时间花在等待机遇的垂青上，而不愿意用在辛勤耕作中，往往表现为心浮气躁、急功近利。他们过于在乎专业理论，忽视与社会全面进步相适应的通识教育，这不但影响个人的创新能力，也缩小了日后择业的范围，限制了自己的发展空间。因此，要成为时代的弄潮儿，大学生必须"由杂而博、由博而约、由约而专、由专而深"地博览群书，构建宽厚合理的知识结构。

（六）追求创新——培养开拓进取的创新能力

人类社会进步和发展的历史，就是不断追求新的理想，不断实现新的价值，不断自我完善的创新活动史。没有创新，就失去生命力，社会就不可能向前发展。21世纪的竞争是人才的竞争，而人才的竞争力主要表现为开拓进取的创新能力。当代大学生应该充分发挥主体性，积极培养自己的创新精神，提高自己的创新能力，将内在的创新潜质发挥出来。例如，努力让自己走出思维定势，学会多角度地思考，不满足于老师的说教，不迷信于权威，敢于挑战未知……通过不懈的努力，强化自己的创新意识，提高自己的创造思维能力，从而为自己的可持续发展奠定基础。

三、持续做好自我管理

（一）大学生自我管理现状及应对举措

1. 身体管理方面

结合现在社会人们的生活习惯来看，许多大学生未能养成正确的锻炼习惯，在生活中长期浸淫于各种危害身体健康的行为与事物。身体是革命的本钱。大学生加强自我管理，过好生活，学好知识，都要建立在拥有一个健康身体的基础上。因此，要做好自我管理，首先要做好身体的管理。生命在于运动。身体锻炼可以采取有氧运动（如跑步，2千米/绕操场5圈）和静力抗阻力（如俯卧撑、平板撑）两种形式。

2. 时间管理方面

时间管理构成了自我管理的核心内容。要实现时间管理，大学生可以从方方面面加以践行。加强时间观念的认识，合理规划时间，按时吃饭，适当运动；明确自己作为学生的职责，在学校以学业为主，活动为辅，根据学习目标展开学习；合理运用课余时间，阅读有关书籍，参加有意义的实践活动。

时间管理方法

3. 目标管理方面

随着大学生步入大学校园，减少了高考的紧迫感，他们开始出现各种拖延症、痴迷手机游戏、追剧等行为。大学生应该合理制定目标，规划时间，帮助自己找回自信和责任感。制定的目标应有明确性、可实现性、针对性和时限性。目标可以分为长期目标和短期目标，以长远目标指明方向，短期目标指导实施。

目标管理方法

4. 激励管理方面

人之所以能被激励，是因为人有"趋利避害"的特点。激励的方法主要是依据马斯洛需求理论中的高层次需求——感情的需要、尊重的需要和自我实现的需要。首先，在尊重激励方面，要学会赞美，做到两点：说出客观事实、表达内心感受。其次，情感激励。凡事以微笑对人，不管是自己还是别人，双方都能感受到直接的善意。最后，自我实现激励。人首先得有自信心，对于事情，不管艰难与否，都要相信自己能行。每天记录自己的一点点进步，每天积累一些小成就，通过不断积累提升自己，这就是自我实现激励。

常用激励方法

（二）大学生加强自我管理的意义

1. 有利于提高办事能力与效率

大学生加强自我管理，有利于塑造一个高效的自我管理系统，从系统高度的层面看问题，使生活学习得以高效进行。大学生在学习与生活中的各个要素、各项任务能够得到全面的整合，其消耗的时间、精力相较于单独执行会有所减少，从而降低整个系统的成本，最终提高整体效率。

2. 有利于提高专注并强化执行

当前，有不少大学生有心学习，但往往抱怨自己不专注，无法集中精力。如果做到严格的自我管理，就具有了更强的应对外界干扰因素与诱惑的能力，对于面前的一系列事物与选择，会通过个人原则、意愿、认知基础，对其进行科学的判断与安排，排除不良因素的干扰，将各方面事物妥善处理到位，最终提高专注力。

3. 有利于实现持续进步与全面发展

大学生加强自我管理，最大的目的在于强化自己的个人核心竞争力，通过明确自己的目标找到自己的缺陷，通过有效地行为控制让自己渐进地学习有关领域的知识，经过内化知识使自己的整体能力得到提升，强化自己对细节的把握能力及对变化的判断能力。

（三）大学生加强自我管理的综合措施

1. 严格监督与反思自我行为

大学生对自己的日常言行举止进行监督与反思，就要明确具体的监督与反思对象，事无巨细地对饮食、锻炼、工作、消费这类事情保持关注，从小事中帮助自己养成正确健康的生活与学习习惯。在此过程中，自我评估可以带来自我认知，自我认知能强化自我控制。通过自我评估，学生可以思考某件事情是否值得学生花费时间、金钱以及精力，如对自己看电视的习惯、购买不必要的物品进行评估等。一旦发现类似的不良行为是对我们时间、精力、金钱的浪费，我们就应该立即停止并加以纠正。大学生应该对正确的行为、健康的学习生活方式加以分析，不断提升个人认知水平，通过深度思考，认真规划生活，为未来人生的长远健康发展奠定基础。

培养大学生学习的自我管理能力，要从思想的源头抓起，要从意识上改变大学生传统的被学习态度，让学生从"要我学"到"我要学"。

2. 高校要加强大学生思想政治教育

高校要加强大学生的思想政治教育，着眼于全球经济发展、政治局势变化、科学技术进步，以人的培养为根本目标；要与时俱进，突出思想政治教育内容的时代性和现实性，帮助学生树立崇高的理想以及正确的人生观、价值观，培养大学生危机意识，调动大学生学习的积极性。高校在开展思想政治工作的过程中，要改变原有的说教式的教学方法，强调思想政治教育的针对性、互动性和实践性。在教学内容方面，高校要注意满足学生对理论探讨的认知需求和关注现实的迫切要求，理论联系实际。

3. 通过多元化活动来践行自我管理要求

大学生加强自我管理，必须要在多元化的社会实践活动中加以践行。例如，高校社团可以组织开展主题团日活动、教学区义务劳动等，组织大学生为校园的卫生清洁献出自己的一分力量。在学生日常生活习惯管理方面，学生会可以在每周固定时间点组织学生干部巡逻，监督抽烟、穿拖鞋上课、带早餐进教室等不良行为，加强校园文明创建。开展"宿舍安全及卫生标兵评比"等活动，成立宿舍安全及卫生检查工作小组，加强学生公寓管理，是直接提升大学生自我管理能力的重要手段。

课后实践

一、活动目标

引导学生建立终身学习的职业意识，提升职业素养。

二、活动时间

建议10分钟。

三、活动流程

1. 阅读以下材料，并论述：你从冯鸿昌身上学到了什么？

冯鸿昌优秀事迹

冯鸿昌出生于1979年，现在是厦门集装箱码头集团有限公司高级技师，从一名普通工人做起，通过用心钻研，攻克了现代港口机械维修、工艺等一个个技术难关，逐步成长为"大工匠"。1997年3月，冯鸿昌被厦门机械技工学校南靖教学点推荐到海天码头实习。有一次，公司发生了龙门吊发动机水管漏水故障，冯鸿昌自告奋勇申请处理，半个小时过去了，问题迟迟未能解决，闻讯赶来的师傅只用两分钟就解决了故障。看到师傅的从容处理，再对比自己的手足无措，冯鸿昌深深感受到了学习的重要性，于是，他上班时间跟着师傅学，晚上就在宿舍对各种自己容易漏掉的问题进行记录总结，技术水平提升很快。通过学习，冯鸿昌在随后几年相继获得电大大专文凭，拿下高级钳工、计算机操作员等数十个职业资格证书。2001年，他参加厦门市第七届职工技术比赛，荣获机械维修专业第一。2011年冯鸿昌作为全国劳动模范，被免试保送到中国劳动关系学院劳模本科班学习。2012年8月，公司建立了以他名字命名的冯鸿昌工作室。截至2019年，工作室围绕企业技术创新、科学管理，组织课题研究、开展攻关活动，完成224项技术革新项目，促进了公司的创新发展。

2. 将学生分成4~6人的活动小组，通过小组内部讨论形成小组观点。

3. 每个小组选出一名代表陈述本组观点。通过交流，将每一个需要研讨的问题都弄清楚。

4. 教师对各组观点进行分析、归纳、总结。

5. 教师根据各组在研讨过程中的表现，给予点评并打分。

第七章
劳动教育与职业体验

学习目标

1. 复述职业体验内涵。
2. 探讨职业体验在劳动教育中的作用。
3. 讨论大学生职业体验劳动的组织与实施。
4. 讨论扩展职业体验劳动的原则。
5. 探讨如何进行有效的职场沟通。
6. 讨论如何消除沟通障碍。
7. 整理有效沟通的影响因素。
8. 探讨如何运用沟通技巧？
9. 如何养成终身学习的习惯？

案例导入

2015年6月北京市教委开通了北京市中学生学农学工选课平台，为学生提供学习学工课程套餐，让学生们提前选课。在所有的套餐中，"六盘山高原有机亚麻籽油课程"显得有些特殊，因为它是由企业和学校共同开发的，除了融合地理、物理等多学科知识点之外，还让学生化身"亚麻籽油的生产经营者"，撰写推广营销方案，为学生带来了别样的职业体验。

想一想

职业体验的内涵是什么？如何在职业体验中进行劳动实践，提升职业素养？

第一节　职业体验劳动概述

一、职业体验内涵

职业体验是指在某一时间段从事某种职业活动,通过体验了解该职业岗位的实际工作情况,获取相关职业领域的信息,了解与未来工作有关的特殊问题或需要,如潜在的入职标准、核心素质要求、晋升路径和工作者的内心感受。职业体验也指体验者从整个职业活动中积累职业经验、提高职业技能、完善职业精神、提升职业水平的体验过程。广义来说,这个过程是体验者在职业活动中输出劳动力,获得相应报酬的交换结果。在职业体验中,体验者不仅付出了时间、劳动力或脑力、精神活力,更多的是融入工作环境适应不同的工作模式,发挥专业能力、开展团队合作的过程。通过职业体验,了解该职业岗位的实际工作情况,获取相关职业领域的信息,对自己的职业生涯重新认识和定位,对自己人生整个阶段或者某个时间段做出科学合理的计划和安排。

职业体验主要包括以下几点内容。

(1) 确定体验领域。大学生职业体验课程开发的首要环节就是对某个专业所对应的职业领域进行仔细分析。在分析的基础上理清专业所包含的主要工作领域,并从中选出一个或几个具有代表意义的领域,将之作为大学生的职业体验领域。

(2) 确定体验岗位。分析完某个特定专业所对应的职业体验领域之后,接下来就是理清每个职业体验领域所包含的具体工作岗位及岗位边界,以形成岗位详细、边界明确、逻辑清晰、结构分明的体验工作岗位群。

(3) 确定体验任务。确定了体验的岗位之后,需要对每个岗位所包含的具体工作内容进行整理和分类,详尽地勾勒出每个工作岗位所需要完成的具体工作任务表,以及每件体验任务所应具备的实践知识、操作技能和职业情感等内容。

(4) 确定学习领域。完成结构清晰、内容详尽、逻辑严密的体验工作任务之后,就是将这些体验任务教学化,以此确定体验课程的学习领域。学习领域是职业教育的一种课程模式,是培养综合职业能力的内容载体。

二、大学生职业体验教育路径

高校可以充分利用自身课程资源、"双师型"教师、实训基地、合作企业等方面得天独厚的优势，积极开发和实施基于专业特色的职业体验课程，跨界服务。这不仅能助推高校的职业启蒙教育，还能激活办学活力，提升学校发展的生命力和社会影响力，在不断拓展社会服务功能的过程中彰显独特的社会价值，促进学校转型与创新发展。

（一）开发基于专业特色的职业体验课程

基于专业特色的职业体验课程是学校落实职业体验教育、实现社会服务职能的有效途径和举措。

首先，明确职业体验课程体系搭建的总体目标。即以发展学生核心素养为主旨，以专业特色为基础，以课题研究为主线，以课程开发为抓手，以课程实施为成果，以服务大学生为目标，并将职业特点和职业文化贯穿始终。

其次，开发基于专业特色的职业体验课程。在开发课程时可以从以下几个方面入手：①通过对所开专业的职业岗位群、工作领域等进行梳理，找出专业与职业岗位的契合点；②对大学生进行与职业相关的问卷调查，了解他们现有职业认知水平，为开发基于专业特色的职业体验课程提供需求支撑；③将专业知识与技能进行提炼、重组，与相关职业岗位对应，以了解和体验相关职业岗位的工作内容与过程为出发点设计体验课程内容；④课程应满足学生对职业的认知、了解，引发他们的职业兴趣，进而做出自我评价，对后续的职业判断、职业规划、职业选择产生一定影响。

再次，构建"模块设计、多元组合、能力递进"的职业体验课程体系。即根据学生不同的年龄和认知规律分为职业启蒙、职业初识和职业规划三个层级，三个阶段的目标呈阶梯式上升。在课程设置上，顶层为认识性课程，完成对某一职业全方位、概括性的认识，满足不同阶段学生的不同需求；认识性课程之下是岗位课程，即通过职业岗位分析生成的"岗位直转课程"（职业体验课程）。再将课程按照年龄、需求的不同划分为不同的模块，模块之间可以自由组合且呈阶梯式上升。针对不同年级开发的职业体验课程对应的课程目标、职业能力、职业素养也是逐级提高的，最终形成以职业岗位为载体，以课程形式为呈现方式，以体验职业为课程内容，以认知职业、培养素养为课程目标的完整课程体系。

最后，形成完整的职业体验课程开发模式，确保资源共享，形成发展合力。在开发职业体验课程过程中，充分发挥行业企业的资源优势，利用示范专业、骨干特色专业的实训设施及专业特色，挖掘教师爱好特长，合力开发出丰富多彩、各具特色的职业体验课程，形成以课程开发为中心，多种开发渠道并行的职业体验课程开发模式。

（二）形成多类别职业体验课程群

随着课程开发数量的增多，课程内容涉及的领域也是多种多样的，为了方便各高校对课程的持续开发、管理和推进，特别是方便学生选课，可以将课程按照职业岗位特点进行分类。

（三）多渠道推广职业体验课程

在校企合作的大趋势下，逐步将职业体验课程纳入普通教育综合实践活动，不仅丰富了综合实践活动内容、提高学生综合素养，也彰显了职业教育服务功能的力量和成效。目前，校企合作共同开展职业体验教育的方式：第一，将职业体验课程纳入综合实践课程，给予相应的学分。第二，提供定制的职业体验活动，满足高校开展综合实践活动的需要。第三，为课后提供丰富的课程选择，帮助高校解决课程及师资的问题。第四，打造职业体验精品特色课程，参与开放性科学实践课程的实施。第五，深化校企合作，不断更新创新课程，促进职业体验教育持续开展。

三、职业体验在劳动教育中的作用

（一）以职业体验提升大学生职业素养有其必要性

职业素养既包括学生的基本专业技能，还包括职业态度、职业道德等在内的其他职业隐性因素。而当前，高校大多专注于学生的基本专业能力培养，并提供了较为成熟的培养方式和途径，通过专业课程的学习、各类职业证书或专业考试来对专业能力水平进行验证。然而，职业素养中的隐性成分，如学生行为习惯、个人品质、学习能力等方面，培养力度和水平还非常薄弱，评估体系也不完善。职业素养是一种养成教育，不可能一蹴而就，因此，在抓专业知识和专业技能的显性素养的同时，通过各种职业体验和职业素养培养活动提升学生职业素养就显得十分重要与紧迫。

（二）开展职业体验教育，有效促进高校的转型发展

（1）助力教师专业成长，使其成为学校转型工作顺利推进的有力保障。教师是学校发展的第一要素。如何调动教师转型职业体验教育，助力自身专业能力的提升，是学校转型工作顺利推进的关键。首先，组织教师积极参与职业体验课程开发。教师或以专业团队为单位集体开发课程，或挖掘自身专业领域特长独立开发课程，或参与校企合作项目研发课程；在开发职业体验课程的过程中，不断审视自身专业技能水平，延展专业范围边界，灵活、熟练、富有创造性地运用专业知识；通过开发职业体验课程，提升专业能力。其次，开展职业体验教育培训，开阔眼界，提高服务本领。组织教师到相关高校参观交流，进行职业体验课程开发培训，开展专题讲座和校企合作职业体验课程培训等，从思想认识上转变提高，从专业能力和水平上拓展提升；通过综合"治理"，使教师对职业体验教育变被动为主动，变无奈为乐趣；利用自身优势，在这场变革中华丽转身，寻求自身发展新的增长点。第三，参加各种职业体验展示活动，在实践中促进专业成长。展示活动可以是教师公开课、展示课，各种参观交流展示活动等；也可以是参加职业体验教育相关课题研究、论文撰写等。教师在展示活动中得到提高和锻炼，彰显学校在职业体验教育工作中的成果，促进学校软实力提升，为学校转型工作顺利推进提供有力支撑。

（2）扩大社会影响力，确保学校转型发展工作持续深入地开展。职业体验教育是一个长期持续的过程，对学生的影响是润物无声的。加强对外宣传，及时宣传报道职业体验教育与专业课程融通的亮点、特色，以及学校转型发展的成绩。多渠道宣传是学校展现综合实力、彰显良好社会形象的重要途径，不仅能够促进学校软实力提升，更能扩大学校在社会上的影响力，从而进一步确保学校转型发展工作持续深入地开展。

课堂案例

张丹峰的苦恼

张丹峰刚刚从名校管理学硕士毕业,出任某大型企业的制造部门经理。他一上任就对制造部门进行改革,他发现生产现场的数据很难及时反馈,于是决定从填报生产报表开始改革。张丹峰设计了一份非常完美的生产报表,从该生产报表中可以看出生产中的任何一个细节。每天早上所有的生产数据都会及时地放在张丹峰的桌子上,他认为他拿到了生产的第一手数据。可是没有过几天,制造部出现了一次大的品质事故,但生产报表上根本没有反映出来。他这才知道,生产报表的数据都是工人们随意填写的。为此,他多次开会强调认真填写生产报表的重要性,但只有每次开会后最开始几天可以起到一定的效果,过不了几天又回到了原来的状态,他怎么也想不通。后来,张丹峰将生产报表与业绩奖金挂钩,并要求制造部干部经常检查,工人们才开始每天认真填写报表。

第二节　职业体验劳动培育

一、职业体验课程设计的原则

职业体验教育要坚持以学生需求为导向,帮助参与职业体验的学生理清对相关职业,尤其是对自我的认知,进而设计相应适用的职业体验内容、方法,增强教育的实效性。

(1) 明确职业体验课程的特点。第一,适应性,在课程内容的选择和设计上既要适应社会的发展变化,反映当下社会的发展水平,以及各类职业的特点与发展趋势,又要适应学生的特点和需求,根据学生不同的年龄段有针对性地设计体验内容。第二,实践性。强调学生的亲身参与,鼓励"做中学",通过真实情境中的实践体验进行体悟、体认,培养相应职业所具备的素养,感悟职业精神。第三,开放性。课程结构要多元和灵活,能够适应内容的更新和变化。在保证课程目标统一、内在逻辑关系合理的基础上设置有利于动态调整的内容。同时,要充分考虑教育资源的运用和整合,充分利用好区域特色、师资配置。第四,趣味性。在实施过程中要充分利用职业体验内容和资源,更好地激发学生的好奇心、探究欲。可以充分利用新媒体资源,采用多种表现形式,作为学生参与体验、进行反思的手段之一。

(2) 规范职业体验课程的设计流程。设计主体应该进行充分交流,挖掘符合特定年龄段学生的内容,选择适合的体验岗位,确定目标和学习任务,完成整体计划和评价展示方式。

(3) 形成职业体验课程的设计范式。强调认识职业、体验职业和感悟职业三大实施范式,充分体验职业要素和教育要素。通过建构社会职业体验场所的信息平台,形成多渠道的信息互通,将社会资源有效整合。

(4) "双进入模式"实施职业体验课程。开展职业体验课程的目标旨在让学生通过参与职业体验活动,促进对社会、职业的自我认识,并在社会、职业和自我之间建立内在联系,形成整体认识,培养对未来职业与生活的规划能力、社会适应能力与尊重每一种职业的意识。职业体验采用"双进入模式",是指进入真实职业场所,引进专家型导师。所有岗位分别开展为期1~3天的浸润式体验。通过邀请体验单位或该领域中的专家学者,全国、市级劳动模范,岗位能手、技术骨干作为职业体验导师,用专业知识帮助学生认识职业特性,用亲身经历、生动故事帮助学生理解该职业内涵,带领学生体验该职业的实践价值,从而感悟职业精神。

(5) 完成职业体验课程的多元评价。在评价主体方面,实行"三方评价",即教师评(带队辅导员和行业专业导师)、学生评(本人和同行学生)、第三方评(接受职业服务的人）。通过多元主体的评价，关注学生在课程中的个性化表现。在评价内容方面，既可以是有形的具体产品，也可以是无形的感知和认识提升，如使用设备的细节把控、与服务对象沟通的言语和表情、课程后的座谈体会、完成的调研报告和设计成果等，在评价时效方面，评价渗透在整个课程推进中，依据职业体验周期进行有效布局。

二、大学生职业体验劳动的特点

（一）融会贯通：劳动教育融入职业体验的价值呈现

劳动教育主要是从学校、家庭、社会三个层面探寻学生对于劳动的认知，帮助学生养成劳动的习惯，提高劳动技能。劳动教育与职业体验的融合是时代发展的要求，是推进素质教育的重要方式，也是为培养全面发展的社会主义建设者和接班人夯实基础。

（1）横向触摸：劳动教育与职业启蒙的天然耦合。从劳动的技能质量水平来看，劳动有简单劳动和复杂劳动之分。职业本质上是由复杂劳动体现出来的，教师在劳动教育过程中，立足职业可以摆脱文化知识教育视野下劳动的封闭、无序及缺乏价值提升的行为，真正关注学生需求，真正关心学生的生命成长质态。中共中央办公厅、国务院办公厅印发的《关于深化教育体制机制改革的意见》明确提出"要注重培养支撑终身发展、适应时代要求的关键能力"，并进一步指出要培养四种关键能力，即认知能力、合作能力、创新能力和职业能力。由此可见，"职业能力"的培养正是劳动教育与职业启蒙在素质教育大背景下所产生的"重叠共识"。开展劳动教育与职业启蒙教育也是时代的呼唤。当今社会互联网科技蓬勃发展，大数据、云计算、人工智能、物联网等技术推动社会不断前进。教师要不断适应社会发展的需求，紧跟时代步伐，不能仅仅停留于课本知识的教授，更要引导学生走近科技，实践创新。教育者有必要将劳动教育与职业启蒙有效整合，引导学生用智慧创造未来。

（2）纵向生成：劳动教育与职业规划的递进融合。职业规划是指对一定阶段甚至是整个人生进行的持续的、完整的计划。大学生的成长过程是一个自我对未来不断认知和选择的过程，是一个不断社会化的过程，其中就包括对未来职业生涯的规划。职业也是人社会化的重要标志。人的社会化需要劳动教育的引导和激励。劳动教育正是职业生涯规划的起点，并在其中发挥着无法替代的重要作用。新时代教育强调人的全面发展和终身学习，既注重学生德、智、体、美、劳的全面发展，又倡导"活到老学到老""学无止境"。在劳动教育中融入职业规划理念，增加职业体验，符合学生全面发展、终身学习的要求，有利于学生对未来发展方向的自我认知，有利于学生劳动观和职业观的构建与形成。当学生在劳动过程中获得成就时，就能激起他们的自信，增加他们对劳动的认同感，并且使之内化为个体成长中的优势，长此以往，良性循环，劳动实践也为他们未来的职业选择做了铺垫；以教育为主线，从劳动到职业，是一个由起点不断发力对人生道路做出选择尝试的递进融合的过程，是一个不断适应时代发展需求的社会化过程，是实现学生人生出彩的光荣路径。

（二）知行合一：劳动教育融入职业体验的方法建构

教师要想真正做到在劳动教育中融入职业体验的因子，引导学生知行合一，就要贴近时代发展要求，坚持科学的、正确的教育理念，从学生的发展性出发，尊重学生的个性选择，关注学生的亲身经历与感悟，让学生在自我体验中真正做到认知与实践的有机统一。

（三）行稳致远：劳动教育融入职业体验的提升要领

为了确保劳动教育与职业体验的有效融合，并形成长效教育机制，防止教育实践中出现流于形式、避重就轻等问题，教师必须从培育主体的发展性出发，注重教育的过程性，提高教育效能，拓宽劳动实践广度，推进劳动实践深度。

1. 拓宽劳动实践广度

劳动教育开展要联合学校、家长、社区、企业等多方教育力量，突出学生能力的培养和价值观的引导。教师要积极整合家庭和社会的教育资源，让劳动教育走出课堂、走进社区、走向企业，为学生提供社区服务中心、实践教育基地等劳动教育平台，拓宽劳动教育实践的广度，让他们感受不同职业的魅力；家长应引导孩子积极参与家务劳动，承担一定的家庭责任。社区可以利用寒暑假组织学生参加"垃圾分类宣传日""我是小小修理工"等社会实践活动。拓宽劳动教育的广度需要家、校、社三位一体，协作开展教育，但这些活动并不是"拍脑袋瓜"式即兴生成的，需要教师树立"一盘棋"的整体意识，注重劳动教育活动主题的完整性、延续性，以职业活动项目为载体，关注人才培养目标，促进劳动教育的良性运转。

2. 推进劳动实践深度

劳动具有树德、增智、强体、育美的综合育人价值。劳动教育如何更有效地促进学生德、智、体、美的全面发展，需要教师深入思考，提高认识，推进劳动教育实践的深度。首先，教师要引导学生在实践中思考。当学生在职业体验中有了代入感，理解了各行各业劳动者的艰辛与伟大，他们就会懂得尊重劳动者、珍惜劳动成果，并在一定程度上为他们思考自己未来的职场生涯、定位理想目标奠定了良好的基础。其次，教师要让学生认识到劳动需脚踏实地。学生的成长需要有远大的志向，但更需要脚踏实地的劳动实践。中华民族有着悠久的"勤勉"传统，克勤无怠。劳动不是单纯的体验，更不是游戏，劳动应该成为学生的一种优秀生活习惯，并将这一习惯延续下去，在未来的工作和生活中发挥更大作用。

劳动教育是一项长期的、系统的工程，在劳动教育中融入职业体验因子是学生成长的需求。教育者唯有不断探索教育的创新实践途径，尊重学生的个体发展需求，从实际出发，纵深推进，方能行稳致远，最终实现劳动教育的可持续发展。

三、职业体验劳动的组织与实施

组织与实施是职业体验的关键阶段。组织与实施的质量直接影响体验的效果，所以，此阶段需要学校、教师、学生和企业四方紧密配合，各司其职。

（一）学校在职业体验组织与实施过程中的作用

职业体验的组织实施阶段，学校的职责在于决策、督导、组织资源（特别是后勤保障）等，确保职业体验的开展。在一切准备就绪后学校应成立专门的督查小组，对各专业职业体验进行监控和指导，以保障活动正确、有序地开展。学校职能的履行在职业体验中发挥了积极的作用，能有效促使体验正确、有效进行。

（二）教师在职业体验组织与实施过程中的作用

教师是职业体验的主要控制者，也是体验行动开展的现场指挥者。一是教师根据企业岗位设置，将学生划分成若干体验小组，进行轮流体验，同时按照职业成长规律，进行不同职业阶段的体验。在体验过程中还要特别注意学生的安全。二是由于教师人数有限，不能完全满足所分小组需求时，教师则需要充分发挥企业导师和学生小组长的作用，使其充当带队教师的职能。三是教师应配合企业实践导师，完善体验内容。例如，当学生不明白设计原理，而企业实践教师又不能很清楚解释时，专业教师应适当进行补充。

（三）学生在职业体验组织与实施过程中的定位

学生是职业体验最大的受益者，所以在实施体验过程中，学生应充分发挥主动性，细心观察，用心聆听，实时提问，做好记录，照取岗位职责、工作环境等方面的图文信息资源，自觉遵守相关规定，顺利完成体验。在体验中，学生明确自身定位，主动积极提出专业及职业成长的相关问题，做到一个初学者的求学态度。

（四）企业在职业体验组织与实施过程中的作用

在职业体验组织实施过程中，企业充当了学校的角色，为学生提供体验场地和实践教师，开展师徒式的传教模式，从而将学生带入真正的职场。在体验中，企业与学校配合组织学生开展体验，而这种配合也是建立在校企充分沟通、信任的基础之上的。

教师在学生职业体验完成后，及时了解学生体验收获，准确把握其岗位技能的感知情况；同时，也可发现职业体验教学实施过程中的不足，为下次职业体验课程的开展积累经验。通过职业体验使学生初识了专业与职业，形成专业与职业的原型框架，职业框架性体验、认识，为理论学习奠定实践基础；有效消除了学生在职业和专业上的困惑甚至迷茫；为自己规划职业生涯做好初步准备。此外，职业体验在一定程度上促进了工作课程开发、教学模式等教学改革的力度，促进了双师结构队伍建设，推进了校企合作机制创新，深化了专业对企业人才需求的了解，使实践教学纵向和横向体系进一步完善。

课堂案例

小林的好话

公司新来了一名女文员——小林，说话斯文细气，一开始人缘很好，但接触的时间一长，同事们便发现了问题：小林满嘴说的都是些关于他人的好话，当然也包括听者在内。有道是"说者无心，听者有意"，听过她说好话的人更在意的往往是她说的别人的好话，特别是某些自己熟悉的人的好话，并因此认为小林同自己不是一路人。时间一长，大家都开始疏远小林。年终考评的时候，小林得票排公司倒数第一，不得不离职。为此，她很迷惘："我一向与人为善，从来没得罪过谁呀，为什么大家都这么不喜欢我呢？"

第三节　职业适应与提升

一、角色转换与文化融合

（一）角色转换的概念

角色是个体在特定的社会关系中处于一定位置时所执行的职能，是人们社会地位的外在表现。社会角色是指与人们的某种社会地位、身份相一致的一整套权利、义务的规范与行为模式。它是人们对具有特定身份的人的行为期望，它构成社会群体或组织的基础，社会地位是人们在社会关系中所处的位置。人的社会关系是多方面的，因而人的社会地位也是多方面的。一般来说，人们是通过一个人所扮演的社会角色来认识他在社会中的社会地位。角色不是孤立存在的，而是与其他角色联系在一起的。这样一组相互联系、相互依存、相互补充的角色就是角色集。任何一个人都不可能仅承担某一个社会角色，总是承担着多种社会角色。个体在社会中所扮演的主要角色并不是固定不变的，往往会发生多次的角色转换。角色转换就是在社会关系中个体地位的动态描述。人的社会任务和职业生涯不断变化，角色也随之变化，从一个角色进入另一个角色的过程称为角色转换。人的一生有许多次角色的转换，例如，婴儿—幼儿园小朋友—学生—职业人—子女—父母。从学生角色到职业人角色的转换是每个人都会经历的过程，也是一个人人生中最重要的一次转折。

1. 学生角色与职业角色的区别

学生角色：接收任务、储备知识、培养能力；经济无法完全独立；一直生活在家长和学校的保护之中，缺乏社会经验，人际交往较为简单。

职业角色：工作目的性明确，有家庭经济压力，环境变化大，工作负荷量大，有更强的社会责任感，承担各类风险；生活独立，人际关系复杂。

2. 职业角色和职业环境的适应

许多毕业生走上岗位后，产生对新环境的诸多不适应，主要表现在心理上、生理上、岗位上、知识技能上和人际关系上的不适应。任何人对环境都有一个适应过程。

（1）心理适应。健康的心理机能，包括整体协作意识、独立工作意识、创造意识。要克服以下五种心理：对学生角色的依恋心理、观望等待的依赖心理、消极退缩的自卑心理、痛苦压抑的孤独心理、见异思迁的浮躁心理。职场新人一般总是从基层做起。职场新人首先要学会心理适应，学会适应艰苦、紧张而有节奏的基层生活。由于缺少基层生活经历，可能会不习惯一些制度、做法，这时千万不要用自己的习惯去改变环境，而要学会入乡随俗，适应新的环境。在这个阶段培养出自己的整体协作意识、独立工作意识和创造意识。虽然在刚开始的时候可能会做错事，但只要能够吸取经验，在同事的帮助下，就会养成职业人的整体协作意识，如独立工作意识。要充分发挥自己的主观能动性和创造性，凡事要进行具体分析、具体对待，然后脚踏实地的工作。在一个行业准备好从底层做起，不断积累经验、提升能力，为今后的职业发展打下良好的基础，形成一个有延续性的职业发展历程。就业之初，毕业生从相对简单的学生角色转变到较为复杂的职业角色，理想与现实之间总有差距，面临困难和挑战是情理之中的。要完成从学生角色到职业角色的转换，就要充分认识和认真对待这些矛盾和冲突，只有大胆面对现实，立足岗位努力学习，不断提高和完善自我，才能顺利实现角色的转换。

（2）生理适应。既然步入职场，学生时的许多生活习惯就要改变。在学校的时候，上课迟到等行为也许不会带来什么严重的后果，但在工作期间，如果迟到、旷工，耽误的就是整个团队的业绩，有被开除的可能。如果工作失误，造成重大的经济损失。为了自己的职业前途，毕业生需要及时调整生活作息，加强自我管理，遵守职场的规则，快速适应职场生活。

（3）岗位适应。年轻人容易将事情看得简单而理想化，在跨出校门前，都对未来充满憧憬。初出校门的毕业生不能适应新环境，大多与其事先对新岗位估计不足、不切实际有关。当职场新人对新环境、新岗位期望过高时，许多所谓的"现实所迫"会让他们在初入职场时走弯路，以至于碰了壁还莫名其妙、不知所措，并且产生失落感，感到处处不如意、事事不顺心。因此，毕业生在踏上工作岗位后，要学会根据现实环境调整自己的期望值和目标，为自己做一个适当的职业规划，明确职业目标是什么，在职场中自己该扮演什么角色，该怎样去强化自己的职业，并且持续投入钻研，自然就能得到较好的发展。

（4）知识技能适应。初入职场的新人可能文凭比企业里一些前辈要高，但现实常常是刚刚工作的毕业生什么都不会。因为在学校里比较注重的是学习理论知识，而在职场上更注重的是动手能力和工作经验的积累。因此，职场新人要主动投入再学习，学习能让自己尽快适应工作的知识技能。正所谓"干到老、学到老"。职场竞争在加剧，学习不但是一种心态，更应该是一种生活方式。为适应社会发展和实现个体发展的需要，职业人都需要培养主动探索、自我更新、学以致用和优化知识的良好习惯。学习增强了自己的竞争力，也增强了企业的竞争力。

（5）人际关系适应。与象牙塔里单纯的人际关系不同，职场人际关系相应地复杂。职场新人最容易出现的问题是过于高傲，而把姿态放低一点、谦逊有礼，往往会赢得好感。无论对领导还是同事，无论喜欢还是讨厌，都要彬彬有礼。同时，努力工作，适当表现自己，最大限度地得到上司和同事的认可，方能赢得职场人缘。总之，在职场中，当面对复杂情形或困境时，要仔细观察，用心揣摩，注意自己的言谈举止，有意识地提升职场情商，就会改善自己在职场中的生存环境，进入良性和快速发展轨道。

3. 角色转换的"五个转变"

（1）从"情感导向"转向"职业导向"。毕业生进入职场后应尽可能地按照职业操守行事，即使认为自己非常有能力，也要遵章办事，而不能像学生时代那样由着自己的性情待人接物。

（2）从"思维导向"转向"行为导向"。毕业生要脚踏实地、兢兢业业地工作，很多毕业生到了工作岗位上却往往眼高手低，说得比做得好。在角色转换过程中一定要避免这一点，要变思想为行动。

（3）从"成长导向"转向"责任导向"。主要是指从学生角色到职业角色在社会职责上面的转变。学生时期的主要职责和任务是积累知识，而工作后要开始承担各方面的责任，包括经济独立和家庭义务。

（4）从"个体导向"转向"团队导向"。职场最为看重的就是员工的绩效，只有努力工作、多多付出，才会得到更多回报。当代大学生大多有一个明显的特点，就是个性强，团队和集体意识淡薄。工作不同于读书，需要与他人合作。因此，角色转换也包括团队意识的转变。

（5）从"兴趣导向"转向"责任导向"。这是进入社会后非常重要的角色转变。大多数学生比较明显的特点是凭兴趣做事，比较注重自我的感受。进入社会后，作为成年人、职业人、社会人，就必须学会承担责任，包括家庭责任、企业责任和社会责任。

（二）角色转换的意义

1. 有利于完善自身知识结构确立择业目标

角色转换可以帮助职场新人尽早确立自己的择业目标，然后以目标为导向，不断完善自己的专业知识结构，提升自己的职业素质，为今后更好地就业做好充分准备。

2. 有利于尽快适应职业生活

从学生过渡到职业人，面临着不同的内外部环境，需要学生从生理和心理等各方面都提前做好相应的准备，越早融入职场生活，对今后职业的发展越有好处。

3. 有利于在激烈的人才竞争中脱颖而出

职场竞争是激烈而残酷的，职场新人在角色转换的过程中要不断调整自己的状态，提升自己的综合能力，才会有更多职业发展的机会，更有可能获得职业成功。

4. 可以为将来的成才和创业夯实基础

在进行角色转换时找出自身的不足，提高心理承受力，加强角色认知，做好上岗前的各项准备，全方位为就业打下良好的基础。

（三）角色转换的原则

1. 强化职业角色意识，培养职业兴趣

职业是实现人生价值的舞台。从业者在特定的社会环境下和职业氛围中，在培训和任职实践中形成的与从事职业密切相关的思想与观念，将逐步内化为从业者的职业意识。职业意识是职业人的根本素质，也是必备条件。科学地规划自己的职业，可以有意识地强化自己的职业意识，培养自己的职业兴趣。

2. 提高社会责任意识，强化职业素质

社会责任意识是指一个享有独立人格的社会成员对国家、集体和他人所承担的职责、任务和使命的态度，是一切美德的基础和出发点，也是社会得以发展的基石。提高社会责

任意识、加强职业道德教育、强化职业素质的培养对学生角色转换具有重要的现实意义。

3. 增强独立自主意识，勤于思考和研究

独立自主意识有助于形成自尊、自信、有责任感的品质，有助于学生的基本素质得到全面发展，引导自己"学、善思、笃行"。

4. 提高心理适应能力，跨越心理误区

提高心理适应能力有助于学生学会如何适应新的环境，具备在新环境中不断学习创新、自我发展的能力，能避免进入心理误区，减少心理问题的困扰。

（四）融入企业

如何安然地度过职场初期，更快、更好地融入职场；如何对自己未来的职业发展做出全面、科学合理和最优的规划，在职场中抢占先机，是每个大学生需要重点学习的。实践证明，能在短时间完成从学生到职业人角色转换的人，更容易获得企业的认可，进而得到更多的机会，也能更快地找到自己的位置，更好地实现自己的职业发展，更容易获得职业成功。大学毕业不是结束而是开始，大学生毕业开始直面日益严峻的就业竞争和残酷的职场比拼，要更好地适应未来的职场变化，要面对严峻的就业形势和日趋激烈的竞争局面。大学生毕业后要能够完全适应未来的职业，还有一段距离。为了更好地适应未来职业的要求，大学生要充分利用求学期间的大好时光，根据所选择的职业要求和社会发展，不断提高、完善自身素质，大胆迎接挑战，投入竞争，为适应未来职业生活和事业发展奠定良好的基础。

1. 珍惜你的第一份工作

（1）慎重择业以达到入职匹配。每个人的第一份工作都是特别的，它是职业生涯的起点，也是命运的转折点。它见证了人们从学生转变为职业人，是人们进入职场社会的第一个起点和基础。每个刚进入职场的人都是一张白纸，未来的职场图需要用自己的努力和不懈地奋斗一笔笔勾画。

在选择第一份工作时，一定要谨慎细心，三思而行。它里面有你最初对职场的想象，对职场的期待，对未来的梦想。调查显示，如果一个人对他的工作感到满意，就能够发挥他全部才能的80%～90%，并且能够长时间地保持激情而不疲倦；相反地，如果他对工作不满意，则只能发挥他才能的20%～30%，而且更容易产生厌倦。

（2）目标明确，强化职业适应。一个人的第一份工作最好能坚持3年。在进入职场初期，一定要有一个明确的目标，做一个科学的职业规划，利用3～5年的时间积累经验，拓宽人脉，磨炼技能，提升素养，完成自己的职业化进程，这样更有利于今后的职业发展。

（3）提高综合素质，增强职业弹性。所谓职业弹性，是指个人的职业生涯遭受不利因素或受阻时，能将不利影响最小化。提高承受挫折的能力，降低外部环境的影响，个人对职业逆境的良好适应，取决于个人综合素质的高低，努力提升自己的综合素质，能为今后抗击挫折多做一些准备。

2. 做一个合格的职业人

（1）把职业当作事业。如果把职业当作职业，职业也就仅仅是一种谋生的手段，用来挣钱养家，当遇到工作压力过大、待遇不公、升迁受阻时，会产生许多不良的情绪甚至怨

恨。如果你把这些不良情绪都带入工作，即使从事的是你最喜欢的工作，你仍然无法持久地保持工作的激情。敬业的最高境界是把职业当成自己的事业来做。世界上没有一个老板会不喜欢敬业的员工。正如德国社会学家马克斯·韦伯所说，有的人之所以愿意为工作献身，是因为他们有一种"天职感"，他们相信自己所从事的工作是神圣事业的一部分，即使再平凡的工作，他们也会在其中展现某种人生价值。

（2）灵活运用职场礼仪。随着现代社会的不断发展，职场礼仪越来越受重视，它不仅是企业文化和企业精神的重要组成部分，也是企业形象的重要体现。一个人的举止、表情、谈吐、待人接物等方方面面，都能展示一个人的素质修养，也能展示一个企业的整体形象。

因此，在平时的工作与生活中，应注重四个方面的提高：一是强化自律意识，提高自身服务能力；二是端正思想态度，提高自身道德修养；三是讲究学习方法，提高自身礼仪水平；四是注重学以致用，提高工作效率，脚踏实地，认真工作。职场新人要想适应当今的职场环境，就必须具备明确的工作目标和强烈的责任心，踏实、高效地完成自己的本职工作。工作态度很大程度上能够决定一个人的工作成果，有良好的态度才有可能塑造一个值得信赖的形象，从而获得同事、上级和客户的信任。

3. 做一名受人欢迎的好同事

（1）注意自己的说话方式。在职场中掌握与人沟通的技巧，说话应注意方式、方法，多倾听。学会控制自己的情绪，注意场合，为他人留自尊，为自己留空间。

（2）保持乐观和适度的幽默。无论从事什么样的工作，都应该拥有一颗积极乐观的心，让自己变得幽默起来，使自己成为一个充满正能量的人，这样才会为自己赢来好人缘。

（3）尊重同事，保持谦逊。企业中的同事在工作中必然会积累很多经验，有机会时不妨聆听他们的见解，从他们的成败得失中寻找可以借鉴的地方。这样不仅可以帮助我们少走弯路，更会让他们感到受到了尊重。

（4）学会适当"吃亏"。职场中要学会适当"吃亏"，将眼光放长远，不要过于计较眼前的利益，总想"捞好处"。要相信"日久见人心"，用现在的一些利益换来他人的尊重，才会更快地建立良好的人际关系。

4. 做一名踏实谦逊的好下属

（1）尊重领导，不妄议。领导是单位凝聚力、效率的保证。与领导相处重要的不是智商，而是情商。情商就是自我情绪的控制力、人际关系的协调力，重要的不是自我表现，而是尊重领导，站在领导的立场上思考问题。

（2）将服从进行到底。一切行动听指挥，领导安排的事要尽力做好，领导禁止的事坚决不做。做事要紧守红线，绝不越线。尊重领导的权威，切忌与领导发生正面冲突，学会用恰当的方式表达自己的意见。

二、培养良好的职业习惯

养成良好的职业习惯，对大学生未来的职业发展大有益处。目前大多数大学生缺乏对自己未来职业的认识，对职业习惯的养成没有引起足够的重视。随经济全球化和信息化时代的到来，职场竞争更加激烈，为了毕业后能更好更快地融入职场，大学生在学校期间有意识地培养一些基本职业习惯是很有必要的。

（一）职业习惯的含义

职业习惯是指人们在长期从事某种职业的过程中自然培养的一种带有所从事工作鲜明特点的言行举止。职业习惯与工作之间密切联系，相辅相成，良好的工作习惯体现了较好的职业素养，彰显了个人魅力。因此，养成良好的职业习惯是一个人有美好职业前景所必不可少的条件。

（二）职业习惯的培养途径

积极转变观念，强化职业意识，增强职业习惯认同感。唯物辩证法中提到，认识对实践具有反作用。正确的认识对实践具有促进作用，错误的认识对实践具有阻碍作用。因此，大学生应该树立对职业习惯的正确认识，即应提前在大学生活中养成良好的职业习惯，并且加强这种认识。良好的行为习惯和道德修养首先要从严格遵守日常行为规范做起，要把良好的行为习惯融入生活、学习的各个环节，并让这种认识促进自己在生活实践中一步步养成良好的职业习惯。

（三）提升职业知识与素养，精心培养职业习惯

通过校内开设的职业生涯规划、职场交流与礼仪等相关课程加深对未来职业的了解，具备一些基础的职业知识与素养，从而潜移默化地让自己养成良好的职业习惯。通过职业技能的学习，提前了解自己未来的职业环境和职业要求，对自己的未来职业有一份清晰的职业规划，按照这份规划去养成自己必备的职业习惯，让自己在今后的职业生涯中有更多的自信心。良好职业习惯的形成，将提升整个行业的职业素养，这不仅会使职业人受益，更会促进整个社会进步。

（四）积极参加实践锻炼，强化职业习惯

良好职业习惯的形成离不开积极的专业实践活动。大学生应积极参加生产实习，掌握本专业的基本生产技能，加强综合运用专业知识解决生产实际问题的能力。同时，积极参与第二课堂活动，参加社团活动、社会实践活动、各类型比赛等，将所学知识与社会需求结合起来，强化自身的应用能力，增长见识，加强团队协作能力、沟通能力等。

（五）大学期间应培养良好的职业习惯

1. 自信

自信在职场中是十分重要的，它带来的是一种气场，自信的人才能让别人信任。大学生可以通过以下几个方面来培养自己的自信心。

（1）经常关注自己的优点。对自己要有一个全面且正确的认识，多想想自己的优势，可以尝试列举自己做得最成功的几件事、最具代表性的几个优点，这叫作"自信的蔓延效应"。

（2）多与自信、乐观、充满正能量的人交往。古人云"物以类聚，人以群分"。自信可以"传染"，多与自信、乐观的人交往有利于调节自己的情绪，提升自己的自信心。

（3）经常自我心理暗示。当遇到困难或挫折时，可以给自己打气："我能行""我可以的""我一定会做好"，这是一种正面的心理暗示，能激发一个人的自信心。

（4）树立自信的外部形象。良好的外部形象能给人留下好的第一印象。正所谓"人靠衣装"，一个人衣着得体、整洁、举止有度、开朗大方，这都是自信的表现。

（5）经常微笑。爱笑的人运气都不会太差，微笑可以增加人的幸福感和获得感，也能增加人的自信心。

（6）扬长避短。要学会审时度势，找到合适的机会展现自己的优点，同时注意提升综合素养，弥补自己的不足。这不仅会提高工作的成功率，也能增强自信。

2. 执行力

执行力是每个企业都很看重的个人核心竞争力。对个人而言，执行力就是保质保量完成工作和任务的能力；对组织而言，执行力就是贯彻战略、将目标完成的能力。

（1）树立责任意识。在学习、生活中树立责任意识，把每项工作都当成自己的责任。责任意识就是做每一项工作都要负责到底，而不是感觉被强迫去做这件事情，遇事不推脱、不退缩、中途不放弃。正确的态度是提升执行力的前提，态度端正则效率高。

（2）设立明确目标。要想在执行力上有更持久的高效，就需要确定做这件事情的意义和驱动力。在大学阶段，要学会设立合适的目标，给自己的目标任务构建意义感，即每个阶段实现怎样的目标、达到怎样的效果。目标明确之后就是采取行动，如果只一味设置目标而不去落实，那就失去了设置目标的意义。只有通过不断地设定、落实、再设定、再落实，才能实现自己最终的目标。

（3）做出合理规划。古人云，"凡事预则立，不预则废"。工作中，经验不足之人处理问题时，常常不假思索，拿来便做，做完了事，这样处理问题通常会事倍功半、效果欠佳。经验丰富之人，常常对问题有细致研究、深刻思考、高效执行。高校执行的最佳策略就是制定可行性计划。针对学习和工作制定合理的周计划、日计划，对要执行的目标进行任务细化。拟订任务清单，避免无序地去做事。当然，计划没有变化快，也可以根据实际的情况适当改变自己的计划，计划是为了更好地规划，让事情更有条理性，更好地完成工作。

（4）学习做事方法。在工作时要想保质保量地完成上级交代的任务，就要有正确的做事方法。学会分清事情的轻重缓急，不墨守成规，要学会随机应变，用最简单、最迅速的方法完成工作。在工作中要养成及时汇报的习惯，随时和领导沟通工作进展，同时，在工作中要学会观察同事的做事方法并虚心请教。

（5）提升个人能力。养成不拖延的习惯，当天的事情当天做。明确自己的短板，有意识地进行学习和改进，加强对技能的学习，通过反复的尝试和磨炼，总结技巧、提高技能，增加价值。遇到不懂的地方要及时请教他人，同时也要养成自己独立完成事情的能力，让自己在实践中快速成长。

通过了解沟通的概念、特点和影响沟通的因素，掌握沟通技巧，大学生在职场中能有效沟通，从而提高工作效率。

课堂案例

"团队的力量"——短道速滑混合团体接力众将谈夺冠

"感谢团队""团队的力量""团队相互支持""团队互相鼓劲"……中国短道速滑队 2 月 5 日惊险夺得北京冬奥会短道速滑混合团体接力金牌后,接力团队众将不约而同地将夺冠的关键归于"团队的力量"。

赛后,老将范可新、武大靖哭了,几度哽咽;任子威、曲春雨、张雨婷笑了,满面春风。

"我等这块金牌等了太长时间,我永远都相信团队,从我进国家队那天开始,我就永远相信队友。我觉得是团队的力量。我们今天上午还在磨合,还在训练,还在研究怎么能更好,所以我觉得这一切……我要感谢的人太多了!"范可新几度哽咽。

冷静过后,范可新说,比赛中最大的动力就是团队。"我觉得所有的力量、所有的支撑,都是团队给我的力量。"

平昌冬奥会短道速滑男子 500 米金牌获得者武大靖显然压力更大。"这四年经历了太多,今天……"武大靖只是简单说了两句,就哽咽到说不出话。

在颁发纪念品仪式过后,武大靖说:"半决赛等待判罚的时候很紧张,大家都是互相支持、互相鼓励、彼此信任,才走到决赛,才走到现在。"

相比老将的喜极而泣,任子威表情轻松:"为啥就我高兴啊?哈哈哈!我可能放松一点。"

任子威说,他曾经无数次想象站在这儿应该说些什么,"但其实也没啥可说的,就是高兴"。当被问及在赛场上落后时脑海里想什么时,颇有些冷幽默的任子威一句话就终结了这一话题:"哪儿有时间想啊,就想着追啊。"

但对于获胜的秘诀,任子威提到的还是那个熟悉的字眼:"团队的力量。"

曲春雨与任子威一样,略显轻松。"因为压力最大的是首尾两棒,我和'大象'(任子威在队里的外号)在中间会比较轻松一点。"

第一次参加冬奥会的张雨婷仿佛还有点蒙:"很激动,就像做梦一样,感觉有点不太真实。能夺冠都是团队的力量,坚持不懈、永不放弃。"

——摘自:学习强国

第四节　职场沟通和自我提升

一、职场沟通

（一）沟通的概念

沟通是指为达到一定目的，将事实、思想、观念感情、价值态度，传给另一个人或团体，并期望对方做出相应反应的过程。沟通的目的是相互间的理解和认同，以使个人或群体间的认识和行为相互适应。人类社会的一切活动，都是信息制造、传递和搜集的过程。沟通是无时无刻不在进行着的事情。

（二）沟通的特点

沟通具有满足人的社会性的需求、促进个体自我认知和成长、帮助控制情绪、促进个人身心健康等作用。同时，沟通具有随时性、双向性、情绪性和互赖性等特点。随时性是指沟通无处不在，我们所做的每一件事都是在沟通；双向性是指在沟通时既要搜集信息，又要给予信息；情绪性是指传递接收信息会受双方情绪的影响；互赖性是指沟通的结果和质量是由双方决定的，双方相互依赖。

（三）沟通的种类

沟通的方式多种多样，按照不同的标准可将沟通分为不同种类。

1. 按沟通手段划分

（1）口头沟通。口头沟通又称语言沟通，是人们最基本、最重要的沟通方式，表现为演讲、交谈、会议、面试、谈判、命令等形式。口头沟通在一般情况下都是双向的，信息交流充分，反馈迅速，实时性强，信息量大。但是由于个人的理解、记忆、表达的差异，可能会造成信息内容的扭曲与失真，传递的信息无法追忆，导致检查困难。因此，在组织中传达重要的信息时应慎用口头沟通这种方式。

（2）书面沟通。书面沟通又称文字沟通，是指以文字符号的书面形式沟通信息的方式。信函、报告、备忘录、计划书、合同协议、总结报告等都属于这一类。书面沟通传递的信息准确、持久、可核查，适用比较重要信息的传递与交流。但是在传递过程中耗时太多，传递效率远逊于口头沟通，形式单调，一般缺乏实时反馈的机制，信息发出者往往无法确认接收者是否收到信息，是否理解正确。

（3）非语言沟通。非语言沟通指的是使用除语言符号外的各种符号系统，包括形体语言等进行沟通。非语言沟通中信息内涵丰富，含义隐晦灵活，但是传递距离有限，界限模糊，只能意会不能言传。一般情况下，可将非语言沟通与口头沟通结合，在沟通中可对语言表达起到补充、解释、说明和加强感情色彩的作用。美国心理学家艾伯特·梅拉比安的研究表明，在面对面交流时，55%的信息来自面部表情和身体姿态，38%来自语调，只有7%来自词汇。

（4）技术设备支持的沟通。技术设备支持的沟通是指人们借助于传递信息的设备装置所进行的沟通。例如，利用固定电话、电视、通信卫星、手机、电子邮件、可视会议系统作为沟通媒介，进行信息交流。技术设备支持的沟通传递速度快、信息量大，可同时传递给多人，并且价格低。但是部分技术设备手段只能单向传递信息或者缺乏非语言沟通的支持方式。

2. 按沟通渠道划分

（1）正式沟通。正式沟通是指以正式组织系统为沟通渠道，依据一定的组织原则所进行的信息传递与交流。例如，组织与组织之间的公函来往、组织内部的文件传达、上下级之间定期的信息交换等。正式沟通比较严肃、效果好、约束力强、易于保密，可以使信息沟通保持权威性。但是这种方式依靠组织系统层层的传递，形式较刻板，沟通速度慢。

（2）非正式沟通。非正式沟通是除正式沟通渠道外的信息交流和传递，它不受组织监督，自由选择沟通渠道。例如，团队成员私下交换看法、聚会、传播谣言和小道消息等都属于非正式沟通。非正式沟通是正式沟通的有机补充。非正式沟通不拘形式，直接明了，沟通速度快，容易及时了解到正式沟通难以提供的"内幕新闻"。但是它能够发挥作用的基础是团队中有良好的人际关系。非正式沟通难以控制，传递的信息不确切，易于失真，而且它可能导致小集团、小圈子的形成，影响人心稳定和团体的凝聚力。

3. 按沟通方向划分

（1）下行沟通。下行沟通指管理者对员工进行的自上而下的信息沟通。上级将信息传递给下级，通常表现为通知、命令、协调和评价下属。

（2）上行沟通。上行沟通是指下级的意见向上级反映，即自下而上的沟通。通过上行沟通，管理者能够获取有关工作的进展和出现的问题。了解下属人员对他们的工作、同事和整个组织的看法，下属提交的工作报告、合理化建议、员工意见调查表、上下级讨论等都属于上行沟通。

（3）平行沟通。平行沟通是指由平行部门之间的信息交流，以保证平行部门之间沟通渠道畅通，是减少部门之间冲突的一项重要措施。例如，跨职能团队就需要通过这种沟通产生互动。

4. 按是否进行反馈划分

（1）单向沟通。单向沟通是指发送者和接收者两者之间的地位不变（单向传递），一方只发送信息，另一方只接收信息。这种信息传递方式速度快，但准确性较差，有时还容易使接收者产生抗拒心理。

（2）双向沟通。在双向沟通中，发送者和接收者两者之间的地位不断交换，且发送者是以协商和讨论的姿态面对接收者。信息发出以后还需及时听取反馈意见，必要时双方可进行多次商谈，直到双方共同明确和满意为止，如交谈、协商等。双向沟通的优点是沟通信息准确性较高，接收者有反馈意见的机会，从而产生平等感和参与感，增加自信心和责任心，有助于建立双方的感情。但是，这种沟通方式花费的时间较多。

（四）影响有效沟通的因素

有效沟通是指传递和交流信息的可靠性与准确性高，实际上还表示组织对内外噪声的抵抗能力强。在沟通过程中，由于存在着外界干扰及其他种种原因，信息往往会丢失或被曲解，使得信息的传递不能发挥正常的作用。组织中存在着各种阻碍有效沟通的情况，一些障碍的起因在于信息的发送者；一些障碍的起因在于信息的接收者；一些障碍的起因在于信息沟通的过程；还有一些障碍的起因在于组织。

1. 个人因素

个人因素主要包括有选择地接收和沟通技巧的差异两大类。

（1）有选择地接收。有选择地接收是指人们拒绝或片面接收与他们的期望不相一致的信息。研究表明，人们往往愿意听到或看到他们感情上有所准备的东西，甚至只愿意接收中听的，拒绝不中听的信息。有人曾做过这样一个试验：请一家公司的部门主管回答"假如你是公司总裁，你认为哪个部门最重要"，结果每个主管都认为自己所负责的部门最重要，销售经理说营销是个大问题、生产经理认为产品是生命线、人事经理则回答说在现代化的管理中人是中心。这个试验表明人们只看到他们所擅长东西的重要性。由于复杂的事物可以从各种角度去观察，人们所选择的角度会影响他们认识问题的能力和方法。

（2）沟通技巧的差异。除人们接收能力有所差异外，许多人运用沟通的技巧也大不相同。例如，有些人不能口头上完美地表述，但能够用文字清晰而简洁地写出来；而有些人口头表达能力很强，但不善于听取意见；还有一些人阅读较慢，并且理解起来比较困难，所有这些问题都会对沟通效果产生影响。

2. 人际关系因素

人际关系因素主要包括沟通双方的相互信任、信息来源的可靠程度，以及发送者与接收者之间的相似程度。

（1）沟通双方的相互信任。沟通是发送者与接收者之间"给"与"收"的过程。信息传递不是单方面的，而是双方的事情。因此，沟通双方的诚意和相互信任至关重要。上下级间的猜疑只会增加抵触情绪，减少坦率交谈的机会，也就不可能进行有效沟通。例如，当下级怀疑某些信息会给他带来损害时，他在与上级沟通时常常对这些信息做一些有利于自己的加工。研究表明，很多管理者会自动地认为他们听到的信息是有偏见的，为了防止"偏听偏信"，他们会根据自己的想象对"偏见"进行"纠偏"。例如，管理者常常认为有利于下级的信息准确性较差，而不利于下级的信息准确性较高；反过来，下级常常对损害自己形象的信息不屑一顾，对有利于自己的信息则大加渲染。

（2）信息来源的可靠程度。信息来源的可靠程度由四个因素所决定：诚实、能力、热情、客观。有时，信息来源可能并不同时具有这四个因素，但只要信息接收者认可发送者具有这四个因素即可。可以说信息来源的可靠性实际上是由接收者主观决定的。例如，当面对来源不同的同一个信息时，人们最可能相信他们认为的最诚实、最有能力、最热情、最客观的那个来源的信息，信息来源的可靠性对企业中个人和团体行为的影响很大。就个人而言，下级对上级是否满意，很大程度上取决于他对上级可靠性的评价。就团体而言，信誉良好的企业或部门能公开地、准确地和经常地与外界进行沟通，沟通也能达到效果。

（3）发送者与接收者之间的相似程度。沟通的准确性与沟通双方间的相似性有着直接的关系，沟通双方特征（如性别、年龄、智力、种族、社会地位、兴趣、价值观能力等）的相似性影响了沟通的难易程度和坦率性。沟通一方如果认为对方与自己很相近，那么他将比较容易接受对方的意见，并且会达成共识，正所谓"酒逢知己千杯少，话不投机半句多"。相反，如果沟通一方视对方为异己，那么信息的传递将很难进行下去。例如，"代沟"在沟通中就是一个常见的问题。

3. 技术因素

技术因素主要包括语言、非语言暗示、沟通方式的有效性和信息过量。

（1）语言。大多数沟通的准确性依赖于沟通者赋予字和词的含义。语言只是个符号系统，本身并没有任何意思，它仅仅是人们描述和表达个人观点的符号与标签。每个人表达的内容常常是由他独特的经历、个人需要、社会背景等决定的。因此，语言和文字极少对发送者和接收者双方都具有相同的含义。语言的不准确性还表现在它能引起各种各样的情绪，这些情绪可能进一步歪曲信息的含义。

（2）非语言暗示。当人们进行交谈时，常常伴随着一系列有含义的动作，这些动作包括身体姿势、头的偏向、手势、面部表情、身体移动、眼神，这些无言的信号强化了人们表达的含义。例如，沟通双方的眼神交流，可能会传递相互感兴趣、喜爱、参与或攻击的态度；面部表情会表露出惊讶、恐惧、兴奋、悲伤、愤怒或憎恨等情绪；身体动作也能传递渴望、愤恨和松弛等状态。字词与非语言暗示共同构成了全部信息，遗憾的是，人们往往偏重于书面文字的沟通，而低估了非语言暗示的作用。

（3）沟通方式的有效性。一般来说，书面沟通和口头沟通各有所长。

①书面沟通，主要通过备忘录、图表、公告、公司报告等进行沟通，常常适用传递篇幅较长、内容详细的信息。它具有下列几个优点：可让读者以适合自己的速度、方式阅读材料；易于远距离传递、易于储存；内容准确。

②口头沟通，主要通过面对面讨论、电话、交谈、讲座、会议等，适合传递需要翻译或精心编制的信息。它具有下列几个优点：能快速传递信息，并能立即得到适合传递敏感的或秘密的信息；适合传递感情和非语言暗示的信息。

（4）信息过量。我们生活在一个信息爆炸的年代，企业管理面临着"信息过量"的问题。信息过量不仅使管理人员没有时间去处理重要问题，也使他们难以向同事提供有效的、必要的信息，沟通也变得困难重重。

(五)消除沟通障碍的途径

沟通的障碍是由多种因素造成的,沟通不畅会对个人、组织造成严重的危害,因此,要采取恰当的行为,消除有效沟通的障碍因素。

1. 明白沟通的重要性,正确对待沟通

在管理工作中,管理人员十分重视计划、组织、领导和控制,却对沟通常有疏忽,认为信息的上传下达有了组织系统就可以了,对非正式沟通中的"小道消息"常常采取压制的态度,这都表明沟通没有得到应有的重视。

2. 缩短信息传递的途径

信息失真的一个重要原因是传递环节过多,因此,缩短传递途径,可以保证信息传递的及时性和准确性。这需要对组织机构进行调整,减少组织机构的重叠和中间管理层级,使组织向扁平化发展。

3. 选择适当的沟通方式,养成良好的沟通习惯

不同的沟通方式,传递信息的效果也不同。根据沟通内容和沟通双方的特点,选择适合的沟通方式。书面沟通适合组织中重要决定的公布、规章制度的执行、决策命令的传达。当员工面对组织变革表现出焦虑和抵触情绪,或者组织表达对员工的关怀和坦诚时,面对面的沟通可以最大限度地传递信息。在利用正式沟通渠道的同时,开辟高层管理者至基层管理者乃至一般员工的非正式沟通渠道,从而提高沟通效率。

(六)有效沟通技巧

1. 同理心

沟通的首要技巧在于是否拥有同理心,即学会从对方的角度考虑问题。这不仅包括理解对方的处境、思维水平、知识素养,同时包括维护对方的自尊、加强对方的自信,使对方说出自己的真实感受。很多时候都要站在对方的角度上来考虑问题,而不仅仅是从自己的角度出发。因为沟通是双方的事情,这就要求要照顾到对方的情况,同样,在布置任务、汇报工作时更应该考虑接收方的情况,多站在对方的角度考虑问题。

2. 善于倾听

沟通是为了传递信息,为了让别人能更好地接受自己所传递的内容,就要去了解听的人想听的内容。讲之前更要学会听,还要听对方的信息反馈,从中看得出对方对自己传递的信息是否已经正确理解或接受。有效倾听可以增强沟通效果,满足倾诉者自尊心,真实了解他人;有效倾听还能增强解决问题的能力,有助于个人发展真正的沟通高手首先是一个善于聆听的人。如果你在听别人说话时,可以听懂对方话里的意思并且能够心领神会,同时可以感受到对方的心思而予以回应,表示你掌握了倾听的要领善于倾听,善于倾听要做到以下几点:

(1)与说话者保持目光接触。
(2)不可凭自己的喜好有选择地收听,必须接收全部信息。
(3)提醒自己不可分心,必须专心致志。
(4)时不时地点头、微笑,保持身体前倾,记笔记。

（5）回答或开口说话时，先停顿一下。
（6）以谦虚、宽容、好奇的心态来听。
（7）在心里描绘出对方正在说的内容。
（8）多问问题，以澄清疑问。
（9）理解对方对主要观点是如何进行论证的。
（10）等你完全了解对方的重点后，再进行反驳。

3. 控制情绪

情绪对沟通的影响至关重要，沟通中的情绪管理可以分成两个方面：一方面是如何理解别人对自己的情绪；另一方面是如何管理自己的情绪，应该怎样和自己相处。管理情绪就是要学会辨别自己和他人的各种情绪。如果你无法认识或体会到某些情绪，就无法获得有关导致这些情绪的特定事件、情形或人的重要信息，你还会不认同或刻意回避那些会引起你内心不适的他人的情绪。

4. 赞美

人性的弱点是喜欢批评人，却不喜欢被批评；喜欢被人赞美，却不喜欢赞美他人。这就会拉远了人与人之间的距离。赞美使人愿意沟通。沟通是双方的互动，如果一方不愿意沟通，那么沟通必然失败。例如，在工作中当你肯定同事的优点时，同事会很愿意帮你，会把他的经验告诉你，这就是赞美的作用，它让对方愿意与你沟通。赞美需要技巧，需要真情投入。适当的赞美是建立在细致的观察与鉴赏之上的。

二、自主发展与终身学习

自主发展可以充分彰显个人发展的价值和思想，调动个人内在的发展动力，发掘个人潜力，可以充分体现人才培养和人才使用的有效性。因此，自主发展已成为个人职业生涯发展的新潮流。当然，提倡自主发展，并不等于每一个人都能够实现自主发展，因为自主发展是有条件的，是个人因素与外部因素的有机结合，并且是两者正向互动的结果。具备自主发展的素质和能力，特别是自主管理素质和自主管理能力，是实现自主发展的前提条件和基础。

（一）培养自主发展意识

自主发展不等于随意发展，而是在客观评价自身优劣和客观分析外部发展条件的基础上做出的客观发展的决策。强化内在动力的自主发展，同外在推动力作用下的自主发展截然不同。自主发展既需要了解自己的长处、兴趣点、性格特征等，又要看到自己的不足，使这种自我客观评价成为个体自我调控的内在依据，从而避免内在素质和能力与外部发展条件的要求不吻合，影响自主发展的质量。

1. 合理制定发展规划

自主发展并非随意发展，需要制定发展规划，确立自己的发展方向和目标，简单地讲，就是知道自己要什么、追求什么。有了目标的指引，就会感到肩上的责任，就会产生一种使命感。因此，要实现自主发展，首先要有主动规划的意识，并有针对性地提升自主发展的能力。

2. 麦格博士的"七步策略"

如果你对自己的发展目标不清楚,那么发展就是空谈。美国菲利普·麦格博士设计的"七步策略"对自主发展很有借鉴价值。

第一步:用具体的事件行为来表达自己的标。目标不允许有任何混淆不清的地方,希望什么、欲求什么必须非常清楚。为了实现这个目标,必须把它转换成可操作的事件行为。

第二步:用可以度量的语言,使目标量化。你需要知道自己实现目标的活动进展如何,你是否具备实现目标的能力,你的进步状况如何。

第三步:给目标定一个时间期限。实现目标需要有非常具体的时间表日程。划定的最后时限会让你产生紧张感,这种感觉反过来会成为重要的促进因素。

第四步:选择一个你能够控制的目标,目标必须与你生活的各个方面发生关系,是你能够控制的、操作的目标。

第五步:计划和确定一个能够帮你实现目标的策略。认真追求一个目标,就要现实地评估障碍和所涉及的资源,而且还必须为达到这个现实的目标制定一个策略。

第六步:从步骤的角度确定自己的目标。把目标详细分成可测量的步骤,它们最终会帮你达到所希望的结果。

第七步:为实现目标的过程确立一个考评办法。

上述"七步策略"的完成,能够帮助人们将最初的梦想变成脚踏实地的努力,最终实现自己预设的目标。

(二)自我选择发展道路

自主发展的前提是自我选择发展,而不是被动发展。人们常讲的自主择业,就是自我选择、自主发展。自我选择是在客观评价自己的基础上,根据自己的优势、兴趣和能力作出的判断与选择。自主发展是主体性的人的发展,代表着个体对自己发展道路的自由选择。个体可以通过自主选择而获得不同的发展与方向。选择是自由状态下人的生存方式,也是一种生活的能力。很多人因为不会选择,而失去了若干发展的机会。

(三)敏锐把握发展机遇

自主发展需要具有抓住发展机遇的竞争意识。机不可失,时不再来。自主发展还要有高昂的发展热情,变"要我发展"为"我要发展",有不服输的韧劲、冲劲和干劲,不放弃每一次发展机遇。没有这种把握发展机遇的意识,自主发展就是空谈,机会总是垂青那些有准备的人。

(四)具备坚定的执行能力

所谓执行意识,简单地说是由纪律意识、责任意识、团队意识、服从意识和创新意识构成。坚定的执行意识是自主发层的核心能力。具有执行意识的人会对目标立即采取行动,做到今日事今日毕,并善于学习和总结。当面对不尽如人意的状况,不会轻易放弃,万事不可能总是一帆风顺的,必须坚持和承受。

（五）持续做好自我管理

自我管理，简单地讲就是自己管理好自己，包括如何做人和如何做事。在做人方面，要有理想和追求的目标，始终让自己的理想目标不偏离正确的方向，不断接纳正向动力。在做事方面，要有自我管理意识。如果没有自我管理意识，总是被动地被他人管理，就会逐渐失去发展内动力。自我管理意识强的人，随着成就感的提升，发展的内动力则不断增强。良好的自我管理能力是组织与个人共同成长的持续动力。美国作家杰克森·布朗比喻得好："缺少了自我管理，就如像穿上溜冰鞋的八爪鱼，眼看动作不断，可是却搞不清楚到底是往前、往后还是原地不动。"

1. 自我管理的内容

自我管理的内容包括社会公德、职业道德和家庭美德等做人的基本准则。做事要有一定的行为规范，要知道哪些行为是对的，哪些行为是不对的，这都是自我管理的重要内容。概括地讲，自我管理的内容有以下四个方面。

（1）行为品德和行为素养管理。做个有责任心、有爱心的人，做到在家孝敬父母，在外尊老爱幼，在工作中爱岗敬业。

（2）行为规范管理。养成自觉遵守行为准则的习惯，包括遵纪守法、遵守社会公共秩序等。

（3）日常生活、工作习惯管理。大学生在日常生活中应注重细节管理，如什么时间休息、什么时间学习、什么时间工作等。在管理过程中要牢记几个关键词："时间""质量""效率"和"规律"。

（4）自我能力管理。个人能力是人生存和发展的基石与支柱。进行自我能力管理，主要包括自己的长处和不足，做到扬长避短，要知道自己应该学习些什么才能更有利于个人能力的提升和职业生涯的发展。

2. 进行自我管理所需的素质和能力

人们要管理好自己，需要具备一定的素质和能力。不仅要知道管什么、怎么管，还要知道具备什么素质和能力才能够管好，具体来讲，自我管理所需的素质和能力主要包括以下三个方面。

（1）学习意识和学习能力。学习是永恒的话题。学会自我管理，首先要学会向书本学习，向实践学习，向典范学习。学习不能只停留在表面上，要变成自己的行动。另外，还要不断发现自己的优势，提升自己的正能量和内在动力，提升自我管理的自信心。

（2）敢于客观评价自己。自我管理是扬长避短的过程，只有克服自己的不足，才能管理好自己。首先，要有勇于面对自己不足的勇气，能够接受批评和自我批评，常常反省，知错就改。其次，还要善待自己，正确面对并解决生活中的不如意，摆脱浮躁，消除郁闷，保持一颗清净的心。客观评己、提升自己，切忌出现由于错误的自我评价出现意志消沉的现象。

（3）将行动落到实处。曾承诺完成的事情如果没有落实到实际行动中，做事就会有始无终。落实行动是自我管理的关键。为此，可以从三个方面努力：一是培养执行意识，将

"立即行动转化为日常行为习惯；二是做事要有目标、有计划，注重工作细节，事后要反思总结，将计划变成自我管理的有效工具；三是学会自我激励，如总结优点，分析原因，不断发扬优点，从而增强自己的自信心。

3. 提高自我管理能力的原则

（1）目标原则。每个人都有一个愿望或梦想，也有工作上的目标。人生规划的实现，需要强有力的自我管理能力。有目标的人和没有目标的人是不一样的，在精神面貌、拼搏精神、承受能力、个人心态、人际关系、生活态度上均有明显的差别。大学生应及早确定职业生涯目标并坚定不移地为之奋斗。

（2）效率原则。浪费时间就等于浪费生命。但是，我们每天至少有1/3的时间做着无效工作，在慢慢地浪费自己的时间和生命。因此，要分析、记录自己的时间，本着提高效率的原则，合理安排自己的时间，在实践中尽可能地按计划贯彻执行。

（3）成果原则。自我管理也要坚持成果优先的原则。做任何工作，都要优先考虑这项工作会产生什么样的效果，对目标的实现有什么样的效用。这也是大学生安排自我管理工作的一个重要原则。

（4）优势原则。人无完人，每个人都不可能消灭自己全部的缺点而只剩下优点。充分利用自己的长处、优势，积极开展工作，从而达到事半功倍的效果，这是自我管理的一个非常重要的原则。

（5）要事原则。做事要分清轻重缓急，重要的事情优先做。在自我管理中，重要的工作就是与实现生涯规划密切相关的工作，要优先安排，下大力气努力做好。

（6）决策原则。决策要果断，优柔寡断是自我管理的大忌。落实迅速，贯彻要坚决，无论遇到多大阻力，都要坚定不移地贯彻到底，定下来就要迅速执行，抓住时机，努力工作。

（7）反思原则。自我管理要定期进行反思，检查自己的目标执行情况，分析自我管理中存在的问题，制定、调整和修正方案，从实际出发，保证自我管理健康地向前发展。

（8）检验原则。实践是检验真理的唯一标准。自我管理的目标正确与否，需要实践来检验。要坚持"以人为镜"，及时搜集信息，征求同事的意见和建议，检查自我管理的实际效果。

三、养成终身学习的习惯

人类文明已发展到一个新的转折点。1994年，在意大利罗马举行的"首届世界终身学习会议"提出了全新时代理念："终身学习是21世纪的生存概念"。终身学习的定义：终身学习是通过一个不断持续的过程来发挥人的潜能，它激励并使人们去获得他们终身所需要的全部知识价值、技能和理解，并在任何任务、情况和环境中有信心、有创造性和愉快地应用。

（一）终身学习的内涵

（1）学习是一种持续终身的活动。终身学习是指开始于人的生命之初，终止于人的生命之末，包括人的发展的各个阶段的学习活动。终身学习既包括纵向的一个人从婴儿期到老年期的不同发展阶段的各种学习，也包括横向地从学校、家庭到社会等各个不同领域的各种学习活动。终身学习彻底改变了传统的学习观念、学习思想，对学习赋予了全新的认识、全新的理解。

（2）学习是个体的一种自发的生活方式。终身教育是一种理念，学习化社会是一种保障措施，两者只为人的完善提供了条件。若要真正实现人的完善还必须通过个体的学习，内化为个人的经验才能实现。终身学习是个体的一种自发的生活方式。在这样的生活方式中，学习者要学会观察、倾听、思考，表达自己的观点。

（3）学习是多样化、个性化的。终身学习尊重每个人的个性和独立性，重视学习者自主、自发地不断发展。它不仅使学习内容多样化的范围扩大，也使教育、学习的技术与方法等进一步扩大。学习者可以自主地从多种内容和方法中进行选择。另外，终身学习的目标也是多样化的，"学会认知、学会做事，学会共处、学会生存"是终身学习理念的重要支柱与最终目标。

（二）终身学习的特点

（1）终身性。终身性是终身学习最大的特征。它突破了正规学校的框架，把教育看成一个人一生中连续不断的学习过程，是人们在一生中所受到的各种培养的总和，实现了从学前期到老年期的整个教育过程的统一。它既包括正规教育，又包括非正规教育，包括了教育体系的各个阶段和各种形式。

（2）全民性。终身学习的全民性，是指接受终身教育的人包括所有的人。联合国教科文组织汉堡研究所研究员达贝提出，终身教育具有民主化的特色，反对教育知识为所谓的精英服务，教育是具有多种能力的一般民众能平等获得教育机会。事实上，当今社会中的每一个人，都要学会生存，而要学会生存就离不开终身教育。因为生存发展是时代的主流，会生存必须会学习，这是现代社会给每个人提出的新课题。

（3）广泛性。终身学习既包括家庭教育、学校教育，也包括社会教育。可以这么说，它包括人的各个阶段，是一切时间、一切地点、一切场合和一切方面的教育，终身教育扩大了学习天地，为整个教育事业注入了新的活力。

（4）灵活性与实用性。终身学习具有灵活性，表现在任何需要学习的人，可以随时随地接受任何形式的教育。学习的时间、地点、内容、方式均由个人决定，人们可以根据自己的特点和需要选择最适合自己的学习。

课后实践

一、活动目标

了解职业的变迁。10年前的就业形势和今天有很大差异，伴随着科技进步，诞生了很多新的职业。

二、活动时间

建议10分钟。

三、活动流程

1. 对应表7-1查找资料。
2. 填写表7-1，感受从2011—2021年的职业变化。

表7-1 2011—2121年职业变化

2011热门职业	2021热门职业
同声传译	电子商务
网络媒体，包括网站编辑之类	程序员
报关员	军队文职
系统集成工程师	高校教师
物流师	室内设计
注册会计师	三大运营商（移动、联通、电信）
中西医师	医生

3. 请同学写下个人思考。
4. 选择1～2个学生分享，教师进行分析、归纳和总结。

第八章
大学生职业意识与职业精神

学习目标

1. 了解大学生职业意识与职业精神的主要内容。
2. 总结提升大学生职业意识的途径。
3. 归纳大学生职业精神的基本特征。
4. 关注大学生职业精神的培养途径。
5. 体验大学生职业责任中的担当价值。
6. 讨论如何有效地运用职业精神在大学生发展规划中的重要作用。

案例导入

中国好医生陈耀凯：用心诠释医务工作者的职业精神

陈耀凯是重庆市公共卫生医疗救治中心感染科主任，长期从事传染病防治工作，成功救治了大量疑难危重病例，获得首届"重庆市最美医务工作者"称号，也在学科建设、科研、传染病管理等方面作出突出成绩，是"重庆市中青年医学高端人才"和"重庆英才·创新领军人才"。

努力攀登科研新高峰 科研成绩卓著

他主持国家自然科学基金面上项目2项，牵头主持2018年"十三五"国家科技重大专项课题1项，近三年获得科研经费约3 500万元。他以第一作者或通信作者发表论文共130余篇，近两年发表影响因子3分以上论文11篇，主编专著1部；获国家科技进步二等奖、重庆市科技进步一等奖和省部级教学成果奖各1项，获国家实用新型专利5项，编写全国专家共识6个。

精于学科建设 带动医院感染科腾飞发展

5年内，他将重庆市公共卫生医疗救治中心感染科由38张病床发展为包括3个内科病区、1个外科病区、1个感染门诊、1个血液透析中心和1个科研工作室的大型特色科室，并相继建成中医药重点研究室、博士后工作站、中心实验室、国家药物临床试验机构等科研平台，成功入选"重庆市传染病重点学科""重庆市临床重点专科"和"重庆市中医传染病学重点学科"。除此之外，在门诊量、出入院人数、医疗质量、临床新技术、科研项目数量与层级、发表论文数量与级别等指标上屡创佳绩，有效提升了重庆市公共卫生医疗救治中心感染科在重庆和全国的学术地位。

开拓创新 首次建立重庆市艾滋病医疗质量管理体系

他负责重庆市艾滋病抗病毒治疗管理工作，取得显著成效：建立了重庆市"三位一体"防治体系，艾滋病抗病毒治疗覆盖比例从2013年的50.5%增长至2018年的80.6%，治疗成功率从83.7%增长至91.8%，累计死亡率从16.0%下降到8.1%；出台了一系列医疗质量控制标准和规范，完成重庆市抗病毒治疗机构的标准化建设；创新性开展艾滋病定点医疗机构医疗质量量化考评模式，诊疗质量提升明显。

不畏危险 疫情面前勇担大任

他承担了大量疑难病例会诊任务和突发传染病疫情处理与患者救治任务，先后作为骨干成员与医疗专家参与重庆市新冠肺炎、非典型肺炎、季节性流感、人感染禽流感等疫情处置与危重患者救治，均圆满完成任务。

——摘自：学习强国

想一想

结合以上案例，探讨职业精神包括哪些方面的内容？大学生在校应如何培育职业精神？

第一节 树立职业意识

一、大学生职业意识内涵

职业意识是指人们对于职业活动相关内容的整体认识,是基于对职业活动的本质、规律、形式、意义的认识而形成的对包括职业道德、职业操守、职业行为等职业要素在内的情感、态度、评价、意志等心理成分的综合反映,是支配和调控全部职业行为与执业活动的调节器。就社会范围而言,职业意识是随着职业的产生而产生的,也随着职业化进程的发展不断发展完善,由模糊到清晰,从抽象到具体。就个体而言,作为一种态度,职业意识是随着个体意识的产生而产生的,特别是在个体接触到与职业有关的事物、概念等就已产生;作为一种能力,职业意识是在个体成长过程中,特别是在为将来的职业生涯做准备的过程中产生和发展的。

(一)职业意识教育

就高校而言,职业意识培养是从学生进入校园的第一天起就应该进行的专门教育,它是贯穿大学生整个高校阶段的一个重要的教育内容,是作为职业人所应具备的重要素质之一。职业意识教育是一个全面、复杂的系统,不仅包括职业价值观、职业理想、职业动机等方面的教育,还包括职业态度、责任心和义务感等方面的教育。一般来说,高职院校招收的学生学习时间为三年。这一类学校的办学理念旨在培养具有较高技术水平的人员,也是我国职业教育的重要组成部分。总的来说,高校不仅要负责学生的理论知识和文化课教学,还要有针对性地开展高效的职业技能教育和培训,并通过加强与企业的交流与合作,提高职业技能教育和培训的质量与水平。职业素养教育课程是通过教师活动的开展,系统性地对学生进行培养和教育。教学的主要内容包括职业生涯规划、职业道德、政治、马克思主义哲学和心理健康等基础知识与基本技能。通过学习,有效地推进学生的世界观和价值观的形成与完善,并在学习的过程中完善和提高自主决策与系统思考的能力,从而帮助学生在就业和决策的过程中能够更加有效地进行抉择。与此同时,通过职业素养课程教育,学生的思想道德素质和职业素养也获得了不同程度的提升,从而有效地提高了学生的综合素质和整体素质,也更加符合社会发展和企业发展的需求。职业意识教育可以划分为以下三个层次。

(1)较低层次的职业意识教育。较低层次的职业意识教育表现为劳动者只对职业类别和职业行为具有基础的认识，这种认识有些是正确的，有些是错误的。在开展职业活动的过程中，如果具有这一层次的职业意识，个体在进行职业选择和开展职业活动的过程中往往以经济利益为导向，也往往非常感性和具有变化性。

（2）较高层次的职业意识教育。较高层次的职业意识教育表现为个体对职业具有较全面和深入地认识与了解，并具有准确的自我判断。在职业活动的开展中，能够理性、全面地完成自己的职业任务，具有良好的职业意识和职业精神。

（3）最高层次的职业意识教育。职业意识的最高层次表现为劳动者在职业活动的过程中，不再以经济利益为导向，转而重视职业的价值追求和自我价值的实现。这一类劳动者往往认识到职业活动的重要内在价值，即是自我价值和社会价值实现的重要动力，它是富于创造性的，也是具有重要实践价值和发展价值的。这一层次的职业意识具有理性、综合、平衡、稳定的特征，往往愿意通过不断地努力去实现自我价值。

（二）职业意识教育的作用

当高校开展了良好的职业意识教育以后，可以对大学生的发展起到很大作用。

（1）可以提升职业素质。树立良好的职业意识可以极大地增强个人职业追求和发展的动力，从而促进其职业素质的提高。

（2）可以强化职业精神。帮助学生充分认识和挖掘自身的职业潜力，增强职业学习活动的自觉性和能动性，巩固其职业意志。

（3）可以导航职业生涯。在人的一生中，职业生涯是最为辉煌、鼎盛的阶段，职业的发展是人生发展的重要组成部分。影响职业发展的因素很多，其中，职业意识具有导向和调节的作用，对个人职业发展影响重大。正确的职业认知、积极的职业情感、坚强的职业意志、良好的职业行为，必将推进职业生涯的卓越发展。

（4）可以帮助实现人生价值。人生价值是社会价值与自我价值的统一，也就是人作为价值主体和客体对自我需要与社会需要的满足程度。职业是实现人生价值的舞台。

二、大学生职业意识的培养

随着经济和社会的发展，产业结构不断升级，社会和企业对劳动者也提出了许多新的要求，对人才的要求也不断增加。一方面企业希望员工具有良好的专业知识；另一方面希望他们具备良好的职业素养，这也对职业意识培养提出了新的要求。大学生职业意识培养的课程主要包括五个层面的内容，即职业生涯规划、职业道德与法律、经济政治与社会、哲学与人生和心理学。这几门课通过不同的方向和视角，来推进大学生的职业意识培养与教育。大学生的职业意识培养是一个全面的系统功能，需要从不同的角度进行学习和培养，这需要大量政治、经济、社会和心理等层面的内容为支撑，从而起到良好的职业意识培养的效果。职业生涯规划的课程主要通过一系列的职业与职业生涯发展教育活动来开展，以提高学生对于不同职业的认识，帮助学生更好地进行职业生涯规划和职业选择，同时，它对于推进学生人生观、价值观和择业观的形成也具有非常重要的作用。通过系统的学习，学生对于不同的职业、需求、选择和规划过程都有了宏观的认识。同时，通过互动型的学习和交流，提高了大学生的组织协调能力、沟通能力、自我控制能力和创业能力，这样在未来的职业选择中，他们能够更加理性和从容地做出选择。

　　大学生职业意识的培养，有助于加强大学生的职业生涯规划。树立正确的职业意识，在未来的职业发展过程中产生一定的积极作用。进入高校后，学生学习和生活的环境都发生了变化，学校设置了多种专业，学生对于专业的认知、发展等都不太了解，对于未来的职业发展也缺少规划，更谈不上职业的选择。因此，必须加强对大学生职业意识的培养。通过有效的职业意识培养和教育，提高学生的职业意识和职业修养，帮助他们树立正确的职业价值观，并帮助他们更好地进行职业规划和职业发展。另外，通过有效的职业意识培养丰富的职业发展、规划的相关知识，在制定职业发展计划和职业生涯规划设计的过程中，综合社会发展需要和企业发展需求，确定职业生涯规划；以职业生涯发展规划为依据，制定学习的发展目标和方向，进行针对性的强化训练和学习，提高自己的专业知识和技能。通过持续不断的学习和努力，提高自己的专业素养、职业素养及人际交往能力，从而为职业发展奠定良好的基础。

　　经过几年的专业学习，大学生将很快进入工作领域，成为准职业人。职业生活和校园生活存在巨大的差异，其工作方式、生活方式等都存在巨大的差异，有些学生往往很难适应这种变化。事实上，由于很多大学生还没有进入社会，因此，对于社会和企业的具体情况都不太了解，对公司的用人标准、选人标准也都不太清楚，更谈不上未来的职业发展和职业生涯规划。通过加强大学生的职业意识教育，能够极大地提高课堂教学水平和质量。教学内容突破传统的知识内容教学模式，更加注重教学内容的务实性和实用性。近年来，许多企业对大学生素质的评价并不高，存在专业技能弱、职业意识和职业精神缺乏、工作不踏实等问题，与公司和企业需要的人才相差很大，这大多是由于高校的教学活动和实践相脱节所导致的。

　　职业意识教育作为学生教育的重要内容，有利于提高高校教育的整体水平和质量，高校作为培养专业人才的重要场所，担负着培养学生专业技能、提高学生职业素养的作用，并引导学生更好地实现学生向经济人的转变。另外，通过有效的职业意识培养，使学生更加全面地了解社会发展和企业发展的规律、特征，明确不同企业的用人需求。通过针对性地学习和训练，实现学生向职业人的转换，并能够更好地发挥自己的专业能力，从而实现职业生涯的良好发展。

三、提升大学生职业意识的途径

（一）树立"以人为本"的职业意识教育理念

　　英国评论家威廉·哈兹里特曾经说过："就所有的生物而言，即使最强烈的内在本质，在很大程度上也是由其所处的外部环境而造成的"。在推进大学生职业意识培养的过程中，应当重视环境和理念的建设。一直以来，高校非常重视校企合作，但是传统的校企合作往往只是单纯地将企业的工作内容机械地加入教学内容，教学结果并不理想。因此，要提高大学生职业意识培养的水平和质量，必须首先树立"以人为本"的职业意识教育理念，强化班级的企业化管理。具体来说，在进行学生职业意识培养的过程中，要相信学生，引导他们进行积极的、主动的班级管理活动，结合不同学生的特点来开展职业意识培养。另外，在进行班级结构设置、成员划分和具体活动开展的过程中，必须以学生的特点为基础，从而提高对于大学生职业意识教育的水平和质量。具体来说，要从三个层面实现大学生职业意识教育过程中的人本管理。首先，重视学生的人性和个性，不断地提高学生学习的热情；其次，强化对学生的信任，引导学生进行创新和创造，提高他们的主动性和能动性；再次，必须突破传统的"重技能、轻德育"的管理思想，尊重学生，形成"以学生为中心"的培育模式，提高学生职业意识培养的效果，推动学生的全面、可持续发展。

大学生职业意识教育是一个系统的、长期性的工程，因此，在推进"以人为本"的职业意识培养的过程中，还必须与时代发展结合起来，形成"与时俱进"的大学生职业意识培养教育理念。首先，高校必须摒弃传统的理念与思想，对学校进行明确的定位，从而确定学校的办学思想，不断提高学校的教学质量和人才培养的质量。同时，还应当引导学生形成符合时代发展的价值观，培养他们的成才意识，从而实现个人价值与社会价值的统一，结合学生具体情况制定发展规划，最终实现人生发展的目标。充分发挥高校在培养学生方面的职能，让人们都认识到职业意识教育的重要性。其次，在学校的教学内容和教学计划中添加与职业意识培养相关的内容。以社会发展和时代特征为基础，制定教学计划和培养计划，积极推进教育教学改革，完善职业意识教育相关课程的设计与规划，实现及时传达国家政策、提高学生培育能力、培育学生专业技术、强化学生实践能力的发展目标，最终实现提高学生职业意识和专业素质的目的。另外，还必须加强对大学生职业道德的教育，培养学生的独立思考能力与创新创造能力，从而培养具备良好职业意识、职业精神和职业道德的优秀职业人才。

近年来，随着全球经济的发展和信息化时代的来临，国家与国家之间的沟通日渐加强，信息之间的交流也更加频繁，虽然为我国的发展提供了许多新的机遇，但是也滋生了一些新的问题。只有强化"以人为本"的理念，形成正确的价值导向，才能科学合理地面对问题、分析问题和解决问题，从而有效地抵制这些不良的影响。在长期的发展过程中，马克思主义理论的科学性也获得了证实，在推进大学生职业意识培养的过程中必须重视和强化马克思主义的指导作用，用辩证思维和唯物主义观点分析和解决问题。特别是引导学生将这些方法运用到解决职业选择与发展过程中出现的问题，引导学生树立正确的人生观、价值观和职业观，摒弃学习生活中如享乐主义和利己主义等不良的习气，提高学生的独立能力，使他们在面对困难和挫折的时候能够保持更加理性的状态，从而做出正确的职业选择。

（二）发掘高校职业意识教育的内容资源

在高校开展职业意识教育，有利于提高学校教育的整体水平和质量，有利于推动我国教育事业的发展。党的十八大以来，我国一直积极培育和践行爱国、敬业、诚信、友善的社会主义核心价值观，这既是我国经济与社会发展的要求，也是我国文化与文明传承的要求。同时，积极培育和践行社会主义核心价值观，对于推进人的发展、社会的全面进步、实现中华民族的"中国梦"具有重要的价值和意义。在高校的教学活动中，应当积极推进爱国主义和集体主义教育，引导学生形成积极的人生观、价值观和择业观，充分发挥自己的优势，推动自我价值的实现。另外，在大学生的职业意识教育中，通过全面的职业意识教育，培养学生的自主择业意识，使他们在工作中能够更好地处理个人与集体之间的关系，能够更加有效地发挥学生的价值，从而实现个体职业理想与社会现实的融合。

（1）加强形势与政策课程教育。形势与政策课程是思想政治课程的重要内容，通过对学生进行形势与政策教育，让学生更加全面地了解国家发展、实事政治和党、国的政策。培养学生宏观思考能力、分析问题和解决问题的能力。首先，强化形势与政策教育，在课堂中引入时事热点、国家政策、社会问题等进行讲解和讨论，通过团体性的讨论、分析、沟通和交流，有效地培养学生分析问题、解决问题的能力，也有利于加强学生的沟通、交流能力。其次，通过加强形势政治课的教育，大学生的责任心、事业心、社会实践能力和分析能力得到极大的提高。

（2）强化社会主义核心价值观和形势政策教育。这有利于大学生形成良好的职业意识，促使他们更加理性的进行职业选择。职业理想是指人们对职业目标和职业成就的一种追求。职业理想是学生的一种追求，是职业价值、社会价值和社会理想的重要内容。高校是国家培养专业技术人才的基地，必须强化对大学生的职业理想和职业方向教育，让学生更加全面地了解不同职业的工作性质、工作内容和发展前景。首先，应当积极地引导学生树立职业发展的目标，并树立远大的职业理想。其次，要引导学生形成务实的就业理念，明确目前的就业形势与发展情况，形成更加务实的职业理想和职业目标。高校通过有效地教育和引导，使大学生形成理性的择业观，摒弃一些功利的个人主义价值取向。在面对困难和挫折时，能够更加冷静地去处理，从而培养学生积极进取的精神。职业价值方向是指个体在进行职业选择时的一种价值取向，包括以个体为主的价值取向和以社会为主体的价值取向。高校在进行职业方向教育的过程中，要结合学生的基本情况，进行集体主义教育和爱国主义教育，不断强化教育的一致性和发展性，从而有效地促进个人利益、集体利益与社会利益的实现。同时，还要让学生认识到付出和收益之间的关系，明确不同职业的价值，只要通过自己的努力，在任何一个行业都会取得成绩，实现自我价值。

（3）强化职业生涯规划教育。通过进行合理的职业生涯规划，个体能够更加有效地明确自己的定位，根据自己的发展规划、制定自己的发展方向。高校应该为学生提供一个完善的、系统的指导，协助学生更好地完成职业发展规划，明确自己的发展目标和方向，从而有效地解决学生在职业生涯发展过程中遇到的问题，引导他们更加理性地处理个人与社会、组织之间的关系。通过强化大学生的职业生涯规划，使得学生明确自己的发展方向，从而提高他们进行职业选择的科学性。

（4）强化职业心理素质教育。职业心理素质是一种个性特征，它通过个体的职业活动展现出来，包括个体的职业意识、职业情感、职业意志等方面的内容，同时，它还包括各种智力和人格相关的内容等。职业心理素质的评价主要通过以下几个方面进行：诚实守信、爱岗敬业、脚踏实地、自信果敢等高尚的职业品质；明确专业内容及其价值体系；遵守国家法律和社会规则，重视职业道德；具有良好的人际沟通能力和协调能力；具备良好的群体合作意识，能够实现与别人的协调合作；具有较强的竞争意识，能够勇敢的面对困难和挫折；具有创造力和创新性，对新事物充满好奇心。高校的职业意识教育必须重视学生的心理素质培养和教育，提高学生面对困难和挫折的能力，从而使其能够更好地适应社会发展和职业发展的需求。

（5）强化职业道德教育，破除错误的职业观。职业道德是指人们在职业生活中应遵循的基本道德，即一般社会道德在职业生活中的具体体现，是职业品德、职业纪律、专业胜任能力及职业责任等的总称，属于自律范围，它通过公约、守则等对职业生活中的某些方面加以规范。学生个体职业道德的发展和变化受到许多因素的影响，包括家庭环境、社会环境、教育模式和方法等，影响着个体的人生观、价值观的形成，也影响着个体职业观的形成与发展。职业道德教育是一个复杂的系统工程，它受到很多因素的影响。家庭作为学生职业道德培养的第一个场所，父母的人生观、价值观、职业观和工作选择都会影响孩子的职业观的形成，因此，必须重视家庭在职业教育中的重要作用。父母应当重视榜样作用，通过交流与分享，帮助孩子做出更好的职业选择。孩子自小生活在家庭中，深受父母思想和行为的影响，也最先形成了对于职业、职业选择、职业道德等的客观认识。通过与亲戚朋友的交流，了解不同行业和职业的基本情况，并形成对于职业道德的基本认识。父母是孩子最好的老师，不仅要为孩子树立良好的榜样，还要在孩子思想出现偏差、行为出现问题的时候，帮助他们纠正和改正错误，通过与孩子的交流和互动来形成正确的人生观、价值观和职业观。另外，还应当强化家庭教育与学校教育的协同，配合学校开展职业教育活动，为孩子职业道德的培养提供支持和帮助。同时，还应当鼓励孩子参与社会实习和实践活动培养学生的独立能力，改变他们对于职业的错误认识，让他们认识到不同职业的价值，从而提高职业意识教育的水平。大学生职业意识教育也需要社会的配合，社会作为职业的滋养地，对于推进学生的职业意识教育也具有非常重要的作用。必须充分发挥社会在学生职业意识方面的积极作用，通过榜样人物、职业教育等形式来推进大学生职业意识的教育。充分发挥社会的正面引导作用，通过报刊、舆论等媒介来进行价值观的传播，引导大学生改变错误的观念和做法，形成正确的职业观。另外，还要发挥政府部门及其他职能部门的作用，完善相应的政策、法律法规和制度，充分利用公众平台为大学生的职业意识教育提供支持，形成一个完善的职业意识教育体系，通过全方位的沟通与互动，推动大学生职业意识教育的发展。

（三）加强校企合作，提升学生的职业技能

校企合作是学校与企业建立的一种合作模式。校企合作是一种"双赢"模式，做到了学校与企业信息、资源共享。学校利用企业提供设备，企业也不必为培养人才担心场地问题，实现了学生在校学习与企业实践的有机结合，使学校和企业的设备、技术实现优势互补，节约教育与企业成本，是一种"双赢"模式。学校通过企业反馈与需要，有针对性地培养人才，结合市场导向，注重学生实践技能，更能培养出社会需要的人才。企业作为学生实习、实践的重要平台，对于学生职业意识和职业精神的形成具有重要的作用，有利于提高学生的专业技能，加强了理论与实践的结合。为了帮助学生养成良好的职业意识，必须加强企业同学校之间的配合，以校企合作管理平台为基础，依托企业多年的经验和实际环境，使学生更加真实地了解职场的情况。通过实习实践活动，了解具体的工作内容、工作流程、管理制度和生产流程等内容，同时，也进一步了解组织结构、企业管理、文化建

设等企业管理的相关知识,更加明确不同企业对于员工职业素养的要求。在实习实践的过程中,学校与企业之间要形成良好的互动机制,在学生犯错误的时候,要及时进行沟通和交流,帮助学生改正错误的职业行为和思想,不断提高他们的专业技能和知识经验。高校还必须加强与企业之间的沟通和交流,以企业需求为导向,来进行教学计划的制定和教学活动的开展。例如,可以开设"形势与政策""职业道德"等课程,还可以开展一些多样化的讲座和座谈,内容包括职业生涯规划、职业道德等,从多个层面来加强对学生的指导,强化学生的职业意识和职业精神。另外,还应当改进和更新传统的教学方法,将任务法、导向法等新的方法引入职业意识教育课程,充分发挥学生的主动性和积极性,积极推动学生技能的提高。健全和提高师资队伍建设,培养和引进"双师型"人才,让企业的优秀人才参与高校的教学活动,加强高校与企业之间的沟通与交流,使学生有机会学习和了解最新的企业知识与企业技术。

(四)加强实践基地建设,提高学生的实践能力

实践基地作为学生实习的重要内容,对于提高学生的实践能力具有重要的作用。学生在参与实践基地的实践活动中,将习得的知识运用于实践,以提高大学生的实践能力。其实质是一个知识和能力的整合过程,是学生职业素质和职业能力综合提高的过程。因此,高校应当积极为学生的学习实践创造和搭建平台,鼓励更多的学生参与到实习和实践活动之中,通过实践锻炼来提高自己的综合实力。首先,高校应当积极推进实习、实践基地的建设,加强与企业之间的联系,加强与企业之间的合作,为学生的实习、实践活动提供平台。通过大量的实习和实践活动,大学生在真实的场景中体验工作生产与建设,有效地提高专业技术能力和综合能力,极大地加强了理论教育与实践教育的结合。其次,学生通过在真实的工作岗位工作,进一步明确了工作的流程和工作内容,更加明确了作为一名职业人与学生之间的不同,对于以后实现由学生向职业人的转变具有积极的作用。最后,在具体的教学实践和教学活动中,应当增加实践教学的内容,以"工学交替"为原则,改革教学方法与教学模式,加强理论教学与实践教学的互动。

课堂案例

中医世家的追求

长春中医药大学终身教授、主任医师、全国名中医——黄永生,在育人过程中践行劳动精神,传授医术,更传递医风。教学中,他毫无保留地将自己丰富的临床经验和学术体会都传授给学生,对学生以一丝不苟的治学态度进行严格管理。黄永生的学生——长春中医药大学主任医师郭家说:"老师常告诫我们,为医之道,生死攸关,绝不可草率从事,不能有半点马虎。"出诊时,黄永生从不以医谋私,对患者从不分贫富贵贱。遇到有经济困难的病人,他还常常解囊相助,或助之以诊资或助之以药,这些都给学生留下了深刻的印象。

第二节　培育职业精神

一、大学生职业精神内涵

职业精神是人们在职业活动中所表现出来的具有自身职业特征的精神。由此不难看出，职业活动是职业精神产生的根源和主体，离开了生产或者职业活动，谈职业精神就是"无源之水、无根之木"。

首先，职业精神与社会精神有着不可斩断的"血缘关系"。由于职业活动的作业方式的不同，其职业精神往往带有明显的圈层特征与特定利益诉求，表现在职业习惯、职业操守、职业规范等方面，不易与其他职业活动的职业精神产生重叠与跨界。但职业活动又是整个社会活动有机组成部分，职业分工的不同虽然会导致职业精神的差异，但基于整体社会价值的认知共性，职业精神在不同职业领域也存在着一些密不可分的基础价值认同。在整个社会活动基础框架的制约下，允许并存不同职业精神的个性独立与多元发展。

其次，职业精神的表述既可抽象也可具体，在职业道德、职业理想、职业信条等方面对成员的要求是一种模糊的抽象表述，更偏重于社会普世价值，而在职业规范、职业技能、职业习惯等方面，它对成员的要求却是具体的带有很强的工具书色彩的，具有极强的可操作与可实践性。

最后，伴随着职业活动的世代相传，职业精神的传承力也得到了强化。正是基于这种强烈带有世袭色彩的精神索引，才能保持职业活动的一致性、群体性与稳定性。然而，时代发展的日新月异，生产工具、生产资料的变化，对职业活动也会作出更高的要求，所以与之携进的职业精神也会做相应改变，在传承中变化，在变化中传承，职业精神在传承中是有规律变化的，但具有极强的自我调整与适应能力。

职业精神主要包括"职业理想、职业态度、职业责任、职业技能、职业纪律、职业良心、职业信誉、职业作风"这几个方面，涵盖了职业生活中大学生职业精神教育"不仅要学生树立职业意识，而且要培养学生优秀品质，更要养成良好的职业习惯。"

（1）职业理想。职业理想是人们从事职业活动所希望达到和实现的利益顶端与价值极致。职业理想分为三个层次和阶段：初期温饱型，仅仅通过职业活动满足个体或者家庭的生存与生活需要；中期完善型，通过职业活动满足物质的丰裕感和专业的成就感；后期社会型，在利益积累达到一定程度后，专注于社会服务与贡献的责任感和使命感。对于大学生而言，需要让其明确三者关系，为其指明职业理想的演变进程，激发其结合自身发展阶段寻找职业理想的力量与快感。

（2）职业态度。态度如何决定行为结果最终如何。在职业活动中，良好的职业态度是一切职业行为的开端和最好的催化剂。它直接决定着直接生产价值的高低、好坏，也直接影响其自我社会认可的程度。在学校教学过程中，每一位老师都应"身正为范"，用自身积极的职业态度潜移默化影响学生的职业态度的确立，并在教育实践中不断强化"态度决定命运"的认知。

（3）职业责任。职业责任是从业者在职业活动中为实现职业利益规避职业风险所要承担的责任，决定了这不仅事关个体的职业要求，它影响着社会、企业与个人。个体的职业责任在某种程度上会影响企业的声誉与社会的舆论。因此，在职业教育过程中，培养学生每一任务、每一岗位的责任意识，促进学生责任意识的养成，是日后个人在事业、生活方面成功的保障。

（4）职业技能。职业技能可以说是职业教育的立命之本，高校所培养的合格的初中级技工人才将成为中国"制造业强国"梦想实现的重要保障。只有成熟、专业、高效的技能要求，才能够有效地把生产资源转化成具有世界竞争力的生产商品，才能肩负起壮大社会主义繁盛工业的光荣使命。

（5）职业纪律。职业纪律是把双刃剑，一方面，它约束着从业者的行为、活动，有着一定的被迫性；另一方面，它也保障了从业者的自由、利益不受其他人侵害，同时有着高度的自觉性。纪律性的养成有助于劳动者更好、更快地融入集体，发挥自己的劳动价值，从中得到快乐。同时，良好的纪律观念也是一个人工作进步、事业成功的必须保障。

（6）职业良心。职业良心是一种自发行为，是一种严格要求的自我监督机制。它贯穿职业活动的前、中、后，事前理性预判、事中正确执行、事后深刻总结，最大限度地维护职业集体的劳动成果和业绩利益。这一切都是在没有任何外力压迫下的发自内心的热情与执着，这是一种个人荣誉与集体利益高度结合和靠拢的精神结晶，它将会使劳动者获得不断进取的内在动力。高校学生职业良心的养成应从在校期间的一点一滴做起，养成良好的自我检查、自我监督习惯。

（7）职业信誉。职业信誉是一把标尺，它是企业、个人在面对社会公众与评价时的道德刻度与价值天平。履行当履行之义务，承担当承担之责任，言必信，行必果，知义而敢先当，知耻而能后勇，知仁而能自爱。它是一种在利人利己的准则指导下，企业和个人面对社会拷问时的从容与不迫。

（8）职业作风。职业作风是职业习惯的高度集成，从而影响一群人形成独特的职业风尚。冷静、沉着、干练、敏捷，代表的不仅是高度的生产效率，更是从业者自我个性张扬的窗口和自我价值实现的挑战。正确的职业习惯形成良好的职业作风，对每个人尤其是在校大学生而言，在学习中养成的优良作风，会直接影响到今后在工作当中的表现。因此，在就业的预备阶段，学校就应适当培养学生保持优良的生活习惯和与作业习惯。

二、大学生职业精神基本特征

职业精神的养成目的是在实践中取得更好的成绩。在高校职业精神教育体现在敬业、勤业、创业、立业四个方面。大学生是要被培养成为我国社会、经济建设服务的具有初、中级技能的综合型应用人才的，高校职业精神教育有以下几个特征：第一，必须紧紧围绕职业活动展开。作为职业活动的"孪生兄弟"，大学生的职业精神教育必须建立在职业活动体验、感知、理解的基础上才能够行之有道地展开。只有这条捆绑式的通路，才能事半功倍。第二，价值输出是社会、企业、学校、学生的协同进程与作用。社会有需求，企业有标准，学校有理念，学生有想法，只有四者高效统一，才能使高校的职业精神教育有的放矢第三，教育体系是综合化全面考核。理想、习惯、信誉、技能四方面的培养并非一朝一夕，也非一人之力能竟之事。需要全面的资源部署与人力考量，强力的师资支撑、高度的上下重视、全面的深刻影响，任重而道远。

三、大学生职业精神的培养途径

职业精神教育的生活化与实践化已刻不容缓，以平等的姿态、新颖的教法、活泼的形式理解尊重、激励学生，才能把他们培养成一个有血、有肉、有"魂"的人才。大致可采用过两个主要渠道作为职业精神教育的理想通路和平台——教学活动实验和职业活动体验。教学活动实验实现专业课与德育课的相互渗透、学校和企业的高度交集、教师与学生的多层次、全方位的互动，深挖教材内容、拓宽教学视野，化繁为简，化深为浅，通过学生易于接受的丰富性多样化的教学方式解决职业精神教育的兴趣度和接受度问题。职业活动体验，通过模拟车间、模拟工厂给学生提供一个仿真的工作环境，反复多次地进行岗位练习，并以企业的各项制度和考核目标严格进行角色模拟，形成"上学如上班，上课如上岗"的职业惯性，以使学生提前进入工作的角色，日后更好、更快地进入职业轨道。

（一）通过教学实验加强职业精神培育策略

1. 与专业教学相互渗透模式

我国的传统教育理念"文以载道，文道结合"，要求将人的知识培养与人格的完美相互结合，这强调了人的精神完美的要求。高职教育要从符合人性发展的高度培养个体适应社会发展的各种能力。走出德育课堂，走进专业课堂，让职业精神教育与专业课教育进行融合，使高职学校育"社会人"的教育目标得到高度实现。这种教学模式，在最终考核时，也不仅仅是以传统的笔试成绩为标准，而是综合学生的日常表现、实践操作、教师评价、学生互评等多种评价方式。这一过程，让教师和学生全员加入学生职业精神养成，提升了大家对职业精神的认识，强化了专业课教师对学生职业精神养成的责任。在现实教学活动过程中，职业精神的教育与专业课教学相互渗透、相互促进的模式，最符合教学规律的要求，也是最有效的。

2. 校企合作互动教学模式

校企合作互动教学模式是职业精神教育最有效、最直接，也最能反映职业教育的特点。高校职业精神教育始终都是在校企双方共同协商、共同努力、共同合作的基础上进行的。学校职业精神教育总是理想工作状态下对学生的一种教育，受环境、教师观念、教育理念等多方面的影响，其成果到底如何，企业中的现实工作是最好的审查场所，拥有最有力的审查尺度。而校企合作，能将最具现实意义的职业精神价值尺度搬进学校，深入学生的日常学习生活，加速强化学生职业精神养成。校企合作模式可以根据实际情况以多种多样的形式展开，如由合作企业派遣专家组亲赴学校参与实际的教育教学工作，成立"企业指导委员会"；又可以学校与合作企业人事部门建立长期的合作关系等。通过校企合作，可以开展多方面的活动：一是校企双方共同商讨，制定学生的职业精神养成计划、教学内容和课程安排，进一步丰富职业精神教育的形式和内容；二是企业为学生提供实训场所，让学生感知真正的劳动环境，从而促进学生职业精神的养成；三是聘请优秀的具有典型代表意义的一线技术工人作为职业精神教育的辅助教师，用真实的工作经历、生动的职业案例和感人的职业精神教育学生职业精神的养成；四是请技术能手、劳动模范、社会知名人士来校演讲，或是组织学生有序进入企业进行参观；五是在相互合作中让企业参与学生职业精神评估工作，这种评估结果更具实际指导意义，更易于得到学生的认可和接受。实践证明，这种校企结合开展职业精神教育的模式，更直接、更有效、更具教育意义。

3. 师生互动的教学模式

师生互动是指师生之间发生的一切交互作用和影响，是一种新型的师生关系。这一教学是师生充分思考、讨论和交往，积极互动，共同成长和发展的过程。在这一过程中，教师是主导但绝对不是权威和主体，学生才是课堂的主人和主体，双方的相互作用不可忽视。师生课堂互动机会均等，身份、地位、人格平等。教师的主导地位并不是指知识灌输的单向权威性地位，而是教师要扮演好建立和推动师生互动关系模式的角色。建立一个学生广泛参与、充分交换、认知深度碰撞的民主自由的互动模式远比家长制的裁判模式要更为重要。师生互动可以分为以下三种类型：第一，通过案例，相互探讨。讲故事、说案例在教学实践中更容易激发学生的兴趣点，吸引学生的注意力，调动学生的学习兴趣和参与热情。第二，多媒体课件是职业精神教育教学非常实用的辅助手段，课件中的视频、漫画、哲理故事、名人名言、动画等，会给学生更多直观的感受，会让课堂更精彩，使学生认知兴趣浓厚、参与热情被调动，接受度提高，往往能够取得事半功倍的效果。第三，随着信息工程的不断发展，网络技术的不断提高和完善，智能手机的普及性应用，以微博、微信为代表的新兴媒体已经逐步渗透到人们生活的各个领域，可以预见的是，这种新型的传播媒介和信息平台将对未来的职业精神教育产生重大的影响和作用。通过微博和微信对以学生为主的粉丝群进行群组式推送，使职业精神教育真正突破教室的方寸空间，实现全天化、即时化和生动化的传播和实践。

（二）立足职业，促进职业精神养成

行业是职业学校教育的出口，加强职业学校与行业的联系，促进教育与行业生产的结合；尊重教育规律，结合行业生产实践，培养学生的职业精神，促进学校教育的发展和学生全面发展。国家通过政策支持、资金扶持，大力发展校企合作，强化学生职业精神，这是一种行之有效的策略。英国哲学家罗素说："选择职业就是选择将来的自己"。可见职业的选择直接关乎一个人的未来。对大学生进行职业精神教育不仅是一种知识的传递，是一种能力、精神品质、价值观和行为方式的教育、更是教一个人选择有尊严的生活、选择未来。

1. 激发情感，形成自觉职业意识

职业情感是指人们对自己所从事的职业所具有的稳定的态度和体验。职业情感可以驱

使从业者从内心深处产生对自己所从事职业的理解和需求,并在实际工作中表现出来对自己的岗位无限热爱和乐于奉献,积极影响着职业精神的养成。榜样的力量是无穷尽的,利用工学结合的优势,以合作企业的先进人物的先进事例做示范,以榜样的力量诠释职业精神,弘扬职业正气。同时,企业中的劳动模范、优秀员工、操作能手可以面向在校学生不定期举办讲座、座谈等,通过先进事迹的宣传和榜样力量的激励,感召学生确立为人民服务的职业理想、树立端正的职业态度和努力提高职业技能的决心。在不同的专业之间,应选择不同的典型人物和先进事迹有针对性的宣传,这样职业精神教育效果会更好。"干一行,爱一行",相信"三百六十行,行行出状元",这是职业情感激发的动力和最终目的。只有全身心的热爱,才会有全身心的付出,才能得到全身心的成就感。企业是职业人才培养成功与否的最终检验场,在教育过程中带着企业的职业精神要求去育人,就如同带着答案解题,更加直观,让人一目了然。同时,企业的诉求,更容易植入学生的职业意识,也利于毕业后学生更好、更快地适应企业的发展。激发学生的学习自觉性、积极性和主动性,仅仅依靠课本内容和案例是不够的,而校企合作能够为学校教育提供更加新鲜的、具有现实意义的教学案例,对课本内容形成有效的补充,以达到更好、更理想的教学效果。

2. 采用多元教学模式

职业学校最终教育成果成功与否以企业的标准为尺度,所以,在学生职业精神教育过程中应开展更有针对性的、体现相关企业要求的具体教学活动。第一,教学方式多元化。首先是教学形式现代化,可借助学校现有资源如多媒体、播放器等形式,有效开展音、视频结合的教学;同时,根据不同的需求,可在教室、生产现场、报告厅等场合进行教学活动;形式不仅有传统讲授,还有大型讲座、集体讨论、生产现场实操体验等。第二,考核评价多元化。结合笔试、任课老师的评价、实习场地的表现等得出更加综合的考核结果,进一步促进学生自觉培养职业精神和意识。第三,从教人员多元化。职业学校是培养学生职业化的场所,而企业中的专家能手、劳动技术模范等都可以任教,参与学校的教学计划制定和学生的教育活动,使职业教学从教到学的过程全方位、多层次的多元化,以达到学生职业精神养成的最终目标。

3. 案例引入

案例教学是指在教学过程中重设一些与教学内容要求相关的现实生活中的场景,并组织学生有目标、有秩序参与,通过思考、讨论相关问题形成解决方案来进行学习的一种教学方法。案例教学法由美国哈佛法学院前院长克里斯托弗·哥伦布·朗代尔首创,后经哈佛企业管理研究所所长郑汉姆推广,传播全世界,被认为是代表未来教育方向的成功教育方法。将案例教学法引入职业学校的职业精神教育,更加突出职业教育服务社会的特点,强化学生对于职业的认知,调动学生职业学习的主动性、积极性,从而更快、更好地提高教学质量,达到教学目的。引入案例教学法进行职业精神教育应注意以下几点:

第一,选择恰当合适的案例。选择恰当合适的案例是案例教学成功与否的基础和前提,选择一个贴近学生、源于生活又符合教学内容要求的案例是案例教学成功的先决条件。在案例教学过程中,最便捷的案例来源途径一个是学校的就业指导服务中心,另一个是与学校有合作关系的企业单位,这两个途径的案例最具代表性和典型意义。在案例中引入长期的合作企业,有利于学生提前认识该企业,体验工作环节,用可观、可感、可触的方式培养学生树立职业意志、职业责任感、吃苦耐劳和集体协作精神等。真正促使学生树立行业、企业需要的职业精神。也可多方协调，让学生独当一面，独立担任一定的顶岗操作任务，去感知真实的职业活动和良好职业精神在生产中的重要意义，从而促使学生自觉培养自己的职业习惯。

第二，通过教师和学生的有效总结，提高学生对于职业精神的认识，从而内化职业意志，提高从业品质；外显职业行为，将爱岗敬业真正融入学生的实际行动中。另外，可参照企业对于员工的拓展训练，通过深入实际的体验训练，使学生在亲身参与中得到成长。学校与教师不断外部督导，帮助学生内化行为习惯，从而养成良好的行为习惯和职业精神。

4. 技能与职业素养并重

职业技能，即指学生将来就业所需的技术和能力。这是学生在职业学校学习的目的和最直观的考核标准，也是企业十分看重的一个方面。学生是否具备良好的职业技能是职业学习和学校教育成功与否的标准。在职业精神培养中，职业技能是从业的硬件要求，其他的职业理想、态度、责任、纪律、良心、信誉和作风都建立在职业技能的基础之上。在学生职业技能训练提高的同时，引导学生学会"做人""做事"，继而"成人""成才"。只有职业硬件和软件的共同培养，一个完全独立的职业人才能成长起来，职业教育才算是成功的教育。角色模拟是职业技能提升最为有效和主动的手段。当学生进入一个高度仿真的生产实践环境，便会自觉约束自己，以企业规定的标准来严格要求自己。而角色扮演，让学生真正参与实践、增强感知，在工作环境和角色体验中更好地理解行业、企业的生产需要和自身需肩负的职业责任，帮助学生更好地理解职责规范，确立职业技能学习的意志。在这种教育实践中，每一位身在其中的教师应以身作则，为学生垂范，以外化的语言、行为和内在的精神同时对学生进行有效的教育，和学生一起遵章守则，严格考勤；爱护设备，有序生产。仿真的情境实训，使学生在情境模拟中，不断强化自己的职业习惯，继而养成良好的职业精神。这种方法不仅促使学生被动养成良好行为习惯，也促使学生积极参与，从而形成职业行为内外一致，符合行业、企业要求。

（三）产、工、学结合，多样化职业精神教育方式

工学结合，校企合作，半工半读是我国一直以来倡导的职业教育人才培养模式。"产"是指产业；"学"是指学校，产学结合即产业与学校相互配合，发挥各自优势，集研究、开发、生产于一体，形成最优化的结合，并在实际运行过程中创造最优化的生产结果，体现结合的综合优势。对于学校而言，产学结合是面向社会，发现市场需求，培养社会需要的专业应用型人才的重要途径。产学结合切实从企业生产需要出发，着重培养学生的综合素质和实际能力，使职业教育目标更加具体明确。

职业意志是指人们在职业实践中所表现出来的克服困难的毅力和坚持的精神。职业意志往往是从业者忠于职守、甘于吃苦、乐于奉献的开始，是一个人经得住各种职业考验和磨砺，克服困难和挫折的基础，是取得职业成功的前提。职业活动中困难和挫折比比皆是，只有职业意志坚强的人，才能积极行动、克服困难，经受住考验和锻炼，在职业活动中取得巨大进步。因此，大学生应该学会锻炼自己的意志，自觉有意识地训练自己的意志品质。

学校在教育实践过程中，也应不断强化，使学生的内在职业意志外化成为学生自觉的

职业行为习惯，将学生的职业精神养成与专业及实操课紧密结合起来，做到贴近企业，贴近生产。为了督促学生职业行为习惯的有效养成，学校教育中的科学引导和监督是必不可少的。实践证明，坚持做到学生职业纪律教育与学习学习纪律教育相结合，职业精神教育与学生行为规范教育相结合是一条有效的教育途径。学校的实习环节模拟的是企业的生产环节，但两者又有很大的区别。学校允许学生犯错、试错，并且以说服教育为主；而在企业生产中，员工犯错是要付出相应代价的，一般体现在劳动报酬中。学校的实习环节不应是与企业实际断开的，更不应该成为可有可无的摆设，它应该成为真正意义上的准职业活动和职业活动的缓冲通路。它必须是一种逼真场景的职业活动预演舞台，提供更为真实的职业体验。因此，在学校实习过程中，教师应制定具体明确的标准和要求，做到有布置、有检查、有评估、有惩罚，将优质劳动换得优质回报和认可的职业理念潜移默化植于学生思想观念。学生在长期的学习中一旦养成了自觉的职业意志，就能在实践中坚持不断地承担自己的职业责任、完成自己的职业义务，并能据此影响到企业的发展。拥有这种坚定果敢的职业意志，是一个职业人职业素质高低的标志。

职业精神的常规实践，是根据职业精神培育的目标和任务开展有效的教育活动，对学生进行有要求、有标准、有计划地实训，在具体的活动中启发、培养学生的思想，帮助学生养成符合社会要求、企业需要的良好的职业行为习惯。实践法重在对学生的意志和行为的锻炼培养，在一次次的情境模拟中，不断重复实践，促进学生行为和习惯达到教育要求并得到有效的固化。实践出真知，有效的实践活动是职业精神培育的有效途径。在教学实践中，可以创设条件带领学生深入企业生产一线，真实参观、参与生产劳动，与工人师傅亲自交流、亲自体会，促进学生在认知的基础上能在入职后迅速融入，这为学生符合企业要求的职业精神的养成奠定了基础。

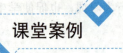

课堂案例

潘玉华的绝活

2015年"9·3阅兵"，我国新一代预警机惊艳亮相。预警机是空中指挥所，是整个飞行队伍的神经中枢。这神经中枢里最精密的一部分器件是由手工焊接的，完成这项工作的就是中国电子科技集团某军工研究所的电子精密焊接女技师潘玉华。潘玉华所在的军工研究所承担着捍卫国家电磁空间安全的重任，在多年的工作中，潘玉华发现她接到的电子元器件越来越精密、集成度越来越高，于是她对自己的技术要求也越来越苛刻，平时的练习难度也越来越大。有一次，她要做一种叫作"植柱"的工艺，设计人员要求她把硬币大小的电子板上面的1 144个"小腿"拆下来，等分析后再原样焊回，这是一个巨大的挑战，4个小时后，"焊接后的电子板就跟原厂出来的几乎一样，基本看不到解焊过的痕迹，潘玉华真是把每个细节都做到了极致！"技术人员慨叹。潘玉华的这种追求极致的绝活，不仅在预警机中有重要应用，也为我国北斗卫星的研制提供了强有力的保障。

第三节　担当职业责任

一、职业责任内涵

"责任"一词有相当丰富的内涵，在古代汉语中，"责"和"任"没有连用，主要是强调"责"，表示"责任、负责"，如"若尔三王是有丕子之责于天"《尚书·周书·金滕》；表示责问、责备，如"使先生自责，乃反自誉"《汉书·东方朔传》等。按照《汉语大词典》的解释，责任是使人担当起某种职务和职责分内应做的事，做不好分内应做的事，因而应该承担的过失。责任是哲学、心理学、政治学、伦理学、社会学等多学科共同的研究对象，很难用准确的语言给它下一个统一的定义。许多思想家从不同的角度对责任做出了解释，苏格拉底把责任看作"善良公民"对国家和人民服务所应具备的本领和才能；培根把责任理解为维护整体利益的行为；马克思说："一个人有责任不仅为自己本人，而且为每一个履行自己义务的人要求人权和公民权。"从中可见，责任是义务和权利的基础。从中得知责任和义务是不同的，即在责任的基础上产生义务，一个人应根据义务而行动，而且必须为尽义务而行动。马克思指出："作为确定的人，现实的人，你就有使命，就有任务。至于你是否意识到这一点，那是无所谓的。"这里，"使命""任务"指的就是人的责任，这句话的意思是作为一个有胜任能力的人，就有责任。在中国传统儒学的概念里，"责任"是指个人主动尽职、效忠及个人对自己行为选择的不良后果负责。

（一）大学生的责任

责任不是平均分配的，同在社会中生活，不同的社会角色决定在社会中承担着不同的责任。它也不是一成不变的，是随着责任主体的发展而不断变化。大学生责任是基于大学生这一社会角色而带来的责任。作为年轻人中的优秀群体，他们比普通人掌握着更多的知识和技能，具有较高的综合素质，肩负着更多的社会期待。正是因为这些知识和技能，大学生责任才有了它与众不同的内容与意义，社会也同样因此而要求大学生除了应当承担普通社会成员应尽的责任外，还对社会负有更多特殊的责任。正如美国科学家阿尔伯特·爱因斯坦所说："必须尽力以同样的分量报答我领受了的和至今还在领受的东西"。温家宝同志曾强调："每一个学生首先应该懂得的道理和终身实践的目标，就是热爱祖国并为之奋斗。只有对国家、对人民爱得深，才会有强烈的责任心，才会对国家、人民有献身精神。学生要爱老师，老师也要爱学生。对人民要有真挚的大爱。只有这样，才能成为一个真正的人，一个有道德的人。"这是对大学生责任的最终解读。在人类知识的宝库里，在群英荟萃的殿堂中，自由探索、追求真理、迎接挑战、克服困难、实现梦想、回馈社会。这就是大学生的责任。具体来说，大学生责任可以划分为对自己的责任、对家庭的责任、对他人的责任、对职业的责任、对集体的责任、对社会的责任、对生态的责任、对全球的责任。总的来说，一方面既对国家、民族、他人的生存发展和繁荣进步承担职责的使命，另一方面也对自我、对自己人生承担职责和使命。

（二）责任意识的内涵

责任意识是指主体在理解一定条件下自身角色和社会要求的基础上，把握自身行为及其结果，使之符合社会要求的情感、意愿，是个体对角色职责的自我意识及自觉程度，是一种自我约束的价值取向，是社会意识的重要范畴。马克思强调"一个人只有在他意志的完全自由时去行动，他才能对他的这些行为负完全责任。"具有责任意识的主体应该是自由自觉、自主、自律的，他的思想和行为是自愿的而非被迫的。反之，在丧失个性自由的强权状态下，按照某种要求去行动，并不能视为具有责任意识。正确认识一定条件下社会的客观要求、自身的角色以及社会对此种角色的行为期待，预测行为的各种可能，对自身行为与社会要求的关系有清醒的认识，依据客观规律和价值规范对行为做出理性的判断。责任意识是个体对角色职责的自我意识及自觉程度的显现。"责任"和"责任意识"是两个既紧密联系，又互相区别的概念。责任是客观的范畴，而责任意识是主观的范畴。责任意识是社会个体从责任赋予者那里接受责任之后，内化于本人内心世界的一种心理状态，这种心理状态又是个体履行责任行为的精神内驱力。责任意识是个体从接受责任到履行责任的中心环节。在社会生活中，人们承担着各种各样的责任。从责任的性质和内容来看，责任意识主要有政治责任意识、经济责任意识、法律责任意识和道德责任意识等；按责任的客体分，将责任意识划分为四个维度，即国家责任意识、社会责任意识、家庭责任意识和自我责任意识。

（三）职业责任

职业是每个人生命中极为重要的一环，它既是生存的必需，又是人生价值得以实现的主要舞台。职业责任，就是从事一定职业的人们对社会和他人所必须承担的职责和义务。职业责任是一种职业的根本要求，它要求从业者把自己所从事的工作看作出于自身的愿望和意志的要求，并承担相应行为的后果。职业责任意识实际上是社会责任意识的一种体现。职业责任与社会责任之间的关系是特殊与一般、个性与共性的关系。因为社会分工孕育了职业的产生，其发展也决定和制约着职业的发展，职业作为社会关系的一个重要方面，其分工决定了从事不同职业的人们对社会承担着不同的责任。社会的稳定和发展，需要各个行业各个岗位的工作者恪尽职守，兢兢业业，因而，社会责任的承担需要职业责任的自觉履行。高度的职业责任意识能引导人们把职业理想同远大理想结合起来，寻求个人需求、个人能力同社会需求的结合点，使每一个社会成员都能忠实地在自己的岗位上履行对社会、对人民的责任。大学生始终要步入社会，培养他们的职业责任意识无论是对社会，还是对学生自身都大有裨益。要使学生明确职业责任是一种普遍存在的道德关系和道德要求，从事一种职业就意味着必须承担一定的职责。

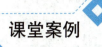

他们,用坚守诠释责任

寒冬时节,中铁十五局江苏阜溧高速项目施工现场,气温虽低,工地上却洋溢着热情。建设者们倒班交替作业,24小时坚守一线,想的就是早日高质量完成工程建设任务。

一大早,项目负责人杨立就出现在了工地上,与技术人员研究施工方案。工作多年来,不分节假日奋斗在项目一线早已是他的常态。

由于工程桥梁比重大、高空作业多、生态保护要求高,项目从开工起就面临重重挑战。杨立带领员工克服项目沿线水塘河流众多、施工难度大和疫情防控等困难,科学抓好项目施工,让项目成为全线建设"标杆"。

"回不回家,年都在那里,通过视频也可以全家团聚,但工程不干就会停滞不前。项目能安全平稳完成,就是我的骄傲。"说到日益临近的新春佳节,杨立说,今年将是他在工地上度过的第7个春节。

伴随着春运大幕的拉开,国网句容市供电公司也开启了"春运保供电"模式。春运第一周,配电运行班班长张健带领班组成员对当地高铁站、汽车站、地铁站等重要交通枢纽和高铁沿线供电线路开展多轮次巡视检查,全力保障安全可靠供电。

对于他来说,春运期间,"保电"举措比平常还要严格:对重点线路逐一检查,发现异常及时排查处理;全面加强设备红外测温监测,对过热设备做到"早发现,早处理",排除设备隐患;做好应急抢修物资和车辆准备,24小时待命……

每天一到工作岗位,仔细翻看值班记录,了解线路运行情况,已经成为张健的习惯。每当遇到急难险重的检修任务,他也总是冲在最前面。"干工作,要干就要用心。我们守好岗位,大家就可以安心过年。"张健说。

千里之外,在江西境内赣深高铁龙南隧道,中国铁路南昌局集团公司赣州工务段的高铁桥梁工们也在忙碌着。

"今天我们组织对龙南隧道顶部危石进行全面排查。大家高空作业要戴好安全帽,安全带随时挂牢锁好……"工长张笑宇叮嘱着工友。

28岁的张笑宇2015年参加工作,先后在京九铁路、赣瑞龙铁路、赣深高铁从事路桥设备维修工作。

"扫山是技术活,不是光靠胆子大就行,还要掌握攀岩技巧和安全作业规范。"张笑宇说。今年春运,他将带领着8名"90后"在大山之间,在峭壁之上"搜山扫石"、排除隐患,确保赣深高铁安全运行。

岗位虽平凡,职责不平凡。在中国铁路成都局集团公司西昌机务段,黄红此也是平安春运背后的"守护人"。

> 作为探伤班组的工长，黄红此每天要带领工友们进行机车部件的探伤工作。清理机车部件表面，用超声波探伤仪进行扫查，观察波形是否有异常……探伤是机车检修过程中的重要一环，能够及时有效发现机车零部件缺陷、排查和处理安全隐患。
>
> 春运期间，机车检测任务更加繁重。"除了常规的检测外，临时性的工作也成倍增加，必须要做到随叫随到，还要保证探伤结果的高度准确。"黄红此说。
>
> 黄红此所在的探伤班组目前共有 6 人，其中 5 人是 2012 年以来陆续加入的年轻职工，是典型的青工班组。工作中，黄红此带领班组职工一丝不苟，认真作业。仅 2021 年，他就带领大家探测缺陷 600 多件，有效杜绝了机车"带病"出库。
>
> 过去 4 个春节，黄红此都在工作岗位上度过。今年，他又提前给车间打了春节不回家的报告。在他看来，用自己的认真和坚守，换来成千上万旅客平安回家过年，就是坚守的意义。
>
> ——摘自：学习强国

二、大学生职业责任培养原则

原则，即基本规则，就是在一定条件下，人们观察问题和处理问题时必须遵循的准则。对大学生的职业责任的培养是思想政治教育的重要内容，其原则也是在思想政治教育原则的基础上，针对大学生职业责任存在的问题而提出的更具针对性的指导原则。

（一）以社会主义价值观为指导的原则

我国是社会主义国家，国家性质决定了我国的职业责任培养必须坚持社会主义价值观为指导原则，而不能一味地照搬照抄国外的观念和手段。必须结合我国的实际情况，有针对性地制定符合我国国情的大学生职业责任培养的方针和方法。在我国新民主主义革命、社会主义革命和社会主义建设的伟大实践中，责任意识培养的内容始终同人民群众和人类社会的解放、社会主义事业的兴旺发达和人民群众的共同富裕联系在一起。在社会主义改革发展的伟大历史时期，责任意识培养的内容应当随着社会的发展变化不断调整，社会主体也应当在不断的社会实践中接受责任教育。当代大学生作为社会的优秀代表，理应承担起社会主义建设的伟大重任，他们所肩负的最为伟大的责任就在于对国家、对人民、对社会主义和共产主义事业的无私奉献。因此，在大学生职业责任培养过程中，始终将社会主义价值观贯穿其中，是确保责任教育正确方向，真正实现责任教育目标的重要保障。

（二）学生主体原则

学生主体原则是指在责任教育过程中，教育者应将被教育的大学生视为教育主体，充分尊重他们的主体地位，注意调动其自我教育的积极性，来实现责任教育目的的行为准则。简单来说，就是以学生为本，尊重学生的主体性，这是一切德教育取得实效的保障。这意味着学生不是"知识的容器""道德的容器"，而是具有独立人格、自主意志与选择能力的主体，他们不仅是既定道德价值和道德规范的无条件的认同者与遵从者，而且是有理性的道德价值和道德规范的理解者与创造者。道德人格的树立和道德责任的培养是一个主体积极自主的过程，是一个借助自己的智慧努力探索、不断建构从而达到自主、自觉的过程，没有学生主体的自觉自愿的参与，就不可能有真正的道德发展。

（三）贴近现实原则

贴近现实就是融入生活，融入实践。传统道德教育多过分迷恋知识化、科学化、理想化，却遗忘了对道德教育更基础性的东西——现实生活。我国著名教育家陶行知曾讲："是生活就是教育""不是生活就不是教育"。人的职业责任是在完成一定任务的实践过程中逐渐形成起来的，随着实践活动的变化而变化。古希腊教育家亚里士多德说过："我们做公正的事情，才能成为公正的人；有勇敢的表现，才能成为勇敢的人。"在教育中，一方面，要从大学生学习、生活中的点滴小事抓起，对小事的职业责任是对大事职业责任的基础，抓紧小事不放松，日积月累，养成做事负责任的习惯；另一方面，要根据大学生的特点，开展各项活动，给学生创造承担责任、体验责任的机会，使之在现实实践中不断增强职业责任，从而达到教育的效果。

（四）共同参与原则

将当代大学生职业责任弱化的责任全部归于当前大学教育的失误是不公平的，同样，将职业责任培养的任务全部归于大学教育也是不现实的。责任教育工作者必须充分认识到，只有发挥全社会的力量，全民动员，共同参与，责任教育才能真正取得实效。首先，要保证学校作为责任教育主要承担者的作用。学校应当是一个既培养学生谋生技能，又培养学生完美人格的场所。学校教育工作者应明确自身所承担的对当代大学生实行责任教育的重大责任，不以社会风气不正等理由推卸自身所应履行的义务，是保证责任教育取得进展的首要条件。其次，要学校与家庭的联动，由家庭来承担起责任教育的部分责任。家庭教育与学校教育在人生的不同阶段所发挥作用的比重有所不同。就大学阶段来说，学校教育的功能远远超出家庭教育，但不能就此否认家庭教育在责任教育中的重要性。家庭教育在责任教育中的体现，不外乎两个方面，一为言传，二为身教。学校教育工作者，应多与家长沟通，提示家长对子女职业责任培养方面加以正面引导，家长也应主动承担起自己应尽的责任，处处以身示教，做一个负责任的公民，潜移默化影响子女。最后，社会参与。所谓"积水成潭""集腋成裘"，人人都能以负责任的态度对待周围的一切，社会也就会成为一个责任社会。一个处处充满职业责任的社会，就是大学生责任教育的良好外部环境。

（五）循序渐进原则

道德责任本身是有层次性的。它不仅需要在观念上澄清一些基本认识，而且也要在实践的过程中不断地付诸行动。主体对道德责任的认识有一个不断深化的过程。因为主体的责任观念与责任认知能力总是处于持续的积累和生成之中，职业责任的形成与发展趋于深刻。只有在循序渐进地教育中，才能铸就强烈的职业责任。职业责任是有层次性的，这就要求作为一个负责任的人，最基本要求就是对自己负责，进而才能谈到对他人负责、对社会负责、对国家负责。以培养学生对自我负责为起点，强化大学生对自己最亲近的人负责，通过培养大学生对自己、对父母、对他人的职业责任，进一步升华为对社会、对民族、对国家的职业责任。

三、大学生职业责任培养体系

培养大学生的职业责任不是一蹴而就的，而是一项长期且艰巨的任务，需要全社会各个方面的积极参与，是一项系统工程。

（一）加强思想教育，是大学生职业责任培养的基础

思想政治理论课是大学生思想政治素质教育的主渠道和主阵地。学校应充分利用这个主战场，积极推进教学改革，符合大学生思想政治教育的时代性。学校在大学生职业责任培养过程中的专业性、系统性和规范性是其他任何教育形式都无法替代的。一是改革教学内容，要贴近大学生思想特点的实际，一定要在"以学生为本"的理念下，认真开展调查研究，准确了解大学生的思想动态，把握学生的脉搏，更新职业责任培养的内容，充分体现教育内容的民族性、国际性、时代性，充分提高教育的针对性和有效性，改变教育内容滞后的现状。二是改革教育方法，重视学生主体作用。利用情境教学、分组讨论、案例教学等现代化的教学手段提高教学效果。要充分挖掘各科教学中的职业责任资源，准确提炼和寻找学科德育的切入点，发挥职业责任的间接性、渗透性优势。

1. 营造良好校园文化

积极向上、丰富多彩的校园文化能够对培养大学生职业责任起到良好的促进作用，同时，能够为大学生践行责任提供渠道。为此，一方面应通过校园网络、校园广播、校园报刊等媒介加强对职业责任的宣传，并在教学楼、图书馆、学生公寓、学生食堂等学生密集场所通过张贴名人名言等标语标识，让学生感受到职业责任无处不在。另一方面应组织内容、形式多样的学生科研、演讲、辩论等学术活动，调动学生广泛参与，使大学生在接受教育的基础上，通过相互交流对他们应当承担何种责任、如何承担责任各抒己见，以增强大学生践行责任的主观意识。

2. 发挥网络引导作用

网络已经成为大学生生活的一部分，也成为他们了解、关注社会的主要途径，那么创造性地开展网络职业责任，扩大网络文化的积极影响，必然会对大学生职业责任向更高阶段发展起到最具实效性的作用。首先，要加强校园网络自身建设，完善网络监管机制，有效控制网络不良信息的传播。网络是把"双刃剑"，它为网络参与者提供各种信息和资讯的同时，也传播着不良的价值观和文化。如何利用好校园网，有效控制网络不良信息的传

播,这直接考验着网络管理者的"智慧"。网络只是一种信息发布渠道,网上的信息还是人来传播的,网络的管理者既不能通过勒切断发布"路径"的方法限制信息传播者的言论自由,又不能放任自流。这就要求网络管理者具有前瞻性的眼光和高屋建瓴的智慧,制定切实可行的措施和制度,完善对校园网的监督和管理。其次,重视主题教育网站的建设。开展丰富多彩的网站活动,将大学生责任意识的培养与趣味性融为一体。如果能够通过主题网站的建设,将大学生职业责任题材的内容建设成有吸引力、有趣味性的主题网站,甚至设计有关职业责任的情景小游戏,将对大学生职业责任培养起到意想不到的良好效果。再次,重视校园网各大论坛的建设,培养网络上的教育者,引导大学生责任意识的发展。大学生职业责任一个重要的现状就是发展不稳定,容易受到外界特别是媒体和他人的影响。可以培养一部分专业的网络教育者,以普通学生或者论坛版主的身份,通过发帖、顶帖的方式有意识地引导舆论的方向,创造良好健康的校园网络环境,从而达到引导大学生群体职业责任向更高阶段发展的目的。

3. 对中国传统文化的精髓应采取批判继承、与时俱进的方针

任何一种文化都是特定历史背景下的产物,是社会存在在社会意识中的反映,当它作为一种历史遗产流传到新的历史时期时,它本身又附着许多局限性。要使中国传统文化中的有益成分在大学生职业责任培养中充分发挥作用,不能局限于对中国传统文化具体内容和形式的沿袭,要给这些思想精髓注入新的活力。培养大学生职业责任过程中融入中国的传统儒家思想,将儒家思想赋予新的时代内涵,一方面,以此作为教育的理论依据;另一方面,通过向大学生进行传统的儒家思想教育,引导大学生树立起民族自尊心和自豪感,培养大学生对国家和民族的职业责任,并以此来抵制西方不良思潮对大学生思想的侵袭。

(二)优化育人环境,是大学生职业责任培养的保障

1. 优化家庭环境

家庭氛围的熏陶、父母的行为举止和儿时的经历都是影响大学生职业责任形成的重要因素。家庭教育在大学生职业责任培养中有着不可替代的作用。第一,培养子女独立的个性和成人意识,教育子女要对自己的行为负责。只有学会对自己的行为负责,才能逐步发展其他的职业责任。独立并不意味着对子女的放纵,而是培养他们独立处理问题和独自承担责任的能力和习惯。大学生大多已到了成年的年龄,家长应该意识到大学生实际上已经是成年人,能够并且应该成为责任的主体,在思想、行为上要有意识的强化他们的成人意识,使他们明确成人应具备的素质、能力和行为责任。家长要在日常生活中注意培养子女的独立意识,引导并鼓励子女勇于承担责任,走出心理上的依赖,勇敢面对成长、走向社会,帮助他们树立自信,鼓励他们自立、自强,真正负起成年人应该担负的责任。第二,家长以身作则,做好表率。父母是孩子的第一任老师,父母对待生活和工作、他人和社会的态度、待人接物和为人处事的言行,无不影响着子女人格的形成和道德的发展。父母负责任的态度,正直公正、宽容善良的言行会被子女模仿、认同、内化,所以,要培养子女的责任感意识,家长必须要提高自身的道德修养,以身作则,做好表率。

2. 优化学校环境

教学中，应强调优秀历史人物"先天下之忧而忧，后天下之乐而乐"的崇高社会责任感。通过讲解蕴涵职业责任内容的经典文学作品，增强对大学生的情感陶冶等。

（三）培养高素质的教师队伍

邓小平同志曾指出："一个学校能不能为社会主义建设培养合格的人才，培养德智体全面发展、有社会主义觉悟的有文化的劳动者，关键在教师"。所以要培养大学生的职业责任，必须唤醒教师身上的责任感和使命感，不断提高教师自身的修养。教师的职责不仅是"传道、授业、解惑"，更应该为人师表。心理学研究表明，"学生具有明显的向师性，教师的言行举动都是学生效仿的对象。"教师在承担责任方面的示范是学生最直接、最经常的表率，具有很强的说服力和感召力，对当代大学生职业责任的形成具有潜移默化的影响。只有具有高度责任感的教师，才有能培养出具有高度责任感的学生。教师如果否定和推卸自己应当承担的责任，则会对大学生职业责任的培养产生极其恶劣的影响。因此，教师不但要以言立教，更要以身立教，以高尚的人格品质和强烈的责任感感染、教育学生，才能收到良好的教育效果。

（四）发挥中国传统文化精髓理念的引导作用

中国优秀传统文化指的是中国社会在长期发展过程中逐渐形成并支配着大多数人的具有积极意义的价值观念、道德标准和行为规范等意识形态因素，是一个蕴含着丰富内容的综合体。博大精深、源远流长的中国传统文化为中华民族的发展提供了宝贵的精神财富，为增强中华民族的自信心、凝聚力和向心力，培养中国人民树立正确的世界观、人生观和价值观奠定了坚实的历史基础。包括儒家思想在内的中国传统文化所倡导的"天下兴亡，匹夫有责""先天下之忧而忧，后天下之乐而乐""因民之利而利之""正心、修身、齐家、治国、平天下"等思想精髓为当前我国大学生职业责任培养提供了丰富的理论依据。因此，如何将中国传统文化思想的精华渗透到大学生职业责任领域应把握以下几个方向。

第一，深入发掘中国传统文化中蕴含的科学教育理念。博大精深的中国传统文化蕴含着丰富、深奥的教育理论，为大学生职业责任的开展提供了宝贵的实践依据。例如，孔子是世界上最早运用"因材施教"方法并获得成功的教育家。在长期的教育实践中他创造了从学生实际出发，运用启发诱导的方法，调动学生学习的主动性、积极性，以实现培养目标的教育方法。此外，中国传统文化中所倡导的"克己、修身"观念，突出了大学生在职业责任中的主观能动性。营造一个良好的社会舆论氛围，大力宣传"爱国守法、明礼诚信、团结友善、勤俭自强、敬业奉献"的基本道德规范，使广大学生在无形中受到舆论氛围的熏陶，自觉地承担起应该承担的责任。

第二，健全社会主义民主制度。民主法治是培育公民职业责任的重要条件。大学生作为公民的一员，公民整体职业责任的提高，当然也能促进大学生职业责任的强化。民主就是尊重不同利益，运用公共理性寻求能够最大限度地满足公民愿望和公共利益的政策，因而是一种最优的治理形式。它能够有效回应多元文化社会的某些核心问题，尤其强调对于公共利益的责任，促进公民与政府的相互理解、辨别所有政治意愿，以及支持那些重视所有人需求与利益的具有集体约束力的政策。建立在包容、平等、自由、回应、互信基础上的政策过程有利于消除传统行政高高在上的地位，不断增进公民对政府的认同，养成自愿为公共利益服务并负责的精神品格。同时，民主制度和民主理念使公民通过民主程序与国家之间进行一种持续不断的沟通，使公民在社会生活中表现得更有理智，而不是被动地接受和服从。要积极推进民主建设的进程，不断创新公民参与公共事务的机制和方式，提高公民的职业责任和能力。

（五）深入完善责任评价机制

加强社会舆论、道德风尚习惯等社会道德评价机制对大学生职业责任的影响，建立以责任为中心的道德调控体系，形成一种立体的调控网络。广泛宣传责任理念，一方面，褒扬积极承担责任的正义行为，如见义勇为、舍己救人的行为，要视情节给予保护和奖励，通过社会激励促使社会成员勇于承担责任；另一方面，追究未承担责任的不义举动，把道德的感召力和榜样的吸引力加以放大，形成强制性的价值引导和行为规范的社会力量，创造积极的社会氛围，消除社会变革中不良思想对大学生的影响，同时激发起他们内心的道德责任感。

确立合理的评价体系，不仅可以帮助大学生确立科学的是非观、善恶观，还具有较强的约束作用。通过对学生责任行为的反馈，迫使学生不断调整自己的行为，以达到自我约束、自我监督的作用。评价时要做到教师评、自己评、集体互评等相结合，做到主观评价与客观评价相结合，提高学生接受职业责任的主动性和自觉性。高校应当将大学生的负责任情况与学生评优、评先、奖学金、就业推荐等相结合，更好地发挥责任评价机制的教育引导作用。在校园里，要营造"负责光荣，失责可耻"的校园舆论氛围。

（六）加强自我教育，是大学生职业责任培养的核心

大学生作为责任主体，首先应提高自身素养，实现自我教育，这是提高大学生自觉承担责任的意识和信念。学校应制定相应的考核、评价、激励、引导机制，充分调动广大师生参加实践活动的积极性。如与学生的德、智、体综合测评成绩、奖学金评定、各类先进评比挂钩，与教师的工作量、职务晋升、年终考核挂钩，与院系工作考评挂钩，对活动表现突出的个人和集体给予表彰奖励等，从而调动学生、教师在活动组织、参与过程中的主动性、积极性，真正发挥实践活动的育人功能。充分利用校园广播、电视和校园网的作用，通过耳濡目染的宣传教育，影响和促进大学生职业责任的提高。大学生职业责任的培养与社会环境的优化是息息相关的。努力营造一个"以尽责为荣，不负责任为耻"的社会舆论氛围，使人们的职业责任得到最大限度的释放。马克思说"人的行动的一切动力，都一定要通过他的头脑，一定要转变为他的愿望的动机，才能使他行动起来。"大学生通过自我教育，将承担责任内化为自己的意识要求，才能真正做到有所承担。首先，大学生自身主动提高自我评价能力。通过正确的自我评价，可以让大学生清晰地把握自身的优点和缺点。明确了优缺点之后，大学生能够主动发扬和保持已经具备的优点，改正自身缺点，进行积极的自我教育。同时，自我评价还可以培养谦逊、求实的品德和对自身行为负责的

态度。只有正视自己在道德职业责任方面的缺点,才能够摆脱自己虚荣心理和逆反心理的限制,主动地改正自身的缺点。其次,调节和控制自身情绪和心态。大学生要多学习和了解心理学的基本知识,正确对待自身的情绪波动和心态的异常。大学生群体处在青少年期,情绪起伏较大,思想情况容易受其他因素影响,不健康的情绪和心态在他们身上有不同的体现。因此,大学生自身要主动提高自身控制情绪的能力、调整心态的能力和缓解压力的能力。心态和情绪的转变不能只依靠学校和家庭教育,它们只起到辅助作用,要从根本上解决大学生心理问题,就只能靠大学生自身的学习和调节,培养积极乐观的人生态度。最后,主动吃苦、锻炼坚韧的意志品质。大多数大学生生活条件比较优越,没有太多社会经历和人生挫折,容易具有好逸恶劳、贪图享乐的心态,因此,大学生要自己做好吃苦的准备,自觉地磨炼自身的意志,养成吃苦耐劳的优秀品质。

课后实践

一、活动目标

理解职业精神养成的意义。

二、活动时间

建议 10 分钟。

三、活动流程

1. 阅读以下材料,并讨论:你从关改玉身上学到了什么?

钢轨探伤"女神探"——关改玉

在高铁建设中,500 m 长的钢轨要用自动焊接机一根根焊接在一起。关改玉的工作就是用专用的超声探测仪,检查每一处钢轨焊接口是否合格。关改玉说,这项工作的第一步是除锈,就是用专门的丝球,将钢轨接缝处及周围的印迹刷掉,再用毛刷将上面的细屑、灰土及旁边的沙粒、碎石清理干净;第二步是涂抹机油;第三步是用探头检测钢轨的轨底、轨腰、轨头等部位,确认每个焊接口没有伤损,不会给行车安全留下隐患。能够探到伤损,是探伤工的价值所在,但现在钢轨无缝焊接技术已经非常成熟,常常是一条线路几百千米走下来,没有一个伤损出现。关改玉说:"现在碰到的伤损越来越少,但自己的压力反而越来越大,因为枯燥的工作很容易让人疲劳、分心,万一有一个伤损没有被测出,那留下的隐患可能就是致命的。所以,尽管检测出伤损的概率很小,但必须要求自己对每个焊接口的检测都按照规程严格执行,杜绝侥幸心理,保证每个焊接口的检测过程都符合技术要求、检测结果都科学可靠。"

2. 将学生分成 4～6 人的活动小组,通过小组内部讨论形成小组观点。

3. 每个小组选出 1 名代表陈述本组观点,通过交流,将每一个需要研讨的问题弄清楚。

4. 教师对各组观点进行分析、归纳、总结。

参考文献

[1] 习近平.习近平谈治国理政（第一卷）[M].北京：外文出版社，2014.
[2] 习近平.决胜全面建成小康社会 夺取新时代中国特色社会主义伟大胜利——在中国共产党第十九次代表大会上的报告[M].北京：人民出版社，2017.
[3] 刘向兵.新时代高校劳动教育论纲[M].北京：社会科学文献出版社，2019.
[4] 中共中央马克思恩格斯列宁斯大林著作编译局、马克思恩格斯选集（第1—4卷）[M].3版.北京：人民出版社，2012.
[5] 中共中央宣传部.习近平总书记系列重要讲话读本（2016年版）[M].北京：学习出版社，人民出版社，2016.
[6] 陶行知.中国教育改造[M].长春：吉林出版集团股份有限公司，2017.
[7] 董振华.创新劳动论——从经济学到哲学的理论思考[M].北京：中共中央党校出版社，2005.
[8] 中华全国总工会.习近平总书记在同全国劳动模范代表座谈时重要讲话学习读本[M].北京：中国工人出版社，2013.
[9] 段建斌.思想政治教育的本体维度——基于人的存在与发展[M].北京：社会科学文献出版社，2013.
[10] 郭海龙.劳动变迁视域中的大学生就业价值观研究[M].成都：西南交通大学出版社，2016.
[11] 郭海龙.研究生劳动价值观教育研究[M].成都：西南交通大学出版社，2018.
[12] 何云峰.劳动哲学研究[M].上海：上海教育出版社，2019.
[13] 贺汉魂.回到马克思、培育和谐美——马克思劳动伦理思想现代解码[M].北京：光明日报出版社，2016.
[14] 黄云明.马克思劳动伦理思想的哲学研究[M].北京：人民出版社，2015.
[15] 赖德胜，吕国良，孟大虎，等.和谐劳动关系论：全球发展与中国实践[M].北京：中国工人出版社，2018.
[16] 李德顺.价值论——一种主体性的研究[M].3版.北京：中国人民大学出版社，2013.
[17] 李金和.马克思主义价值理论与和谐社会价值观建设[M].北京：知识产权出版社，2016.
[18] 李连科.价值哲学引论[M].北京：商务印书馆，1999.
[19] 李玲.马克思实践范畴的人本价值研究[M].北京：中国社会科学出版社，2015.

［20］刘永佶，等．劳动历史观［M］．北京：中国经济出版社，2004．

［21］马俊峰．马克思主义价值理论研究［M］．北京：北京师范大学出版社，2012．

［22］中央文献研究室．毛泽东文集（第二卷）［M］．北京：人民出版社，1993．

［23］彭维锋．劳动改变中国（1978—2018）［M］．北京：中国工人出版社，2019．

［24］苏格．平易近人——习近平的语言力量（外交卷）［M］．上海：上海交通大学出版社，2018．

［25］谭苑苑．马克思劳动本体论思想［M］．北京：社会科学文献出版社，2019．

［26］汪胤．本质与劳动：马克思哲学思想的现象学解读［M］．北京：人民出版社，2014．

［27］王江松．劳动哲学概论［M］．上海：上海交通大学出版社，2015．

［28］王里克．党员领导干部荣辱观论析［M］．北京：中央文献出版社，2008．

［29］王文臣．论马克思哲学的劳动概念与历史唯物主义［M］．上海：上海社会科学院出版社，2013．

［30］吴学东．马克思的劳动思想研究［M］．北京：中国社会科学出版社，2019．

［31］夏一璞．劳动开创美好未来——树立正确的劳动观［M］．北京：红旗出版社，2015．

［32］熊来平．马克思的劳动概念及其当代价值［M］．北京：中国社会科学出版社，2019．

［33］杨国华．劳动与人的自由全面发展——马克思的劳动概念及其当代意义［M］．上海：上海人民出版社，2015．

［34］于微．马克思劳动论题的历史解读［M］．长春：吉林出版集团股份有限公司，2018．

［35］袁祖社．实践与公正——马克思的哲学价值观研究［M］．北京：中国社会科学出版社，2014．

［36］王卫旗，王秋宏，刘建华．大学生劳动教育教程［M］．北京：北京理工大学出版社，2021．

［37］安鸿章．劳动实务：高等职业院校劳动教育读本［M］．北京：北京理工大学出版社，2020．

［38］中共中央宣传部．习近平新时代中国特色社会主义思想三十讲［M］．北京：学习出版社，2018．

［39］陈好敏，熊建生．新时代劳动精神的价值意蕴［J］．学校党建与思想教育，2020（08）：44-48．

［40］程德慧．习近平新时代劳动教育观论析［J］．职业技术教育，2019，40（06）：20-24．

［41］董保华，李干．构建和谐劳动关系的新定位［J］．南京师大学报（社会科学版），2016（02）：67-76．

［42］范宝舟，赵建芬．论新时代劳动的内涵创新及价值意蕴——学习习近平总书记关于劳动的系列重要论述［J］．思想理论教育，2019（06）：12-18．

[43] 高惠珠，徐文越.论马克思的劳动本体论——基于马克思早期著作的研究［J］.上海师范大学学报（哲学社会科学版），2016，45（4）：14-20.

[44] 高惠珠.价值论视域中的"劳动幸福"［J］.上海师范大学学报（哲学社会科学版），2019，48（1）：17-23.

[45] 高惠珠.以辩证思维深化劳动幸福研究——兼评何云峰教授的《劳动幸福论》［J］.社会科学家，2019（04）：7-13.

[46] 刘盼倩.教育与劳动结合可能性的教育哲学阐释［J］.教育理论与实践，2019，39（34）：3-7.